Bastian Reinert / Clemens Götze (Hrsg.)
Elfriede Jelinek und Thomas Bernhard

**Untersuchungen
zur deutschen
Literaturgeschichte**

—

Band 154

Elfriede Jelinek und Thomas Bernhard

Intertextualität – Korrelationen – Korrespondenzen

Herausgegeben von
Bastian Reinert und Clemens Götze

DE GRUYTER

ISBN 978-3-11-073672-4
e-ISBN (PDF) 978-3-11-063267-5
e-ISBN (EPUB) 978-3-11-063064-0
ISSN 0083-4564

Library of Congress Control Number: 2019931462

Bibliografische Information der Deutschen Nationalbibliothek
Die Deutsche Nationalbibliothek verzeichnet diese Publikation in der Deutschen Nationalbibliografie; detaillierte bibliografische Daten sind im Internet über http://dnb.dnb.de abrufbar.

© 2020 Walter de Gruyter GmbH, Berlin/Boston
Dieser Band ist text- und seitenidentisch mit der 2019 erschienenen gebundenen Ausgabe.
Druck und Bindung: CPI books GmbH, Leck

www.degruyter.com

Inhalt

Clemens Götze und Bastian Reinert
Einleitung: Intertextualität – Korrelationen – Korrespondenzen —— 1

Elfriede Jelinek
Der Einzige und wir, sein Eigentum
    [Ein Nachruf auf Thomas Bernhard] —— 11

I VERORTUNGEN

Fatima Naqvi
Keine Vermittler! Bernhard und Jelinek *in medias res* —— 17

Paola Bozzi
Vom Aufheben. Bernhard, Jelinek und der Georg-Büchner-Preis —— 31

Rita Svandrlik
Bachmann als literarische Figur bei Bernhard und Jelinek —— 43

Manfred Jurgensen
Sprachgewalt und ‚Nestbeschmutzung' bei Bernhard und Jelinek —— 57

Harald Gschwandtner
Von Kollegen und Diktatoren
    Bernhard, Jelinek und die literarische Konkurrenz —— 71

II SCHREIBWEISEN

Bernhard Sorg
Zur Konstruktion eines transzendentalen ästhetischen Subjekts bei Bernhard und Jelinek —— 89

Verena Meis
„Das ist kein Hoppel-hoppel wie im bürgerlichen Theater."
    (Anti-)theatrale Poetologie der Gewalt bei Jelinek und Bernhard —— 101

Clemens Götze
„Dieses Interview hat mich völlig dekonstruiert"
    Zu Inszenierungspraktiken von Bernhard und Jelinek im Interview —— 113

Antonia Egel
„chor oh". Bernhard und Jelinek –
    Sprechen im Chor? —— 131

III GEGENWÄRTIGE VERGANGENHEIT

Gerhard Scheit
Totales Bewusstsein und kollektives Unbewusstes
    Das postnazistische Subjekt bei Bernhard und Jelinek —— 149

Jan Süselbeck
NS-Tatorte bei Bernhard und Jelinek
    Sondierung eines vernachlässigten Forschungsfeldes —— 167

Corina Caduff
Poetiken des Todes bei Jelinek und Bernhard —— 185

Karl Solibakke
Schweigen der Zeichen
    Bernhards *Beton* und Jelineks *Schweigen* —— 199

IV RÄUMLICHKEITEN

Jens Klenner
„Land der Berge"?
    Erhaben Unerhabenes in *Frost* und *Die Kinder der Toten* —— 215

Bernhard Judex
Zerstörte Subjekte – beherrschte Natur(en)
    Zum Naturbegriff und zur Ökologiekritik bei Bernhard und Jelinek —— 231

Sarah Neelsen
Baumeister und Saboteure
    Konstruktionen in den Werken von Bernhard und Jelinek —— **249**

Die Autorinnen und Autoren —— 263

Personen- und Werkregister —— 267

Clemens Götze und Bastian Reinert
Einleitung: Intertextualität – Korrelationen – Korrespondenzen

Über die Literaturnobelpreisträgerin und Mythenzerstörerin Elfriede Jelinek und den als Untergangshofer und Verweigerungskünstler titulierten Thomas Bernhard ist in den letzten Jahren und Jahrzehnten nicht wenig geschrieben worden. Es herrscht sowohl in der öffentlichen Meinung wie auch in der literaturwissenschaftlichen Forschung inzwischen weitgehend Einigkeit darüber, dass es sich bei Jelinek und Bernhard um begnadete Medienverführer und zugleich um unnachahmliche Meister der Provokation handelt, die darum von der Kritik wie von der breiteren Öffentlichkeit nicht eben selten mit dem Etikett „Nestbeschmutzer/in" bedacht wurden. Auch beider Leserschaft und Theaterpublikum waren immer wieder irritiert bis verstört, vor allem aber zeigten sie sich von Anfang an auf eine magische Weise von Werk und Person gleichermaßen abgeschreckt wie fasziniert. So offenkundig aber beider Autoren Medienpräsenz sich immer wieder darstellt, und bei Bernhard selbst dreißig Jahre nach seinem Tod noch anhält, während Jelinek inzwischen allein durch ihr Werk für das Theater denn durch öffentliche Auftritte von sich reden macht, so auffallend selten hat die Literaturwissenschaft bislang explizit Berührungspunkte und Divergenzen zwischen Jelinek und Bernhard zum Thema eingehender Studien gemacht. Zwar gilt sowohl für Bernhard als auch für Jelinek, dass die literaturwissenschaftlichen Abhandlungen über ihr Werk inzwischen ein kaum überschaubares Ausmaß angenommen haben, aber Forschungsarbeiten, die sich der künstlerischen Korrespondenz dieser beiden Autoren annehmen, sind sowohl im Umfang als auch im Perspektivspektrum noch immer sehr vereinzelt und werden daher zum Anlass genommen, dieses Desiderat hier zur Disposition zu stellen.

Neben einigen eklatanten Unterschieden gibt es auch eine ganze Reihe beachtlicher Gemeinsamkeiten beider Autoren, wie etwa die literarische Arbeit gegen die österreichische und deutsche Verdrängungsmentalität nach 1945, die sprachliche Radikalität beider sowie den bereits erwähnten, jeweils sehr spezifischen Umgang mit den Medien, den man als Krebsgang, also als distanzierte Annäherung bezeichnen könnte. Doch nicht nur auf dem Gebiet offenkundiger Parallelen warten beider Texte mit diversen untersuchungswürdigen Vergleichsmomenten auf, sondern es lassen sich beispielsweise Berührungspunkte auf teils sehr unterschiedlichen Ebenen diagnostizieren, die jede für sich eine detaillierte Betrachtung rechtfertigen.

In ihrem Nachruf auf Bernhard schrieb Jelinek „Der Gigant ist tot", und setzte ihm damit ein monumentales Denkmal, auch wenn sie gleichzeitig seinen ‚patriarchalen Stil' und seine Sprache als „Junggesellenmaschine" kritisiert und sich auch in späteren Äußerungen mit Kritik an Bernhard nie zurückhalten wird. Es wäre zu fragen, inwieweit sich diese Sichtweise anhand der Werke beider Autoren erhellen lässt, ist doch Bernhards Topos der Maskerade nicht zuletzt im Hinblick auf das Theater und die Geschlechter-Rollen besonders in dem frühen paradigmatischen Text *Ist es eine Komödie? Ist eine Tragödie?* augenfällig und in seinem ganzen Werk gleichsam omnipräsentes Thema. Wie die Bernhardschen Geistesmenschen, die – zumeist in sich selbst gefangen und nicht selten dem eigenen Tode nahe – grantelnd die Welt betrachten, sind bisweilen auch Jelineks Tote und Untote in sich Gefangene, denn selbst das Jenseits scheint, wie schon bei Sartre, nur eine andere Art von Gefängnis zu sein. Liegt nicht sowohl Jelineks Untoten als auch Bernhards oft alten, lebensmüden, aber sterbensunfähigen Figuren eben jene mentale Unruhe zugrunde, die es ihnen unmöglich macht, aus dem Leben zu treten, sowohl buchstäblich als auch im übertragenen Sinne? Beide Paradigmen bieten damit einen weiteren Anknüpfungspunkt für eine vergleichende Analyse.

Dasselbe gilt auch für motivische Ähnlichkeiten und Korrespondenzen, die sich keineswegs schon erschöpfen in der Gemeinsamkeit eines von der Kritik allzu oft (und womöglich allzu plakativ) herausgestellten Österreichhasses. So erfährt gerade der Gewaltkomplex und der Aspekt von Machtstrukturen sowohl bei Jelinek als auch bei Bernhard eine besondere Relevanz, deren Vorzeichen und Auswirkungen es immer wieder neu zu bewerten gilt. Während etwa der Sexualitätsdiskurs bei Bernhard nur marginal eine Rolle spielt, findet er bei Jelinek seit dem Frühwerk eine mal mehr mal weniger starke Ausprägung, ohne jedoch je ganz zu verschwinden. Das Moment des Voyeurismus hingegen, das Jelinek bereits markant in *Die Klavierspielerin* inszeniert hat, bietet ganz deutliche Parallelen insbesondere zu Bernhards Spätwerk und lässt sich paradigmatisch verdeutlichen an den späten Romanen *Holzfällen* oder *Alte Meister*. Jelineks Intertextualität als eine Ästhetik der Montage von vorgefundenem Sprach- und Mythenmaterial sowie als Zitieren historisch konkreter Gegenwartsbezüge demonstrieren kommunikative Qualitäten ihres Œuvres, die im Werk Bernhards auf keine unmittelbare Entsprechung stoßen. Vielmehr zeichnet sich bei ihm eine Art von Intratextualität, also werkimmanenter Intertextualität ab, während sich seine philosophischen Bezugnahmen am ehesten mit dem Begriff des „name dropping" beschreiben lassen. Damit ist aber nicht gesagt, dass sich nicht doch auch Berührungspunkte hinsichtlich der Produktivität beider Verfahren aufzeigen lassen. Denn daran anknüpfend muss schließlich auch nach dem Österreich- und Heimatbegriff beider Autoren gefragt werden, deren Eigenes und Ererbtes (zwei ebenfalls hochproblematische Begriffe) ihre literarische Produktion immer mitbestimmt haben. Im Zuge dessen lässt sich dann wiederum auch die Frage nach den Skandalmodalitäten der Texte von Bernhard und Jelinek stellen und möglicherweise klären, welche Veränderungen auf dem Gebiet des Literaturskandals seit Bernhards Tod zu verzeichnen sind. Denn während seine Texte natürlich noch immer dieselben sind, erscheinen die daran geknüpften Skandale einem heutigen Publikum geradezu undenkbar und nur mehr schwer nachvollziehbar. Die Beuyssche Formel „Provokation ist Produktion" mag zwar heute nicht weniger Gültigkeit für sich reklamieren als damals, doch hat sich das, was im Literatur- und Theaterbetrieb einst Skandalpotential besaß, innerhalb medialer Aufmerksamkeitsökonomien längst verschoben.

Während sich bei Bernhard im Zuge seiner Schriftstellergenese immer mehr das Bild des Spaßmachers und Übertreibungskünstlers abzeichnete, ist Jelinek schon früh für ihren rigorosen Zynismus und das mangelnde Mitgefühl mit ihren (Frauen)Figuren gerügt worden. Auch ihr Sprachwitz, den sie selbst in der Tradition des jüdischen Witzes und des Wiener Kreises verortet, wurde lange Zeit entweder übersehen oder geschmäht (der Eklat anlässlich ihres Romans *Lust* im Literarischen Quartett ist nur das prominenteste Beispiel). An diesen Befund schließt sich jenseits einer vergleichenden Motivanalyse auch eine diskursgeschichtliche Erörterung darüber an, inwiefern (ästhetischer) Radikalismus in Bernhards Fall trotz aller Vorbehalte oft goutiert wurde, während der Autorin Jelinek (aber auch Bernhard) ihre Negativität immer wieder zum Vorwurf gemacht wurde.

Bei genauer Analyse der umfangreichen Sekundärliteratur zeichnet sich gegenwärtig die Tendenz ab, dass sich die wenigen Vergleiche beider Autoren vornehmlich auf deren Theaterarbeit und das Dramenwerk konzentrieren. Dies mag insofern verwundern, als sich in diesem Punkt zugleich eine deutliche Kontrastierung ergibt: ist Bernhard nach seinem Tod auf deutschsprachigen Bühnen inzwischen erkennbar weniger präsent, so hat sich Jelinek spätestens seit dem *Sportstück* und bis heute mit einer Vielzahl unerhört aktueller Stücke als viel und international gespielte Dramatikerin durchgesetzt, während ihr Prosawerk im Gegensatz zu dem Bernhards nur noch einen immer kleiner werdenden Interessentenkreis zu finden scheint.

Inwieweit können also bei beiden Autoren Parallelen ausgemacht werden, welche Funktionsweisen lassen sich aufzeigen und wie lässt sich der Umgang mit ihnen vergleichen? Sind nicht beispielsweise gerade die ‚Sprachflächen' Jelineks in direkter Korrespondenz zu Bernhards Figuren und deren nicht enden wollender Rede zu lesen, wie Jelinek in ihrem Nachruf auf den fünfzehn Jahre älteren Kollegen selbst bemerkt? Und zeigt sich nicht gerade in der Aufreibung beider Autoren ein Bild der Empörung über die Zustände in einem Österreich, gegen das es noch immer anzuschreiben gilt? „Ich will kein Theater. Ich will ein anderes

Theater", fasste Jelinek 1989, in Bernhards Todesjahr, ihre Theaterprogrammatik zusammen. Seitdem haben mehrere Studien theaterästhetische oder dramaturgische Lektüren ihrer Werke erprobt, doch ist ihre Bühnenpräsenz tatsächlich indirekter Ausdruck künstlerischer Vorlieben und literarischer Wertungen? Und wo ließe sich dann Bernhard auf dieser Skala verorten?

Beinahe 30 Jahre nach Bernhards frühem Tod und fast 15 Jahre nach der Verleihung des Nobelpreises an Jelinek scheint eine Bestandsaufnahme der Beziehungen und Bezugnahmen beider Autoren zueinander mehr als überfällig. Mit ganz unterschiedlichen Schwerpunkten gehen die Untersuchungen der einzelnen hier versammelten Autorinnen und Autoren vor, um die Bezugnahmen von Bernhard und Jelinek in den unterschiedlichsten Werken der Dramatik und der Prosa auszuloten.

Im ersten Themenkomplex unter dem Begriff „Verortungen" geht Fatima Naqvi mit ihrem Beitrag direkt in *medias res* und diskutiert das Thema Mitte bzw. Vermittler, das für Bernhard und Jelinek immer wieder eine Rolle spielt. Beide Autoren fungieren in ihrer Autorenrolle als Vermittler zwischen der Realität und den Darstellungen in ihren Werken, denen aber eine Unmöglichkeit der Gleichzeitigkeit, also des Synchron-Seins mit der Umwelt, zu Grunde liegt. Bernhard sucht dabei nach dem genauen Mittelpunkt, von dem aus die Welt als Darstellung aus den Angeln zu heben wäre. Jelinek dagegen lehnt jede Form der Vermittlung ab, es gibt bei ihr nur noch die Mittelbarkeit, während die eigentliche Wirklichkeit nur von außerhalb, aus dem Kontext, sichtbar wird. Sie kann sich der Vermittlung durch die Medien aber auch nicht entziehen und nutzt diese deshalb zu ihren Gunsten.

Für die literarischen Korrespondenzen beider Autoren ist auch beider Umgang mit Würdigungen und Preisen interessant, weil sie jeweils unterschiedliche Strategien und Bezugnahmen auf die eigene Sprache offenbaren, wie Paola Bozzi in ihrem Beitrag untersucht. Beide – Bernhard 1970 und Jelinek 1998 – erhalten den Georg-Büchner-Preis für ihre literarische Auseinandersetzung mit der Nachkriegsgesellschaft verliehen. Und beide machen sie in ihrer Dankesrede die Uneindeutigkeit bzw. die Aufhebbarkeit der deutschen Sprache zum Thema. Bernhard geht es dabei darum, dass es durch den spekulativen Geist der Sprache möglich ist, gegensätzliche Bedeutungen in einem Wort zu vereinen. Jelinek hingegen spricht über die unabschließbare Arbeit an und mit den Wörtern, wehrt sich dabei gegen Sprachklischees, kritisiert die fixierte Bedeutung von Phrasen und realisiert dabei geradezu die von Bernhard angesprochene Auflösung der Begriffe. Insofern lässt sich eine deutliche Weiterentwicklung der bernhardschen Autorschaft erkennen, die durch Jelinek fortgeschrieben wird.

Auf einen weiteren bemerkenswerten Aspekt dieser Form von Fortschreibung konzentriert sich auch Rita Svandrlik in ihrer Untersuchung. So stellt gerade Ingeborg Bachmanns Werk für Bernhard und Jelinek einen zentralen Bezugspunkt in ihren eigenen Werken dar. Svandrliks Analyse richtet sich auf unterschiedliche Texte der verschiedenen Gattungen aus, wobei sich deutliche Unterschiede herausdestillieren lassen: Bernhards Romanfigur in *Auslöschung* erhält durch Verweise auf authentische Einzelheiten aus Bachmanns Leben die Glaubwürdigkeit der dargestellten idealisierenden Überhöhung, denn der Autor spielt dabei mit Authentizität und Fiktion. Bei Jelineks Figur Inge in *Die Wand* dienen dagegen Bruchstücke aus den Werken sowie dem biographischen Diskurs um Bachmann einer ambivalenten Darstellung des Ausschlusses der kunstschaffenden Frau aus der symbolischen Ordnung. Die Unverträglichkeit von Kunst und Leben für Frauen zeigt sich nach Jelinek im Scheitern des weiblichen Versuchs der Machtaneignung.

Manfred Jurgensen stellt in seinem Beitrag eine grundsätzliche Gemeinsamkeit Jelineks und Bernhards in der als ‚Nestbeschmutzung' verrufenen Kritik am Heimatland fest, die auch in Rückbindung an den deutschen Nachbarn die Bewältigung der nationalsozialistischen Vergangenheit immer wieder problematisiert. Machen sich hierbei beide Autoren eine Sprache des Widerspruchs zu eigen, die das diagnostizierte Totschweigen zu durchbrechen versucht, unterscheidet sich die dabei angewendete Form jedoch deutlich. Während Jelinek ein ‚Wir' adressiert, von dem sie sich selbst auszunehmen scheint, und das bewusst deutlich und lautstark angesprochen wird, wählt Bernhard eine subtilere Form, die durchaus kabarettistische Züge anzunehmen vermag.

Einen anderen Zugang wählt Harald Gschwandtner für seine Untersuchung: Um Bernhard und Jelinek als Akteure des literarischen Feldes miteinander in Beziehung zu setzen, werden deren spezifische Modi des Sprechens über zeitgenössische Schriftstellerinnen und Schriftsteller befragt. Dabei wird, ausgehend von Bourdieu, zum einen ihre je eigene Autonomie untersucht und zum anderen der affirmative wie distinktive Bezug zu anderen Autoren und Texten diskutiert. Ihre Konkurrenzsituation wird demzufolge anhand charakteristischer Distinktions- und Solidarisierungsphänomene veranschaulicht und im Rahmen des österreichisch-deutschen Literaturfeldes beleuchtet. Damit schließt sich gleichsam dieser erste Untersuchungskomplex und schlägt den Bogen zum Kontext bzw. Konzept des Vermittlers, den uns Fatima Naqvi vor Augen geführt hat.

Unter dem Dach der „Schreibweisen" werden ganz verschiedene poetologische Bestandaufnahmen zu beiden Autoren gebündelt. Der Beitrag von Bernhard Sorg widmet sich den unterschiedlichen Produktionsschemata von Jelinek und Bernhard vor dem Hintergrund der dichterischen Welterfahrung. Die Literatur konstruiert eine Perspektive auf die Welt, die nach den je unterschiedlichen Prinzipien künstlerischer Gestaltung zusammengesetzt ist. Sie folgt damit einer poetologischen Logik, die bestehende Dichotomien innerhalb der empirischen

Realität einlöst und in Kategorien künstlerischer Plausibilität und sprachlicher Originalität ihren ästhetischen Ausdruck finden. Ästhetische Produktionstechniken, wie diejenige der Metaphorik, der Diktion oder der gewählten Perspektive, fassen sich im transzendentalen Prinzip zusammen, dem innerhalb der Welt des Kunstwerkes die Verfügungsgewalt zukommt. Anhand von Jelineks *Lust* und Bernhards *Frost* wird nachgewiesen, wie auch diese Werke sich von der empirischen Welt emanzipieren, um einer radikalen Kritik derselben Raum zu geben.

Einem wiederum anderen Ansatz im Hinblick auf poetologische Aspekte des Schaffens beider Autoren folgt Verena Meis, die konstatiert, dass sich das Gewaltpotential der theaterpoetologischen Schriften bei Jelinek und Bernhard auf höchst unterschiedliche Art und Weise äußert. Bei Jelinek liegt der Schwerpunkt auf der Sprache und dem Text an sich, die vortragenden Figuren sind nur Mittel zum Zweck, hinter dem die Autorin verschwindet. Damit widersetzt sie sich den gängigen Theaterkonventionen und bildet ein neues, ästhetisches Konzept heraus. Bernhard dagegen stellt seine Figuren deutlich als figurale Personenkonstruktionen dar, die sprechen, was er vorgibt, und in diesem Zusammenhang vielfach wortwörtlich als Sprachrohr ihres Autors fungieren. Denn als Autor behält er dabei die Macht über seinen Text und geht gegen dessen falsches Verständnis gegebenenfalls auch mit Gewalt vor.

Clemens Götze widmet sich einem Thema, das in der Forschung noch weitgehend unbeachtet geblieben ist: im Zentrum seines Beitrags stehen Bernhard und Jelinek in ihren jeweils unterschiedlichen Rollen des bzw. der Interviewten; eine Form der praktischen Inszenierung, die über das literarische Werk noch hinauszuweisen vermag. Es handelt sich dabei um einen Ausdrucksmodus, bei dem öffentliche Rede und künstlerische Selbstdarstellung zusammenfließen und eine Persona erschaffen wird, die das literarische Gesamtkunstwerk im Rahmen medialer Öffentlichkeit fortsetzt. Einmal mehr verbindet beide dabei das selbst entworfene Image der Provokateure, als dessen Antrieb sich das Motiv der Negativität ausmachen lässt. Bernhard und Jelinek können, wenn auch unter je unterschiedlichen Vorzeichen ihres werkspezifischen Vorgehens, als die großen Verweigerungskünstler der österreichischen Nachkriegszeit bezeichnet werden. Bernhard agiert aus der Negation heraus und macht die Autorfigur zur Projektionsfläche seiner literarischen Figuren, während es sich bei Jelinek um Schöpfung aus der Negativität heraus handelt und sie das Mittel des Sich-Selbst-Angreifens als Schutzfunktion nutzt, um ein Autorinnenbild zu konstruieren, hinter dem sie sich verstecken kann.

Antonia Egel untersucht in ihrem Beitrag das Motiv des Chores, den Bernhard und Jelinek in einigen ihrer Theatertexte einsetzen. Beide beziehen sich dabei auf Nietzsches Theatertheorie, nach der Chöre Visionen vom Anfang der Kunst schaffen, durch die die Arbeit eines Dichters überhaupt erst möglich wird. Ein

Chor nimmt die Schnittstelle ein zwischen Individuum und Gemeinschaft. Bei Bernhard tritt der Chor als Figuration auf und entpersonalisiert die handelnden Figuren, während die chorische Masse bei Jelinek kaum von den handelnden Figuren zu unterscheiden ist und mithin ein performatives Element ist. Der Chor spricht sowohl bei Bernhard als auch bei Jelinek dort weiter, wo individuelles Sprechen nicht länger möglich ist und gibt denen eine Stimme, die keine (mehr) haben.

Ein weiteres, anhaltend prominentes Thema in der Rezeption von Bernhard und Jelinek stellt jenes der ‚Vergangenheitsbewältigung' in Bezug auf den Nationalsozialismus und seine historische Bewertung, den Umgang mit ihm und seine Folgen dar. Die Forschungsbeiträge zu diesem Komplex füllen bereits eine Vielzahl an Bänden – die in dieser Sektion präsentierten Beiträge bereichern die Debatte jedoch um überraschend neue Perspektiven, die sich gerade dem Vergleich beider Werke verdankt. Gerhard Scheits Aufsatz diskutiert die Rezeption der österreichischen Vergangenheit des Nationalsozialismus' in beider Literatur, die sowohl für Bernhard als auch für Jelinek problematisch erscheint, ebenso wie die grundsätzliche Frage nach einer Möglichkeit der Literatur nach Auschwitz. Der größte Unterschied zwischen beiden Autoren ist die spezifische Art des Erinnerns: Bernhards Figuren sind Individuen mit einer persönlichen Geschichte und einem totalen Bewusstsein in Bezug auf den Nationalsozialismus; durch ihr figurales Erscheinen wird so Geschichte erfahrbar gemacht. Dem gegenüber wird in Jelineks Werken eher ein total gewordenes kollektives Unbewusstes konstruiert, in dem ihre Charaktere gewissermaßen kein ‚Ich' mehr haben, sondern nur mehr ein ‚Wir'.

Die nationalsozialistischen Verbrechen und das umgreifende Schweigen darüber in der Nachkriegszeit sind wiederkehrende Themen sowohl bei Jelinek als auch bei Bernhard. Jan Süselbeck, der herausarbeitet, wie dies beiden den Vorwurf der Nestbeschmutzung einbrachte, weist in diesem Zusammenhang darauf hin, dass die Forschung die Auseinandersetzung mit Shoah und Schuldabwehr bei beiden Autoren zwar bereits intensiv besprochen, jedoch bislang Entsprechungen zwischen konkreten Orten des Verbrechens und ihrer Transposition in literarische Schauplätze außer Acht gelassen hat. Insbesondere Kaprun wird zu einem Ort, an dem die noch immer eingeschriebene Geschichte nationalsozialistischer Verbrechen hervortritt und mit der Verdrängung der Täterschuld konfrontiert wird. Jelinek schließt sich dabei dem Programm der Texte Bernhards an, jene Tatorte gleichsam als Topographien der Erinnerung aus dem Schweigen über Zwangsarbeit und Massenvernichtung heraus zu heben.

Corina Caduff diskutiert in ihrem Aufsatz die Poetik des Todes und fokussiert damit auf ein zentrales Moment in beider Werk. Bernhards literarischer Anspruch speist sich aus einer Urszene des Überlebens, der eigenen Krankheit und dem zeitnahen Tod engster Bezugspersonen. Für Jelinek stehen die gesellschaftliche Verdrängung von weiblicher Repräsentanz sowie die Verdrängung der Opfer der Shoah im Zentrum. Die literarischen Figuren und das Motiv des Todes dienen damit bei beiden Autoren der Analyse und Offenlegung von gewalttätigen gesellschaftlichen Verhältnissen. Die Poetiken des Todes werden so gleichsam zu Praktiken des Lebens und Überlebens.

Literatur- und Sprachkritik macht Karl Solibakke vor dem Hintergrund der Vergangenheitsproblematik zum Inhalt seiner Betrachtungen: Der Unmöglichkeit gegenüber stehend, die Widersprüche der Verhältnisse ins Bild zu setzen oder überhaupt angemessene Parameter für eine Auseinandersetzung mit gedächtniskulturellen Sachverhalten zu schaffen, sind Schrift und Sprache nur begrenzt handlungsfähig als Form literarischer Kritik. Dem gegenüber entfaltet sich in der Sprachlosigkeit ein Modus der Wahrheitssuche, der als Widerstand gegen eine falsche, kontaminierte Redseligkeit vorgeführt wird. Auch Jelinek in ihrem Stück *Schweigen* und Bernhard in seinem Roman *Beton* bemächtigen sich dieser Technik, indem die stillen Zeichenräume als diejenigen auftreten, die mit der Wahrheit angefüllt sind.

In den „Räumlichkeiten", der vierten und letzten Sektion, werden diese Zeichen-Räume in die Räume der Natur und Berglandschaft ebenso transponiert wie in die konkreten Räume und Behausungen der literarischen Figuren. Innerhalb der österreichischen Literatur nehmen die Alpen einen besonderen Platz ein. Diesem Aspekt bei Jelinek und Bernhard widmet sich der Beitrag von Jens Klenner. Die mythisch-romantische Verklärung der Alpen wurde integraler Bestandteil der nationalen Identität Österreichs, in dessen Zusammenhang auch das Subjekt einen Raum individueller Selbstverständigung zugeteilt bekam. Die österreichische Gegenwartsliteratur bricht jedoch mit solchen Topoi. So ist das Subjekt in Bernhards *Frost* der Gewalt des Gebirges preisgegeben, in dessen Spannungsrahmen wissenschaftliche Ordnungsprinzipien mit der Alpennatur konkurrieren. Jelinek webt ferner noch das Vergangene ein in die Gebirgslandschaft, dessen Betrachtung dem Ich verwehrt bleibt – ausgesetzt auch hier der Gewalttätigkeit der Felsenlandschaft und dabei jenseits von Kants emphatischem Erhabenheitsbegriff.

Einen anderen Zugang zum Topos Natur wählt hingegen Bernhard Judex in seiner Untersuchung, in der er demonstriert, dass Jelinek und Bernhard in ihren Werken immer wieder den Naturbegriff und die Zerstörung eben dieser und durch diese zum Thema machen – immer eng verbunden mit einer Heimatkritik an ihrem Herkunftsland Österreich. Beide verweisen dabei auf die Vergangenheit des Landes vor dem Hintergrund von Austrofaschismus und Nationalsozialismus, weshalb beider Schaffen dem Programm einer Anti-Heimatliteratur zugerechnet wird. Die Natur ist dabei grausam und fürchterlich und eine Überwindung durch den Menschen unmöglich, ebenso wie eine Beschreibung der Natur, ohne sie zu etwas Künstlichem zu machen. Bernhards Naturbegriff bleibt dabei eher abstrakt, während sich Jelinek im Zusammenspiel mit naturmythischen Topoi wiederum an tatsächlichen Ereignissen orientiert.

Wie Sarah Neelsen in ihrem Beitrag aufzeigt, verwenden Bernhard und Jelinek in ihren Werken den Topos des Nestes, der sich sowohl auf die häusliche Konstruktion als auch die politische Bezeichnung für das Heimatland bezieht, das nicht zum Wohnen einlädt. Sie verknüpfen dabei das Intime mit dem Politischen und kritisieren die Verbindung von Heim und Heimat. Ausdruck findet das sowohl in ihren Beschreibungen von Bauten, die zur Abschottung von der Welt und dem Rückzug in schwirige Familienverhältnisse dienen, sowie in dem Motiv des Wiederaufbaus nach dem Krieg, denn der Umgang damit spiegelt sich zwangsläufig auch in ihrer je spezifischen Sprachverwendung wider. Trotz unterschiedlicher stilistischer Methoden ist dabei beiden eine Kritik an dem in Österreich von der Intimsphäre abgeleiteten Nationsbegriff gemein.

Dass ein Sammelband-Projekt nicht auskäme ohne die Mithilfe all derer, die an seiner Entstehung beteiligt sind, ist selbstverständlich. Nicht selbstverständlich hingegen, aber überaus erfreulich war das Maß an Engagement für die Sache, das wir in diesem Fall erfahren durften. Um unserem Band, anders als in schieren Akkumulationen ganz heterogener Beiträge wie sie immer üblicher werden, die in sich geschlossene Form zu geben, die er nun hat, wurden hier und da neue Perspektivierungen oder Fokusverschiebungen notwendig, deren Ergebnis nun die lange Entstehungszeit rechtfertigen mögen. Zu allererst gilt unser größter Dank daher selbstredend unseren Autorinnen und Autoren – sowohl für ihre zum Teil schon 2014 eingereichten Beiträge als auch (und ganz besonders) für ihre Geduld, die wir während der Fertigstellung dieses Bandes über Gebühr auf die Probe gestellt haben. Dr. Manuela Gerlof danken wir für die freundliche Aufnahme unseres Projekts in den Verlag Walter de Gruyter. Besonders zu danken haben wir auch Elfriede Jelinek für die Erlaubnis, ihren 1989 zuerst in *Profil* veröffentlichten Nachruf auf Thomas Bernhard hier in einer Art einleitenden Funktion erneut publizieren zu dürfen. Zuletzt möchten wir uns ganz herzlich bei unseren studentischen Hilfskräften an der Humboldt-Universität zu Berlin für ihre unermüdliche Mitarbeit bedanken. In einer ersten Phase der Einrichtung der Beiträge waren dies Sarah Smolorz und Thomas Moispointner, zum Ende hin waren es dann Nathalie Leonhardt und Valentin Schettler – alle vier haben durch ihr anhaltendes Engagement ganz maßgeblich zum Gelingen dieses Bandes und zur Fertigstellung des Manuskriptes beigetragen.

Berlin, im September 2018

Elfriede Jelinek
Der Einzige und wir, sein Eigentum

[Ein Nachruf auf Thomas Bernhard[1]]

Der Gigant ist tot. Der Fels des Anstoßes, an dem niemand vorbeigekommen ist. Er hat seinen kranken Körper geschrieben und sich in ihm festgeschrieben, als ob er seinen Atem, um den der Kranke immer schon hat kämpfen müssen, in der Fabrik seines Leibes jeden Tag hätte wieder neu herstellen müssen. Es ist ja kein Zufall, daß dieser Dichter ein Dichter des Sprechens (nicht des Schreibens) war. Die Erfahrung des in der frühen Jugend schon Lungenkranken hat ihm die großen Tiraden seines Werkes abgerungen: Ich spreche, also bin ich. Und solange ich spreche, bin ich nicht tot.

Seine Freunde berichten, daß er Stunden und Stunden, oft mehr als zehn, ununterbrochen sprechen konnte und auf die Bitte, endlich aufzuhören, weil man nicht mehr zuhören könne, um noch zwei weitere Stunden des Sprechendürfens gebeten hat. Und um den Schrecken nicht zu Ende denken zu müssen, hat der ausgebildete Musiker eine eigene Technik der Wiederholung entwickelt, aber in rhythmischer Gliederung, ähnlich einer ununterbrochenen Sinusschwingung, deren musikalischer Gesetzmäßigkeit sich niemand entziehen konnte, selbst wenn alles schon hundertmal gesagt war.

So hat die Erfahrung des Zuwenig-Luft-Kriegens den wüsten flammenden Atem des Um-sein-Leben-Sprechenden erzeugt. Der österreichische Mief, diese schlechte Luft, sein Leben lang hat es ihm ausgereicht, dieses Lüfterl, sich an ihm zu entzünden. Von der Atemnot im Pavillon Hermann (oder wie die Krankenverwahrungskojen auch immer geheißen haben mögen, wo die „Kranken, von den Gesunden aus gesehen, kein Recht mehr haben") zu einer Literatur der endlosen Suaden. Von den entmündigten Patienten, die nur „das Gnadenbrot der Gesunden zu essen haben", zum Mund Österreichs, der die Wahrheit sagt über dieses Land, was „von den Gesunden immer als ein Akt der absoluten Ungehörigkeit" empfunden worden ist.

Platz für die Kranken! Und Platz für die Dichter, aber wehe, sie drängen sich, wie die ihrer Krankheit wegen von der Gesellschaft Ausgesonderten, in einen Bereich hinein, in dem sie nichts zu suchen haben: in die politische Wirklichkeit des Landes, in der nur die Politiker etwas zu suchen haben, nämlich ihren Vorteil

---

[1] Der Text des Nachrufs ist in all seinen sprachlichen Eigenheiten belassen worden, lediglich der offensichtliche Tippfehler der „Hitchcockschen Mac Buffins" ist zu „MacGuffins" korrigiert worden.

vor der Steuer oder das Steuer selber, das nur sie halten dürfen und sonst keiner! Und zurück mit dem Dichter ins Spital, nur diesmal nicht auf die Lungenstation, sondern gleich in die Psychiatrie! Dort wird man sich schon kümmern um ihn, damit er nicht mehr so schnell zurückkommt zum gesunden Volkskörper.

Ich glaube, es sind die frühen Krankheitserfahrungen des lebenslang kranken Thomas Bernhard, die ihm den Blick geschliffen haben, die ihn trotzig auf seinen Platz haben beharren lassen, nur damit ihn kein andrer besetzen kann. „Der Vorgang ist weltweit bekannt: Der Kranke geht und ist weg, und die Gesunden nehmen sofort seinen Platz ein und nehmen diesen Platz tatsächlich in Besitz und auf einmal kommt der Kranke, der nicht gestorben ist wie angenommen, zurück und will wieder seinen Platz einnehmen, in Besitz nehmen, was die Gesunden aufbringt." Mit größter Rücksichtslosigkeit muß der Atemlose, der Dichter, die Wirklichkeit neu immer wieder in Besitz nehmen. Er stopft sie sich, gierig wie ein Kind seine Torte, in den Mund, er drängt die Gesunden weg, er verdrängt sie, er würde sie auch töten, nur um seinen Platz einzunehmen und Die Wahrheit Zu Sprechen.

Der Kranke ist der Hellsichtige, und dieser ehemals Kranke und jetzt Tote war ein Lamm Gottes, das die Sünden der Welt auf sich genommen hat, nicht unbedingt, um jemanden zu befreien, sondern damit sich viele Unberufene (toi, toi, toi, Hauptsache gesund!) endlich berufen fühlen konnten, sich über Literatur zu äußern, wie sie ihre Hunde äußerln führen gehen. So rast ihnen die Sprache an der Leine ihrer Gedanken herum und zerrt die Gedanken die meiste Zeit hinter sich her. Da könnte ja ein jeder daherkommen! Denn was jeder zu verstehen meint, darüber darf er keinesfalls schweigen! Darüber kann jeder doch mindestens so gut wie der Dichter und viel besser noch reden! Und doch wieder war die Bernhardsche Kritik auf vertrackte Weise die Kritik von jedermann an jedermann, die Kritik des Räsoneurs, der gerade in dieser Rolle die Kritik allein für sich usurpiert. Die Gesellschaft muß sich fortwährend suggerieren, die einzig mögliche von allen zu sein, sie muß ihre Veränderbarkeit geradezu ausschließen, eine andere als sie darf nicht einmal denkmöglich werden, worüber könnte der Dichter sonst schreiben? Daher hat sie auch nur Platz für einen einzigen Kritiker, den Prototyp des Kritikers gewissermaßen, der, als ihr zorniger Beobachter, zu ihrem, der Gesellschaft Eigentum wird, und dessen Geisel sie wiederum werden muß. Und jetzt hat er in seinem Testament uns aufs nachhaltigste ausgeschlossen. Keine Gnade mehr möglich vor dieser einen, einzigen, letzten Entscheidung!

All die gehässigen Leserbriefe gegen einen einzelnen Künstler, all dieser Abschaum der gesunden Volksmeinung, haben oft den Eindruck erweckt, wir alle wären in Bernhards Hand. Und wie sehr war er doch in unserer, als Kranker noch gezerrt vor den Burgtheater-Vorhang, damit man ihn leibhaftig anschauen konnte!

Wie kein anderer hat dieser zornige Mann an sie, diese österreichische Gesellschaft, geglaubt, wie der Kranke ja auch mit verzweifelterer Wut zu den Gesunden hinüber möchte, gerade weil sie ihm dauernd das Gefühl geben, nicht mehr zu ihnen zu gehören und ihn, diese schreckliche Möglichkeit ihres eigenen Seins, abzustoßen suchen. So affirmiert Bernhard die Gesellschaft in seiner Rolle als Kritiker, als Schablone des Kritikers schlechthin, gerade indem er sie kritisiert, die doch längst sein Lebensinhalt geworden ist.

Der auch schon gestorbene Dichter Reinhard Prießnitz hat Bernhard einen „Herrn" genannt, und das sei seine Rolle gewesen. Der junge Thomas Bernhard schon hat diese sogenannte gute Gesellschaft leidenschaftlich studiert, um zu ihr gehören zu dürfen, und je mehr er tatsächlich zu ihr gehört hat, um so mehr hat sie ihm gehört, und er hat sie schütteln, zerreißen dürfen, nur um letztlich von ihren Klauen zerrissen zu werden. Denn wer zu verzweifelt zu ihr zu gehören sucht, den stößt sie zuallererst aus. Diese Söhne und Töchter der Provinz, unter der Peitsche römisch-katholischen Terrors und der Nazi-Stammtische, immer schon haben sie die komplizierten Rituale der herrschenden Klasse Wiens studiert: beim Knize oder bei den Grabenjuwelieren einkaufen und auf dem Kohlmarkt spazierengehen! Als dürfte man, wenn man nur die Regeln gut genug kennt, auch wirklich am Ort seiner Wahl unbehelligt existieren.

Aber bei der Preisverleihung sitzt der Dichter unerkannt mitten im Publikum, und der Herr Mitglied der Akademie hat Mühe, ihn inmitten der vollbesetzten Reihen zu erreichen. Und da alle so gemütlich sitzen, müssen sie aufstehen, um den Laureaten herauszulassen, wobei sie giftige, durchbohrende Blicke auf ihn richten, weil sie ja aufstehen müssen, ihn durchzulassen: „Ich selbst hatte mich in den Käfig gesperrt."

Wem fällt da nicht die zweite große Dichterin aus der Provinz ein, die Bachmann, der Thomas Bernhard in der *Auslöschung* ein schönes Denkmal gesetzt hat? Nur hat die Bachmann, eine Frau, von der Gesellschaft als dem allergrößten Mordschauplatz gesprochen, in der die „Todesarten" variieren mögen, aber entkommen kann keiner. Eine Frau kann das gar nicht anders wahrnehmen. Thomas Bernhard war verurteilt, als seine Heimstätte ansehen zu müssen, was er doch endlos verachten mußte.

Die Bachmann hat sich den Ort, an dem sie hätte wohnen können, zum Schluß mit ihrer verbrannten Hand nicht einmal mehr imaginieren können. Thomas Bernhard hat den seinen mit Leblosigkeiten angefüllt, mit Junggesellenmaschinen, auch mit den Bruchstücken alter Tassen, die, ihres ursprünglich philosophischen Inhalts längst entleert, nur mehr zu bloßen Hülsen von Philosophen und Philosophien taugen, bis zum letzten Fetisch, dem Denken selbst. Es ist von den Dingen die Rede, aber sie sind es nicht! Ähnlich den berühmten Hitchcockschen MacGuffins, jenen Gebilden (auch Denkmodellen), die in den

Filmen Hitchcocks niemals näher erklärt werden, aber doch den Angelpunkt der Handlung jeweils ausmachen, bevölkern riesige Kegel den dunklen Wahn von Bernhards literarischen Welten, nie geschriebene Biographien von Komponisten, weitverzweigte Abhandlungen, die ihre Verfasser am Leben erhalten, solange er schreibt, auch wenn keiner weiß, worum es in ihnen geht, intrikate Krankengeschichten oder auch nur das virtuose, unerreichbare Spiel eines großen Meisters des Klaviers, überhaupt dieser männliche Fetisch schlechthin: die Meisterleistung, das Höchste, Größte, Einzigartige, das man nie wird einholen können.

Und doch: Die Akademie, die dem Dichter ihren Preis verliehen hat, hat ihn mitten im Publikum, wo er gesessen ist, gar nicht erkannt. Die Ministerin hat während der Verleihungszeremonie laut schnarchend geschlafen. Nachher hat sie plötzlich gerufen: Wo ist denn der Dichterling? Die Bachmann ist verbrannt. Thomas Bernhard ist sein Leben lang erstickt.

I VERORTUNGEN

Fatima Naqvi
Keine Vermittler! Bernhard und Jelinek *in medias res*

Schlüge man den Begriff „Vermittlung" online nach, begegneten einem folgende Definitionen, die ich hier – mit kleinen Ergänzungen meinerseits – auflistet. Das Wort kann in seiner Bedeutung:
- auf die Bildung oder Unterweisung bezogen werden, also als Beschreibung der Funktion eines Lehrers, der sich seiner kommunikativen Rolle bewusst ist;
- im ökonomischen Bereich auf den Vertrieb angewandt werden, wo Handelsvertreter oder -makler als Mittelsmänner zwischen der Produktion und dem Groß- und Einzelhandel fungieren;
- das Herstellen von Verbindungen im Telekommunikationsbereich anzeigen;
- mit seinem lateinischen Äquivalent ‚Mediation' (*mediatio*) eine Einigung zwischen unterschiedlichen Ansichten und Interessen bezeichnen, also ein strukturiertes Verfahren zur Beilegung eines Konflikts;
- in der Philosophie auf den gedanklichen Prozess des Ausgleichs von Gegensätzen angewandt werden.[1]

Interessanterweise werden all diese Aspekte in Thomas Bernhards Roman *Auslöschung. Ein Zerfall* (1986) evoziert, wenn die Hauptfigur Murau von sich als „Realitätenvermittler" spricht. Im übertragenen Sinn ist Murau als Lehrer zu verstehen, der seinen Schüler Gambetti in der deutschen Literatur unterweist: Als *go-between* versucht er sich zwischen (deutschen) Text und (italienischen) Rezipienten zu schieben, um eine ‚korrekte' Lesart zu garantieren. Als Bindeglied zwischen deutsch-österreichischer Literaturheimat und italienischer Wahlheimat stellt er eine ungewöhnliche Verbindung her. Als Mediator will er den Epheben von den Vor- und Nachteilen des Deutschen vis-à-vis der romanischen Sprache überzeugen. So legt er sie zuletzt in die Waagschale, um den Prozess des Ausbalancierens auf auditiver, visueller und physischer Ebene zu illustrieren:

> Die deutschen Wörter hängen wie Bleigewichte an der deutschen Sprache, sagte ich zu Gambetti, und drücken in jedem Fall den Geist auf eine diesem Geist schädliche Ebene. [...] Um wie vieles höher also, sagte ich zu Gambetti, seien die Leistungen *unserer* Philosophen

---

[1] Die auf der Wikipedia-Webseite (http://de.wikipedia.org/wiki/Vermittlung) angegebenen Definitionen werden hier in keiner besonderen Reihenfolge aufgelistet (16. März 2018).

https://doi.org/10.1515/9783110632675-003

und Schriftsteller einzuschätzen. Jedes Wort, sagte ich, zieht unweigerlich ihr Denken herunter, jeder Satz drückt, gleich was sie sich zu denken getraut haben, zu Boden und drückt dadurch immer *alles* zu Boden. Deshalb sei auch ihre Philosophie und sei auch, was sie dichten, wie aus Blei. Plötzlich habe ich Gambetti einen Schopenhauerschen Satz aus *Welt als Wille und Vorstellung* zuerst auf Deutsch, dann auf Italienisch vorgesprochen und ihm, Gambetti, zu beweisen versucht, wie schwer sich die Waagschale auf der mit meiner linken Hand vorgetäuschten deutschen Waagschale senkte, während sie sozusagen auf der italienischen mit meiner rechten Hand in die Höhe schnellte. Zu meinem und zu Gambettis Vergnügen sagte ich mehrere Schopenhauersche Sätze zuerst in Deutsch, dann in meiner eigenen italienischen Übersetzung und legte sie sozusagen für alle Welt, aber vor allem für Gambetti, deutlich sichtbar auf die Waagschale meiner Hände und entwickelte daraus mit der Zeit ein von mir auf die Spitze getriebenes Spiel. (Bernhard 2009, 8 – 9)

Ein Vermittler muss als Mittelsmann fungieren, der buchstäblich die Mitte findet – es ist eine spielerische Annäherung an die Philosophie, über den Umweg einer haptischen („auf die Waagschale meiner Hände"), akustischen („vorgesprochen") und optischen („deutlich sichtbar") Ästhetik.

Muraus Verwendung des umgangssprachlich veralteten Begriffs „Realitätenvermittler" anstatt der inzwischen gebräuchlicheren Bezeichnung „Makler" in *Auslöschung* ist mit dieser Tätigkeit des Ausgleichens verbunden und verweist auf einer Metaebene auf das Dazwischentreten des Autors, der sich als Mittelglied zwischen die Realität und ihre Darstellung schiebt, um mit einer besonders markanten narrativen Präsenz auf sich aufmerksam zu machen. ‚Nur keine Vermittler!' lautet zwar die Devise mancher Bernhardscher Figuren – man denke an ihre Abneigung gegenüber Lehrern und anderen vermittelnden Instanzen wie Professoren, Philosophen, Kunstführern usw. –, aber der Autor selbst geht da einen anderen Weg. Es ist die Suche nach dem archimedischen Punkt: der genauen Mitte, von der aus die Welt als Darstellung aus den Angeln zu heben wäre. Die Suche verläuft zwar im Sand, dient aber als Movens seiner Werke. Nicht viel anders ist das bei Bernhards Landsmännin Elfriede Jelinek. Auch hier findet man die Abneigung gegen jegliche Vermittlung – insbesondere die der Medien –, die Skepsis vis-à-vis der eigenen, notwendigerweise vermittelten Stimme und die Thematisierung des permanent fehlschlagenden Versuchs, die Mediation zu umgehen. Der Vermittler kann sich nicht in dünne Luft auflösen, und die Durchsichtigkeit der absoluten Unmittelbarkeit bleibt ein utopisches Ziel. Aber der Wunsch nach einer solchen Transparenz treibt die Suche nach dem Mittelpunkt an, von dem aus eine Balance zwischen Unterweisung, Ausgleichen und Weiterleitung zu erreichen wäre. So kommt eine erzählerische Präsenz zustande, die sich bis zu einem außerordentlichen Grade mit der außerhalb der Erzählung existierenden Autorstimme deckt.²

1 Bernhards Mittel

Ein Turm steht im Walde. Er befindet sich nicht irgendwo zwischen den Bäumen, sondern im exakten Zentrum der bewaldeten Fläche. Nur ein besonderer Kopf ist der Berechnungen fähig, deren es bedarf, um aus dem unwegsamen Gehölz einen idealen Standort zu machen und von Idee zu Faktum überzugehen:

> Die Vorstellung, die ich gleich im ersten Augenblick vom Standort des Kegels gehabt habe: Mitte des Kobernaußerwaldes, die mit dem jetzigen Standort übereinstimmt. [...] Die Vorstellung, einen *errechneten* Mittelpunkt (zweiundvierzig Kilometer von Mattighofen) zu einem *tatsächlichen* Mittelpunkt zu machen [...]. (Bernhard 2005, 302)

Statische Berechnungen und bautechnische Organisation des Mittelpunktes binden im Roman *Korrektur* (1975) die Peripherie ans Zentrum, England an Österreich, den männlichen Protagonisten an ein weibliches Liebesobjekt. Der Kegel stellt eine Verbindung zwischen dem genialen Erfinder und sich selbst her³; ebenso fügt er Erbauer und Umwelt (Bewunderer, Neugierige) sowie Lehrer und Schüler, Erblasser und Erben zusammen. Im genauen Mittelpunkt positioniert, wird der Turm für diese Gruppierungen zum Symbol einer potenziellen kommunikativen Verbindung, zur Insigne einer möglichen Mediation aller Pro- und Contra-Ansichten, zum Wahrzeichen einer fächerübergreifenden Unterweisung.

Das Fehlen eines Mittelpunktes ist *das* Problem des Textes, das durch die Errichtung des Turms gelöst werden soll. Der Text kreist nicht nur um den Turm, den es zu entwerfen, zu konstruieren und dann zu vernachlässigen gilt, sondern auch um das Wort „Mitte" in allen denkbaren Permutationen (Vermittlung, Mittel, Mittelpunkt). Der Versuch, einen Mittelpunkt zu schaffen, soll nämlich durch das Materielle – des österreichischen Grund und Bodens, des Baus – geschehen, wenn nämlich andere, menschliche Mittelpunkte versagen. Die Mutter der Hauptfigur

---

2 So wären auch die heftigen Aversionen zu erklären, die sich immer wieder an der Person Bernhards oder Jelineks entzündet haben bzw. entzünden. Siehe hierzu z. B. Günter Kaindlstorfers ORF-Beitrag *Wer hat Angst vor Elfriede J.?*, in dem er auf die negativen Reaktionen auf die Verleihung des Nobelpreises an die Autorin eingeht (11.12.2004).
3 Roithamer, der den Turm entwirft, sagt von sich: „Idee des Kegels als Inangriffnehmen und Verwirklichung und Vollendung [...] meines [...] Zieles, mich nicht nur mir selbst gegenüber verständlich zu machen [...]." (Bernhard 2005, 236).

ist ein Beispiel dafür, wie Mittelpunkte durch unlautere Mittel behauptet und verteidigt werden. Die zweite Frau des Vaters sei, so die Hauptfigur Roithamer, auf andere Art als der kalkulierende Sohn „immer berechnend gewesen": „[D]as hat so weit geführt [...], daß sie fürchterlichen Zuständen verfallen ist, wenn eine ihrer Berechnungen einmal nicht aufgegangen ist [...] diese Art Frauen [...] schwächen damit das Verhältnis, was sie nicht fühlen, aber stärken, wie sie glauben, ihre Position [...] fast immer mit dem Mittel der Übelkeit" (Bernhard 2005, 218–219). Anstatt durch diese Mittel zur ausgleichenden Mitte zu werden und den „Lebensmittelpunkt" zu bilden, wird die Frau so zum „Absterbensmittelpunkt". Selbstmord wird zum permanent angedrohten Mittel für die Schwachen und Mittellosen, wie der Sohn wiederholt konstatiert („weil sie kein anderes Mittel als diese Drohung haben [...], weil sie im Grunde mittellos, völlig mittellos sind" (Bernhard 2005, 219). Roithamers Turm kann somit als Bestreben gelesen werden, einen anderen Mittelpunkt zu schaffen, der mit lauteren Mitteln zustande kommt: ein phallisches Gegenstück zur weiblichen Unfähigkeit.

Ein komplexes Verhältnis zur Zeit motiviert Roithamers Distanzierung von der machtlosen *Mittel*losigkeit und von den *Mittel*osen. Auf der temporalen Ebene ist es das Problem der Gleichzeitigkeit, das durch die Suche nach einem Zentrum ausgedrückt wird: die „Schwierigkeit, immer da, [...] *im richtigen Zeitpunkt zu sein*" (Bernhard 2005, 236 [Hervorhebung FN]). Synchronsein würde das Aufheben jeder zeitlichen Unstimmigkeit bedeuten, das Transzendieren des Schnitts, der Heute und Damals sowie Heute und Morgen im Bewusstsein trennt. Es würde ebenso bedeuten, die räumliche Zerrissenheit des ewigen Wanderers hinter sich zu lassen, um immer „da" und präsent zu sein: „Die Schwierigkeit der Gleichzeitigkeit, so Roithamer, schon in frühester Kindheit (drei Jahre, vier Jahre?) einerseits mit sich selbst fertig zu werden, andererseits mit der Umwelt fertig zu werden, mit der Vergangenheit einerseits, mit dem Zukünftigen" (Bernhard 2005, 202). Über den räumlichen Mittelpunkt erreicht man, so hofft er zumindest, die erwünschte temporale Unmittelbarkeit. Der Turm ermöglicht damit eine Gleichzeitigkeit im Denken, die alle geographischen Koordinaten transzendiert. Diese wiederum gewährleistet die ethisch korrekte Handlungsweise des Einzelnen:

> Immer das Richtige zu tun als Geistesgabe, den Ortswechsel, also Cambridge zu verlassen und in den Kobernaußerwald hineinzugehen und umgekehrt, aber auch völlig *übergangslos in Gedanken*, denn wie oft bin ich in Cambridge gewesen (in Gedanken), und bin in Wirklichkeit im Kobernaußerwald gewesen, wie oft umgekehrt im Kobernaußerwald (in Gedanken) aber in Wirklichkeit in Cambridge. (Bernhard 2005, 237 [Hervorhebung FN])

Die Chronologie von Vor- und Nachher wird ausgelöscht, der Raum zugunsten des Gedankens entmaterialisiert. Die Übergangslosigkeit wird zum Desideratum eines

Denkens, das die Vermittlung verpönt, aber nach einem Fixpunkt sucht, an dem sich der Wunsch nach Orientierung festmachen ließe.

Die Erkenntnis der Raum-Zeit-Problematik auf einer persönlichen Ebene ist innig verwoben mit dem latenten Problem der Historie des Landes. Erst hier wird einsichtig, warum das Raum-Zeit-Kontinuum als zerrissen wahrgenommen wird, das es durch die Setzung eines neuen Mittelpunktes zu überwinden gilt. Österreich, so Roithamer, sei das Land „mit dem größten Schwierigkeitsgrad in der Weltgeschichte": Von diesem „einstigen Mittelpunkt Europas" sei nach den katastrophalen Weltkriegen nichts übrig geblieben als ein Rumpf, ein Rest, ein „geistes- und kulturgeschichtlicher Ausverkaufsrest" (Bernhard 2005, 26–27). Dort, wo man an der Peripherie des Weltgeschehens gestrandet ist, hat man das Gefühl, höchstens Mittlerdienste leisten zu können. Dort wachsen das Ressentiment und die apolitische Haltung.[4]

Dem historischen Ende Österreich-Ungarns wird ein Bauvorhaben entgegengesetzt, das mit der Hybris des biblischen Turmbaus zu Babel konkurriert. Ein Kegel ist jene elementare Architekturform, welche die fliehenden politischen, familiären, räumlichen und temporalen Kräfte zentriert und dem „exzentrischen" Charakter Roithamers – *ex centro*: „außerhalb der Mitte" – einen neuen Fokus verleiht (Bernhard 2005, 213). Der Verkauf des elterlichen Besitzes gibt Roithamer die finanziellen „Mittel", um sich seinem Charakter entsprechend zu entwickeln und den Turm zu bauen (vgl. Bernhard 2005, 211), wobei sich die Figur an den Architekten der österreichischen Neoavantgarde ein Beispiel nimmt.[5] Diese entwerfen in der Nachkriegszeit Hochhäuser, die die ländliche oder urbane Gegend um sich herum zusammenfassen und sich um einen Mittelpunkt herum ausrichten (man denke hier an Hans Holleins *Highrise Building, Sparkplug*, 1964 oder Friedrich St. Florians *Vertikale Stadt*, 1965). So wird bei Roithamer das Bauen zu einer Kurskorrektur: Die verlorene Mitte kann durch das Mittel der Architektur wiedergefunden werden. Holleins Diktum „Architektur ist ein Medium der Kommunikation" in seinem vielbeachteten Aufsatz *Alles ist Architektur* (1967) lässt Architektur zur kommunikativen Schnittstelle werden, zum alle Gegensätze aufhebenden Medium *par excellence*:

---

[4] Man vergleiche die Haltung des einflussreichen Großvaters in Bernhards Autobiographie, der sein Enkelkind in den Anarchismus einführt (Bernhard 2004, 417).
[5] Eine detaillierte Analyse der Beziehung zwischen österreichischen Architekten und Bernhard findet sich in meinem Buch *How We Learn Where We Live: Thomas Bernhard, Architecture, and Bildung* (Naqvi 2015).

Die Erweiterung des menschlichen Bereiches und der Mittel der Bestimmung der Um-„Welt" geht weit über eine bauliche Feststellung hinaus. Heute wird gewissermaßen alles Architektur. „Architektur" ist eines dieser Medien.

Unter den verschiedensten Medien, welche heute unser Verhalten und unsere Umgebung definieren – als auch als Lösung bestimmter Probleme – ist „Architektur" eine Möglichkeit.

Der Mensch schafft künstlich Zustände. Dies ist die Architektur. Physisch und psychisch wiederholt, transformiert, erweitert er seinen physischen und psychischen Bereich, bestimmt er „Umwelt" im weitesten Sinne.

Seinen Bedürfnissen und seinen Wünschen gemäß setzt er Mittel ein, diese Bedürfnisse zu befriedigen und diese Wünsche und Träume zu erfüllen. Er erweitert sich selbst und seinen Körper. Er teilt sich mit.

Architektur ist ein Medium der Kommunikation. (Hollein 1968)[6]

In der totalisierenden und tautologischen Bestimmung von Architektur löst sich der einzelne Bau als Mittel auf und wird zum durchscheinenden, wenn nicht gar durchsichtigen Etwas, das alles ermöglicht – Ausdehnung und Konzentration, Verbindung mit anderen und Selbstrealisierung, Mitteilung und Selbstbestimmung. Die haptischen, akustischen und optischen Qualitäten der allumfassenden Architektur schaffen „Informationseffekte", die den Raum selbst zum Verschwinden bringen.[7] Architektur wird zum Mittel, das sich selbst vergessen macht.

So auch der Kegel mitten im Walde, der dem Wesen der Schwester perfekt entsprechen soll: Das vollendete Bauwerk wird als Äquivalent für sie entworfen und realisiert. Die vollkommene Klärung findet für Roithamer dann statt, wenn der Mensch dem vollendeten Turm gegenübersteht: „Dann ist alles in mir geklärt,

---

[6] Holleins Aufsatz führt diese von Marshall McLuhan inspirierten Ideen weiter aus und wiederholt sie: „Von einem primitiven Wesen hat er [der Mensch, F.N.] sich selbst mittels Medien kontinuierlich erweitert, seinerseits diese Medien kontinuierlich erweiternd."
Der Mensch hat ein Gehirn. Seine Sinne sind die Grundlage zur Wahrnehmung der Umwelt. Medien der Definition, der Festlegung einer (jeweils gewünschten) Umwelt beruhen auf der Verlängerung dieser Sinne.
Das sind die Medien der Architektur.
Architektur im weitesten Sinne" (Hollein 1968).
[7] Hollein schreibt: „Die gebaute und physikalische Architektur wird, da nun im Gegensatz zu den wenigen und beschränkten Mitteln vergangener Epochen eine Vielzahl solcher zur Verfügung steht, sich intensiv mit Raumqualitäten und der Befriedigung psychologischer und physiologischer Bedürfnisse beschäftigen können und einen anderen Bezug zum Prozeß der ‚Errichtung' einnehmen. Räume werden deshalb weit bewußter etwa haptische, optische und akustische Qualitäten besitzen, Informationseffekte beinhalten, wie auch sentimentalen Bedürfnissen direkt entsprechen können" (Hollein 1968).

wie in meiner Schwester geklärt, in dem Augenblick, in welchem ich ihr den Kegel zeige" (Bernhard 2005, 197). „Verweile doch" lautet die faustische Devise in diesem, wie in jedem Moment der absoluten Präsenz. Gleichzeitigkeit ist sie jedoch nur um den Preis des Todes zu haben: „Höchstes Glück, so Roithamer, als *augenblickliche* Todesursache (meiner Schwester), so Roithamer" (Bernhard 2005, 302 [Hervorhebung FN]). Roithamer scheitert an dem Irrglauben, dass Architektur eine Unmittelbarkeit hervorrufen könnte, wie sie Hollein suggeriert. Der Bau kann immer nur ein Mittel zum Zweck sein und nie eine wesenhafte Bestimmung oder Darstellung des anderen. Mitte der 1970er Jahre gibt es in der Bernhardschen Welt noch keine erfolgreichen Mediatoren, die wie Murau im Spätwerk als effektive Realitätenvermittler fungieren könnten. Die Folge davon ist offensichtlich: Nach dem Tod der Schwester erhängt Roithamer sich, und sein Turm wird dem Verfall preisgegeben.

2 Jelinek im Jelinetz

Auch eine medienorientierte Dichterin will bauen: Sie sucht den medialen Grund auf, von dem aus ihre mahnende Stimme in die Gesellschaft schallen könnte. Aber der Baugrund ist „unzureichend", die Dichterin im wahrsten Sinne „grundlos", wenn nicht „ohne Grund".[8] Die „Unsicherheit des Bodens" ist jene, die Jelinek seit ihrem 1988 entstandenen Theatertext *Wolken.Heim.* explizit thematisiert und in ihrem *opus magnum*, dem Roman *Die Kinder der Toten* (1995), behandelt: das von Nationalsozialismus und Minderheitenverfolgung kreierte Massengrab, zu welchem das deutsch-österreichische „Heim" im 20. Jahrhundert geworden ist und jedes selbstgenügsame, selbstreferentielle „Daheim" der Unheimlichkeit preisgibt (vgl. Jelinek 1995). Ähnliches beschreibt die Autorin in ihrer Nobelpreisrede *Im Abseits* (2004), die von drei riesigen Bildschirmen im Festsaal in Stockholm auf das Publikum – großteils des Deutschen unkundig – niederrieselt. Die absente Dichterin, medial vermittelte Präsenz vortäuschend, spricht jedoch in dreifachem Sinn über die Grundlosigkeit des ungesicherten Sprechens. Es geht dabei zum Einen um den Nachhall anderer Stimmen in ihrem Sprechen – Jelineks generelle hypertrophe Intertextualität und „Interkryptualität" (Just 2007)[9], die ihre Autorität als Schriftstellerin in Frage stellt. Zum Anderen geht es um die Möglichkeit

---

8 Die Zitate entstammen Jelineks Nobelpreisrede *Im Abseits*, in der wiederholt der „unzureichende[...] Grund" und „Boden als Baugrund" vorkommt, der „höchst unzureichend" ist (Jelinek 2004).
9 In ihrer Nobelpreisrede sind Zitate von Kraus, Heidegger, Hölderlin und Celan auszumachen, sowie Verweise auf andere Jelinek-Texte.

des Sprechens in einer immer schon abwesenden Sprache, die Jelineks Bestreben weiter untergräbt, als moralische Instanz weiblichen Geschlechts aufzutreten. Und schließlich geht es um die Möglichkeit des Sprechens inmitten der Medien, die die immer schon gebrochene Rede weiter brechen. Letzteres wird durch die Omnipräsenz von Jelineks Bild im Saal impliziert. Inmitten der Medien sein bedeutet, einer exponentiellen Unheimlichkeit statt zu geben und sich aus der Mitte ins „Abseits" verdrängen zu lassen: „Das Außerhalb dient dem Leben, das genau dort nicht stattfindet, sonst wären wir alle ja nicht mittendrinnen, im Vollen, im vollen Menschenleben, und es dient der Beobachtung des Lebens, das immer woanders stattfindet. Dort, wo man nicht ist." (Jelinek 2004) Die implizite Unheimlichkeit ihres Sprechens führt zu einer räumlichen Verschiebung der Dichterin („Wenn man im Abseits ist, muß man immer bereit sein, noch ein Stück und noch ein Stück zur Seite zu springen"), wie sie in der projizierten Rede betont (Jelinek 2004). Wie bei Bernhard ist es die Unmöglichkeit der Gleichzeitigkeit, des Synchron-Seins mit seiner Umwelt, die bei Jelinek zur Sprache kommt. Selbst für Anwesende bei der Nobelpreisverleihung scheint der Mittelpunkt des Festsaales *ver*-rückt, und die Zentrierung auf die *eine* Person wird durch die Medialisierung unterlaufen: „Alles war ein wenig anders. Die Sitzreihen im Prachtsaal des ersten Stocks der ‚Börse' unter zwölf Kristallüstern waren nicht zur Mitte hin ausgerichtet, sondern wie in einem Kinosaal auf drei Großbildschirme hin; diese standen vor vergoldeten Halbsäulen und der Fensterreihe, die auf den Stortorget, den wohl schönsten und intimsten Platz der Stockholmer Altstadt, hinausging" (von Lucius 2004). Zudem ist die Rede keine direkte Live-Übertragung, sondern bereits einen Monat zuvor in Wien aufgezeichnet worden (Wälzholz 2013). Raum *und* Zeit sind damit aus den Fugen: Eine Diskrepanz schleicht sich ein, die in der Rede selbst betont und performativ nochmals überhöht wird.

Jelinek hat seit ihren Anfängen immer wieder auf die Rolle der Medien als bewusstseinsbildende Instanzen verwiesen. Die Begründung für eine indirekte Sendung ihrer Rede findet sich in *„wir stecken einander unter der haut. konzept einer television des innen raums"*, einem ihrer frühen Texte für die Zeitschrift *protokolle* (1970): „offizielle live übertragungen boykottieren. das elektronische süstem technologisch – mit elektronik stören" (Jelinek 1970, 132). Jelineks System unterlaufendes Bestreben wird mit einer Cut-Up Technik umgesetzt, bei der (Teil-) Zitate aus den Schriften von Underground-Literaten wie Carl Weissner, dem Medientheoretiker Marshall McLuhan, den Heftromanen der Science-Fiction Serie *Perry Rhodan* und dem Künstler Brion Gysin montiert werden. Es wird in einer Art permanentem Rotieren eine ganzheitliche Bild-Wort-Ton Entität beschworen, die es zu transzendieren gilt. Durch die Montage entwirft Jelinek ein ambivalentes Bild des Fernsehens: Einerseits vollzieht sich dadurch die ideologische Lenkung der Menschen auf unbewusster, subkutaner Ebene (eine Tatsache, die auf inhaltlicher Ebene thematisiert wird), andererseits wird trotz der ständigen Berieselung (die durch Jelineks repetitives Verfahren verstärkt wird) der Freiraum offenbar, wo Bild- und Tonspur auseinanderklaffen könnten. Die typografische Gestaltung mit diversen Schrifttypen macht nämlich die verschiedenen Aussagen kenntlich. Die Frage stellt sich jedoch am Ende, ob eine Transzendierung im Sinne Gysins überhaupt möglich ist, der den menschlichen „Innen Raum" jenseits der mediatisierten Bevormundung beschwört. Jelinek schließt mit einem Rhodan-Zitat, das das „glücksgefühl" erwähnt, welches die Medien zu „steigern" wissen. Gegen die mittelbare „Einschläferung" sind wenige immun, am wenigsten das zuletzt zu Wort kommende Ich, das zwar aus dem *Perry Rhodan* Heft Nr. 292 zitiert wird, aber ebenso für die sprechende Instanz „Jelinek" im Text einstehen könnte: „dieses glücksgefühl wird sich noch steigern chard sagte redhorse. sie und die drei andren werden vor wohlbefinden zu träumen beginnen. auch ich bin dagegen nicht gefeit" (Jelinek 1970, 134).

Vierunddreißig Jahre später sind es noch immer die Bildschirme, die in ihrer ambivalenten Omnipräsenz die Crux des Problems ausmachen. In der Nobelpreisrede heißt es: „[M]an weiß trotzdem, was los ist. Es ist einem von einem Bildschirm herunter gesagt worden" (Jelinek 2004). Diese ‚Einsagung' ist jedoch, daran lässt der von Wortspielen, Kalauern und Zweideutigkeiten durchsetzte Vortrag keine Zweifel, eine falsche: Es sind nur die Dichter, die außerhalb des Lebensmittelpunktes stehen, denen man Glauben schenken kann. Sie werden vom Leben ins Abseits gedrängt, von wo aus ihr ästhetisches Spiel als ungültig erklärt wird. Dennoch können sie nur von dieser Position aus sprechen und zu den „Richtigen, die mahnen, daß nichts passiert" gehören (Jelinek 2004). In einer Literarisierung der Derridaschen Formulierung „il n'y a pas de hors-texte" gibt es bei Jelinek für den Dichter nur das Außerhalb, den „hors-texte" oder Kontext, von dem aus die Wirklichkeit sichtbar wird – wenn auch nur „undeutlich" (vgl. Jelinek 2004).[10] Sie macht sich die Ränder zunutze, denn im Leben, in dem man „mittendrinnen" ist, ist die scharfe Beobachtung unmöglich.

In dem kunstvollen Spiel, das Jelinek in ihrer Rede mit den Verben „schauen" und „sprechen"/„reden" treibt, kann man eine Anlehnung an Walter Benjamins Überlegungen zur Aufgabe des Übersetzers ausmachen. Als Vermittlerin von ethischen Botschaften und Beobachtungen ist die Autorin in eine permanente

---

10 Dichter sehen zwar undeutlich – „Dichter schauen mit ihren unklaren Augen, aber es wird durch diesen unklaren Blick nicht beliebig" Jelinek 2004) – dennoch ist die Wirklichkeit wahrnehmbar; sie entzieht sich nicht wie die Sprache der Wahrnehmung. Gleiches gilt für die Sprache der Toten, die das Ich im Text rezipiert. Somit wären wir bei der Literatur, der sich Jelinek seit den 1980er Jahren verschrieben hat: einer Literatur der Aufarbeitung des Zweiten Weltkrieges und des Kampfes gegen jede Art von Fremdenfeindlichkeit.

Übersetzungsarbeit verwickelt, die das „fremde Sagen" stets verfremdend überträgt – die Sprache der Toten in einem disjunktiven Sprechmodus, der zwar eine reine Durchsichtigkeit anstrebt, aber nicht erreichen kann. „Im Abseits" wird das Einflüstern der Totenstimmen und deren Wiedergabe zu einem ethischen Imperativ, dem die Dichterin Folge leisten möchte, aber an dem sie gehindert wird:

> Da kommt einer, der schon gestorben ist, und der spricht zu mir, obwohl das für ihn nicht vorgesehen ist. Er darf das, viele Tote sprechen jetzt mit ihren erstickten Stimmen, jetzt trauen sie sich das, weil meine eigene Sprache nicht auf mich aufpaßt. Weil sie weiß, daß das nicht nötig ist. Wenn sie mir auch wegrennen mag, ich komme ihr nicht abhanden. Ich bin ihr zu Handen, aber dafür ist sie mir abhanden gekommen. Ich aber bleibe. Was aber bleibt, stiften nicht die Dichter. Was bleibt, ist fort. (Jelinek 2004)

Die Sprache der Übersetzerin ist schlüpfrig, man kann sie, wie den für sie im Text einstehenden metaphorischen Hund, nicht einfangen. Es ist ein nur „scheinbar zahmes Tier", das ewig „fremd" bleibt (Jelinek 2004).

Wie schon in ihrem programmatischen Theatertext *Sinn egal. Körper zwecklos.* (1997) umrissen, wo der Ausdruck „fremde[s] Sagen" vorkommt, zielt sie auf die „Rhetorik der Unmittelbarkeit" ab (vgl. Kratz 2001, 184–185).[11] Es gibt in Jelineks Poetik immer nur die Mittelbarkeit und keine Transparenz der reinen Sprache.[12] Hatte sie in jenem Theatertext auf das Aufkündigen der Verbindung zwischen Rolle und Schauspieler abgezielt, in dem der Schauspieler als Träger einer individuellen, in sich kohärenten Rolle verstanden wurde, weitet sie in der Nobelpreisrede ihre Angriffsfläche auf das konventionelle Verständnis vom Autor, dessen Rede von jeher durch Tradition und Gesellschaft autorisiert ist, und seiner Leserschaft aus. In *Im Abseits* ist das gängige Rezeptionsverhalten, das dem Autor eine absolute Kontrolle über seine Ab- und Ansichten zuschreibt, die Zielscheibe. Wie eine sprechende „Textfläche" in Jelineks postdramatischem Theater nicht

---

[11] In *Sinn egal. Körper zwecklos.* heißt es über die Arbeit des Schauspielers: „Die Schauspieler SIND das Sprechen, sie sprechen nicht. Aber da sie ja zu mehreren, zu vielen sind und mich mühelos ausknocken und auszählen können, muß ich sie verwirren, disparat machen, ihnen ein fremdes Sagen unterschieben, meine lieben Zitate, die ich alle herbeigerufen habe, damit auch ich mehr werden und ausgeglichener punkten kann als bisher, da ich nur eine einzige war" (Jelinek 1997, 9). Zu Jelineks post-dramatischem Redefluss vgl. Naqvi 2007, 169–192.

[12] Man siehe z. B. „Im Abseits", wo sie eine komplexe Dialektik von Nähe und Ferne zwischen der reinen Sprache und dem uneigentlichen Sprechen entwirft: „Sie [Die Sprache, F.N.] sagt umso mehr, je ferner sie mir ist, ja, erst dann traut sie sich, etwas zu sagen, das sie selber sagen will, dann traut sie sich, mir nicht zu gehorchen, sich mir zu widersetzen. Wenn man schaut, entfernt man sich von seinem Gegenstand, je länger man ihn ansieht. Wenn man spricht, fängt man ihn wieder ein, aber man kann ihn nicht behalten. Er reißt sich los und eilt der eigenen Benennung hinterher, den vielen Worten [...]" (Jelinek 2004).

mehr mit dem Subjekt der Aufklärung gleichgesetzt werden kann,[13] so kann ein Jelinekscher Text auch nicht einem Subjekt entspringen, das für sich selbst stets präsent ist. Es gibt zwar noch das dichterische Schauen als visionäres Sehen, aber es kann nichts mehr völlig „durchschauen", und somit alle Zusammenhänge verstehen. „Was aber bleibt, stiften nicht die Dichter" (Jelinek 2004) – dies ist das Fazit in Jelineks trister Abwandlung von Hölderlins romantischem Vers.

Die Autorin Jelinek, die schon sehr früh begonnen hat, ihre Werke auf ihre Homepage zu stellen und dort gar einen Internet-only „Privatroman" mit dem Titel *Neid* publizierte, ist besonders heutzutage zu einer ständigen Abwesenheit in ihrem Schreiben gezwungen.[14] Der Satz „Was bleibt, ist fort" ist doppelt zu verstehen, auf die Geschehnisse der Geschichte angewandt, bei denen die Toten trotz literarischer Wiederbelebungsversuche in der Darstellung nicht auferstehen können, wie auch auf die digital vermittelte Dichterin selbst. *In medias res* zu sein bedeutet heutzutage inmitten der Medien zu sein, auch wenn man nicht „mitten" im Leben steht: die Autorin als ein digitales Phantombild auf den Spuren von historischen Geistern, ob dies die Toten der Shoah oder die ermordeten Roma im Burgenland sind.

„Was bleibt einem also übrig" – das ist der resignative Satz am Ende der Nobelpreisrede (Jelinek 2004). In der Tat stellt man sich die Frage, was bei der stets vermittelten Unstimmigkeit der Sprache im Internetzeitalter von der Autorin übrigbleibt. Vielleicht das Produzieren von Wortmassen und nicht nur „Flüssigtexten"[15], die sich die scheinbare Unmittelbarkeit des Netzes zunutze machen, um die Textflächen-Persona, die Jelinek über die Jahre entworfen hat, den Lesern durch Anklicken zugänglich zu machen? Per Mouse-Klick zur ewigen Gegenwart „Jelineks" vordringen, sich ihre vermittelte Präsenz ins Eigenheim holen, ihren Vortrag *Im Abseits* sich jederzeit 'reinziehen? „Jelinek" im Jelinetz – erst die Internet-Forschungsplattform zu ihrem Werk hat das poetologische Grundprinzip Jelineks zu Ehren erhoben, indem es sich so benannt hat. Inmitten des Mediums *World Wide Web* zu sein, bedeutet, ständig auf seine scheinbare Unmittelbarkeit

---

13 Vgl. hierzu Jelineks interessanten Beitrag *Textflächen* (2013) auf ihrer Homepage, auf der sie auf die Verbindung zwischen Darstellung und Gebären eingeht. In der bei Bernhard begegnenden Semantik ist hier von Mitteln und Mittellosigkeit die Rede: „ich möchte schon wissen, warum ich vor der Menschendarstellung so zurückscheue, wie ich damals, als ich sogar neun Monate Zeit dafür gehabt hätte, vor der Menschenherstellung zurückgeschreckt bin. Wahrscheinlich wäre die mir auch nicht gelungen. Mein Körper will das nicht, hat er mir energisch mitgeteilt, der gibt das nicht her, auch er ist sicher im Besitz seiner Mittel wie seiner Mittellosigkeit" (Jelinek 2013).
14 *Neid* wurde im Zeitraum vom 3. März 2007 bis zum 24. April 2008 als über 900 Seiten langer Text auf http://www.elfriedejelinek.com online gestellt.
15 Juliane Vogel spricht in Bezug auf *Die Kinder der Toten* von einem „Flüssigtext" (Vogel 1997, 172–180).

und vermeintliche Authentizität aufmerksam machen zu müssen. Der Hund Sprache, der einem ohnehin wegzulaufen oder einen zu beißen droht, wird durch das Internet nicht zahmer.

3 Ein Nachschlag

Es bleibt noch auf den Zufall in der Vermittlung hinzuweisen, der im Internetzeitalter beschränkter geworden ist und den Jelinekschen Blick für ihre Übersetzungstätigkeit schärft. Ein gutes Beispiel sind die Definitionen zu Beginn dieses Beitrages. „Nachschlagen" ist vermutlich das falsche Wort für das, was ich mit der Eingabe von „Vermittlung" in eine Suchmaschine ausgeführt habe, da mir weder materielle noch immaterielle Seiten zum Durchblättern zur Verfügung standen. Bei einer Internetsuche stolpert man ja nicht mehr über zufällig benachbarte Worte, die einem im Lexikon begegnen könnten – also kein lexikalischer Nachschlag. Ein Eintippen von „Vermittlung" erlaubt kein Spiel der Aleatorik.

Gerade dieses Fehlen einer Bandbreite an potenziellen, zu fruchtbaren Missverständnissen verleitenden Möglichkeiten ist in der Jelinekschen Poetologie ein zusätzliches Problem. In ihrem „konzept einer television des innen raums" war die Cut-Up Methode der medialen Vermischung eine Option, um Widerstand zu leisten, beispielsweise durch das Abschalten des Fernsehtons und das Anschalten mehrerer Tonbänder beim Ablauf der stummen Bilder. Dies ist nun schwieriger geworden. Im Zeitalter der permanenten Internet-Vermittlung muss nach neuen *Mashup*-Methoden der Systemunterlaufung gesucht werden – eben die „besitzergreifung des bildschirms" mit neuen Mitteln (Jelinek 1970, 130). Vielleicht ist es das, was Jelinek in einer Paraphrase von Paul Celans *Todesfuge* zur Rolle des dichterischen Sehens mit „unklaren Augen" zum Ausdruck bringt: Die dargestellte Wirklichkeit wird trotz ihres unzureichenden Grundes durch den unklaren Blick des poetischen Sehers nicht beliebig: „Der Blick trifft genau." (Jelinek 2004) Er muss nur auf die neuen Vermittlungsmethoden abzielen.

Literatur

Bernhard, Thomas. *Auslöschung*. Frankfurt am Main: Suhrkamp, 2009.
Bernhard, Thomas. *Ein Kind*. Frankfurt am Main: Suhrkamp, 2004.
Bernhard, Thomas. *Korrektur*. Frankfurt am Main: Suhrkamp, 2005.
Hollein, Hans. „Alles ist Architektur [1967]". http://www.hollein.com/ger/Schriften/Texte/Alles-ist-Architektur (16. März 2018).
Jelinek, Elfriede. „Im Abseits". http://www.nobelprize.org/nobel_prizes/literature/laureates/2004/jelinek-lecture-g.html (16. März 2018).

Jelinek, Elfriede. „Sinn egal. Körper zwecklos". In: Dies. *Stecken, Stab und Stangl; Raststätte oder Sie machens alle; Wolken.Heim. Neue Theaterstücke*. Reinbek: Rowohlt, 1997. 7–13.
Jelinek, Elfriede. „Textflächen". http://www.elfriedejelinek.com (16. März 2018).
Jelinek, Elfriede. „wir stecken einander unter der haut". *Protokolle* (1970): 129–134.
Just, Rainer. „Zeichenleichen – Reflexionen über das Untote im Werk Elfriede Jelineks". Elfriede Jelinek-Forschungszentrum, Institut für Germanistik, Universität Wien 2007. http://jelinetz.com/2007/05/21/rainer-just-zeichenleichen-reflexionen-uber-das-untote-im-werk-elfriede-jelineks/ (16. März 2018).
Kratz, Stephanie. „Echo – Eine Stimme von Gewicht?" In: *Zitier-Fähigkeit. Findungen und Erfindungen des Anderen*. Hg. Gutenberg, Andrea und Ralph J. Poole. Berlin: Erich Schmidt, 2001. 172–186.
Müller-Dannhausen, Lea. *Zwischen Pop und Politik. Elfriede Jelineks intertextuelle Poetik in wir sind lockvögel baby!* Berlin: Frank & Timme, 2011.
Lucius, Robert von. „Wortbilder: Elfriede Jelineks Video-Auftritt in Stockholm". http://www.faz.net/aktuell/feuilleton/literaturnobelpreis-wortbilder-elfriede-jelineks-video-auftritt-in-stockholm-1193018.html (16. März 2018).
Naqvi, Fatima. *How We Learn Where We Live. Thomas Bernhard, Architecture, and Bildung*. Chicago: Northwestern University Press, 2015.
Naqvi, Fatima. *The Literary and Cultural Rhetoric of Victimhood*. New York: Palgrave, 2007.
Vogel, Juliane. „Wasser, hinunter, wohin. Elfriede Jelineks „Die Kinder der Toten" – ein Flüssigtext". In: *Rowohlt Literaturmagazin* 39 (1997), S. 172–180.
Wälzholz, Robert. „Die Wahrheit über Elfriede Jelineks Nobelpreisrede". 22. Juni 2013. http://www.welt.de/117359373 (16. März 2018).

Paola Bozzi
Vom Aufheben. Bernhard, Jelinek und der Georg-Büchner-Preis

Die bedeutendste und angesehenste Auszeichnung für deutschsprachige Literatur wurde 1923 vom Volksstaat Hessen als Staatspreis für Kunst gestiftet. Nach Gründung der Deutschen Akademie für Sprache und Dichtung 1949 in Darmstadt waren die Voraussetzungen geschaffen, den Georg-Büchner-Preis – bisher inhaltlich wie finanziell ausschließlich durch das politische Feld getragen – auf eine neue Grundlage zu stellen bzw. zwei Jahre später in einen Literaturpreis umzuwandeln. Erhalten blieb dabei der politisch-literarische Doppelcharakter als spezifisches Profilmerkmal, das ihn von anderen Kunst- bzw. Literaturpreisen abhebt. Bis heute sind die doppelte bzw. gemischte Organisationsstruktur der Ehrung sowie die unterschiedlichen Persönlichkeitsfacetten des Namenspatrons für die Störungsanfälligkeit der Auszeichnung bzw. für die gesellschaftliche Brisanz des Preises verantwortlich.

Kernkriterium für die Wahl des Laureaten war ab 1951 der Anteil eines Künstlers an der „Gestaltung des gegenwärtigen deutschen Kulturlebens" (Satzung § 4). Mit dem Preis wollte die Akademie fortan keine abstrakten ästhetischen Ideale hervorheben wie es etwa die schwedische Akademie mit dem von ihr verliehenen Literaturnobelpreis macht. Vielmehr honorierte die Akademie explizit die Feldverbundenheit von Kulturschaffenden – bezogen auf den ganzen deutschsprachigen Raum. Zugleich konnte sie in der Verleihungsperformanz durch Urkundenübergabe, Handschlag und Präsentation ihre konsekrative Macht inszenieren und somit unmittelbar auf die Vorstellungen der Anwesenden von einem idealen Autor einwirken. Nach dem Grundmuster von Gabe und Gegengabe sahen Büchnerpreis-Verleihungen nach der Laudatio, der Verlesung des Urkundentexts und der Überreichung von Urkunde und Preisgeld von nun an eine etwa zehnminutige (Dank-)Rede des Preisträgers bzw. der Preisträgerin als festen Bestandteil vor. Diese eröffnete dem Geehrten gleichzeitig die Möglichkeit, seine künstlerische Individualität gegenüber der bisher stillschweigend tolerierten Vereinnahmung durch den Geber zu behaupten, die Beziehung zwischen Geber und sich als Adressat zu kommentieren und gegebenenfalls in seinem Sinne umzuformen.

Dabei zeigen die Dankreden nach 1951, dass das politisch-revolutionäre Büchner-Bild immer vage und ausgesprochen heterogen blieb, während sich die Epideixis bzw. die planmäßige „Exhibition der Redekunst" (Lausberg 1990, § 239; Hambsch 1999, 119–120) immer mehr in den Vordergrund drängte. Die Nähe zur

Poesie, die Lausberg in der Virtuosität dieser Exhibition sieht (Lausberg 1990, § 242), ist gerade bei der Ansprache eines *poeta laureatus* nicht von der Hand zu weisen und eine wichtige Dimension im Literaturbetrieb. Aus einer stärker auf gesellschaftliche und rituelle Zusammenhänge konzentrierten Perspektive liegt der Zweck einer Rede, die, so Stefan Matuschek im *Historischen Wörterbuch der Rhetorik*, „nicht untersucht, erörtert und argumentiert, sondern etwas im Voraus Feststehendes und Unstrittiges darstellt" (1994, Sp. 1258), ganz eindeutig im ‚Vorzeigen' kollektiver Werte und Normen, die gelobt oder getadelt und damit bestätigt oder kritisiert werden – die sich als Struktur jedoch nicht umgehen lassen. Von einem Träger des Georg-Büchner-Preises erwartet man das Frühvollendete der Kunst, das Sozial-Politische des Engagements sowie das Zukunftsträchtige der Aussage. Ein Schriftsteller, der so für sein literarisches Schaffen ausgezeichnet wird und für diese Ehrung dankend sein Haupt neigt, auf das er den Lorbeerkranz bekommt, stellt aber über seine rhetorische und literarische Kunstfertigkeit und sein Konventionsbewusstsein hinaus vor allem seine eigene Persönlichkeit und Haltung zur Schau – wie man Bernhards bzw. Jelineks Dankrede entnehmen kann.

Als sie den Preis verliehen bekamen, schrieben beide Autoren über die Gesellschaft und hatten trotz ihrer österreichischen Herkunft wesentlichen Anteil an der Gestaltung des gegenwärtigen deutschen Kulturlebens. Sie traten durch ihre Arbeiten und Werke in besonderem Maße hervor und taten das in kritischer Absicht. Autoren wiederum, die die Gesellschaft kritisieren, nehmen scheinbar die Position einer moralischen Instanz ein. Oft hat die Öffentlichkeit mit Entrüstung darauf reagiert: Zeitungen, Politiker, Kirchenleute und Leserbriefschreiber haben sie als „Nestbeschmutzer" und „Staatskünstler" attackiert. Beide Autoren waren allerdings nicht nur ‚Opfer' dieser Situation, sondern auch ‚Täter'; sie wussten sich nicht nur medial in Szene zu setzen, sondern sich auch durch ihre Abwesenheit, durch Rückzüge, Boykotte, Publikations- und Aufführungsverbote eine Gegenwärtigkeit zu verschaffen; sie wurden nicht nur als Feindbilder diffamiert, sondern auch als Wunschprojektionen auratisiert und nutzten diese Auratisierung in ihrem Sinne aus. So haben beide in ihren Dankreden in Darmstadt auch eine ähnliche Haltung eingenommen, denn beide stellten darin ein öffentliches Image bzw. Ethos[1] zur Schau, das im Zeichen der Aufhebung bzw. des spekulativen Geistes der Sprache steht und somit einen hohen deutschen Ton erzeugt, der sie wiederum als Autoren in eine lange Tradition stellt.

---

1 Unter Ethos wird dabei im aristotelischen Sinne eine situative und ganz auf die eigene Glaubwürdigkeit zielende Zurschaustellung des Charakters verstanden (Aristoteles 2002, I.2.3 und II.1); dabei muss der Redner bedeuten, was er „für den anderen" sein will (Barthes 1988, 76).

Bernhard bekommt die Auszeichnung am 18. Oktober 1970, dotiert mit 10.000 DM. Einen Büchnerpreis-Skandal hatte die APO bei einer kurzfristigen Besetzung der Rednerbühne bereits im Vorjahr ausgelöst (Ulmer 2006, 209–243), so dass der vor allem in Österreich als solcher empfundene ‚Staatspreis-Skandal' nun nicht mehr auf Provokation, sondern auf eine theatrale Dramaturgie ohne öffentliche Erregungen bzw. auf, wie D. E. Zimmer damals enttäuscht oder vielmehr desillusioniert schrieb, „fröhliche und dumme Konsequenzlosigkeit" (Zimmer 1970) setzte. Von den Zwängen des Rituals befreite Bernhard sich nicht direkt in der rhetorischen Situation, sondern erst viele Jahre später in der zornigen, nachträglichen Rückschau von *Meine Preise*, worin der Autor eine Bilanz der ihm verliehenen Literaturpreise zog:

> Ich habe kein Gebet vorzutragen, habe ich gedacht, sondern einen Standpunkt einzunehmen und der kann nur *mein* Standpunkt sein, wenn ich spreche. Kurz und gut, ich habe ein paar Sätze gesagt. Die Zuhörer hatten gedacht, das, was ich sagte, sei die Einleitung einer Rede von mir, aber es war schon alles. Ich machte eine kurze Verbeugung und sah, daß meine Zuhörer mit mir nicht zufrieden waren. […] Und hier muß ich sagen, daß ich vor allem nach Darmstadt gereist bin, um meiner Tante einen schönen Geburtstag zu machen, denn sie hat, wie Georg Büchner, am achtzehnten Oktober Geburtstag. Natürlich war das nicht der einzige Grund, aber es war der Hauptgrund gewesen." (Bernhard 2009, 111 und 113)

Sein legendäres Image als die Gesellschaft meidender und verachtender Einzelgänger bzw. als Störer „unserer falschen Sicherheit" eilte dem Redner und Schriftsteller Bernhard voraus, wie der Laudator Günter Blöcker betonte (1970, 76). Gestik und Mimik des Büchner-Preisträgers machten es deutlich. Mit auf der Brust verschränkten Armen, gesenktem Kopf und verschlossen-finsterem Gesichtsausdruck (Goltschnigg 2002, 122) folgte Bernhard ganz loyal Feier und Übergabe. Sein Erscheinungsbild des feindselig in sich Gekehrten und in stiller Duldung Abwartenden machte den Rückzug des Schriftstellers in die Unangepasstheit und Subjektivität sinnlich wahrnehmbar. So wies auch der Laudator Günter Blöcker explizit auf den Anbruch einer neuen Entwicklungsphase von politischem und literarischem Feld hin, in der die Literatur sich nicht „zuerst und vor allem durch gesellschaftliche Relevanz auszuweisen habe" (1970, 77) und ästhetische Selbstbesinnung betreiben könne. Für Bernhard handelte es sich um den sechsten Preis und die dritte Rede bzw. mündliche Performanz – auf die er sich dieses Mal schon Wochen zuvor ohne größeren Widerwillen vorbereitet hatte (Hennetmair 2000, 30–31); für die Geschichte der Auszeichnung um die kürzeste Meldung eines Autors im Rahmen der Tradition dieser Festrede. Ganz im Trend der anderen Büchner-Preisträger in dieser Dekade, die mit dem Namenspatron des Preises anders umgingen als ihre in den 60er Jahren ausgezeichneten Vorgänger, hielt der Autor eine scheinbar ganz unpolitische Preisrede („Nie und mit nichts fertig werden") und erwähnte Georg Büchner mit keinem Wort. Dabei hatte Bernhard schon 1954 eine originelle Theaterrezension über *Leonce und Lena* (Büchner 1836) publiziert und darin die tragisch-komischen Ambivalenzen des „Zaubermärchens" hervorgehoben. Der Dichterrevolutionär diente dem Geehrten in seiner Dankesrede eher als sekundäre Bezugsgröße im Dienste der apologetischen Selbstreflexion und poetischen Standortbestimmung (Ulmer 2006, 247–248).

Bernhard behielt sich auch in diesem Fall die Freiheit vor, mit der konventionalisierten Bedeutung zugleich auch die entgegengesetzte aufzurufen und evozierte als Gespenst den spekulativen Geist der Sprache, der in der Lage ist, gegensätzliche Bedeutungen in einem Wort zu vereinen. Die Wirkung dieses Verfahrens ist die eines Paradoxons, denn wenn ein Wort bald das Gegenteil seiner vorher aktualisierten Bedeutung aufruft, so ist die Sinnkategorie gestört, die einer gewissen Verbindlichkeit bedarf, wie blass diese auch immer sei. Das Paradoxon ist aber die Konstellation, unter der Bernhard hier das aporetische Verhältnis der menschlichen Sprache zur ‚Außenwelt' bzw. das verschränkte Verhältnis zwischen Subjekt und Objekt zeigt:

> die Wörter [sind, P.B.] uns durch infame Wahrheit als infame Lüge, umgekehrt durch infame Lüge als infame Wahrheit erkennbar in allen Sprachen, [...] die wir uns als Sprachen zu verschweigen getrauen, [...] wir wissen nicht, handelt es sich um die Tragödie um der Komödie, oder um die Komödie um der Tragödie willen. (Bernhard 2011, 81–82)

Bernhards Preisrede vollzieht eine mit dem geläufigen Allanspruch versehene Entwertung und Verwerfung nicht nur des Materials und des Mediums der Literatur, sondern auch derjenigen, die sie gebrauchen und sich von der Sprache missbrauchen lassen, denn, so die entsprechende Behauptung:

> die Wörter, die aus nichts sind und die für nichts sind [...] beschämen und verfälschen und verkrüppeln und verdüstern und verfinstern nur; aus dem Mund und auf dem Papier mißbrauchen sie durch ihre Mißbraucher; das Charakterbild der Wörter und ihrer Mißbraucher ist das unverschämte; der Geisteszustand der Wörter und ihrer Mißbraucher ist der hilflose, glückliche, katastrophale... (Bernhard 2011, 81)

In Erinnerung an die Erzählung *Lenz* (Büchner 1839), die das Motto für seine Filmgeschichte *Der Kulterer* (1973–1974) und hier die existentielle Grundfigur des modernen Schriftstellerdaseins (Durzak 1988) bzw. seiner Aporien liefert, skizzierte Bernhard die Notwendigkeit einer Aufhebung der Sprache als überzeugende Umsetzung einer Poetik des Vorläufigen: „wer denkt, löst auf, hebt auf, katastrophiert, demoliert, zersetzt, denn Denken ist folgerichtig die konsequente Auflösung aller Begriffe" (Bernhard 2011, 82).

Bernhard strebt die Verabsolutierung eines in der Moderne und Postmoderne vielfältig ausgearbeiteten Aspekts des Verlustes von Sinn, Totalität und Form an und zielt dabei auf den ‚genießenden' Zuhörer. Die Zerstörungsmetaphorik reflektiert somit den (durchaus politischen) Widerstand gegen harmlosen, saturiertunkritischen Konsum. Im selben Jahr wird sich Bernhard im Filmporträt *Drei Tage* so äußern: „Es darf nichts Ganzes geben, man muss es zerhauen." (1989, 86) Die Variation über das Thema der universellen Zerstörung mündet schließlich titelgemäß in die Überlegung, wie „mit der Arbeit fertig zu werden" (Bernhard 2011, 82) sei angesichts der enormen inneren wie äußeren Widerstände. Bernhard lässt sich hier auf eine spezifische paradoxale Verschränkung auslöschender und schaffender Aktionen ein. In der Tat wird der Zusammenhang von Auslöschung und Produktion in seinem Werk immer wieder und in den unterschiedlichsten Bereichen des Lebens, der Politik und der Kunst hergestellt. Die Aufhebung erweist sich somit als ein plausibles allgemeines Prinzip des künstlerischen Schaffungsprozesses. Nicht die Existenzangst ist hier eigentlich das Schöpferische (Goltschnigg 2002, 83), sondern die Arbeit der Berichtigung und Begradigung von Text und Leben: also die Korrektur als „Korrektur der Korrektur der Korrektur" (Bernhard 1988, 361).

Die unabschließbare Arbeit *an* und *mit* den Wörtern ist auch das Thema von Jelineks Dankesrede bei der Verleihung des Büchner-Preises im Jahr 1998, deren Struktur und Duktus sehr verwoben sind, sodass der Text äußerst hermetisch wirkt. Der der Autorin entgegengebrachte Hass, den Ivan Nagel zum Leitmotiv seiner Laudatio machte („Mehr Feindschaft hat wohl, außer den deklarierten Staatsfeinden totalitärer Regime, kein Schriftsteller dieser zweiten Jahrhunderthälfte auf sich gezogen." 1998, 164), blieb überraschenderweise aber aus, obwohl nicht nur die großen Tageszeitungen in Deutschland, sondern auch die österreichische Presse ausführlich über die erhaltene Ehrung berichteten. Mit ihrer Dankesrede wurde die österreichische Kommunistin, Pornographin und Nestbeschmutzerin trotz ihrer politischen Schärfe medial kaum angegriffen, was wohl darauf zurückzuführen ist, dass sie „die dichteste, dichterischste Büchnerpreisrede [hielt], die sich denken lässt" (Ebel 1998).

Eine Rede gründet normalerweise auf der Zuverlässigkeit der Wörter hinsichtlich ihrer Bedeutungen: Innerhalb eines Textes muss mit einem Wort bei seinem wiederholten Erscheinen der gleiche gedankliche Inhalt verbunden werden können wie bei seinem ersten Auftritt, wenn ein kohärenter und widerspruchslos aus dem Vorherigen sich entwickelnder Fortgang erreicht werden soll. Dieser Aspekt des stimmigen Diskurses wird in Jelineks Dankesrede permanent unterlaufen. Durch die Vielfalt der einmontierten Intertexte, Sprachspiele und Bedeutungsverästelungen entstehen unzählige, oft widersprüchliche Assoziationsketten, die die Sinnkohärenz ständig brechen und so die von Bernhard in seiner Rede bereits angesprochene „konsequente Auflösung aller Begriffe" (1970, 84) einlöst. Mit Assoziation auseinanderliegender gedanklicher Inhalte wird die freie semantische Beweglichkeit der Wörter erkämpft und ihre Verbindlichkeit hinsichtlich eines leicht bestimmbaren Bedeutungsinhalts in Frage gestellt. Wie bereits der Titel andeutet, überlappen sich dabei nicht nur verschiedene Themen, sondern auch Zeitebenen: „Was uns vorliegt. Was uns vorgelegt wurde." (Jelinek 1998, 170–174) Laut Urkundentext bekam Jelinek den Preis für „die vielstimmige Kühnheit ihres erzählerischen und dramatischen Werks" und wurde als Schriftstellerin gewürdigt, die „sprachbesessen die Sprache vor ihr eigenes Tribunal zieht" (Assmann und Heckmann 1999, 430). Die Fähigkeit zum spielerischen, innovativen und kreativen Umgang mit der Sprache gehört in der Tat zu ihren Markenzeichen.

Ihre Rede geht vom Versäumnis der österreichischen Regierung aus, die Bankgesetze des Landes an die EU-Richtlinie gegen Geldwäsche anzupassen, das heißt: die in Österreich althergebrachte Anonymität der Sparbücher abzuschaffen, was 1997 immerhin bis vor den Europäischen Gerichtshof ging. Der Hinweis auf die Polysemie des Verbs ‚aufheben' eröffnet sie; und erneut ist der spekulative Geist der Sprache, der gegensätzliche Bedeutungen in einem Wort vereinen kann, auch für den gesamten Text Jelineks sowie sein Verständnis konstitutiv. Anvisiert wird, dass die EU „die Besitzer der Sparbücher ding-fest machen" will sowie dass „das Ding […] jetzt festgeworden [ist]" (Jelinek 1998, 170). Auf ironisch-spielerische Weise assoziiert Jelinek in diesem Kontext die umgangssprachliche idiomatische Bedeutung von ‚Das ist ja ein Ding' mit einer biblischen Allusion („Das Wort ist Fleisch geworden"). In diesem Kontext konkurrieren darüber hinaus zwei weitere Bedeutungsvarianten des Lexems: die marxistische Lesart des Geldes als das gesellschaftlich Macht spendende „Ding", als auch auf „das Dingen des Dinges" Heideggers (1994, 20), dessen Entlarvung als Mitläufer und -denker des Nationalsozialismus eines der Motive ihres ganzen Werkes bildet[2].

Die Zeichen tragen hier Bedeutungen, die nicht miteinander kommensurabel sind, die sich widersprechen bzw. Semantiken aufrufen, von denen nicht klar ist, wie sie überhaupt zueinander in Beziehung gesetzt werden können oder aus welchen Kontexten bestimmte Bedeutungen gespeist werden. Weder die Objektivität der Natur oder der Gesellschaft noch die unerschütterliche Evidenz subjektiver Gewissheit (Gedanken, Gefühle, Überzeugungen usw.) bieten einen letzten, über jeden Zweifel erhabenen Halt, an dem sich unsere Gesetze und Texte relativ eindeutig auf- und ausrichten könnten oder in dessen Macht es stünde, den Sätzen und Texten jene Welteindeutigkeit zu übermitteln, die ihnen fehlt und sie

---

2 Vgl. u.a. Jelinek 1991.

veranlasst, sich über schier endlose Reihen von Korrekturen fortzuschreiben. Jeder sprachliche Zugriff auf die Dinge hat zur Folge, dass sie sich im Versuch ihrer genaueren Bestimmung entziehen, weil es dem, worauf die Texte und Sätze sich beziehen, dem Referenten, an (sozialer) Bindungskraft mangelt, die sie eindeutig machen könnte. Die Eindeutigkeit und Bestimmtheit der Zeichen, die vielen Zeitgenossen – Schriftstellern wie Wissenschaftlern – nach wie vor erstrebenswert ist, scheint allerdings auch nicht harmlos zu sein:

> Wenn wir noch immer – vor allem heute – dem Traum von einer Welt eindeutiger Zeichen, einer ‚starker symbolischen Ordnung' nachhängen, sollten wir uns keine Illusionen machen: Es hat diese Ordnung gegeben, und zwar in einer unbarmherzigen Hierarchie, denn die Klarheit und die Grausamkeit der Zeichen gehören zusammen. (Baudrillard 1982, 80)

Gerade aus diesem Grunde wird der gewohnte Rezeptionsprozess bei Jelinek virtuos durch die Kollision unterschiedlicher Bedeutungskomponenten unterbrochen, und „Sinn muß durch Verarbeitung und Miteinbeziehung [...] nicht explizit erwähnter Informationen erst hergestellt werden." (Klotz 1997, 228) Mit der ständigen Interaktion zwischen verschiedenen Bedeutungsvarianten eines Lexems bzw. zwischen der literalen und figürlichen Bedeutung, mit Wiederholungen, Permutationen und Variationen kappt Jelinek die Vorstellung vom natürlichen Zusammenhang zwischen Zeichen und Bezeichnetem:

> man kann alles angreifen, was sie [die Besitzer, P.B.] bedeuten, was sie also ausmacht. Und da sie etwas ausmachen, denn sie besitzen etwas, würde es ihnen etwas ausmachen, wenn man sie mit Namen bezeichnen könnte. Es ist bezeichnend, daß diese Leute nicht zur Kenntnis genommen zu werden wünschen. Andrerseits hätte jeder gern von allem Kenntnis, die er, wann immer es nicht wehtut, zu sich zu nehmen wünscht. (Jelinek 1998, 170)

Die Rede erfordert eigentlich den Lesevorgang – und zwar „Wort für Wort – und nicht Ereignis für Ereignis" (Philippi 1991, 237), um Jelineks Arbeit der Berichtigung und Begradigung von Text und Leben nachzuvollziehen. Ihre transgredienten Spiele mit Signifikanten und Signifikaten überwinden eine Entwicklungsstufe sprachlicher Starrheit (*Negation*, tollere), indem sie zwischen den Zeilen an den Bedeutungsabständen das Nichtidentische als den Ort des Mehr-Sinns aufscheinen lassen und seine zukunftsträchtigen Seiten erhalten (*Aufbewahrung*, conservare); diese erlangen dadurch eine neue Funktion und über den ersten Text erhebt sich (*Erhöhung*, elevare) ein zweiter und dann ein dritter – die erste Korrektur wird von einer Metakorrektur und diese wiederum von einer Meta-Metakorrektur überlagert.

So wird die Anonymität der Sparbücher mit derjenigen der Täter des Nationalsozialismus kurzgeschlossen und an den Rassenwahn („es gab nur sie allein und sollte nur sie allein geben", Jelinek 1998, 170), an Zwangsenteignung und Raub („Was gehabt wird, kann weggenommen werden", 171) und schließlich an die Massenvernichtung im Dritten Reich erinnert. Nachgeahmt wird hierbei die sprichwörtliche Form und ihr Gebrauch (Glenk 2000, 62), um die „Vorletzten" bzw. „Vorgänger" (Jelinek 1998, 170) heraufzubeschwören:

> Der Letzte macht das Licht aus, das ist eine liebe alte Gewohnheit, auch unsere Vorletzten haben bereits Lichter ausgemacht. Weil sie nur sich selbst behaupten wollten. Unsere Vorgänger. Sie haben etwas behauptet, indem sie sich behaupteten. [...] Sie haben sie ausgemacht, die Lichter, obwohl sie sie nicht gemacht hatten. Heute gibt es viele, denen das etwas ausmacht. Unzählige Lebenslichter wurden ausgelöscht. (Jelinek 1998, 170)

Was Jelinek in ihrer Preisrede parodiert, bloßstellt und entlarvt, ist nicht nur der semantische Gehalt von Phrasen, sondern auch ihre Funktion im alltäglichen Sprachgebrauch bzw. -konsum. „Die Autorin hantiert mit überkommenen Redewendungen und füllt diese gegen alle Konventionen auf" (Meyer 1994, 42), sie sträubt sich gegen eine gedankenlose Verwendung derartiger Sprachklischees. Als Bestandteile des Systems einer Sprache erfassen sie allgemein anerkannte Erfahrungsschemata einer Sprach- und/oder Kommunikationsgemeinschaft, die zugleich als mentale Modelle bzw. komprimierte Verhaltensmuster aufgefasst werden. Das kann sich nicht selten negativ auf die Wahrnehmungs- und Handlungsfähigkeit des Rezipienten auswirken, der die Allgemeingültigkeit der in diesen überkommenen, erstarrten Formeln fixierten Deutungs- und Handlungsschemata unreflektiert billigt.

Um ihr Programm der Entlarvung von falschen Werten und klischeehaften Vorstellungen zu verwirklichen, bedient sich Jelinek auch der Metapher. Durch ein Wörtlichnehmen und ein gekonntes Kombinieren von semantisch bzw. kontextuell inkongruenten Elementen (das Bankgeheimnis Österreichs und der Genozid im Nationalsozialismus) entsteht eine Anomalie, die den Rezipienten zur Feststellung von Konvergenzen wie auch Divergenzen, Analogien und Disanalogien, zum Bisoziieren bzw. Multiassoziieren zwingt: zur Abrechnung mit den Naziverbrechen als auch mit dem gegenwärtigen Fortwirken der faschistischen Ideologie. Die Feststellung, dass „[a]lles weniger gefährlich geworden [ist]" (Jelinek 1998, 170) wird sofort mittels eines Zitats aus dem „Vorbericht" des *Hessischen Landboten* (1834) relativiert („Wer das Blatt nicht gelesen hat, wenn man es bei ihm findet, der ist natürlich ohne Schuld", Büchner 1999, 53), wodurch eine Parallele zwischen (dem gegenwärtigen) Österreich und dem totalitären hessischen Fürstentum hergestellt wird, ohne dass in der ganzen Rede weder Büchner selbst noch andere Personen aus seinem Umfeld namentlich genannt werden. Von der Erkenntnis ausgehend, „dass Sprache nicht nur einen stereotypisierenden Effekt hat, sondern den Prozess der Stereotypisierung unseres Denkens umkehren und aufbrechen kann" (Glenk 2000: 63), schiebt die Autorin durch diesen Nachsatz dem vordergründig Geäußerten einen unvermuteten Hintergrund unter und stellt gegenüber dem normativ Erwarteten als Korrektur einen Kontratext her.

Es geht um die unüberbrückbare Differenz zwischen dem Tatsächlichen und dem Beschriebenen, zwischen dem Gesagten und dem, was getan wird und umgekehrt: „Keine Folge hat folgendes: Gesagt, getan"; und weiter: „Was läßt sich leichter sagen als tun? Alles! Und was läßt sich leichter tun als sagen? Auch alles!" (Jelinek 1998, 170 und 172) Büchner fungiert hier als Prophet bzw. Exeget der Revolution, der erkannte, dass die Gründe für das Scheitern (je)der Revolution zum einen in der Kluft zwischen der Idee und ihrer Umsetzung, zum anderen im Egoismus und Hedonismus der Revolutionäre liegen, „die versagt haben, indem sie sich nichts versagt haben" (Jelinek 1998, 172). Als Kind der Studentenrevolte, Kommunistin und ‚Staatsfeindin' identifiziert sich Jelinek mit dem Vormärz-Studenten, betrachtet aber seine Diagnose durch das Prisma des zusammengebrochenen Kommunismus' in (Ost)Europa und bedient sich dabei nicht nur der großen Diskurse der Literatur bzw. der Philosophie, sondern auch beliebter Versatzstücke der Populärkultur – hier etwa Dahlia Lavis Song „Wer hat mein Lied so zerstört" und des sprachspielerischen Zitats des Schüsselsatzes aus *Animal Farm* (Orwell 1982, 113): „Werden die Menschen gleicher, wenn ihnen andre gleich sind [...]?" (Jelinek 1998, 172 und 173)

Ein solches Verfehlen wird in den verschiedensten Zusammenhängen der Rede ausbuchstabiert: logisch in Form von zahlreichen Paradoxien, welche den Text durchqueren; gegenstandstheoretisch in der allgemeinen Rede von der Auflösung des Gegenstandes; sprachphilosophisch im Bewusstsein des Versagens der Sprache angesichts des Wahren oder auch bloß des Tatsächlichen:

> Es stehen einander zwei Dinge gegenüber, die Sprache und ihr Besitzer. Die Sprache ist die Sprache. Sie mag bedeuten, was sie will, sie mag auch nichts sagen und doch sprechen, doch immer wird, was sich der Sprecher denkt, an einem Gegenstand festgemacht. Das wird ein Fest! Der Sprecher darf endlich seinen Gegenstand verschlingen. Manche werden ihn leben lassen, aber nicht hoch. Es wird jedoch weiter nichts gemacht dabei, außer daß das Grenzenlose, das Denken, an die Sprache festgebunden wird, und an dieser Fessel zerrt es seither. (Jelinek 1998, 171)

Das, was die philosophische Tradition ‚Geist' genannt hat, verkörpert sich in der paradoxen Struktur der Sprache. Die Sprache ist das Medium des Geistes. In ihrem voreiligen Bezug auf ein Allgemeines, in das wir uns in unserem Sprachgebrauch immer eingebunden finden, sabotiert sie unsere Gewissheit, jemals sagen zu können, was wir denken und meinen; sie greift immer über uns hinaus. Denn es gibt keinen absoluten Nullpunkt, keinen Anfang in der Sprache, und das, „was uns vorgelegt wurde", ist auch das, „was uns vorliegt":

daß in der Sprache alles ist und möglich ist, das, was gedacht und dann gesagt wird, was gesagt und dann gedacht wird und das, was sowieso wahr ist. So können wir uns sehr täuschen über uns, denn mit nichts wird ja leichtfertiger umgegangen als mit dem, was ist. Und da alles IST, auch das, was gar nicht sein kann, täuschen wir uns immer in uns. Denn, was ist, ist eben da, oder es ist uneinholbar weit weg, ist die Wahrheit oder die Lüge. (Jelinek 1998, 173)

Jelinek, die mit Heideggers Texten bzw. Philosophie des Eigenen eines deutschen Daseins in ihrem Werk eine Art „Zwiaison" (Treude 2007, 18) eingeht, greift auch in ihrer Büchner-Preisrede verkürzt seine postmetaphysische Kopula-Logik („IST") bzw. Ekstasen der Zeitlichkeit auf, um sie mit der Verdrängung bzw. Bagatellisierung der Naziverbrechen zu verbinden: „Etwas ist gewesen – wie kann es dann weg sein? Weil es nicht an denen, die es abgeschafft haben, festgemacht war?" (Jelinek 1998, 172) Nach Heidegger erwächst der Sinn des Lebens erst aus der untrennbaren Verbindung von Zukünftigkeit, Gewesenheit und Gegenwärtigkeit. So geht der Mensch auf sich selbst zu, indem er die eigenen Erfahrungen, die eigene Geschichte nutzt und so auf sich selbst zurückkommt: Ohne diese beiden Zeitaspekte gäbe es kein Hier und Jetzt (Heidegger 1967, 262–264). Die generative Matrix des Prätextes wird von Jelinek in die Ansprache hineinkopiert und die Produktionsprinzipien des philosophischen Referenzwerks auf einen neuen Zusammenhang übertragen, um eine Destabilisierung alter und neuer Sinnstrukturen zu bewirken.

Reden heißt dann, in einen vorgängig schon immer bestimmten Sprachgebrauch hineinzusprechen oder unsere Zeichen auf andere, schon existierende oder mit anderen Bedeutungen verbundene aufzupropfen: „Worte [...] als Sprechen zurückrufen und in den Wald unsres eigenen Sprechens hineinrufen" (Jelinek 1998, 171). Dabei bleibt (es) stets ein Rest an Ungewissheit, nicht zu wissen, welcher Gebrauch von unseren Wörtern und Sätzen gemacht wird. Wir sagen immer zu wenig, um auszudrücken, was wir meinen; in ein- und derselben Hinsicht verleitet uns das Medium aber auch dazu, immer mehr zu sagen, als wir meinen. Bernhard hat dies auf eine einfache, aber prägnante Formel gebracht, wenn er schreibt: „Wir gehen immer zu weit, damit wir nicht zu kurz kommen." (Bernhard 1988, 361) Das ist letztendlich auch kein Problem, denn mit der Widersprüchlichkeit der Sprache und der Identität bleibt gewissermaßen auch ein Hintertürchen offen, alles widerrufen zu können (Eyckeler 1995, 70–71). So mündet der letzte Absatz von Jelineks Rede in der Vorstellung einer „Sandkiste", in der Kinder der Autorin „nach-sprechen sollen" und sich dabei mit Schaufeln schlagen werden. Die Sandmetapher ist nicht nur eine Reminiszenz an den Büchner-Preisträger Celan, sondern auch Sinnbild für Sprache als flexibles, leicht formbares, „weiches" Material, das „nachgibt" und daher in der unendlichen

(Hegel'schen Weltgeschichts-)Spirale des (literarischen) Konkurrenzkampfes einen „harten" Widerstand darstellen kann (Jelinek 1998, 174).

Nicht anders als Bernhard hebt Jelinek die paradoxale Struktur des sprachlichen Weltbezugs hervor, nämlich im eigensinnigen Gebrauch der Sprache stets ein sich widersprechendes Mehr und Weniger an Bedeutung bzw. Wirkung realisieren zu müssen. Das Meinen wird in ihrer Dankrede durch das Sagen dekonstruiert, wie bei einer Fehlleistung wird es jedes Mal durch das, was gesagt wird, bloßgestellt. ‚Geist' steht dafür, dass wir immer schon über uns hinaus sind, um gleichzeitig unendlich weit hinter uns zurückzubleiben, dass wir uns in geschichtlich vermittelte Traditionen eingebunden finden, die uns in jeder Hinsicht schon zuvorgekommen sind, nach rückwärts wie nach vorwärts sind wir in der Partizipation dessen, was Hegel ‚Geist' nennt, auf seine Supplementierungslogik verwiesen (Gamm 1997, 85–124). Er verkörpert diese an die Extreme verfallene logische Bewegung von Erkennen und Verkennen, Wirken und Verwirken, von Uns-voraus-sein und Hinter-uns-zurückbleiben.

Literatur

Aristoteles. *Werke in deutscher Übersetzung. Rhetorik*. Bd. 4. Hg. Hellmut Flashar. Darmstadt: Wissenschaftliche Buchgesesellschaft, 2002.

Assmann, Michael und Herbert Heckmann. *Zwischen Kritik und Zuversicht. 50 Jahre Deutsche Akademie für Sprache und Dichtung*. Göttingen: Wallstein, 1999.

Barthes, Roland. „Die alte Rhetorik". In: Ders. *Das semiologische Abenteuer*. Frankfurt am Main: Suhrkamp,1988. 15–101.

Baudrillard, Jean. *Der symbolische Tausch und der Tod*. München: Matthes & Seitz, 1982.

Bernhard, Thomas. „‚Leonce und Lena'. Tragisches Lustspiel von Georg Büchner". In: *Salzburger Nachrichten*, 7. Juli 1954.

Bernhard, Thomas. *Korrektur*. Frankfurt am Main: Suhrkamp, 1988.

Bernhard, Thomas. „Drei Tage". In: Ders. *Der Italiener*. Frankfurt am Main: Suhrkamp, 1989. 78–90.

Bernhard, Thomas. *Meine Preise*. Frankfurt am Main: Suhrkamp, 2009.

Bernhard, Thomas. *Der Wahrheit auf der Spur. Reden, Leserbriefe, Interviews, Feuilletons*. Hg. Wolfram Bayer, Raimund Fellinger und Martin Huber. Berlin: Suhrkamp, 2011.

Blöcker, Günter. „Rede auf den Preisträger". In: *Jahrbuch der Deutschen Akademie für Sprache und Dichtung* (1970): 74–82.

Büchner, Georg. *Sämtliche Werke, Briefe und Dokumente in zwei Bänden*. Bd. 2. Hg. Henri Poschmann unter Mitarbeit von Rosemarie Poschmann. Frankfurt am Main: Deutscher Klassiker-Verlag, 1999.

Der Kulterer. Regie: Vojtěch Jasný. ZDF und ORF, 1973–1974.

Durzak, Manfred. „Die Modernität Georg Büchners. Lenz und die Folgen". In: *L'80* 45 (1988): 132–146.

Ebel, Martin. „Der Sprache wird der Arm gedreht, bis er ausgerenkt ist". In: *Stuttgarter Zeitung*, 19. Oktober 1998.

Eyckeler, Franz. *Reflexionspoesie. Sprachskepsis, Rhetorik und Poetik in der Prosa Thomas Bernhards*. Berlin: Erich Schmidt, 1995.

Gamm, Gerhard. *Der deutsche Idealismus. Eine Einführung in die Philosophie von Fichte, Hegel und Schelling*. Stuttgart: Reclam, 1997.

Glenk, Eva M. F. *Die Funktion der Sprichwörter im Text. Eine linguistische Untersuchung anhand von Texten aus Elfriede Jelineks Werken*. Wien: Praesens, 2000.

Goltschnigg, Dietmar. *Büchner und die Moderne. Texte, Analysen, Kommentar*. Bd. 2. Berlin: Erich Schmidt, 2002.

Hambsch, Björn. „Das tadelnswerte Lob. Bemerkungen zur historischen Pragmatik lobender Rede im Fest". In: *Fest und Festrhetorik. Zur Theorie, Geschichte und Praxis der Epideiktik*. Hg. Josef Kopperschmidt und Helmut Schanze. München: Fink, 1999. 119–140.

Heidegger, Martin. „Das Ding". In: Ders. *Bremer und Freiburger Vorträge*. Hg. Petra Jaeger. Frankfurt am Main: Klostermann, 1994. 5–23.

Heidegger, Martin. *Sein und Zeit*. Tübingen: Niemeyer, 1967.

Hennetmair, Karl Ignaz. *Ein Jahr mit Thomas Bernhard*. Salzburg: Residenz, 2000.

Jelinek, Elfriede. *Totenauberg. Ein Stück*. Reinbek: Rowohlt, 1991.

Jelinek, Elfriede. „Was uns vorliegt. Was uns vorgelegt wurde". In: *Jahrbuch der Deutschen Akademie für Sprache und Dichtung* (1998): 170–174.

Klotz, Peter. „Literatur beim Wort genommen". In: *Deutschunterricht* 59 (1997): 226–236.

Lausberg, Heinrich. *Handbuch der literarischen Rhetorik. Eine Grundlegung der Literaturwissenschaft*. Stuttgart: Steiner, ³1990.

Matuschek, Stefan. „Epideiktische Beredsamkeit". In: *Historisches Wörterbuch der Rhetorik*. Hg. Gert Ueding. Bd. 2. Tübingen: Niemeyer, 1994. Sp. 1258–1267.

Meyer, Anja. *Elfriede Jelinek in der Geschlechterpresse. „Die Klavierspielerin" und „Lust" im printmedialen Diskurs*. Hildesheim/Zürich/New York: Olms-Weidmann, 1994.

Nagel, Ivan. „Lügnerin und Wahr-Sagerin. Laudatio auf Elfriede Jelinek". In: *Jahrbuch der Deutschen Akademie für Sprache und Dichtung* (1998): 164–169.

Orwell, George. *Farm der Tiere. Ein Märchen*. Zürich: Diogenes, 1982.

Philippi, Klaus-Peter. „Sprach-Lust, Körper-Ekel". In: *Elfriede Jelinek*. Hg. Kurt Bartsch und Günter Höfler. Graz/Wien: Droschl, 1991. 234–243.

Treude, Sabine. „Sprache verkehrt gehert. Das Gespenstische und die Philosophie in den Texten Elfriede Jelineks". In: *„Ich will kein Theater". Elfriede Jelineks mediale Überschreitungen*. Hg. Pia Janke. Wien: Praesens, 2007. 17–22.

Ulmer, Judith S. *Geschichte des Georg-Büchner-Preises. Soziologie eines Rituals*. Berlin/New York: de Gruyter, 2006.

Zimmer, Dieter E. „Hurra, wir gehen unter! Wie Verzweiflung durch Beifall unglaubwürdig wird". In: *Die Zeit* Nr. 43, 23. Oktober 1970.

Rita Svandrlik
Bachmann als literarische Figur bei Bernhard und Jelinek

Zu den zahlreichen Verbindungslinien, die man zwischen dem bernhardschen und dem Jelinekschen Œuvre ziehen kann, gehört eine über das Bachmann-Bild laufende Linie eigentlich nicht. Für Bernhard und Jelinek stellt Bachmanns Werk einen zentralen Bezugspunkt dar, denn beide sprechen öfter ihre tiefe Verehrung für die Autorin aus. Die an Bachmann erinnernden literarischen Figuren der Maria im Roman *Auslöschung. Ein Zerfall* (1986) und der Inge im Theaterstück *Die Wand* (2003) weisen jedoch, wie die folgenden Ausführungen zeigen werden, kaum Gemeinsamkeiten auf. Eine vergleichende Untersuchung beider Werke kann dabei neue Aspekte erschließen; eine Fokussierung auf die Textanalyse soll zugleich der Vermengung der verschiedenen Betrachtungsebenen, der biographischen Rekonstruktion, der historisch-kulturellen Einflüsse, der thematischen Parallelen, wie vor allem in den Beiträgen zur Beziehung zwischen Bachmann und Bernhard beliebt, entgegenarbeiten.

1 Die Konstellation Bachmann/Bernhard/Jelinek

Um diese literarische Dreieckskonstellation Bachmann/Bernhard/Jelinek näher zu erläutern, sei zunächst in chronologischer Reihenfolge auf die folgenden, zu unterschiedlichen Gattungen gehörenden Texte verwiesen, welche die Konstellation dieses Dreigestirns konstituieren: Ingeborg Bachmanns *[Thomas Bernhard] Ein Versuch* (ein posthum veröffentlichter Entwurf, entstanden nach dem Erscheinen von *Watten*, 1969), Bernhards nachrufartige Kurzprosa *In Rom* in dem Band *Der Stimmenimitator* (1978), Jelineks Essay *Der Krieg mit anderen Mitteln* (1983), Bernhards Roman *Auslöschung. Ein Zerfall* (1986), Jelineks *Malina. Ein Filmbuch* (1991) und schließlich Jelineks Theaterstück *Die Wand* (2003). Diese Texte korrespondieren stark, wenn auch auf je ganz unterschiedlichen Ebenen, miteinander. Es kann also nicht verwundern, dass dieses Beziehungsgeflecht in der Forschung bisher nicht außer Acht gelassen wurde. Dabei stehen die philosophischen Einflüsse, vor allem diejenigen Wittgensteins, sowie die Kultur- und Österreichkritik im Vordergrund.

Die Beziehung Bachmann/Bernhard ist schon oft untersucht worden[1] und beide sind dabei in die Tradition des Antiheimatromans ebenso eingereiht worden (vgl. Hoell 2000) wie in die der österreichischen Sprachphilosophie. Diesbezüglich zeichnen sich Bachmann und Bernhard also dadurch aus, dass sie Wittgenstein literarisch umsetzen (vgl. Steutzger 2001). Hoell hat zudem auch den Begriff der ‚Utopographie' geprägt, indem er Bachmanns Erzählung *Drei Wege zum See* mit *Auslöschung* verglichen hat: das topographische Vorgehen beider Autoren wird untersucht, um festzustellen, dass es sich bei den dargestellten um keine realen Orte handelt, sondern um Nicht-Orte: „Bei beiden Autoren kann man von Topographie als Utopographie sprechen". (Hoell 1999, 94)

Die Untersuchungen zur Beziehung Bachmann/Jelinek kreisen vor allem um das Skript zum Film *Malina* sowie um den thematischen Strang der weiblichen Todesarten und des privaten Faschismus, auf den Jelinek sich wiederum in ihrem Essay *Der Krieg mit anderen Mitteln* hauptsächlich konzentriert (vgl. Szczepaniak 2007). Da Jelinek zwanzig Jahre nach Bachmann geboren wurde und somit zur Nachkriegsgeneration gehört, bietet sich der Begriff des Weiterschreibens oder Fortschreibens der Bachmannschen Themen an (vgl. Jirku 2009). Naheliegend bei einem solchen Ansatz ist zudem ein Vergleich von Bachmanns unvollendeter, posthum erschienener Erzählung *Gier* mit Jelineks gleichnamigem Roman (vgl. Agnese 2007).

2 Bachmann als fiktive Figur bei Bernhard

Die kurze Prosa *In Rom* konzentriert sich auf die Ursachen des Todes in einem römischen Krankenhaus der „intelligentesten und bedeutendsten" österreichischen Dichterin des Jahrhunderts (Bernhard 1978, 167); der Name Bachmann kommt jedoch nicht vor, obwohl die im ersten Satz genannten Umstände des Todes sich unmissverständlich auf Bachmann beziehen. Auch die Stadt Rom spielt im Text weiter keine besondere Rolle, etwa als von Bachmann gewählter Lebensort; der Akzent liegt vielmehr auf der Flucht aus der österreichischen Heimat, Flucht vor den Menschen überhaupt, und auf dem Wunsch Bachmanns, trotzdem in die Heimat zurückzukehren. Das Verbindende zwischen sich selbst und der Dichterin sieht der Ich-Erzähler in der geistigen Affinität, in den übereinstimmenden Ansichten über den „Ablauf der Geschichte" (Bernhard 1978, 167)

---

[1] So befasst sich beispielsweise Peter Beicken hauptsächlich mit den thematischen Gemeinsamkeiten und Unterschieden in den „Geschichten vom Sterben" der beiden Autoren (Beicken 2001, 101).

und über die Brutalität der Masse. Vielzitiert in der Sekundärliteratur zu Bachmann ist Bernhards Feststellung, Bachmann habe „wie ich schon sehr früh den Zugang zur Hölle ausfindig gemacht und war in diese Hölle hineingegangen, auch auf die Gefahr hin, schon sehr früh in dieser Hölle zugrunde zu gehen" (Bernhard 1978, 168). Schon hier, wie auch im späteren Roman *Auslöschung*, scheint Bachmann mit ihrer absoluten Konsequenz ein idealisiertes wenn auch tragisches Gegenbild zum Autor zu liefern, der den Eingang zur Hölle zwar ausfindig gemacht, den Abstieg aber, wie der Text suggeriert, dann doch nicht unternommen hat. Mit diesen Prämissen ist die vieldiskutierte Frage, ob es sich bei Bachmanns Tod um einen Unfall oder um Selbstmord gehandelt habe, nicht mehr so wichtig und für die Interpretation ihres Werkes ist sie es ohnehin nicht.

Bei dem Text *In Rom* handelt es sich weniger um einen Nachruf auf Bachmann, als um eine literarische Prosa: der Autor spielt mit Authentizität und Fiktion in diesem genauso wie in den anderen Texten des Bandes aus dem Jahr 1978. Auch sind die ironischen Töne nicht zu überhören, zum Beispiel in der verkürzten Wiedergabe der Todesnachricht in der Presse: Bachmann sei „an den Folgen von Verbrühungen und Verbrennungen gestorben, die sie sich in ihrer Badewanne zugezogen haben muß, wie die Behörden festgestellt haben" (Bernhard 1978, 167); es bedarf also der Autorität der Behörden, um glaubhaft zu machen, dass man sich in der Badewanne Brandwunden zuzieht.[2] Zur boshaften Ironie gehört auch das Insistieren auf den Neid der schriftstellernden Rivalinnen, die es Bachmann verunmöglicht haben, in die Heimat zurückzukehren.[3]

Das Wortfeld „auslöschen", „Auslöschung", die „Auslöscher" kommt in *Auslöschung* zum ersten Mal nach ungefähr hundert Seiten vor (Bernhard 1986, 113), innerhalb einer für Bernhard typischen Tirade gegen die Politiker, die alles Schöne mit Füßen treten (Bernhard 1986, 113–114), und nur daran denken, „wie sie alles zwischen dem Neusiedlersee und dem Bodensee gründlich auslöschen und umbringen können" (Bernhard 1986, 113). Es geht aber nicht nur um die aktuellen Verantwortlichen in der österreichischen Politik, sondern auch um das Erbe der Mittäterschaft Österreichs an den Nazi-Verbrechen, denn Muraus Eltern waren begeisterte Nazis (das enorme Gut und Schloss Wolfsegg haben schließlich auch nach dem Krieg noch als Refugium für Naziverbrecher gedient). Als die Eltern und der ältere Bruder durch einen Autounfall ums Leben kommen, reift in Murau die Überzeugung, dass es ihm unmöglich sei, das ihm zugefallene Erbe anzutreten, dass er es auslöschen und zugleich einen Text mit dem Titel „Aus-

---

2 Zur korrekten Rekonstruktion der Umstände vgl. Höller 1999, 155–156.
3 „Bernhards Konstruktion einer feindlichen Gegenwelt von todbringenden Ausmaßen scheint, seiner Übertreibungskunst gemäß, negative Tendenzen der langen Bachmann-Rezeption auf die Spitze zu treiben". (Beicken 2001, 94)

löschung" schreiben müsse (Bernhard 1986, 199, 201, 457, 542–543, 613)[4]: „Ich schreibe eine ungeheure Schrift, sage ich mir, und habe gleichzeitig Angst davor und bin in diesem Augenblick der Angst auch schon gescheitert, in der absoluten Unmöglichkeit, damit erst anfangen zu können" (Bernhard 1986, 614). Auf der Metaebene handelt der Text also auch von der eigenen (problematischen) Entstehung[5]. Da es darin auch um eine „Selbstzersetzung und Selbstauslöschung" (Bernhard 1986, 296) geht, und Muraus Krankheitssymptome gegen Ende akuter werden, meint der Titel auch die konkrete Auslöschung, also das Sterben des Ich-Erzählers. Im vorletzten Satz erfahren wir, dass Murau sich durch eine Schenkung an die israelitische Kultusgemeinde Wiens seines gesamten Erbes entledigt; sein „Geistesbruder" Eisenberg, Rabbiner in Wien, nimmt das Geschenk dankend an.

Der Roman strukturiert sich über polare Gegensätze[6], hauptsächlich über das Spannungsverhältnis Rom/Wolfsegg, und rekurriert dabei auf eine durchaus realistische und genaue Topographie (Wendelin Schmidt-Dengler spricht daher zurecht von Bernhards Vorliebe für „Wirklichkeitsfallen", 2001, 104)[7]. Zu diesem Spiel mit authentischem Material gehört auch die Darstellung der Dichterin Maria, die mit allen ihren Eigenschaften und Lebensumständen deutlich an Bachmann angelehnt ist.[8] Bernhard geht sehr offen mit den faktischen Details um: Maria

---

[4] Schon im ersten Teil des Romans spricht Murau von einer Schrift mit dem Titel *Auslöschung*, er geht mit der Absicht um, die verschwundene oder mutmaßlich vernichtete Antiautobiographie des Onkels Georg weiterzuschreiben (Bernhard 1986, 198–201).

[5] Georg Jansen (2005) betont das Scheitern des Unternehmens „Auslöschung", wie auch zuletzt Thomas Meyer: „Die Behauptung einer Realität bzw. einer Identität von projektierter Auslöschungsschrift und manifestem Text entspringt dem verständlichen Wunsch, Kontrolle über ein unbeherrschbares Werk auszuüben und die disparaten antagonistischen Kräfte in ein stabiles Gleichgewicht zu zwingen" (Meyer 2014, 11). Man kann mit Meyer übereinstimmen, dass gewisse ‚Reste' bei den Interpretationen immer wieder übersehen wurden; man kann auch die (banale aber zugegebenermaßen notwendige) Feststellung teilen, dass der Ich-Erzähler oder der unbekannte Herausgeber nicht mit Bernhard identifiziert werden darf, doch scheint mir die dialektische Dynamik zwischen Auslöschung, also auch Auslöschungs-Projekt, und Entstehung des Textes (im „manifesten Text") als thematischer Leitfaden nicht von der Hand zu weisen zu sein, denn der Text reflektiert sich selbst, also die eigene Entstehung, und nimmt sie sogleich immer wieder zurück.

[6] Hans Höller spricht von „volkstheaterhaft karnevalistischen Gegensatzpaaren" (Höller 1997, 57).

[7] Zur römischen Topographie heißt es da: „Vorsicht ist indes geboten, so man meint, eine allzu einfache Dekodierung der symbolischen Qualitäten dieses Ortes vornehmen zu können. Rom ist gewiß eine Chiffre, jedoch verweigert sich die Textur Bernhards einer einfachen Transposition solcher Chiffren in die diskursive Auseinandersetzung." (Schmidt-Dengler 2001, 104).

[8] Beicken spricht in diesem Zusammenhang von einer „maskierten Erscheinung" Bachmanns (Beicken 2001, 95).

stammt aus einer südösterreichischen Provinzstadt, in der auch Musil geboren ist, hat der Heimat den Rücken gekehrt und sich schließlich für Rom als Wahlheimat entschieden:

> Die Maria aus der kleinen südösterreichischen lächerlichen Provinzstadt, in der Musil geboren worden ist, mit welcher Musil aber außer diesem Umstand nicht das geringste zu tun gehabt hat zeitlebens, die diesen Umstand der Geburt Musils aber bis an den äußersten Rand der Geschmacklosigkeit ausgenützt hat, aus der Stadt in fataler Grenznähe, in welcher immer schon der Nationalismus und Nationalsozialismus und der provinzielle Stumpfsinn vulgäre Blüten getrieben haben, [...] Maria ist aus eigenem Antrieb, ganz dem meinigen vergleichbar, der mich schließlich aus Wolfsegg entfernt hat, aus ihrer ihr doch immer gleich schädlichen Kindheitsstadt weggegangen, nach Wien [...]. (Bernhard 1986, 232–233)

In seinem zeitlichen Bezugsrahmen ist der Roman jedoch nicht realistisch: er spielt Anfang der achtziger Jahre, als Bachmann längst tot war. Es gibt auch keinen Anhaltspunkt im Text, der auf einen imminenten Tod Marias deuten würde, während oft und besonders zum Schluss hin von Muraus Krankheit die Rede ist. So steht die Erwähnung von seinen gescheiterten Versuchen, Berichte und philosophische Aufsätze zu schreiben, in schroffem Gegensatz zum Gelingen der schriftstellerischen Tätigkeit Marias, die Gedichte Ungarettis übersetzt (Bernhard 1986, 228) und auch mit ihrer Lyrik früh berühmt geworden ist: hier deutet sich bereits die Funktion Marias als positive Gegenfigur zum Ich-Erzähler an. Diese realistischen Verweise sind in schwelgerische Lobpreisungen eingebettet: ihre Gedichte seien ein Höhepunkt der Literatur des Jahrhunderts, sagt Murau zu Gambetti (vgl. Bernhard 1986, 609–610); sie habe ein „böhmisches" Gedicht (gemeint ist *Böhmen liegt am Meer*) geschrieben, das eines der schönsten der deutschsprachigen Literatur überhaupt sei, das beste aus der Hand einer deutschsprachigen Dichterin:

> [...] ich hatte mich mit ihr da getroffen, um ihre Gedichte zu besprechen, besonders das sogenannte böhmische, das inzwischen weltberühmt geworden ist und sicher eines der besten, gleichzeitig schönsten Gedichte unserer Literatur ist. Damals habe ich zu Maria gesagt, *du hast jetzt mit diesem Gedicht das schönste und beste Gedicht geschrieben, das jemals eine Dichterin in unserer Sprache geschrieben hat*, es war niemals als Kompliment gedacht gewesen, ich sagte die Wahrheit, die auch die übrige Welt jetzt längst zur Kenntnis genommen hat. Ich habe die Gedichte Marias immer geliebt, weil sie so österreichisch, gleichzeitig aber so von der ganzen Welt und von der Umwelt dieser Welt durchdrungen sind, wie keine zweiten. (Bernhard 1986, 511–512)

Die empathische Begeisterung Muraus für Marias poetische Leistungen bildet eine Grundlage der Beziehung zu ihr, sie gehört in Rom zu dem kleinen Freundeskreis Muraus, einer Art Gegenfamilie, die nicht auf Blutbanden sondern auf freier Wahl gründet (vgl. Reitani 2000, 46). Dazu gehören Maria, Zacchi, der

Schüler Gambetti und vor allem der ehemalige Studienkollege Eisenberg, der im Unterschied zu Murau und Maria zurück nach Wien gegangen ist, manchmal aber Murau nach Venedig in die Oper einlädt. Murau und Maria treffen sich regelmäßig in Rom, um über Marias Gedichte zu sprechen, oder über andere Autoren wie Sartre. Außerdem lacht Maria gern, Murau schätzt ihre Gesprächskunst und ihren Gefallen an einfachen Menschen – sogar an österreichischen Menschen aus dem Volk, wie aus der Episode von Marias einzigem Besuch in Wolfsegg hervorgeht. Die Wahlverwandtschaft der beiden gründet also auf einer ähnlichen Weltanschauung und Einschätzung der österreichischen Vergangenheit und Gegenwart. Wie der Ich-Erzähler sieht auch sie das größte Übel der österreichischen Gesellschaft in der Allianz zwischen der katholischen Kirche und dem Nationalsozialismus.[9] Maria, die höchste Ansprüche an ihre Kunst stellt, lässt sich gewiss unter die positiven Figuren des Romans einreihen, ist sie doch nicht nur eine Retterin des Ich-Erzählers sondern hat sogar den Titel des Romans, *Auslöschung*, selbst vorgeschlagen. Das Vorkommen von positiven Figuren (neben Maria und Eisenberg sind das der Onkel Georg, Gambetti, der Vetter Alexander, der Bergmann Schermair und seine Frau) stellt eine Neuigkeit im Bernhardschen Werk dar (vgl. Höller 1997, 53). Auch dass eine weibliche Figur zwar die Schriften des Protagonisten zum Verbrennen bestimmt, ihre ideale Positivität dabei aber nicht einbüßt, ist ein Novum im Bernhardschen Werk. Es ist nur möglich aufgrund der Verdrängung des Körperlichen zugunsten des Geistigen, denn das ist der Preis, den die weibliche Figur bezahlen muss (vgl. Ronge 2009, 64). Ihre Beziehung zu Männern, die ja im Bachmann-Mythos des medialen Diskurses eine große Rolle spielt, kommt nur im Traum zur Darstellung. Muraus Traum gehört zu einer der bekanntesten Textstellen des Romans, die im Rahmen der fast utopischen Beschwörung des Neuen durch Murau eingeschoben wird – was wiederum in Zusammenhang mit Bachmanns Utopiekonzept zu sehen ist. Auch in diesem Fall greift der Autor auf seine bewährte Strategie der vervielfachten Redewiedergabe zurück. In der Einsamkeit, am Fenster seiner römischen Wohnung stehend, monologisiert Murau, indem er seine schon stattgefundene Erzählung des Traums an Gambetti sich nochmals vergegenwärtigt und wiedergibt:

> Das Alte muß aufgegeben werden, vernichtet werden, so schmerzhaft dieser Prozeß auch ist, um das Neue zu ermöglichen, wenn wir auch nicht wissen können, was denn das Neue sei, aber daß es sein muß, wissen wir, Gambetti, habe ich zu diesem gesagt, es gibt kein Zurück.[...] Alles aufgeben, habe ich zu Gambetti gesagt, alles abstoßen, alles auslöschen letzten Endes, Gambetti. Auf die Piazza Minerva hinunter schauend, sah ich mich auf einmal

---

[9] Nicht vergessen sollte man, dass im Erscheinungsjahr von *Auslöschung* Kurt Waldheim zum österreichischen Bundespräsidenten gewählt wird.

gleichzeitig Gambetti von jenem Traum berichten, in welchem ich mit meinem Studienfreund Eisenberg, mit Maria und Zacchi in einem Seitental des Grödnertales gewesen bin. (Bernhard 1986, 211–212)

Bei dem Traum handelt es sich um einen Wiederholungstraum, um einen Traum, der den Protagonisten „mehrere Male im Jahr, wie ich sagen will, *heimsucht*, mit allen seinen Merkwürdigkeiten" (Bernhard 1986, 214). Maria erscheint darin als eine junge, ausgelassene, exzentrische Frau, die sich bereit erklärt hat, sich mit drei befreundeten jungen Männern auf ein paar Tage in die Berge zurückzuziehen, um über den Einfluss Schopenhauers auf ihre Lyrik zu reflektieren.[10] Maria werden hier deutlich androgyne Züge verliehen; so erscheint sie in einem „verrückten" (Bernhard 1986, 215) Hosenanzug und tauscht ihre Ballettschuhe mit den festen Stiefeln Eisenbergs. Der Traum beinhaltet starke erotische Spannungen, als Maria Murau lange küsst, was wiederum die Reaktion Eisenbergs hervorruft, der seine Schuhe zurückverlangt. In einem zwischen Aggression und Liebe schwankenden Ritual wird der Schuhtausch schließlich rückgängig gemacht:

> Es sind *deine* Schuhe, ich habe sie für *dich* ausgezogen, sagt Eisenberg, gibt die Schuhe Maria und steht wieder auf: Maria küßt Eisenberg, sagte ich zu Gambetti, und läuft mit den Ballettschuhen in der Hand ins Freie. Eisenberg und ich schauen ihr nach. Hoffentlich kommt unser Kind nicht um, sagt Eisenberg in diesem Augenblick, sagte ich zu Gambetti. (Bernhard 1986, 223–224)

Zum Schluss nennen die beiden Männer, deren Rivalität um Maria keine Spuren in ihrer Beziehung hinterlassen hat, die junge Frau „unser Kind".[11] Die Figur der Maria, die im Roman mit eher mütterlichen Zügen versehen ist, wird in ihrer gefährlichen Sexualität neutralisiert. Zuerst erscheint sie als androgynes Wesen, um nach dem erotischen Zwischenspiel mit den beiden Männern als Kind entsexualisiert zu werden. Wie auch ihr Name Maria besagt, ist sie die Reine, die vom Gegensatz zur sinnlichen Mutter Muraus lebt. Diese unterhält seit Jahrzehnten ein Verhältnis mit Spadolini, von dem alle wissen, aber dennoch so tun, als ob es sich nur um die Beziehung einer Frau zu ihrem geistlichen Mentor handeln würde. Am

---

10 Bei aller Relevanz des philosophischen Kontextes in Bachmanns Werk ist gerade von Schopenhauer nie die Rede, weder bei Bachmann selbst noch in der Sekundärliteratur; Bernhard spielt hier mit einer Variante der zahlreichen Versuche, Bachmann unter die Schirmherrschaft eines bestimmten Philosophen stellen zu wollen: „*ist es nicht Heidegger*, hat Maria gesagt, *ist es Schopenhauer*, sie freue sich auf das Unternehmen, [...]" (Bernhard 1986, 217).
11 Der Traum fährt dann fort mit dem Gewaltausbruch des Wirtes gegen seine vier intellektuellen Gäste, vor allem gegen den Juden Eisenberg; der rohe Wirt wünscht sich, dass man solche Leute „ausrotten" (Bernhard 1986, 226) sollte: auch in der Traumerzählung ist also das Fortleben der Nazivergangenheit präsent.

Ende erfährt die Mutter nicht nur den Tod, sondern eine fürchterliche Verstümmelung ihres Körpers, gleichsam als Bestrafung für ihre Sinnlichkeit.[12]

Eigentlich ist Maria Projektionsfläche für den Ich-Erzähler Murau, denn sie verkörpert die Eigenschaften, die ihm abgehen: sie ist eine Autorität, die es ihr Dank ihrer unbeirrbaren Intellektualität und Sicherheit im ästhetischen Urteil ermöglichen, ohne Wenn und Aber – und ohne Widerspruch! – die Texte Muraus zur „Auslöschung" zu bestimmen (Bernhard 1986, 541–542). Hat sich Bernhard hier die Figur einer Muse erschrieben, „deren Eigenschaften seinen einseitigen Vorstellungen von der gescheiten Frau entgegenkommen" (Beicken 2001, 106)? Handelt es sich um einen Wunschtraum „von weiblicher Nähe" (Pfabigan 1999, 261)? Dass es sich bei dieser Figur um eine Wunsch-Muse handelt, ist nicht von der Hand zu weisen, aber es sei an dieser Stelle auch die erzählfunktionale Dimension der Idealisierung Marias unterstrichen: der „Übertreibungskünstler" (Bernhard 1986, 611) braucht für seine auf Antithesen aufbauende Konstruktion schließlich positive Figuren, die genauso überzeichnet sind wie die negativen, damit sich die Dynamik des Textes insgesamt entwickeln kann.

3 Jelineks Bachmann-Bild in *Die Wand*

Im fünften und letzten Stück von *Der Tod und das Mädchen I-V. Prinzessinnendramen*, das den Titel *Die Wand* trägt, hat Jelinek, die ja immer mit einer Vielzahl von Prätexten arbeitet, auf den bekanntesten, gleichnamigen Roman Marlen Haushofers zurückgegriffen, sowie auf Bachmanns Fragment *Das Buch Franza* und den Roman *Malina* (in dem ebenfalls die Wand, in der das weibliche Ich am Ende verschwindet, eine entscheidende Rolle spielt) und schließlich – um nur die wichtigsten Referenztexte zu nennen – auf Sylvia Plaths Gedichte und Tagebücher. Das Besondere daran ist, dass einiges an dem vorgefundenen Textmaterial aus Bachmanns und Plaths Werken den Figuren in den Mund gelegt wird, die man nicht nur über ihre Vornamen, sondern auch über Biographeme mit Bachmann und Plath identifizieren kann, während Haushofer als Figur nicht auftritt.[13]

---

12 Aus arbeitsökonomischen Gründen kann hier nicht auf die psychoanalytische Dimension des Romans eingegangen werden, die in der Sekundärliteratur Beachtung gefunden hat, zuletzt bei Thomas Meyer (2014).

13 Folgende Textstelle verweist explizit auf Haushofer: „Hör mal, da hat sich eine andre Frau als wir doch glatt eine Wand einfallen lassen, die vollkommen unsichtbar sein soll! Da hättest du doch endlich deinen Grund, nicht verreisen zu müssen. Du dürftest dableiben, weil du gar nicht weg könntest. Müßtest nicht hinaus ins Leben!" (Jelinek 2003, 107). Auf Jelineks Internetseite, auf der *Die Wand* veröffentlicht ist, sieht man ein Portraitfoto Haushofers in der Mitte von zwei

Das kurze, in zwei Akte geteilte Stück sieht also zwei weibliche Figuren vor, Sylvia und Inge: „beide stehen für viele andere" (Jelinek 2003, 103), „die Personen können sich aber auch verdoppeln oder verdreifachen" (Jelinek 2003, 103). Ihre Handlungen auf der Bühne schwanken zwischen den Aufgaben antiker Priesterinnen, von modernen Arbeiterinnen in einer Ökolebensmittelfabrik und normalen Hausfrauen im Dirndl. Ihre Gespräche handeln jedoch, wie häufig in Jelineks Arbeiten für das Theater, von der Vergeblichkeit ihres künstlerischen Schaffens und markieren somit die Diskrepanz zwischen Handlung und Gesagtem. Es treten also keine Personae auf, sondern „Personifikationen des zitierten Materials" (Annuß 2007, 41).

Das Stück beginnt mit der von den beiden vorgenommenen Schlachtung und Kastration eines Widders. Die Regieanweisung unterstreicht das archaisch Rituelle daran, denn die Frauen sollen sich mit dem Blut des Tieres beschmieren. Aber auch dieser symbolische Akt der Kastration eines männlichen Opfertiers[14] wird die patriarchalischen Machtverhältnisse nicht ändern, da sich die beiden ja schließlich nicht mit Kronos, der den Vater Uranos kastrierte, vergleichen können:

> Es wird nie was draus, wenn wir es in die Hand nehmen. Nicht einmal wenn wir eine Sichel dafür nehmen, wird was draus. Futter für die Kaninchen vielleicht, aber sonst nichts. Und da sind auch keine Kinder zu fressen und überhaupt. […] also aus den Samen einer Wassermelone ist noch nie was geworden. Schau dir hingegen einmal an, was der Samen vom Uranos alles hervorgebracht hat. Bedeutende Persönlichkeiten. (Jelinek 2003, 104–105)

Das Thema des Scheiterns dieses weiblichen Unterfangens der Machtaneignung („Es wird nie was draus, wenn wir es in die Hand nehmen") wird bis in den mythischen Diskurs des Ursprungs zurückverfolgt (nach Hesiod – die mythische Erzählung rahmt das Stück ja ein – entsteht erst mit Uranos das männliche Element). Auch am Ende wird aus der Theogonie Hesiods zitiert, und die Regieanweisung fordert, dass der Passus auf der Bühne im altgriechischen Original gesprochen werden soll. Das Scheitern, die Unverträglichkeit von Kunst und Leben, die mangelnde Anerkennung bilden so den thematischen Strang und das Verbindende zwischen den Figuren Plath und Bachmann, wie auch die zentralen Themen ihrer Werke, insbesondere die Auseinandersetzung mit dem Vater.

Jelinek schrickt nicht davor zurück, auf heikles biographisches Material wie die Todesumstände Bachmanns oder den Selbstmord Plaths zurückzugreifen. Mit anderen Worten, auch diese beiden Figuren gehören zur von Jelinek geliebten

---

Profilportraits, links Bachmann und rechts Plath, in der Art eines Triptychons (vgl. Annuß 2007, 35–38). Zur Intertextualität mit Haushofer vgl. Strigl 2006.
14 Zum Thema des Opfers und der Intertextualität mit Bachmann vgl. Svandrlik 2012.

Gruppe der Revenants, der Nachlebenden (vgl. Lücke 2004, 24).[15] Konsequenterweise wirft die eine Figur, also in diesem Fall Sylvia, der anderen vor, dass ihr Verschwinden in einen Riss in der Wand eine Lüge gewesen sei, da sie noch immer da sei (Jelinek 2003, 108). Die beiden Gespenster, die erfahren haben, dass es nicht allzu schwer ist, zu den Schatten hinabzusteigen – eine glühende Zigarette, ein Nylonhemd und ein Gasofen würden ja ausreichen (Jelinek 2003, 134) –, steigen dann im zweiten Akt in einer weiblichen und grotesken Variante, gleichsam einer Nach-Schreibung der Katabasis des Odysseus tatsächlich zu den Schatten hinab. Die beiden wollen durch die von ihnen zubereitete Blutsuppe nämlich Therese, die weibliche Version des blinden Sehers Teiresias aus der griechischen Mythologie, heranlocken, um die Wahrheit „über die gefallenen Heldinnen" zu erfahren. Doch Therese erscheint nicht, und letztlich scheitern die Frauen auch als Seherinnen und „Naturheilerinnen" (Jelinek 2003, 123).

Die Wand kreist folglich um den Ausschluss der Frau aus der symbolischen Ordnung, was für die kunstschaffende Frau auch die Unmöglichkeit bedeutet, sich als Schöpferin zu fühlen oder anerkannt zu werden. So werfen sich die beiden, deren Stimmen nicht immer deutlich Inge oder Sylvia zugeordnet werden können und im zweiten Akt oftmals in ein ‚wir' übergehen, gegenseitig die Vergeblichkeit ihrer Suche nach der Wahrheit, mithin die Vergeblichkeit ihrer künstlerischen Tätigkeit vor. Weiblichkeit und Denken, Frausein und nach der Wahrheit suchen, sind unverträglich: eine Art Dingsymbol dafür ist die durchsichtige Wand. „Einen Gutteil seiner Dynamik bezieht der Dialog der Frauen aus den gegenseitigen Vorwürfen, den falschen Umgang mit der Wand, was immer sie nun sei, betreffend. Weil die Frauen Schriftstellerinnen sind, sprechen sie über existentielle Fragen als poetologische" (Strigl 2006, 76). Die eine Frau (Inge) beansprucht diese Wand für sich, da sie schon einmal „in ihr verschwunden" sei (Jelinek 2003, 115), worauf die andere Stimme erwidert:

> Du machst das alles doch nur, um deine Bestimmung als schreibende Frau über die der andren bestimmten Frauen herauszuheben. Am liebsten überhebst Du dich an den ausschließlich zur Schönheit bestimmten Frauen. Da bist du natürlich ausgeschlossen. Ausgeschlossen, daß du zu denen gehörst. Das sind wir doch alle, zur Schönheit bestimmt, aber nicht jede folgt ihrer Bestimmung. [...] Jedoch du bist ganz anders schön als ich, aber du bist in gewisser Weise auch schön. Natürlich bin ich die Schönste. Da brauch ich keine Stiefmutter und keinen Spiegel, um das zu wissen. (Jelinek 2003, 114–117)

---

15 Den Gender-Aspekt dieser Zwischenexistenz unterstreicht Bärbel Lücke: da „ihr Weiblich-Sein schon immer gleichsam ein Sein-zum-Tode war und sie also schon immer Lebend-Tote waren. Ihrem Untot-Sein entspräche dann der U-Topos des Lebens, das für sie nirgendwo ist, es sei denn in der Sprache selbst" (Lücke 2004, 24)

„Das Patriarchat spricht der Frau jegliche Kulturleistung ab und fährt dabei mit schweren Geschützen auf", meint Jelinek in einem Interview (Jelinek 1995, 9), sogar bei so berühmten Schriftstellerinnen wie Bachmann und Plath. Die Problematik der Künstler*in* hat Jelinek sehr oft aufgegriffen und dabei immer wieder auf Bachmann verwiesen[16] – man denke auch an *Clara S. Eine musikalische Tragödie* (1981) und an ihren berühmtesten Roman, *Die Klavierspielerin* (1983).

Während in den Interviews, also in paraliterarischen Texten, Bachmann als Modellautorin aufgestellt wird, geht Jelinek im Theaterstück einen anderen, ihrer theatralischen Poetologie getreuen Weg (vgl. Svandrlik 2013). Jelinek ist ja dafür bekannt, dass man in ihrem Werk vergeblich nach positiven weiblichen Modell- oder Identifikationsfiguren sucht, also ist auch ihre Inge nur eine Sprachfläche, eine Sprechmaschine, die den Diskurs über weibliche Kreativität in unserer Gesellschaft demonstriert und ad absurdum überführt. Da Jelinek ihr Schreiben nicht als eine Annäherung an die realen Personen versteht, sondern als Arbeit am Diskurs über die beiden Autorinnen, wird dem tragischen Schicksal von Bachmann und Plath mit Sarkasmus und Hohn begegnet. Sylvia und Inge wetteifern sogar um die schönere Todesart (Jelinek 2003, 134) und immer wieder gleiten der philosophische und der poetologische Diskurs in die Niederungen der Umgangssprache zweier Hausfrauen ab, die vom Putzfimmel besessen sind: für die Unsichtbarkeit der Wand, die für die Unsichtbarkeit der kulturellen Leistung der Frauen steht, werden schließlich der Putzeifer der Frau und das falsche Putzmittel verantwortlich gemacht (Jelinek 2003, 113).

Die Wand, die eigentlich eine Grenze markiert, wird hier mit ihrer (instabilen) Durchsichtigkeit zum Bild – und Bilder hängt man ja an Wänden auf (Jelinek 2003, 106) – für die Dynamik von Nähe und Distanz, von Abwesenheit und Präsenz, wie sie von Jelinek für ihr „anderes Theater" beansprucht wird, eine Dynamik übrigens, die sie sich selbst nicht erspart hat, wie sich in *Ein Sportstück* (1998) zeigt. Hier treten eine Elfie Elektra und eine Figur Namens Autorin auf: laut Regieanweisung sind auch sie beide austauschbar.

---

[16] Jelinek hat die Zerreißprobe zwischen der Gewinnung einer weiblichen Identität und dem Kampf um ein eigenes Sprechen auch in den Mittelpunkt ihres *Malina*-Filmbuchs gestellt: „Für eine Frau ist schon das Schreiben ein gewalttätiger Akt, weil das weibliche Subjekt kein sprechendes ist. Das Drehbuch zu Ingeborg Bachmanns Roman *Malina*, das ich geschrieben habe, thematisiert genau das, daß eine Frau, um zu sprechen, sich ein männliches Subjekt, das sie aber selber nie sein kann, borgen muß, aber letztlich keinen Raum hat, in dem sie sprechen kann, solange, bis sie in der Wand verschwindet. Das können sich Männer gar nicht vorstellen, was es heißt, als Frau zu sprechen. Wenn sie es doch tut, so ist das eine Überschreitung, eine Art aggressiver Akt. Mich wundert, dass die Frauenliteratur nicht gewalttätiger ist." (Winter 1991, 14–15)

4 Schluss

Die Untersuchung hat sich mit Texten aus zwei verschiedenen Gattungen befasst: Bei Bernhard handelt es sich um einen Roman, bei Jelinek um ein Theaterstück, wobei der typologische Unterschied mögliche Vergleiche erschwert. Klar erscheint jedoch, dass es sich bei Bernhards Maria um eine Romanfigur handelt, die aus den Verweisen auf authentische Einzelheiten von Bachmanns Leben die Glaubwürdigkeit für ihre idealisierende Überhöhung bezieht. Bei Jelinek dienen dagegen die Bruchstücke aus den Werken oder aus dem biographischen Diskurs über Bachmann einer ambivalenten Darstellung des Ausschlusses der kunstschaffenden Frau aus der symbolischen Ordnung. Ambivalent ist diese Darstellung, weil Jelinek alle sprachlichen Register zieht und vermengt, um zu verhindern, dass sich Bedeutungen fixieren und festlegen: „So. Das war Fassung eins. Fassung zwei werde ich einfach verlieren. Fassung drei wird es nie geben. Alles, was wir fassen können, ist in unseren Geschirren. Uns genügt es." (Jelinek 2003, 139)

Literatur

Agnese, Barbara. „Blaubart und Don Juan. Mythosumschreibungen bei Ingeborg Bachmann (*Das Buch Franza* und *Gier*) und Elfriede Jelinek (*Gier*)". In: *Mythen der sexuellen Differenz Übersetzungen Überschreibungen Übermalungen*. Hg. Ortrun Niethammer, Heinz-Peter Preusser und Françoise Rétif. Heidelberg: Winter 2007. 71–86.

Annuß, Evelyn. „Spektren. Allegorie und Bildzitat in Elfriede Jelineks *Die Wand*". In: *Elfriede Jelinek: „Ich will kein Theater". Mediale Überschreitungen*. Hg. Pia Janke. Wien: Praesens, 2007. 34–59.

Beicken, Peter. „Enge Stimmführung. Ingeborg Bachmann und Thomas Bernhard". In: *Österreich und andere Katastrophen. Thomas Bernhard in memoriam*. Hg. Pierre Béhar und Jeanne Benay. St. Ingbert: Röhrig, 2001. 91–125.

Bernhard, Thomas. *Der Stimmenimitator*. Frankfurt am Main: Suhrkamp, 1978.

Bernhard, Thomas. *Auslöschung. Ein Zerfall*. Frankfurt am Main: Suhrkamp, 1986.

Hoell, Joachim. *Mythenreiche Vorstellungswelt und ererbter Alptraum: Ingeborg Bachmann und Thomas Bernhard*. Berlin: VanBremen, 2000.

Hoell, Joachim. „Utopographien. Ingeborg Bachmann und Thomas Bernhard". In: *Thomas Bernhard. Traditionen und Trabanten*. Hg. Joachim Hoell und Kai Luehrs-Kaiser. Würzburg: Königshausen & Neumann 1999. 85–94

Höller, Hans. „Thomas Bernhards *Auslöschung* als Comédie humaine der österreichischen Geschichte". In: *Thomas Bernhard. Beiträge zur Fiktion der Postmoderne. Londoner Symposion*. Hg. Wendelin Schmidt-Dengler, Adrian Stevens und Fred Wagner. Frankfurt am Main u.a: Lang 1997. 47–60.

Höller, Hans. *Ingeborg Bachmann*. Reinbek: Rowohlt, 1999.

Jansen, Georg. *Prinzip und Prozess Auslöschung: intertextuelle Destruktion und Konstitution des Romans bei Thomas Bernhard*. Würzburg: Königshausen & Neumann 2005.
Jelinek, Elfriede. *Sturm und Zwang. Schreiben als Geschlechterkampf. Elfriede Jelinek im Gespräch mit Adolf-Ernst Meyer*. Hg. Adolf-Ernst Meyer. Hamburg: Klein Verlag, 1995. 7–74.
Jelinek, Elfriede. *Der Tod und das Mädchen I–V. Prinzessinnendramen*. Berlin: Berliner Taschenbuch Verlag, 2003.
Jirku, Brigitte E. „Aus dem Reich der Un-toten. Elfriede Jelinek schreibt Ingeborg Bachmann fort. In: *„Mitten ins Herz": Künstlerinnen lesen Ingeborg Bachmann*. Hg. Brigitte E. Jirku. Frankfurt am Main u.a.: Lang 2009. 193–220.
Lücke, Bärbel. „Die Bilder stürmen, die Wand hochgehen: Eine dekonstruktivistische Analyse von Elfriede Jelineks *Prinzessinnendramen Der Tod und das Mädchen IV (Jackie)"* und *Der Tod und das Mädchen V (Die Wand)"*. In: *Literatur für Leser* 1 (2004): 22–41.
Meyer, Thomas. *Die phantastische Gabe des Gegen-Gedächtnisses: Ethik und Ästhetik in Thomas Bernhards „Auslöschung"*. Bielefeld: Transcript, 2014.
Pfabigan, Alfred. *Thomas Bernhard. Ein österreichisches Weltexperiment*. Wien: Sonderzahl, 1999.
Reitani, Luigi. „Cronaca di un congedo. Estinzione di Thomas Bernhard". In: *Studia austriaca* 8 (2000): 37–49.
Ronge, Verena. *Ist es ein Mann? Ist es eine Frau? Die (De)Konstruktion von Geschlechterbildern im Werk Thomas Bernhards*. Köln/Weimar/Wien: Böhlau, 2009.
Schmidt-Dengler, Wendelin. „Piazza Minerva – Ein römischer Schauplatz zu Thomas Bernhards Roman *Auslöschung"*. In: *Il viaggio a Roma. Da Freud a Pina Bausch*. Hg. Flavia Arzeni. Rom: Edizioni di Storia e Letteratura, 2001. 101–110.
Steutzger, Inge. *„Zu einem Sprachspiel gehört eine ganze Kultur". Wittgenstein in der Prosa von Ingeborg Bachmann und Thomas Bernhard*. Freiburg im Breisgau: Rombach, 2001.
Strigl, Daniela. „Gegen die *Wand*. Zu Elfriede Jelineks Lektüre von Marlen Haushofers Roman in Der Tod uns das Mädchen V". In: *Modern Austrian Literature* 39, 3/4 (2006): 73–96.
Svandrlik, Rita. „‚Ich spreche nicht Menschen'. Von der Ermordung der Wirklichkeit im Werk: Jelinek mit Bachmann gelesen". In: *Mensch – Sprachen – Kulturen*. Hg. Franciszek Grucza, Stowarzyszenie Germanistów Polskich und Silvia Bonacchi. Warszawa: Wydawnictwo Euro-Edukacja, 2012. 342–355.
Svandrlik, Rita. „L'accetta della memoria brandita da Jelinek, tra testi teorici e la *Regina degli Elfi (Erlkönigin)*". In: *Studien über das österreichische Theater der Gegenwart. Studi sul teatro austriaco contemporaneo*. Hg. Alessandra Schininà. St. Ingbert: Röhrig, 2013. 39–67.
Szczepaniak, Monika. „‚Todesarten – Todesraten'. Der weibliche Tod bei Bachmann und Jelinek am Beispiel der Gier-Projekte". In: *Die Architektur der Weiblichkeit. Identitätskonstruktionen in der zeitgenössischen Literatur von österreichischen Autorinnen*. Hg. Joanna Drynda. Poznań: Wydawnictwo Rys 2007. 41–52.
Wandruszka, Maria Luisa. „Parlato scritto. La costellazione Bachmann–Bernhard". In: *Simmetria e antisimmetria. Due spinte in conflitto nella cultura dei paesi di lingua tedesca*. Hg. Luciano Zagari. Pisa: ETS, 2001. 243–263.
Winter, Riki. „Gespräch mit Elfriede Jelinek". In: *Elfriede Jelinek*. Hg. Kurt Bartsch und Günther A. Höfler. Graz: Droschl, 1991. 9–19.

Manfred Jurgensen
Sprachgewalt und ‚Nestbeschmutzung' bei Bernhard und Jelinek

Die Werke Thomas Bernhards und Elfriede Jelineks gehören trotz radikal differenzierter Ausdrucksformen der einen österreichischen Sprachgemeinschaft an, die sich literarhistorisch in wesentlichen Zügen am deutschen Nachbarn orientiert und sich doch gleichwohl von ihm programmatisch unterscheidet. Die Abtrennung vom Deutschen als Bestätigung national-kultureller Eigenständigkeit hat in Österreich Tradition (vgl. Bartsch u.a. 1982).

Eine grundlegende Charakteristik österreichischer Literatur ist die Obsession mit der Sprache überhaupt. Nachklänge der k.u.k.-Monarchie kennzeichnen eine vielfältige Redseligkeit, deren rückblickender, nabelschaulich selbstgefälliger Spott sich vor allem in verspieltem Sprachwitz kundgibt. Im Kontext einer vielstimmigen Auseinandersetzung mit Möglichkeiten literarischer Ausdrucksformen nimmt sich die Mehrzahl österreichischer Autoren die Sprache selbst zum Thema. Fast will es scheinen, als hätten sie sich von Wittgensteins Erkenntnis sprachphilosophischer Beschränkung bewusst distanzieren wollen: „Wovon man nicht sprechen kann, darüber muss man schweigen." (2003, 111) In der neueren österreichischen Literatur gibt es wenig, worüber „man nicht sprechen kann". Trotz philosophisch auferlegtem Schweigen entwickelt sich eine stilistisch kennzeichnende Sprache des Widerspruchs, die sich oft auf wesensverwandte Kunstformen wie das Drama überträgt. Als professionell ausgebildete Musiker bedienen sich die ‚theatralischen' Autoren Bernhard und Jelinek solcher Gattungs-Transferenz besonders häufig. Beide lassen ‚Wort-Instrumente' für sie sprechen.

Dass sich die österreichische Literatur mit der Problematik einer angemessenen Sprache beschäftigt, ist in Anbetracht vor allem der neueren Geschichte ebenso wenig verwunderlich wie die Tatsache, dass eben solche kritische Wachsamkeit den Autoren den Vorwurf einer ‚Nestbeschmutzung' eingebracht hat (vgl. „[der] *Nestbeschmutzer Bernhard*", Bernhard 1983b, 118 [Hervorhebung im Original]). Der Ausdruck hat seinen Ursprung im vierzehnten Jahrhundert, wurde jedoch spätestens um 1900 Teil der deutschen Umgangssprache. Küppers Wörterbuch bezieht ihn vor allem auf „Vaterlandsbeschimpfer" (1987, 571). Jelinek zitiert in unmissverständlicher Distanz eine vergangenheitsbelastete Sprache, deren Missbrauch sie in der Gegenwart wiederzuerkennen meint. Entschlossen, Feuer mit Feuer zu bekämpfen, sucht sie in ihrem Werk die verseuchte Ausdrucksform wider sich selbst zu richten. Dagegen entwickelt Bernhard einen subjektiv verfeinerten Rollen-Stil, der sich primär durch die Vielschichtigkeit seiner Ironie kennzeichnet. Beide Autoren verleihen in verfremdeter Sprache ihrem gespannten Verhältnis zum eigenen Herkunftsland Ausdruck. Die Auseinandersetzung mit der nationalsozialistischen Vergangenheit Österreichs erweist sich im Vergleich zur deutschen Nachkriegsliteratur nicht nur als verspätet und inzestuös, sondern vor allem auch als doppelbödig: Während die literarische ‚Vergangenheitsbewältigung' in Deutschland zumindest ansatzweise verwirklicht wurde, erschwert das österreichische Verhältnis zur nationalen Geschichte eine ähnlich befreiende Aufklärung.

Für die meisten Österreicher ist die Kaiserreich-Vergangenheit eine grundsätzlich ‚positive', nicht selten sentimental verfälschte Selbstbestimmung geblieben. „Der österreichische Mensch" (Bernhard 1975, 30) bekennt sich nostalgisch zu einer idealisierten Geschichte, die ihn als kulturell mythologisiert ausweist. Wo es historisch zu österreichischen und deutschen Gemeinsamkeiten kommt, gibt sich aus solcher Sicht ein radikal unterschiedliches Vergangenheitskonzept zu erkennen. Die widersinnige Umdeutung ‚Gleiches ist nicht gleich' könnte als Umschreibung sowohl Bernhardscher als auch Jelinekscher Rollen-Sprache gelten. Umsonst fällt Wittgensteins Schatten auf ihren ‚unreinen' Stil zeitgenössisch-literarischer Verfremdung. Beide Autoren suchen das Schweigen zu überwinden.

Aus ‚nestbeschmutzender' Widersprüchlichkeit leitet sich bei Bernhard und Jelinek der Drang nach künstlerischen Wortkompositionen ab, die sich mit sozialkritischer Schärfe gegen geschichtsverfälschende Entwicklungen richten. Gleichwohl unterscheiden sie sich innerhalb dieses Musters auf durchaus radikale Weise.

Jelinek hat sich einer kraftstrotzenden Sprachkunst verschrieben, die unaufgelöste gesellschaftspolitische Spannungen lautstark offenlegt. Bernhard offenbart hingegen subtilere, unmittelbar auf das inhärent vielschichtige Wesen der Sprache selbst bezogene Unstimmigkeiten. Seine rollenhaften Äußerungen sind entsprechend meist ironischer oder satirischer Natur. Der „Selbstgesprächskünstler" (Bernhard 1983a, 33) entwirft eine fiktional auf den Erzählautor bezogene Prosa, die vordergründig keinen Eindruck inhaltlicher und ästhetischer Einstimmigkeit vermittelt: Gedanken und Meinungen geben sich ‚fiktional autobiographisch'. Das Komödienhafte des Schreibstils gerät so zum Kennzeichen eines bewusst widersprüchlichen Rollenspiels. Der Erzähler in *Ja* (1978) gesteht, „die Grenze der Verrücktheit und auch des Wahnsinns überschritten" zu haben, um anschließend lakonisch entwaffnend zu bemerken: „Aber nicht von mir soll hier die Rede sein" (Bernhard 1978, 26 u. 42). Zahlreiche Erklärungen wie: „Es ist für den asiatischen weiblichen Menschen nur natürlich, dass er sich dem männlichen vollkommen und in der uneingeschränktesten Weise unterordnet und aufopfert" (1978, 115) sind offenkundig im Interesse provokativ ‚ver-rückten' Erzählens konzipiert und wollen weder als rassistische noch sexistische ‚Nestbeschmutzungen' missverstanden werden. Auch die aus dem Roman *Verstörung* (1967) stammende Bemerkung „Ich rede mit mir selbst" (1976, 159) will in seine vielschichtige Sprachmanipulation einbezogen werden. Das Urteil, *„die ganze Gesellschaft* [...] ist ein verabscheuungswürdiges Gesindel" (1976, 108 [Hervorhebung im Original]), wird einer fiktionalen Gestalt in den Mund gelegt, die mit gleicher Sprachgeste abschätzig von einer „aus dem Deutschen resultierenden Dummheit" spricht (1976, 99). Eine bezeichnende Äußerung tautologisch-zerrissenen Erzählstils gibt sich als untrennbarer Bestandteil „verstörten" Schreibens zu erkennen: „Wahrscheinlich aber ist alles, was ich denke, ganz anders *als* ich es denke, dachte ich" (1976, 58 [Hervorhebung im Original]). Zustimmend zitiert der Rollenerzähler in *Verstörung* eine Einsicht seines Vaters: „Die Schriftsteller beschmutzen die Natur mit ihren Schriften" (Bernhard 1976, 26). Trotz solchen Einvernehmens macht sich der Autor keiner ‚Nestbeschmutzung' der heimatlichen Landschaft und seiner menschlichen Gesellschaft schuldig. Die philosophisch-komödienhafte Haltung bekennt sich vielmehr ausdrücklich zur eigenen „lächerlichen Verfälschung" (1976, 26) der Natur, die er in literarischer Inszenierung als „Probebühne" (1976, 136) rechtfertigt. Bernhards Selbstgespräch mit der Welt sucht sich als theatralischer Monolog auszuweisen. In seiner Sprachkunst spielt das Konzept eines auf die Bühne übertragbaren Verfremdungsstils eine nicht weniger zentrale Rolle als bei Jelinek.

In entsprechender Analogie bestimmt Jelinek: „Die Schauspieler SIND das Sprechen, sie sprechen nicht" und: „Die Schauspieler erzeugen die Bühne" (Jelinek 2004b, 9 u. 11). Wirklich? Bleiben sie nicht trotzdem von der Autorin sprachmetaphorisch heraufbeschworene Ausdrucksformen, die sich in ihrer Wirkung nicht allein auf die Bühne beschränken? Die Umbestimmung der Schauspielkunst verwirklicht sich im Stil und Wesen ihrer literarischen Sprache. Bernhards Dramaturgie folgt der gleichen Ästhetik wie seine Prosawerke: „immer an der Grenze der Verrücktheit", will es die Anleitung im Theaterstück *Ritter, Dene, Voss* (1984), aber, so heißt es wiederum in *Der Theatermacher*, „niemals diese Grenze überschreiten / [...] verlassen wir diesen Grenzbereich sind wir tot" (Bernhard 1984b, 39). Ständige Wiederholungen in Prosa und Drama von Wendungen wie „Das hat *er* gesagt" (1984b, 52 [Hervorhebung im Original]), „wie gesagt wird" (1984b, 45), „da sagen die Leute" (1984b, 60), „sagte ich", „sagte er" (1984b, 16) usw. betonen den Rollencharakter des Bernhardschen Sprachspiels. Gelegentliche Bemerkungen wie „er steigerte sich in diese Wörter hinein" (1984b, 63) kommen einer ironischen Selbstdarstellung des Autors gleich. Bernhard klagt über die Unmöglichkeit, das menschliche Leben in einer widersinnig kranken Welt heilend zu korrigieren.

Gestalten seiner Sprachrollen begeistern sich in herausfordernder Verspottung an ungewöhnlichen Wörtern (vorzugsweise Komposita) wie „Begräbnisanzugenthusiast" (Bernhard 1989, 45), „Burgtheaterprostituierte" (1983b, 155), „Fatalitätsmechanismus" oder, etwas häuslicher, „Brandteigkrapfen" (1984b, 160 u. 109). Er treibt das soweit, bis sich die willkürliche, vom Erzähler scheinbar für selbstverständlich angenommene „naturgemäße" ‚Wortzusammensetzungskunst' ironischerweise selbst reflektiert – und dabei ebenso „naturgemäß" zur ‚naturgemäß' absurden ‚Erkenntnis' führt. Da heißt dann der Weisheit letzter Schluss: „Die höchste Kunst ist die Backkunst." (1984b, 110) In bekenntnishafter Selbstkarikatur verkündet eine seiner Rollenstimmen: „ich genieße die Narrenfreiheit" (1984b, 143). Die Sinnlosigkeit künstlerischer ‚Nestbeschmutzung' gerät solcher Logik gemäß zu willkürlich austauschbaren Unsinnsformeln wie „dieser immer gleiche Schönberg / dieser langweilige Webern / Was bei Beethoven zu viel ist / ist bei Webern zu wenig" (1984b, 27). In Bernhards Werk gibt es zahlreiche derartig unsinnige Nonsens-Erklärungen.

Die angeblich gezielten ‚Nestbeschmutzungen' erweisen sich so als Ausfälligkeiten eines „Selbstgesprächskünstlers" (Bernhard 1983a, 33), der sich in willkürlicher, sich überwiegend selbst ironisierender Komik zu Erklärungen hinreißen lässt, denen er nur wenig später ausdrücklich widerspricht. „Ich hasse Wien und ich hasse die Wiener", klagt der Großindustrielle Herrenstein in *Elisabeth II. Keine Komödie* (1987) und fährt fort: „Was ist denn in der Oper heute?" Auf die Antwort „*Andrea Chénier*" (1896) reagiert er wie folgt: „Dieser ekelhafte Giordano / mit dem ich übrigens verwandt bin" (1989, 29). Auch die genüssliche Beschreibung des Burgtheaters als „Stückevernichtungsmaschine" (1989, 30) oder Verdis *Maskenball* (1859) als „Tränendrüsenitalianità" (1989, 31) ist vor allem als Begeisterung des Autors an seinen eigens geprägten kontradiktorisch-neologistischen Komposita zu verstehen. Trotz seiner scharfen Kritik an der Landeshauptstadt gesteht der Erzähler: „Im Grunde fühle ich mich hier in meinem Wiener Haus / am wohlsten / [...] Die Wiener sind noch am erträglichsten." (1989, 80–81) Wie ein Fingerzeig geht es gleich zu Beginn des Stückes um die Gewohnheiten des Wortgebrauchs („ein schauerliches Wort", „das Wort *wunderbar*", 1989, 37). Berauscht von sprachlichen Neubildungen lässt Bernhard die Hauptfigur seines Dramas ausrufen: „Das Salzkammergutpublikum ist das geschmackloseste überhaupt." (1989, 39) Ironischerweise erfreut sich solche missverstandene Ausfälligkeit unter den Lesern eines besonders starken Anklangs. Für den traditionsbewussten Österreicher gehört die Wien-Kritik zum ‚guten Ton' der Wiener Gesellschaft.

Riskanter erweisen sich Erklärungen, die den Verdacht nähren, der Autor hätte sie bereits in der Hoffnung auf einen Skandal heraufbeschworen. Das Kennzeichen Bernhardschen Humors jedoch ist, dass er von Anbeginn falsch ausgelegt wurde. Hier nur einige Beispiele seiner „Nestbeschmutzungen" in *Elisabeth II.*: „die Österreicher sind ein verkommenes Volk / die Österreicher hassen die Juden / und die aus der Emigration zurückgekommenen am allertiefsten / die Österreicher haben nichts gelernt / ein ganzes Volk als ein ganz schäbiger Charakter", „die schönsten Gegenden Österreichs / haben immer die meisten Nazis angezogen", „wohin wir schauen / nationalsozialistische Gemeinheit und katholischer Schwachsinn" (Bernhard 1989, 51, 52 u. 53). Zugegeben: das sind radikale Frontalangriffe, die sich von weniger extremen Kritiken wie „die Wiener Neugierde ist ja / die widerwärtigste auf der Welt" (1989, 72) nicht nur in ihrer radikalen Heftigkeit unterscheiden. *Elisabeth II.* schließt mit einer Szene, in der die zentrale Figur gesteht: „Ich sage jeden Tag etwas Anderes / [...] ich lege mich fest / und löse alles wieder auf / so ist es seit Jahren" (1989, 114). Damit hat der Autor die Fragwürdigkeit seiner eigenen Ausdruckslogik deutlich zu erkennen gegeben. Menschliches Leben ist für ihn „eine Theaterfalle", eine Komödie mit „teuflische[m] Text" (1984a, 15 u. 19).

Am sinnvollsten wäre es wohl, Bernhards Ausfälligkeiten nicht als ‚nestbeschmutzende' Gehässigkeit, sondern als einen sich selbst miteinbeziehenden kritischen Appell zu begreifen. Möglicherweise könnte das Lesern außerhalb Österreichs leichter fallen als jenen, die ihre vaterländische Treue nach dem 1986er Waldheim-ÖVP-Wahlslogan „Jetzt erst recht!" umso mehr aufrechtzuerhalten suchen. Wenn es in *Der Theatermacher* (1984) heißt: „an diesem Volk ist nicht das geringste / mehr liebenswürdig / Wo wir hinkommen / Missgunst / niederträchtige Gesinnung / Fremdenfeindlichkeit" (Bernhard 1984a, 40), so appelliert der Kommentar an eine anhaltend kritische Wachsamkeit und Korrektur-Bereitschaft gesellschaftlichen Verhaltens (vgl. „die totale Korrektur dieser Schrift", Bernhard 1975, 158). Was über das österreichische Volk gesagt wird, trifft in hohem Maße auch auf Bürger anderer Länder zu. Bernhards Österreich gerät so zum kodifizierten Sprachbild musterhafter Transferenz. Viele seiner ‚Nestbeschmutzungen' wird man ohnehin kaum mehr als aufsehenerregend bezeichnen wollen. Sie sind nicht nur in Österreich zum klischeehaften Allgemeingut geworden (Bereits Mozarts Hass auf Salzburg ist ein historischer Beleg solch anhaltenden Unwohlseins im und am eigenen Lande.)

Tatsächlich werden die Effekte Bernhardscher ‚Nestbeschmutzungen' vom Publikum wie kabarettistisch eingespielte Witzeinlagen genüsslich applaudiert. Sie sind gleichsam zum stilistischen ‚Warenzeichen' seiner Prosa geraten. Bernhard hat sowohl für sich als auch seine Erzähler bewusst eine Stimme geistiger Verstörung angenommen. Für sie alle ist die fatale Krankheit menschlicher Existenz ein philosophisch böser ‚Witz', der eine naiv vorausgesetzte reine Heimat ‚beschmutzt'. Er selber ist es, der unter dieser Beleidigung sein Leben lang gelitten hat. Das eigene, lang anhaltende Sterben hat ihn dazu motiviert, mit dieser existentiell gedankensprachlichen Sinnlosigkeit ‚verrückt' zu spielen. Seine widersprüchlichen Komödien sind gezielt ‚nestbeschmutzende' Tragödien (vgl. Bernhard 1984a, 15), die sich aus der Absurdität unausweichlichen Menschenleidens herleiten. Wenn er in *Korrektur* erklärt, dass Österreichs „ununterbrochener Geisteszustand [...] als vollkommene Verrücktheit" bezeichnet werden muss, bekennt er seine krankhafte Identifizierung mit einem „Selbstmördervolk" (1975, 149), das von der eigenen sinnlosen Existenz weiß. Für Bernhards Sprachkunst folgt, dass Schreiben „gegen alle Vernunft" ist, dem „Naturverbrechen" gleich, „Kinder in die Welt zu setzen" (Bernhard 1975, 313). Er weiß, gegen die Fatalität existentiellen Widersinns vermögen auch keine tautologischen „Korrekturen" (1975, 325) zu helfen. Noch die Sprache der Erkenntnis beschmutzt sich selbst.

Was bei Bernhard zur hintergründig tragischen Sprachgewalt heranwächst, präsentiert sich in Jelineks Theater- und Erzählstil als Stimme einer ‚Sprachvergewaltigung'. Berücksichtigt man die zeitgenössische Publikumsrezeption ihrer Theaterstücke, könnte man durchaus unpolemisch Bernhards Worte zu Beginn seines Dramas *Am Ziel* (1981) zitieren: „Warum sind wir überhaupt hingegangen / Jetzt rächt es sich / dass wir das Abonnement genommen haben" (Bernhard 1981, 9). Freilich müsste man dem zugleich ein weiteres Zitat aus demselben Schauspiel hinzufügen: „Es ist aber ein Theater / in dem fortwährend beides möglich ist / der Applaus / oder die Vernichtung" (1981, 42). Im Medium einer überaus lauten, häufig vulgären, gelegentlich pornografischen Umgangssprache läuft Jelineks Gesellschaftskritik nicht selten Gefahr, in Scherben zu zerfallen. Ihre wiederkehrenden Angriffe auf soziale Missstände (Neofaschismus, Antisemitismus, Fremdenhass, Konsumterror, nationale Selbstgefälligkeit) mögen wenig an Aktualität verloren haben, gleichwohl dürften die Themen ihrer Kritik mittlerweile als genügend vertraut vorausgesetzt werden. Da die eingesetzte ‚Sprachgewalt' inhaltlich wenig Neues bringt, erhebt sie sich selbst zum Thema. Trotz dramaturgisch radikaler Anweisungen hält Jelinek die Lautstärke und Deftigkeit ihrer Ausdrucksform angesichts der aktuellen gesellschaftlichen Zustände für angemessen. Eine Kernfrage wäre, warum sie nicht versucht, *die Ursachen* für diese anhaltenden Konflikte in ihre Aussage miteinzubeziehen. Das theatralische Konzept einer ‚Publikumsbeschimpfung' (wie Peter Handkes gleichnamiges Sprechstück aus dem Jahr 1966) hat gezeigt, dass sich Auseinandersetzungen mit hartnäckigen politischen Gegnern nur dort als kritisch wirksam erweisen, wo sie über das Niveau lautstarker Sprachspielereien hinausgehen. Jelineks geradezu protzige Inszenierung selbstgefälliger Wortanstrengungen überschätzt die Zerstörungsgewalt solcher Sprache. Die Annahme, historischen, nationalkulturellen oder sozialpolitischen Konflikten vorrangig mit virtuos-variierend zitierten umgangssprachlichen Schimpf- und Fluch-Tiraden gerecht werden zu können, bleibt fragwürdig.

Über Tiere (2009) ist ein rhetorisch-rollenhafter Sprechtext, der sich vor allem transparenter Verschiebungen des Wortsinns bedient. Er ist gelegentlich der Logik eines Stand-up-Comedian vergleichbar. Thematisch orientiert sich der Jargon am Prostitutions-Markt. Eine angekündigte Sprachmoral verspricht gleich zu Beginn: „Schein muss weg, so oder so." (Jelinek 2012c, 9) Ihre grobe Eindeutigkeit verunmöglicht Subtilitäten. Wo nicht auf spezifische Praktiken der internationalen Sex-Industrie Bezug genommen wird, findet die Sprache Vergnügen an Sätzen wie den folgenden: „Eine Nichtvertriebene. Eine nicht Vertriebene. Wir verdienen am Vertreib, ich meine am Vertrieb." (2012c, 16) Nach diesem Muster kommt es zum programmatischen Austausch von „Worten" und „Werten" (2012c, 22). In einer prostituierten Gesellschaft „werden alle" (auch die Autorin) sprachlich „gefickt" (2012c, 36). Dabei kommt es zu ‚lustigen' Abzählreimen wie: „Nicht Ohne nicht Ohne nicht Ohne! OK. Mit Ohne. Mit Ohne. Mit Ohne." (2012c, 37) Zwischendurch macht der Sprechtext übergangslos auf internationalen Kindesmissbrauch aufmerksam. Selbst ein Kindergebet verwandelt sich in Hurerei: „Mein Herr Jesus. Komm, sei unser Gast, und segne, was du uns bescheret hast. Ficken ficken ficken!" (2012c, 48) Das Stück endet mit dem fiktionalen Zitat einer rollenhaften Bejahung sexueller, krimineller, wirtschaftlicher und moralischer Prostitution: „Ja, mein Jesus, natürlich. Ja, natürlich. Ja, natürlich. Natürlich." (2012c, 51) Solche Sprachmanipulation bedarf keiner moralischen Legitimierung. Was in *Über Tiere* enttäuscht – abgesehen vom plakativen Titel und der darin wie in *Raststätte oder Sie machens alle. Eine Komödie* (1994) plakativ projizierten Kostümierung menschlicher Sexualität ins Tierische –, ist der ungezähmte Drang, wortspielerisch zu kalauern. Es klingt wie ein Kommentar zur eigenen Leerlauf-Rhetorik, wenn es einmal heißt: „Leider sind Worte derzeit nicht erhältlich." (2012c, 22)

Im Kammerspiel *Rechnitz (Der Würgeengel)* (2009) geht es um eine österreichische ‚Zwangsauseinandersetzung' mit Deutschland auf historisch-aktueller Ebene. Jelinek nennt die Nachbarn „die reichen Neutschen, die neuchen Deutschen" (2012b, 57). Das Stück beschwört Österreich am Ende des Zweiten Weltkriegs, die Zeit vor dem Einmarsch der Russen. „Boten" berichten hier doppelbödig von Gegenwart und Vergangenheit. Sämtliche Versuche, Österreichs Kollaboration mit Nazi-Deutschland zu beschönigen oder gar zu vertuschen, enthüllen aufschlussreiche Parallelen. So bezieht sich der Text beispielsweise auf die „Ögussa, die früher Degussa geheißen und Gas für Menschen geliefert hat" (Jelinek 2012b, 72). Moralische Werturteile wiederholen die von Deutschland akzeptierte Verantwortung für den Massenmord an Juden und anderen Gräueltaten. „Alle Deutschen sind ein Ziel und haben ein Ziel", verkündet ein Bote kategorisch und warnt: „der Deutsche, der seine Macht mit Gewalt gleichsetzt und dann noch etwas Moral hineinrührt, bevor er Millionen in die Öfen schiebt" (2012b, 78). Ein anderer erklärt beschwichtigend: „wir müssen nicht mehr Deutsche werden" und fragt herausfordernd: „Wer will Deutscher sein?" (2012b, 90) Die Abrechnung mit Deutschland bedient sich erneut charakteristischer, zum Teil heideggerisierender Wortspielereien wie: „die genichtete Nichte, die noch nicht gesichtete Nichte, [...] ist das Gegenteil des Nichtens, sie ist nicht ein Nichts, nein, sie ist das Gegenteil von nichts" (2012b, 103). Man wird Jelineks Deutschland-Kritik sinngemäß nur dann verstehen, wenn man sie zugleich auf Österreich bezieht. Die Abrechnung mit der Vergangenheit findet ihren Höhepunkt in der verschwiegenen historischen Hinrichtung von 180 Opfern in der Steiermark. Für Jelineks Boten des Vergangenen bleibt das „Ungerechte [...] ungerächt" (2012b, 134). Ungetilgte Schuld wird auf gewagte Weise in einem Schlagertext heraufbeschworen („Ein Schiff wird kommen" , 2012b, 148). Wiederholt erklären die Boten, sie dürfen „nichts sagen" (2012b, 158). Was an diesem Stück moralisch und politisch verspätet anmuten mag, gewinnt durch den Skandal eines verheimlichten Massenmords erneut Gültigkeit. Jelineks eindrucksvollster Satz jedoch entsteht aus keiner Wortspielerei. Er lautet: „wir brauchen dringend Täter, zu denen auch wir gehören könnten, wenn wir uns nur etwas mehr Mühe geben" (2012b, 167). Ihre österreichisch-ambivalente Deutschland-Kritik endet in dem brutal-bewegenden Selbstbekenntnis: „ertrage mich jetzt, liebes Land [...]. Ich will dieses Land nicht, obwohl es so nett zu mir ist." (2012b, 191)

Im Vergleich zu *Rechnitz (Der Würgeengel)* wirkt die ‚Wirtschaftskomödie' *Die Kontrakte des Kaufmanns* (2009) nur verbos. Erneut verlässt sich Jelinek auf wenig tiefsinnige Wort(um)deutungen wie: „ist es auch nicht wahr. Nicht wahr?, nicht wahr", „Geld ist nicht alles. Das Geld ist alle, aber es ist nicht alles" (2012a, 314), „Zwischen Nichts und Nichts" (2012a, 316) oder „Gott hat geschaffen, wir aber haben es geschafft" (2012a, 321), „Herr Kules, Herkules, Herakles" (2012a, 347) und „Sie können es nicht begreifen? Das ist begreiflich" (2012a, 347). Offenbar vermag die Autorin solchen fragwürdigen Wortspielereien nicht zu widerstehen.

Während sich Bernhard mit dem Bekenntnis „Ich bin mehrere, das bin ich" (1981, 87) aus *Am Ziel* als seine eigene ‚sprachliche Gesellschaft' ausweist, sucht Jelineks Wort-Theater, Stimmen einer Rollensprache in der Annahme einzuverleiben, mit deren projiziert überhöhter Schockwirkung eine neue Art der Katharsis zu erzwingen. Zu ihren Gemeinsamkeiten zählt eine umfassend ‚nestbeschmutzende' Charakterisierung Österreichs. In *Wittgensteins Neffe* wiederum handelt es sich um eine formelhafte Zusammenfassung ihrer grundsätzlich geteilten Kritik am Vaterland: „ein unerschöpfliches Kuriositätenkabinett katholisch-jüdisch-nationalsozialistischen Inhalts [...] mit der allergrößten Lust an Ironie und Sarkasmus, und mit allen [...] angeborenen theatralischen Fähigkeiten" (Bernhard

1983b, 151). Bernhards Wortkompositionen projizieren eine in sich geschlossene Reflexion. Auch wo sie sich in geistiger ‚Verrückung' zersplittert präsentieren, gelingt dem Erzähler die Konstruktion einer Widersprüche vereinigenden Stimme. Sein stilistisches Gestaltungsprinzip integriert den Riss des Pathologischen in die normale Wirklichkeit. Der Ausdruck geistigen Widerspruchs gliedert sich in die Struktur einer individuellen Erzählperspektive ein. Hilfskonstruktionen manieristisch wiederkehrender Floskeln, Füll- oder Verbindungswörter kennzeichnen sich als Ausdruck solcher Vermittlung. Im frühen Roman *Frost* (1963) beschreibt der Autor die „Behausung" seines Schreibens durchaus programmatisch als ein „Hotel der Zweideutigkeit" (Bernhard 1963, 266). Die sich daraus ableitende Authentizität vielschichtiger Ambivalenz gerät zum charakteristischen Merkmal des Bernhardschen Stils.

Bei Jelinek bleibt selbst das Zweideutige absichtsgemäß unmissverständlich. Ein Beispiel unterschiedlicher Sprachgewalt ist ihre rhetorisch inflationäre Redseligkeit im Vergleich zu Bernhards vielschichtig ironischer Rollenprosa. Nicht nur Jelineks Theaterstücke inszenieren Variationen verbaler Verabsolutierung. Selbstverherrlichende Bühnensprachspiele ersetzen die Dramaturgie darstellerischer Schauspielkunst. Es bleibe dahingestellt, ob man – wie es die ihrerseits sprachwütige Ute Nyssen tut – dem Publikum solche eigenständige Rhetorik aufzwängen und dabei von einer überzeugenden „dramatischen Sprachmächtigkeit" sprechen kann, „die man ganz gelassen der eines Kleist an die Seite stellen kann" (Nyssen 1992, 284). Die fetischisierten Kraftworte der Jelinekschen Bühnensprache bleiben weitgehend eindimensional. Eine Dramaturgie anhaltender Verselbständigung des Wortes vermittelt keine glaubwürdige Rollenidentität. Wo eine ‚hauptdarstellerische' Sprache sich selbst zur theatralisch kollektiven Rollenidentität erhebt, sucht sie die dramatische Funktion herkömmlich psychologisch agierender Personen zu ersetzen. Jelinek beschreibt diesen Austausch einigermaßen salopp in der nicht nur sprachlich kennzeichnenden Erklärung „Ich schlage sozusagen mit der Axt drein"(Jelinek 1984). An die Stelle fiktional-psychologischen Schauspiels herkömmlicher Provenienz tritt die rhetorische Zitatästhetik einer selbstgefällig agierenden Marionettensprache, die jedoch dramaturgisch und damit bühnenspezifisch über keine nachhaltige Wirkung verfügt. Es wäre interessant, einige der Jelinekschen Theaterstücke vergleichsweise als Hörspiel oder Kabarett zu produzieren. Es gibt wenig Unterschiede im Inhalt oder Ton des Gesagten, ganz gleich, wer spricht. Jelinek irrt, wenn sie voraussetzt, das Publikum müsse solche Redseligkeit teilen. Das Theater bedarf keiner Demonstration akademisch-philosophischer Erläuterungen wie Bärbel Lückes „speziellen Theorie-Metaphern-Strang" (Lücke 2004, 257). Es sucht einer Postmoderne zu folgen, deren differenzierte Gesellschaftskritik sich über Sprache hinaus als soziales Engagement auszuweisen vermag.

Im einleitenden Text zum Band *Stecken, Stab und Stangl. Raststätte. Wolken.Heim.* (2004) fasst Jelinek die Struktur purer Versprachlichung auf der Bühne unter dem Titel *Sinn egal. Körper zwecklos.* zusammen. Nicht nur den Schauspielern gegenüber erklärt die Autorin ihre Dramaturgie zur „Herausforderung meiner Sprache" (2004b, 12). Sprachliches Handeln verabsolutiert sich zur vorgetäuscht eigenständigen Inszenierung. Jelinek erklärt: „Ich will, dass die Sprache kein Kleid ist, sondern unter dem Kleid bleibt." (2004b, 8) Ihre anschließende Bestimmung einer „nie heilenden Wunde Sprache" (2004b, 8) stimmt nachdenklich. Darf das auch wie bei Bernhard als Andeutung biographischen Leidens der Autorin verstanden werden? In ambivalenter Distanzierung bestimmt Jelinek, dass ihr rein schauspielerisches Sprechen „ein fremdes Sagen" sein soll und sie als Sprachkünstlerin „mehr werden und ausgeglichener punkten kann als bisher, da ich nur eine einzige war" (2004b, 9). Das Verb „punkten" impliziert weitere Ambivalenz. Zumindest indirekt kommt hier das Thema gesellschaftlicher Konflikte im Umgang mit ‚dem Fremden' erneut zum Ausdruck. Tatsächlich aber erweist sich die Projektion ‚fremder' Schauspiel-Stimmen als eintönig und austauschbar, auch wo es zu äußeren Kostümwechseln oder Sprachbrutalitäten kommt wie etwa in der Komödie *Raststätte*. Es ist richtig, dass sich Jelinek und Bernhard trotz radikal unterschiedlichen Sprachstilen ähneln, was Redundanzen und Austauschbarkeit angeht. Doch im Gegensatz zu Jelineks ‚uneigen' inszenierter Zitatsprache bleibt Bernhards sprachliche Ausdruckskunst stets seine eigene, auch da wo sie sich als Selbstzitat zu erkennen gibt.

Die Persiflage *Wolken.Heim.* (1990) besteht aus 22 ‚Sprachszenen', die durch eine Anzahl variiert integrierter Zitate stilistisch zusammengehalten werden. Ihr zentrales Thema ist eine kollektive „Einheit", die nationalistisch wie existentialistisch „in uns selbst und bei uns selbst" (Jelinek 2004d, 138) heraufbeschworen wird. Der Heideggersche Unterton ist nicht zufällig. Jelineks Sprachzitat wiederholt eine ideell faschistoide Heimat-Vorstellung, von der sie sich in wörtlicher Gleichartigkeit distanziert. Der sprachliche Ausdruck schlägt zwei entgegengesetzte Richtungen ein. Nicht nur der historische Text, auch die eigene entgegengesetzte Aussage, orientiert sich an Trennung und Diskriminierung. Die Sprache gerät im positiven wie im negativen Sinn zum „Wegbereiter" eines „Ausschlusses" (Jelinek 2004b, Klappentext). Die aktuelle Angst vor ‚Überfremdung' motiviert sich in der ideologischen Rückbesinnung auf „das Eigene" (2004d, 142), konkret: die Wiederaufnahme oder Fortsetzung nationalistisch deutsch-österreichischer Geschichte. Jelinek konfrontiert dieses Verlangen, endlich wieder „Bei sich selbst Sein. [...] Zuhaus sein" (2004d, 138) zu können mit einer sprachlichen Gegenwehr, in der sich die gleiche Rhetorik aufdeckend selbst richtet.

Formelhafte Kurzsätze beginnen ein sprachliches Austauschspiel, das Annahmen, Gedanken und Ideen durch wörtliche Wiederholungen in Frage stellt, bekräftigt oder verändert. Das Ausgangsthema „wir sind bei uns" (Jelinek 2004d, 137) steigert sich zur vorgetäuscht idealistischen Deklamation: „Wir bezeugen uns: wir sind hier. Uns gehören wir." (2004d, 138) Rechtsradikale Sprachzitate werden demokratischen Bedeutungsveränderungen unterzogen. Wo Jelinek verurteilend imitiert, setzt sich ihre Aussage aus gezielt platzierten Zitatmanipulationen zusammen. In *Wolken.Heim.* gelingt es ihr (bereits im Titel), vorgegebenen Texten eine deutlich differenzierte Ausdrucksbedeutung zu verleihen. Ihr Text ist ‚selbstredend' alles andere als eine eindimensional subjektive Gegenmeinung. Unter scheinbarer Beibehaltung der gleichen sich selbst enthüllenden Sprache entwickelt ihre ‚Nestbeschmutzung' eine vehement differenzierte Replik. Jelineks Annahme mag gewesen sein, dass sich ihre Gegner vom ‚eigenen' vorgetäuscht gleichen Ton angesprochen fühlen.

In solchem Sinn geht es auch Jelinek um ‚das Eigene' und ‚das Fremde', nicht nur die Heimat und das Ausland, Österreich/Deutschland und andere Völker, den Menschen und die Welt. Aktuelle politische Bezugnahmen werden wie fast alles im ironisch-sarkastischen Bühnentext von einer Sprache überwältigt, die sich wie im barocken Drama in unterschiedlichen Maßen selbst zum Thema nimmt. Die Sprachgewalt des Theaterstücks bestimmen ausschließlich Glaubwürdigkeit und Wirkung. Selbstherrlich verabsolutiert ist auch diese ‚Bühnensprache' ironischerweise ‚undemokratisch'-totalitär, also genau das, was die Autorin anzuprangern sucht. Anders gesagt: sie ist dem Sinn des Ausgesagten gleichsam ‚identisch angemessen'. Jelineks Theaterstücke sind Dramaturgien rollenhaft sprachlicher Verabsolutierung. Wie sie in *Sinn egal. Körper zwecklos.*, ihrem eigenwilligen Text zum Theater, deutlich macht, müsste eine Kritik solcher doppelbödig unaufgelösten Rhetorik naturgemäß widersprüchlich bleiben.

Wenn Nyssen meint, dass Jelineks Sprechdrama mehr sein könne als die ‚moralische Anstalt' des traditionellen Theaters (Nyssen 1992, 284), ließe sich fragen, ob nicht auch gerade ihre Bühnenrhetorik ein didaktisch-aufklärerisches Anliegen in eigener Ausdrucksform teilt. Der Grundton des Textes bleibt durchaus ‚parteiisch' selbstgerecht. Jelineks Sprache will enthüllen, wie in bestimmten gesellschaftlichen Kreisen längst wieder gesprochen und gedacht wird. Sie zitiert Kaum-noch-Verstecktes. *Wolken.Heim.* vereint so Nach- oder Vorklänge. Wer da spricht, ist ein zitathaft übernommenes *Wir*, das nicht näher bestimmt wird, doch augenscheinlich Leser und Zuschauer, die Autorin selbst hingegen nicht miteinzubeziehen sucht. Dass Jelinek sich von ihrer Bühnensprache selbst so unüberzeugend auszuschließen sucht, verstärkt die inhärente Widersprüchlichkeit ihrer Dramaturgie.

In der Sexkomödie *Raststätte* geht es um das Tierische im Menschen. Es führt zu Einsichten wie: „Wäre ich nur ich selbst geblieben!" (Jelinek 2004a, 125) oder dass nur der Mann ein „Mensch im Tier sein konnte" (2004a, 130). Andere Jelinek-

Themen kommen erneut zur Sprache, insbesondere „die Fremden" und „die Einheimischen". Zitate bestehen aus Warnungen wie „Ausländer halt! Müsst immer beschmieren, was uns heilig ist." (2004a, 131) Gelegentlich kommt es zu Abwandlungen historischer Erklärungen wie zum deutschen Gastarbeiterproblem: „Es ist schon passiert, dass wir Frauen gerufen haben und Menschen sind gekommen." (2004a, 98) Zwischen pornografischen Dialogen rezitieren Studenten philosophisch-österreichische Einsichten: „Wir kommen nie ganz zu uns" oder: „Sollen wir unseren Fortbestand retten oder nicht?" (2004a, 133) Auch hier geht es nicht ohne Wortklang-Verwechslungen: „Wir zwängen uns der Natur auf, bis nur unsere Gestänge, unsere Gestänke übrigbleiben" oder: „Wie sehr vermessen wir uns haben, indem wir das uns Angemessene produzieren wollen" oder, besonders unwitzig: „Es genügt, dass wir Kameraden sind und uns die Kamera teilen." (2004a, 133) Kein Wunder, dass Jelineks Sprachtheater gelegentlich an seinen Einfällen erstickt.

Obwohl Jelinek und Bernhard den Tod zum zentralen Thema ihrer literarischen Werke gewählt haben, gibt es auch hier Unterschiede. Es ist nur schwer vorstellbar, dass Jelinek ein provokativ kurzes Dramolett wie *A Doda* (Bernhard, 1980) schreiben würde. Fraglos ist auch Bernhards Werk durchaus redselig, doch seine sprachgewaltige Virtuosität bleibt den unterschiedlichen Themen in differenzierter Diktion angemessen. Eine andere Gemeinsamkeit beider Autoren ist ihre gesellschaftspolitisch scharfe Kritik, die jedoch im Stil weit auseinandergeht. Grundsätzlich problematisch jedoch bleibt bei Jelinek das didaktische Anliegen, mit einer den Nationalisten, Nationalsozialisten und zeitgenössischen Rechtsradikalen nicht unähnlichen Sprache rollenvertauscht aufklärerisch wirken zu wollen. Kann sprachpersiflierte Nachahmung (im Theater oder anderswo) auf sich alleingestellt politisch wirksam sein? Reicht der Sprachwitz der Autorin über wiederholte Werbeslogans der Konsumgesellschaft hinaus? Das Fatale der Jelinekschen Sprache ist ihr ermüdend gleichbleibender Ton. Alle vordergründig oder willkürlich bestimmten Wortfiguren verwenden die gleiche Ausdrucksmischung aus Irritation und Aggression, Selbstgefälligkeit und Gewalt. Auf Effekt gezielte Variationen wortspielerischer Bedeutungswandlungen sind selten mehr als strapazierte Selbstinszenierungen, deren Witz oft pubertär wirkt. Wendungen aus *Stecken, Stab und Stangl. Eine Handarbeit* (1997) wie „Sie kleines Möchtegarn" (Jelinek 2004c, 42), „Trauen Sie sich zum Trauaaltar" (2004c, 21), „Vermessenheit, die man kaum vermessen kann" (2004c, 18) und „Österreichische Menschen" (2004c, 23) oder Sätze wie „Die Verfolgung war sogar auf dem Bildschirm zu verfolgen" (2004c, 37), „Das ist die Pflicht des Moderators, aber die Leute werden davon leider nicht moderater" (2004c, 29) und „Das Werden wird schon werden" (2004c, 34) sind bewusst sinnlos forciert, aber freilich nicht im Bernhardschen Gefolge.

Jelineks Bestimmung, dass Leser, Zuschauer und Schauspieler die so vermittelte Sprache nicht auf sich selbst beziehen sollen, läuft dem didaktischen Grundton und der kritischen Absicht ihrer Aussage zuwider. Groteskerweise bezieht sich die nationalistische Kollektiv- und Zitatstimme in *Wolken.Heim.* auf einen „vertrauten Geist [...], der in der Götter unsrer Sprache uns die Welt erklärt" (2004d, 143).[1] Diese von Jelinek persiflierte, vaterländische Vergeistigung hat die gleiche lehrhafte Wirkung wie die Huren- und Pöbelsprache in *Stecken, Stab und Stangl*. Über die neofaschistische Stimme Deutschlands heißt es wiederum in *Wolken.Heim.* : „Mit einer Silbe ins Unendliche gesprochen, ein Wort sind wir." (2004d, 146) Die „stille Schrift" und laute Verkündung „unsrer Worte" schaffen sich ihre „Wahrheit" (2004d, 147). Die Jungen „tasten sich voran", das Deutsche sei „die Sprache der Tiefe" und Deutschgläubige seien „Zungen des Volks" (2004d, 148, 149 u. 152). Diese heimische Innigkeit, die sich gegen alles Fremde richtet, droht mit ihrer Wiederkehr. „Wir warten auf unsre Zeit" (2004d, 148), heißt es im zwölften Abschnitt dieser Sprachmontage aus Texten der „Wegbereiter der idealistischen Philosophie" (2004b, Klappentext).

Jelineks ‚Nestbeschmutzung' überträgt solche Wir-Sprache gezielt und unverblümt als warnende ‚Beschimpfung' auf ihre Leser und Zuschauer. Die verwendeten Zitate aktualisierter deutscher Geistesgeschichte lassen an ihrer didaktischen Absicht keinen Zweifel. Dennoch schafft ihr Redeschwall sein eigenes ‚Rauschen', weil es der Autorin nicht gelingt, die von ihr verwendete Sprache von sich selbst zu distanzieren.

Literatur

Bartsch, Kurt, Dietmar Goltschnigg und Gerhard Melzer (Hg.). *Für und wider eine österreichische Literatur*. Königstein im Taunus: Athenäum, 1982.
Bernhard, Thomas. *Frost*. Frankfurt am Main: Suhrkamp, 1963.
Bernhard, Thomas. *Korrektur*. Frankfurt am Main: Suhrkamp, 1975.
Bernhard, Thomas. *Verstörung* [1967]. Frankfurt am Main: Suhrkamp, 1976.
Bernhard, Thomas. *Ja*. Frankfurt am Main: Suhrkamp, 1978.
Bernhard, Thomas. *Am Ziel*. Frankfurt am Main: Suhrkamp, 1981.
Bernhard, Thomas. *Der Schein trügt*. Frankfurt am Main: Suhrkamp, 1983a.
Bernhard, Thomas. *Wittgensteins Neffe. Eine Freundschaft* [1982]. Frankfurt am Main: Suhrkamp, 1983b.

---

1 Jelinek zitiert hier mit leichter Variation aus Kleists *Die Familie Schroffenstein*: „Es zieht des Lebens Forderung den Leser / Zuweilen ab, denn das Gemeine will / Ein Opfer auch; doch immer kehrt er wieder / Zu dem vertrauten Geist zurück; der in / Der Göttersprache ihm die Welt erklärt [...]." (Kleist 1994, 56)

Bernhard, Thomas. *Der Theatermacher*. Frankfurt am Main: Suhrkamp, 1984a.
Bernhard, Thomas. *Ritter, Dene, Voss*. Frankfurt am Main: Suhrkamp, 1984b.
Bernhard, Thomas. *Elisabeth II. Keine Komödie* [1987]. Frankfurt am Main: Suhrkamp, 1989.
Bernhard, Thomas. *A Doda* [1980]. In: Ders. *Der deutsche Mittagstisch. Dramolette* [1988]. Frankfurt am Main: Suhrkamp, 1999. 7–19.
Jelinek, Elfriede. „Ich schlage sozusagen mit der Axt drein". In: *TheaterZeitSchrift* 7 (1984): 14–16.
Jelinek, Elfriede. *Raststätte oder Sie machens alle. Eine Komödie* [1994]. In: Dies. *Stecken, Stab und Stangl. Raststätte. Wolken.Heim.* [1997]. Reinbek: Rowohlt, 2004a. 69–134.
Jelinek, Elfriede. „Sinn egal. Körper zwecklos." [1997]. In: Dies. *Stecken, Stab und Stangl. Raststätte. Wolken.Heim.* [1997]. Reinbek: Rowohlt, 2004b. 7–13.
Jelinek, Elfriede. *Stecken, Stab und Stangl. Eine Handarbeit* [1997]. In: Dies. *Stecken, Stab und Stangl. Raststätte. Wolken.Heim.* [1997]. Reinbek: Rowohlt, 2004c. 15–68.
Jelinek, Elfriede. *Wolken.Heim.* [1990]. In: Dies. *Stecken, Stab und Stangl. Raststätte. Wolken.Heim.* [1997]. Reinbek: Rowohlt, 2004d. 135–158.
Jelinek, Elfriede. *Die Kontrakte des Kaufmanns. Eine Wirtschaftskomödie* [2009]. In: Dies. *Drei Theaterstücke*. Reinbek: Rowohlt, 2012a. 207–349.
Jelinek, Elfriede. *Rechnitz (Der Würgeengel)* [2009]. In: Dies. *Drei Theaterstücke*. Reinbek: Rowohlt, 2012b. 53–205.
Jelinek, Elfriede. *Über Tiere* [2009]. In: Dies. *Drei Theaterstücke*. Reinbek: Rowohlt, 2012c. 7–51.
Kleist, Heinrich von. *Die Familie Ghonorez / Die Familie Schroffenstein. Eine textkritische Ausgabe*. Bearb. v. Christine Edel. Mit einem Geleitwort und der Beschreibung von Klaus Kanzog. Tübingen: Niemeyer, 1994.
Küpper, Heinz. *Wörterbuch der deutschen Umgangssprache*. Stuttgart: Klett, 1987.
Lücke, Bärbel. „Zu Bambiland und Babel. Essay". In: Elfriede Jelinek. *Bambiland. Babel. Zwei Theatertexte*. Reinbek: Rowohlt, 2004. 229–270.
Nyssen, Ute. „Nachwort". In: Elfriede Jelinek. *Theaterstücke*. Reinbek: Rowohlt, 1992. 266–285.
Wittgenstein, Ludwig. *Tractatus logico-philosophicus* [1922]. Frankfurt am Main: Suhrkamp, 2003.

Harald Gschwandtner
Von Kollegen und Diktatoren

Bernhard, Jelinek und die literarische Konkurrenz

> Ich glaube, das ist ein Problem, das Autoren grundsätzlich haben.
> Wenn ein anderer etwas schreibt, irritiert sie das.
>
> *Wendelin Schmidt-Dengler*

Trotz einer mitunter ostentativen Rhetorik der Abgrenzung und Distanzierung vom ‚Betrieb' haben Thomas Bernhard und Elfriede Jelinek die literarische Öffentlichkeit seit den 1960er Jahren nachhaltig geprägt. Sie setzten nicht nur entscheidende Impulse für die Herausbildung avancierter poetischer Verfahren, sondern standen darüber hinaus in einem besonderen Maße im Rampenlicht eines über den literarischen Bereich hinausreichenden Interesses. Mit Ausnahme Peter Handkes liegt dabei wohl von keinen anderen österreichischen Schriftstellern eine so große Anzahl an breit rezipierten Stellungnahmen, Interviews und publizistischen Interventionen vor; beherrsch(t)en Bernhard und Jelinek – bei aller Beteuerung des Gegenteils – doch unbestritten das „Spiel mit den Medien" (Meyer 2013, 10) in je spezifischer Weise. Im Hinblick auf Kultur-, Gesellschafts- und Vergangenheitspolitik wurde das bisweilen forciert polemische wie ästhetisch komplexe Agieren der beiden bereits ausführlich in den Blick genommen. Nicht zuletzt deshalb fokussiert der vorliegende Beitrag auf einen anderen thematischen Aspekt, um Bernhard und Jelinek als Akteure des literarischen Feldes miteinander in Beziehung zu setzen. Im Zentrum der Überlegungen steht die Frage nach den spezifischen Modi des Sprechens über zeitgenössische Schriftstellerinnen und Schriftsteller – und damit über potentielle literarische Konkurrenten: Welchen Strategien scheinen diese, in Interviews nicht selten von den Gesprächspartnern bewusst provozierten Kommentare zu folgen? Auf welche Weise können diese Aussagen im Spannungsfeld von Förderung, Solidarität, Konkurrenz und mitunter scharfer Polemik verortet werden? Und wie lässt sich Bernhards und Jelineks Umgang mit literarischen Traditionsbeständen zu diesen Aspekten in Beziehung setzen? Ziel ist es, ausgehend von diesen Fragen zwei Modelle von Autorschaft im literarischen Kräftefeld zu umreißen, deren Antagonisten zwar jeweils davon ausgehen, „etwas zu machen, was mir keiner nachmacht" (Bernhard 2011a, 168), dabei jedoch in beständigem (affirmativem wie distinktivem) Bezug zu anderen zeitgenössischen Texten und Autoren stehen.

Sichtet man Bernhards und Jelineks öffentliche Stellungnahmen in Hinblick auf Äußerungen zu anderen Autorinnen und Autoren, so fällt zuallererst auf, dass sich zwar in den Interviews Jelineks zahlreiche, zwischen Anerkennung und kritischer Distanzierung changierende Erwähnungen Bernhards finden,[1] jedoch umgekehrt zu Werk und Person Jelineks bei Bernhard keinerlei Bemerkungen überliefert sind. Ein Befund, der vor dem Hintergrund von Bernhards stark am Leitbild auktorialer Männlichkeit orientierter Idee von Literatur freilich nicht überraschen kann. Zudem macht eine Parallellektüre von Beiträgen und Interviews in Zeitungen und Zeitschriften auf eine grundlegend differente Form der Beschäftigung mit aktueller Literatur aufmerksam: Bernhards Praxis einer polemischen Distinktion von konkurrierenden schriftstellerischen Entwürfen begegnet zwar – in anderer und wesentlich gemilderter Form – auch bei Jelinek, wird dort jedoch beständig von einem wertschätzenden und deutlich differenzierteren Diskurs über andere Autoren und deren Literatur begleitet.

1 Literarische Gigantomanie

Bernhard sei, so Gert Jonke 2005 im Gespräch mit den Jelinek-Biographen Verena Mayer und Roland Koberg, für ihn „und für viele andere eine Art Naturereignis" gewesen, „und wir dachten, er sei auf unserer Seite und umgekehrt". Allmählich habe sich bei ihm allerdings der Eindruck verfestigt, dass Bernhard „nach einer kriegerischen Methode alles besetzte" und dabei im Rahmen einer rücksichtslosen Fokussierung auf die eigene Person und das eigene literarische Schaffen „keinen Raum für andere" ließ (Mayer und Koberg 2007, 217). Eine Beobachtung, die sich zweifellos mit den Einschätzungen anderer zeitgenössischer Autorinnen und Autoren deckt, galt doch nicht nur Bernhards Stil als ‚hoch ansteckend' im Sinne einer beinahe zwangsläufigen Imitation, sondern ganz allgemein die Omnipräsenz Bernhards als durchaus hinderlich für die Generierung medialer Aufmerksamkeit für das je eigene Werk. Neben seiner von ihm selbst wohl kaum intendierten Funktion als „Schreibhelfer" zahlreicher „Autoren aus den Gebieten der österreichischen Sprachlosigkeit" (Wagner 2010, 18) war es gerade seine Rolle als übermächtiger ‚Gigant' der österreichischen Literatur, die die Wahrnehmung seiner Person unter den schreibenden Kolleginnen und Kollegen nachhaltig prägte. Wenn Jelinek in ihrem Nekrolog in der Zeitschrift *profil* Bernhard als „Stein

---

[1] Einer der kritischsten, weil auf tendenzielle Wirkungslosigkeit seiner Provokationsästhetik abzielenden Kommentare zu Bernhard findet sich an relativ versteckter Stelle in einem Essay zu Hans Leberts *Die Wolfshaut* (1960): „Aber wo die bittere, sprachbesessene Wut eines Thomas Bernhard immer nur an der Außenmauer entlangkratzt, darüberwischt (ein Kissen, gegen eine Betonmauer geschleudert, nicht mehr, nicht weniger), da entsteht bei Lebert der große Mythos einer für immer schuldig gewordenen Welt." (Jelinek 1991, 108)

des Anstoßes" beschreibt, „an dem niemand mehr vorbeigekommen ist" (Jelinek 1989a), so ist damit nicht bloß seine gerade nach seinem Tod allerorts konstatierte Ausnahmestellung in der österreichischen Literatur nach 1945 bezeichnet, sondern auch eine veritable Machtposition im literarischen Feld. Die Rede vom ‚Giganten' verweist zwar einerseits auf eine Form der Wertschätzung und der Zuschreibung von (literarischer) Wirkungsmacht, impliziert jedoch andererseits – im Gleichklang mit Sigrid Löfflers Apostrophierung Bernhards als „Raumverdränger der österreichischen Literatur" (Löffler 1986) – ein deutliches Ungleichgewicht im Kontext einer kulturellen Aufmerksamkeitsökonomie. Als Antwort auf eine Umfrage der *Presse* anlässlich von Bernhards 75. Geburtstag hat Jelinek dessen Sonderstatus im Rückblick noch einmal prägnant umrissen: Sie habe, so Jelinek,

> vollkommen Recht behalten und das ganz richtig vorausgesehen, dass an Thomas Bernhard kein Autor (von Autorinnen spreche ich nicht, denn sie zählen, was ihre Rezeption betrifft, so gut wie gar nicht) mehr vorbeikommen wird. Er ist der größte Stilist, und er spricht einen dermaßen selbstgewissen (seiner selbst vollkommen sicheren) Herrschaftsdiskurs [...], dass jeder andere Autor an ihm gemessen wird und auch in Zukunft gemessen werden wird. Er ist das Maß der österreichischen Literatur, und alle übrigen sind das „Andere". Und keiner wird je mit ihm mithalten können. (Jelinek 2006a)[2]

Was Jelinek hier formuliert, ist für das Folgende gerade aus zwei Gründen von Interesse: *Zum einen* zeichnet sie an dieser Stelle – im Sinne eines für symbolische Macht- und Herrschaftssysteme hellsichtigen Feminismus – das Bild eines männlichen Autors, dem aus ihrer Perspektive allein qua Geschlecht andere Möglichkeiten der Wirkung auf die literarische Öffentlichkeit gegeben sind.[3] Schon Anfang der 1990er Jahre hatte sie in einem Interview mit dem Wiener *Falter* zwar eine geistige Verwandtschaft mit Bernhard konzediert, im gleichen Atemzug jedoch seine „ganze Sprache" zu „eine[r] einzige[n] Junggesellenmaschine" erklärt und es für „interessant" befunden, „sich aus feministischer Sicht mit den dunklen Wahngebilden" Bernhards auseinanderzusetzen (Jelinek 1990; vgl. Jeli-

---

2 Ähnlich argumentiert Jelinek bereits 2004 in einem Gespräch mit Hans-Jürgen Heinrichs: „Ich gehöre zu denen, die einen sehr individualisierten Stil oder eine individualisierte Methode entwickelt haben, die in gewisser Weise gleich zu erkennen ist, ähnlich wie bei Thomas Bernhard mit seinen rhythmischen Tiraden und seiner herrischen Sprecherposition, die immer die Position des Herrn ist." (Jelinek 2004a, 763)
3 Vgl. Jelinek im Gespräch mit Sigrid Löffler: „Aber als Frau bin ich dem österreichischen Literaturbetrieb nicht einmal eine Auseinandersetzung wert. Der Thomas Bernhard wurde zwar angespuckt und beschimpft, aber seine Stücke werden aufgeführt und in einer verdienten Weise sehr, sehr ernst genommen." (Jelinek 1989b, 84)

nek 1986b, 48–49). Ausdrücklich hat Jelinek Bernhards „Sicherheit des Sprechens" mit dessen „autoritäre[r] Position", die „nur ein männlicher Autor" einnehmen könne, in Verbindung gebracht (Jelinek 2004c), und damit parallel zu feministisch-literaturwissenschaftlichen Ansätzen eine prägnante Lesart von Bernhards auktorialer Selbststilisierung vorgelegt. Aufschlussreich für diese inszenierte „Souveränität des männlichen Geistes" (Tabah 2002, 140), die in Bernhards literarischen wie paratextuellen Äußerungen fortwährend aufgerufen wird, ist indes auch der Umstand, dass er, mit Ausnahme von Ingeborg Bachmann, Christine Lavant und – ins Negative gewendet – Marianne Fritz,[4] kaum je eine zeitgenössische Autorin einer eingehenderen Erwähnung für wert befand.[5] *Zum anderen* weist Jelineks Jubiläumsstatement unabhängig von einer Gender-Codierung nachdrücklich auf Bernhards durchaus egozentrisch zu nennenden Habitus hin, der ein Bestehen nach und neben ihm zur fortwährenden Herausforderung macht. Zum ‚Giganten' wird der Autor dabei nicht nur durch seine literarische Qualität, sondern auch durch die von ihm selbst verkörperte und geteilte Überzeugung, niemand könne ‚mit ihm mithalten'.

Anders als etwa Handke verstand Bernhard seine exponierte Stellung jedenfalls nicht als Möglichkeit zur Förderung und Unterstützung jüngerer Schriftsteller; vielmehr kann die im Mai 1969 in einem Brief an seinen Verleger geäußerte Pauschalkritik an der zeitgenössischen literarischen Produktion als symptomatisch gelten für seine Diktion in Hinblick auf schreibende Kollegen und Konkurrenten insgesamt: Die gegenwärtige „Literatur zum Grossteil und auch so vieles, was Sie [im Suhrkamp Verlag] machen", sei, so Bernhard, „eine unendliche Leiche ohne Philosophie und ohne Poesie und ohne den geringsten Geschmack und Verstand" (Bernhard und Unseld 2009, 110). Aussagen wie diese kehren in Bernhards öffentlichen Stellungnahmen, in der Korrespondenz mit dem Verleger oder in von Weggefährten kolportierten Gesprächen beständig wieder – und konturieren dabei das Image eines Autors, der andere lebende Schriftsteller ent-

---

[4] Im einem Brief an Siegfried Unseld vom 19.1.1986 schreibt Bernhard anlässlich des Erscheinens von Marianne Fritz' monumentalem Roman *Dessen Sprache du nicht verstehst* von einer „verlegerische[n] Katastrophe" (Bernhard und Unseld 2009, 743). Wie in anderen Fällen stehen Bernhards Invektiven wohl auch hier in enger Verbindung zu einem von ihm diagnostizierten Mangel an Aufmerksamkeit und Wertschätzung für sein Werk innerhalb des Suhrkamp-Verlags.
[5] Im ersten Fernsehinterview mit Krista Fleischmann (1981) treibt Bernhard in scheinbar spielerischer Manier seine misogyne Haltung in Bezug auf schreibende Frauen auf den Höhepunkt: „Auch Frauen können manchmal schreiben, was natürlich auch meistens grotesk ist. […] Na ja, es gibt im *Grund* ja eigentlich *keine Dichterinnen*, das ist ja alles ein bißl übertrieben. Bei Dichterinnen macht man ja immer zwei Augen fast ganz zua, damit das überhaupt als solches erscheint, weil sonst hätten s' ja gar keine." (Bernhard 2006, 68) Eine etwaige Reaktion von Jelinek ist nicht belegt.

weder so konsequent wie ostentativ ignoriert oder aber deren literarische Qualität grundsätzlich in Abrede stellt. Ernst Jandl etwa lehnte er in einem *Spiegel*-Interview von 1980 „völlig ab", weil er ein „Schullehrertyp[ ]" sei; was Rolf Hochhuth schreibe, sei „grauenhaft", und Botho Strauß agiere „wie ein Ministrant" von Peter Stein, dessen Regiekonzept für ihn wiederum nichts mit Theater zu tun habe (Bernhard 2011b, 195). Nach dem Grund für seine grundlegende Antipathie befragt, antwortet er lapidar, es störe ihn, „daß sie auch Schriftsteller sind" (Bernhard 2011b, 194). Die mitunter quälende Allgegenwart einer Konkurrenzsituation verhinderte für ihn die Möglichkeit kollegialen Austausches, ja es gehörte zu Bernhards „Machterhaltungsstrategien", „dass er diejenigen, die sich als Konkurrenten sowohl im Bereich des Theaters als auch auf dem Gebiet der Prosa profilieren, mit vernichtender Geringschätzung abstraft" (Billenkamp 2009, 32). Episoden wie das Gespräch im *Spiegel* verweisen nicht zuletzt auf die spezifische Faktur Bernhard'scher Interviews, die als zentrale „Bausteine für die Kunstfigur Bernhard" fungieren (Götze 2012, 358); werden durch sie doch nicht bloß – im Sinne eines flankierenden Kommentars – Hinweise auf vom Autor präferierte Lesarten seines Werkes präsentiert (vgl. Genette 2001, 346), sondern ferner die schriftstellerischen Entwürfe anderer Autoren einer radikalen Kritik unterzogen. Grundlage oder Ziel ist dabei nicht eine differenzierte Auseinandersetzung mit der zeitgenössischen Literatur; im Zentrum steht die Distinktion im Modus einer abwertenden Rhetorik, welche nur das eigene Schreiben gelten lässt und Formen schriftstellerischer ‚Solidarität' (vgl. Bernhard 2011b, 193) von vornherein negiert.

Im Gegensatz zu Bernhards geradezu monomanischer dichterischer Existenz und Selbststilisierung sei Jelinek, so Jonke im bereits zitierten Gespräch, „keine Diktatorin, sie besetzt kein Land." (Mayer und Koberg 2007, 217) Befragt nach einer möglichen erneuten Konjunktur formal-ästhetischer Tendenzen in der deutschsprachigen Gegenwartsliteratur, artikuliert Jelinek zwar ihre Skepsis gegenüber einer „öde[n] Inhalts-Literatur, die sich eigentlich um ästhetische Fragen kaum besorgt zeigt oder kümmert" (Jelinek 1992b, 196), pauschalisierende Urteile und Invektiven im Stile Bernhards finden sich bei ihr jedoch nicht. Nennt Jelinek Zeitgenossen namentlich, etwa Heiner Müller, Handke oder nicht zuletzt Bernhard, so zeugen ihre Ausführungen für gewöhnlich von analytischer Genauigkeit und einem Bewusstsein für zeitgleich mögliche literarische Verfahren. Eine Bemerkung zu Bachmann kann dafür als paradigmatisch gelten, ist dort doch das Geltenlassen anderer Schreibweisen und literarischer Entwürfe *in nuce* ausgedrückt: „Das hat keine vor ihr in dieser Weise formuliert, und das ist nicht unbedingt meine Literatur oder die Literatur, die ich liebe, aber es ist die Literatur, die ich für diese Zeit sehr interessant finde, weil sie Dinge formuliert, die vorher nicht formuliert waren." (Jelinek 2004a, 772) Außerdem zielen Jelineks kritische Anmerkungen zu literarischen Tendenzen und Strömungen viel stärker auf poetologische Fragen ab – etwa darauf, dass ein Text „ästhetisch überhaupt nichts Neues" bringe (Jelinek 1997a, 292) – und müssen dafür nicht notwendig den Autor oder die Autorin als Person angreifen und diskreditieren. Es wird also nicht jener „Akt der sozialen Tötung" vollzogen, den Peter von Matt (1996, 35) als eine elementare Funktion literarischer Polemik charakterisiert hat, die indes für Bernhards öffentliches Agieren besonders kennzeichnend ist. Sein Vokabular beständiger Überbietung im Zeichen einer allgegenwärtigen Konkurrenzsituation steht Jelineks Haltung, andere Schreibweisen grundsätzlich gelten zu lassen, so sie nicht hinter gewisse ästhetische Standards der literarischen Moderne zurückfallen oder ideologisch bedenklich sind, diametral gegenüber.

Obschon Bernhard und Jelinek in ihren Kommentaren zur zeitgenössischen Literatur mitunter gemeinsame Gegner einander annähern – zu denken wäre etwa an den von beiden wiederholt kritisierten „dröge[n] Realismus der bundesdeutschen Literatur" (Jelinek 1997a, 285) –, zeigen Jelineks zahlreiche Würdigungen von Weggefährten ihrer schriftstellerischen Karriere eine fundamentale Differenz zwischen den beiden Autorschaftsentwürfen: seien es ihre Beiträge zu Elfriede Gerstl (Jelinek 1993 u. 2012) und Alfred Kolleritsch (Jelinek 1997b u. 2006b), ihr ausführlicher Essay zu Michael Scharang (Jelinek 2011b) oder der Nachruf auf Otto Breicha, den langjährigen Herausgeber der Zeitschrift *protokolle*. Während Bernhard seine Förderer und Wegbegleiter in *Holzfällen* (1984) als „mehr oder weniger hoch dekorierte[ ] Provinzkünstler[ ]" (Bernhard 1984, 94) der Lächerlichkeit preiszugeben versucht und frühe Erfolge stets ausschließlich auf die eigene produktive Kraft bezieht, stattet Jelinek dem „liebe[n] Otto Breicha" ihren Dank dafür ab, dass er sie, „noch total orientierungslos herumtaumelnd in den Möglichkeiten der Sprache", in den späten 1960er Jahren als Leiter der ‚Österreichischen Gesellschaft für Literatur' gefördert und unterstützt habe (Jelinek 2003). Im Gegensatz dazu präsentiert Bernhards in allen literarischen Genres und medialen Kanälen „konsequent durchstrukturiertes Szenario der Selbstdurchsetzung" (Mittermayer 2011, 86) die Geschichte eines vom Literaturbetrieb unabhängigen Einzelkämpfers, der als intellektuelle und schriftstellerische Helferfiguren in seinem autobiographischen Narrativ primär Personen zulässt, die außerhalb des Systems ‚Literatur' stehen – und die damit von ihm auch nicht als Konkurrenten im Kampf um die knappe „Ressource" der Aufmerksamkeit (Franck 1998, 21) wahrgenommen werden.

2 Solitär vs. Solidarität

Beispiele wie diese führen nicht zuletzt zur Frage nach einem literarischen ‚Gemeinschaftssinn', nach Formen schriftstellerischer ‚Solidarität'. Denn die im vorangegangenen Abschnitt formulierte Frontstellung zwischen Bernhard und Jelinek markiert, so schematisch sie auf den ersten Blick erscheinen mag, nicht nur gegensätzliche rhetorische Strategien im Kontext medialer Öffentlichkeit, sondern darüber hinaus auch zwei grundlegend verschiedene Modi des Agierens etablierter Autorinnen und Autoren im literarischen Feld. Hatte Bernhard sein Desinteresse am Austausch mit schreibenden Kolleginnen und Kollegen im Laufe der Jahre so regelmäßig wie pointiert bekundet, arbeitet Jelinek seit langer Zeit im Hintergrund als bemerkenswertes „Vernetzungstalent" (Mayer und Koberg 2007, 217) und setzt sich dabei für andere Schreibende ein. Schriftsteller seien zwar, so Jelinek, „letztlich Einzelgänger, selbst wenn sie gerne saufen und mit Freunden zusammen sind" (Jelinek 2004a, 761), doch lässt sich dieses ‚Einzelgängertum', wie gezeigt werden soll, eben auf ganz unterschiedliche Weise interpretieren.

Marie-Thérèse Kerschbaumer hat Mitte der 1980er Jahre als Charakteristikum von Jelineks Rolle als zurückgezogen lebende Autorin hervorgehoben, „daß sie sich heraushält, Zusammenkünfte vermeidet", jedoch gleichzeitig „Partei ergreift" (Kerschbaumer 1989, 147). So hat Jelinek zwar wiederholt betont, nicht nur – im politischen Zusammenhang wie im privaten Bereich – „ein zutiefst massenfeindlicher Mensch" zu sein, „der vor Massenansammlungen Angst hat", sondern auch im Kontakt mit anderen Künstlern „ein ganz starkes Bedürfnis" zu haben, „mich zurückzuziehen" (Jelinek 1984, 48). Jedoch meint dieser individuelle Rückzug bei Jelinek nicht eine schriftstellerische Pose der Weltenthobenheit, die in ästhetizistischer Manier jegliche Zuständigkeit für gesellschaftliche und politische Fragen ablehnt. Sie selbst hat darauf insistiert, dass für ihr Werk gerade ein „politisches und soziales Engagement" entscheidend sei, das „immer über Sprachkritik vermittelt wird" (Jelinek 1995b, 61). Tatsächlich stehen Jelineks literarische Anfänge zum Teil in enger Verbindung zur linken Studentenbewegung; so trägt sie Ende der 1960er Jahre in den *manuskripten* an der Seite von Scharang einen kurzen, für das Verständnis der österreichischen Literaturgeschichte äußerst erhellenden Disput mit Handke und Kolleritsch aus (vgl. Jelinek und Zobl 1969) und formuliert in einem programmatischen Text von 1970 die Forderung an sich selbst, „als literaturproduzent [...] klassenbewusstsein zu entwickeln", um von ihrer „position aus die revolutionäre veränderung der grundlagen dieser gesellschaft vorbereiten zu können" (Jelinek 1970, 215).[6] Abseits solch eingeschliffener Rhetorik sollte es in der Folge zum genuinen Charakteristikum ihrer Poetik werden, „als gemeinhin unvereinbar Geltendes" zusammenzuführen und auf neue Weise literarisch fruchtbar zu machen: „Engagement und ästhetische Form" (Degner 2013, 5). Sie habe, so Jelinek rückblickend, „die politische Aktion,

---

6 Zu Jelineks politischem Engagement siehe insbesondere Janke und Kaplan 2013.

die Unterordnung der Kunst unter die Politik gefordert, aber was ich wirklich gemacht hab, war, eine neue ästhetische Methode für das Politische zu finden, damit sich beides sozusagen wechselseitig dialektisch durchdringt" (Jelinek 1995a, 67).[7] In diesen Versuchen, neue literarische Ausdrucksformen eines eminent politischen Bewusstseins zu finden und zu erproben, geht sie weit über die Anfang der 1970er Jahre formulierte Programmatik hinaus.

Zieht man Jelineks zu Beginn ihrer literarischen Laufbahn geknüpfte Kontakte zu Autorinnen und Autoren, zu Künstlerinnen und Künstlern in Betracht, könnte es durchaus als ‚Erbe' dieser frühen Phase verstanden werden, in der sich „die Autoren" nach Jelineks späterer Wahrnehmung noch „stärker als eine zusammengehörige Einheit empfunden" haben (Jelinek 1995a, 67), dass sie Ende der 1990er Jahre in den öffentlichen Auseinandersetzungen um ihr Werk gerade eine „verlorengegangene Solidarität" beklagt, „die das politische Klima in den letzten Jahren mit vergiftet" habe (Jelinek 1997c, 15). Im Zusammenhang mit jener Plakataktion, in der die Freiheitliche Partei Österreichs provokant danach gefragt hatte, ob man „Jelinek" oder „Kunst und Kultur" bevorzuge (vgl. Janke 2013, 338), habe sie, so die Autorin, noch mehr als die vorhersehbaren Angriffe der politischen Rechten, „die nicht erfolgte Solidarität der Kollegen und der Schriftstellerverbände" irritiert: „Es dauert drei Minuten, ein paar Sätze zu formulieren und über die Presseagenturen zu geben, um sich von so etwas zu distanzieren. Und das ist bis auf wenige Einzelpersonen wie Peter Turrini nicht passiert." (Jelinek 1996a) So sei zwar der „Vorgang des Schreibens" ein zwangsläufig und notwendig „äußerst vereinzelnder und asozialer im Grunde" (Jelinek 1992a), er setzt allerdings für Jelinek die Vorstellung einer künstlerischen ‚Berufsgemeinschaft' voraus, in der zwischen den einzelnen Autorinnen und Autoren Uneinigkeit über konkrete Fragen politischer wie ästhetischer Art herrschen mag, die jedoch nach außen hin und zur Verteidigung eines ‚Mitglieds' Geschlossenheit demonstriert. Dass in einer Phase publizistischer und politischer Attacken ausgerechnet diejenigen einem nicht zur Seite stehen, „mit denen man sich immer im Einverständnis glaubte" (Jelinek 1997c, 15), unterminiert für Jelinek ein grundlegendes Verständnis künstlerischer Solidarität angesichts politischer Übergriffe.[8] Sie selbst hat sich im Laufe der Jahre auch dann für Kolleginnen und Kollegen eingesetzt, wenn sie deren Ansichten – etwa jene Handkes im Kontext seines Engagements für Ser-

---

[7] In einem Interview hat Jelinek diese ‚dialektische Durchdringung' pointiert als „Mischung zwischen brechtschem Lehrstück und der Ästhetik des Dadaismus" charakterisiert (Jelinek 1996b).

[8] Die Ereignisse um diese öffentlichen Auseinandersetzungen bestärkten wohl auch Jelineks zunehmenden Zweifel daran, gerade als vereinzelte „Schriftstellerin über öffentliche Wirkungsmacht verfügen zu können" (Degner 2009, 163).

bien – im konkreten Fall nicht teilte (vgl. Jelinek 2006c). Dies bedeutet nun keineswegs eine „blindwütige[ ] solidarisierungsabsicht", die sie, in anderem Kontext, schon früh für problematisch befunden hatte (Jelinek 1970, 215), sondern im Grunde eine Spielart „moralischen Engagements" (Jelinek 2000, 58), in dem es für selbstverständlich gilt, einen möglichen Konkurrenten im Augenblick eines Angriffs ‚von außen' als Kollegen zu sehen (vgl. etwa Jelinek 1986a).

Jelineks 1997 im *Standard* publizierter Kommentar zur Sozialversicherungspflicht für Autorinnen und Autoren, der nachdrücklich anprangert, dass „die meisten der Kollegen am Existenzminimum leben", während „der Staat sich gern mit seinen Künstlern brüstet" (Jelinek 1997d), weist ebenso in diese Richtung wie ihre Rede am Wiener Ballhausplatz anlässlich des „Umzugs der Maroden" im Juli 1998, der auf die Lebens- und Arbeitsbedingungen von Schriftstellern und Künstlern aufmerksam machen sollte. Dort trat sie gerade deshalb als Fürsprecherin auf, weil sie – so der Auftakt ihrer Rede – als eine der wenigen Autorinnen ‚von ihrer Arbeit leben kann'. Nicht von ungefähr spricht Jelinek angesichts der Auswirkungen der Regierungskoalition aus ÖVP und FPÖ nicht bloß von ihrer eigenen ‚seherischen Gabe', sondern eben gerade davon, dass „genau das eingetreten" sei, „was viele von uns [!] lange vorausgesehen hatten" (Jelinek 2004b).

Sucht man in Bernhards Selbstaussagen und programmatischen Statements nach vergleichbaren Beispielen schriftstellerischer Solidarität, zeigt sich – kaum überraschend – ein gänzlich anderes Bild. Zwar erweckt eine unscheinbare Passage in *Meine Preise* (2009), in der Bernhard auf die „damals gegen mich und Handke herrschende literarische Stimmung im Lande" eingeht (Bernhard 2009, 100), den Eindruck, als stünden hier zwei Autoren Seite an Seite gegen ein literarisches und politisches Establishment. Der Regelfall ist jedoch ein anderer: Sein dichterisches *self-fashioning* dominiert die Leiterzählung vom einsamen Kämpfer, der von Konkurrenten und Kollegen Unterstützung oder Beistand weder erwartet noch annehmen würde; schließlich bestehe, so Bernhard in der Korrespondenz mit Unseld, „die Schläue des Fuchses" darin, „den Fuchsbau auf keinen einzigen Fall zu verlassen" (Bernhard und Unseld 2009, 32), d. h. auf die Interaktion mit anderen Schriftstellern vollständig zu verzichten. Allerdings verweisen zahlreiche Beispiele auf die veritable Inkonsequenz von Bernhards rigidem Unabhängigkeitsprogramm, zumal vieles, was er in Interviews diesbezüglich postuliert hat, zu nicht unwesentlichen Teilen einer topischen wie suggestiven Distinktionsrhetorik geschuldet war.

Es fällt schwer, Bernhards Sprechen über andere Schriftsteller, das sich in vielen Fällen auf ein Lamentieren über deren Korrumpierbarkeit und Opportunismus konzentriert, nicht als eminent autoreflexiven Kommentar zur eigenen Position als Autor und zum eigenen Agieren innerhalb des literarischen Feldes zu lesen. Der aus dem Nachlass herausgegebene Band *Meine Preise* ist für diesen

Themenkomplex deshalb besonders aufschlussreich, weil darin die prekäre Spannung zwischen dem behaupteten Status als von Anbeginn unabhängiger, autonomer Solitär und den Verlockungen der Konsekration durch den Literaturbetrieb besonders plastisch wird. Hatte Bernhard in Interviews, Leserbriefen und fiktionalen Texten anderen Schriftstellerinnen und Schriftstellern wiederholt vorgeworfen, eine bloße Existenz als „kleine, gefinkelte Staatspfründnerinnen" zu fristen, „die die Literatur und die Kunst überhaupt verraten haben für ein paar lächerliche Preise und eine zugesicherte Rente" (Bernhard 1984, 256), gibt er in *Meine Preise* erstaunlich offenherzig darüber Auskunft, dass staatliche Unterstützungen durch verschiedene Literaturpreise und Stipendien ihn in konkreten Lebenssituationen finanziell über Wasser gehalten hätten. Die Vorstellung im Zusammenhang mit dem Bremer Literaturpreis (1965), „mit der Preissumme von zehntausend Mark mein Leben abzufangen, ihm eine radikale Wendung zu geben" (Bernhard 2009, 36), korreliert nicht zuletzt mit der Einsicht, dass die Etablierung einer autonomen Position im literarischen Feld zuallererst auf dem Fundament pekuniärer Unabhängigkeit fußen muss. Literatur- und kultursoziologisch signifikant sind Konstellationen wie diese insbesondere deshalb, weil hier der „Gegensatz zwischen Kunst und Geld (dem ‚Kommerziellen')" verhandelt wird, der nach Pierre Bourdieu als „Erzeugungsprinzip der meisten Urteile über Theater, Film, Malerei, Literatur" fungiert (Bourdieu 1999, 261–262). Gerade weil für die Idee künstlerischer Autonomie die Verneinung oder „Verschleierung" (Bourdieu 1992, 52) der Ökonomie bzw. eines ökonomischen Denkens kennzeichnend ist, wiegt die Denunziation als kommerzieller Künstler im literarischen Feld besonders schwer. Und: Wer anderen überzeugend vorwerfen kann, Literatur bloß des Geldes wegen zu produzieren, gehört selbst zu den ‚Guten'.

3 Tücken der Tradition

Folglich sind Bernhards Invektiven gegen andere Autorinnen und Autoren auch als Teil einer diffizilen Arbeit am eigenen schriftstellerischen Image, am „eigenen Mythos" von Autorschaft (Schärf 2007, 501–502) zu verstehen. Den narrativen Kern dieses Mythos bildet die Figur eines einzig und allein auf *„das Höchste"* fokussierten, vollkommen unabhängig schreibenden und denkenden ‚Geistesmenschen', die Bernhard immer wieder aufs Neue erzählerisch inszeniert hat (vgl. Billenkamp 2009, 34): Schon der Ich-Erzähler in *Verstörung* (1967) verschafft sich an seinem Studienort Leoben „jeden Tag mit neuer Energie die notwendige Abgeschlossenheit, die ich brauche, um vorwärtszukommen" (Bernhard 1967, 47) – und steht damit paradigmatisch für jene charakteristische Bernhard'sche Denkfigur, der zufolge intellektuelle wie künstlerische Tätigkeit erst mittels ausreichender Distanznahme von einer hinderlichen Umgebung möglich ist. In enger Verbindung dazu stehen in Bernhards Œuvre narrative Sequenzen, die eine übermächtige kulturelle Tradition als Problem und Herausforderung beschreiben, ist doch nicht nur vom Ekel „vor der geschwätzigen Literatur, vor dem dummen Erzählerischen" (Bernhard 1964, 60) wiederholt die Rede, sondern eben auch – wie in der kurzen Erzählung *In Flammen aufgegangen* (1983) – von der „Angst", „von diesem Lesestoff tatsächlich verrückt und wahnsinnig und schließlich abgetötet zu werden" (Bernhard 2010, 93). Ein veritables Bedrohungsszenario, das wiederum mit dem Vorsatz korrespondiert, in einer auf höchste Konzentration angelegten Isolation eine, wie es zu Beginn von *Beton* (1982) heißt, alles bisher Geschriebene und Veröffentlichte „weit zurück- und unter sich lassende" Arbeit zu verfassen (Bernhard 1982, 8).

Die Praxis schriftstellerischer und intellektueller Distinktion ist demnach kaum zu denken ohne die Frage nach der ‚Bewältigung' literarischer und philosophischer Traditionsbestände, die Bernhard und Jelinek in ihren öffentlichen Statements wie in ihren literarischen Texten auf ganz unterschiedliche Weise beantwortet und ästhetisch fruchtbar gemacht haben. Bernhards mitunter gewaltsam imprägnierte Rhetorik einer Überwindung der Tradition, jenes „ständige zur-Wehr-setzen", das es ihm am Ende erlaube, selbst „ganz Große" der Literaturgeschichte „nieder[zu]drücken" (Bernhard 1971, 157–158), steht auf Seiten Jelineks ein tendenziell entspannteres Verhältnis zur als vorbildhaft verstandenen literarischen Tradition gegenüber. Bereitwillig unterstreicht sie immer wieder die Bedeutung der Wiener Gruppe für ihre schriftstellerischen Anfänge; ohnehin kommen nur wenige Texte Jelineks „ohne Danksagungen an andere AutorInnen, literarische Werke oder inspirierende mediale Quellen aus" (Millner 2013, 37). Angesprochen auf konkrete Vorbilder und Bezugspunkte ihres Schreibens, agiert sie in Interviews oftmals defensiv: Georg Büchner oder Robert Walser etwa seien „so singuläre und unbegreifliche Figuren, wo jeder Vergleich eine Anmaßung wäre" (Jelinek 1998, 39). Bei anderen Gelegenheiten würde sie es „nie wagen", sich mit Gustave Flaubert oder Jorge Luis Borges „zu vergleichen" (Jelinek 1992a u. 2004a, 763).

Gleichwohl erschöpft sich Jelineks Antwort auf den in *Winterreise* (2011) inszenierten Vorwurf, vor ihr hätten „das schon andere gesagt, nur besser!" (Jelinek 2011a, 120), nicht in diesen Gesten nachgeborener Demut: Jelineks gerade im Kontext ihrer ‚Sekundärdramen' verfeinertes „polemisches Intertextualitätsregime" (Vogel 2013, 49) geht – im Gegensatz zu Bernhards Überwindungsnarrativ – weniger von der Vorstellung „eigene[r] Nichtigkeit angesichts der vergangenen Größe" (Höller 2006, 69) aus, die eine forcierte Rhetorik der Selbstermächtigung umso nötiger macht. Vielmehr bearbeitet und transponiert sie die Traditionsbestände im Zuge eines signifikanten künstlerischen Verfahrens, das Juliane Vogel als Technik einer enthierarchisierten „Agglutination" beschrieben hat (Vogel 2013, 51). Gleichzeitig folgt Jelineks Poetik damit dem Prinzip einer „Absage an einen in E und U unterteilten Kulturbegriff" (Vogel 2010, 10), die Bernhards emphatischer Aufrufung eines philosophisch-kulturellen Kanons (Michel de Montaigne, Blaise Pascal, Arthur Schopenhauer, Fjodor M. Dostojewski), seiner „patrilinearen Gemeinschaft von Geistesmenschen" (Tabah 2002, 140), radikal widerspricht. Bei Jelinek werden durch den Einsatz narrativer „Verflachungsstrategien" gerade jene „kulturelle[n] Werthierarchien" (Vogel 2010, 9) unterminiert, auf denen Bernhards konservatives Traditionsverständnis, das in seinen Texten durch die „stetige Wiederkehr der immer gleichen Autorennamen" (Vogel 1988, 190) repräsentiert wird, ruht.

Durch die Fokussierung charakteristischer Distinktions- und Solidarisierungsphänomene wurde versucht, das Agieren von Jelinek und Bernhard im literarischen Kräftefeld zu verorten und mithilfe kultursoziologischer Modelle andeutungsweise zu beschreiben. Während die beiden nicht selten unter den gemeinsamen Labels ‚Provokation' und ‚Einzelgängertum' rubriziert und literaturgeschichtlich eingeordnet werden, lässt sich dabei zeigen, wie Bernhard und Jelinek die Abkehr vom literarischen ‚Betrieb' und seinen Akteuren in unterschiedlicher Weise interpretieren – und nicht zuletzt in je spezifischer Weise in öffentlichen Textsorten kommunizieren. Damit ist eine grundlegende habituelle Differenz im Kontext schriftstellerischer Selbstinszenierung bezeichnet, die, wie ich denke, anhand des Leitbegriffs der ‚Konkurrenz' prägnant veranschaulicht werden kann.

Literatur

Bernhard, Thomas. *Amras*. Frankfurt am Main: Insel, 1964.
Bernhard, Thomas. *Verstörung*. Frankfurt am Main: Insel, 1967.
Bernhard, Thomas. „Drei Tage". In: Ders. *Der Italiener*. Salzburg: Residenz, 1971. 144–163.
Bernhard, Thomas. *Beton*. Frankfurt am Main: Suhrkamp, 1982.
Bernhard, Thomas. *Holzfällen. Eine Erregung*. Frankfurt am Main: Suhrkamp, 1984.
Bernhard, Thomas. „Monologe auf Mallorca" [1981]. In: Ders. *Eine Begegnung. Gespräche mit Krista Fleischmann*. Frankfurt am Main: Suhrkamp, 2006. 11–89.
Bernhard, Thomas. *Meine Preise*. Frankfurt am Main: Suhrkamp, 2009.
Bernhard, Thomas. *Goethe schtirbt. Erzählungen*. Berlin: Suhrkamp, 2010.
Bernhard, Thomas. „Der Wald ist groß, die Finsternis auch". Gespräch mit André Müller [1979]. In: Ders. *Der Wahrheit auf der Spur. Reden, Leserbriefe, Interviews, Feuilletons*. Hg. Wolfram Bayer, Raimund Fellinger und Martin Huber. Berlin: Suhrkamp, 2011a. 158–172.
Bernhard, Thomas. „Ich könnte auf dem Papier jemand umbringen". Gespräch mit Erich Böhme und Hellmuth Karasek [1980]. In: Ders. *Der Wahrheit auf der Spur. Reden,*

Leserbriefe, Interviews, Feuilletons. Hg. Wolfram Bayer, Raimund Fellinger und Martin Huber. Berlin: Suhrkamp, 2011b. 183–199.
Bernhard, Thomas und Siegfried Unseld. *Der Briefwechsel.* Hg. Raimund Fellinger, Martin Huber und Julia Ketterer. Frankfurt am Main: Suhrkamp, 2009.
Billenkamp, Michael. „Provokation und *posture*. Thomas Bernhard und die Medienkarriere der Figur Bernhard". In: *Mediale Erregungen? Autonomie und Aufmerksamkeit im Literatur- und Kulturbetrieb der Gegenwart.* Hg. Markus Joch, York-Gothart Mix und Norbert Christian Wolf. Tübingen: Niemeyer, 2009. 23–43.
Bourdieu, Pierre. „Ökonomisches Kapital – Kulturelles Kapital – Soziales Kapital". In: Ders. *Die verborgenen Mechanismen der Macht. Schriften zu Politik & Kultur 1.* Hg. Margareta Steinrücke. Hamburg: Verlag für das Studium der Arbeiterbewegung, 1992. 49–79.
Bourdieu, Pierre. *Die Regeln der Kunst. Genese und Struktur des literarischen Feldes.* Frankfurt am Main: Suhrkamp, 1999.
Degner, Uta. „Die Kinder der Quoten. Zum Verhältnis von Medienkritik und Selbstmedialisierung bei Elfriede Jelinek". In: *Mediale Erregungen? Autonomie und Aufmerksamkeit im Literatur- und Kulturbetrieb der Gegenwart.* Hg. Markus Joch, York-Gothart Mix und Norbert Christian Wolf. Tübingen: Niemeyer, 2009. 153–168.
Degner, Uta. „Biographische Aspekte und künstlerische Kontexte". In: *Jelinek-Handbuch.* Hg. Pia Janke. Stuttgart: Metzler, 2013. 2–8.
Franck, Georg. *Ökonomie der Aufmerksamkeit. Ein Entwurf.* München/Wien: Hanser, 1998.
Genette, Gérard. *Paratexte. Das Buch vom Beiwerk des Buches.* Frankfurt am Main: Suhrkamp, 2001.
Götze, Clemens. „‚Die Ursache bin ich selbst!' Thomas Bernhards inszenierte Autorschaft am Beispiel seiner (Film-)Interviews". In: *Thomas Bernhard. Gesellschaftliche und politische Bedeutung der Literatur.* Hg. Johann Georg Lughofer. Wien/Köln/Weimar: Böhlau, 2012. 357–371.
Höller, Hans. „‚Gewalt auch über ganz Große'. Thomas Bernhards Überwindung der ‚Einflussangst'". In: *Thomas Bernhard Jahrbuch 2005/2006* (2006): 65–74.
Janke, Pia. „Debatten und Skandalisierungen". In: *Jelinek-Handbuch.* Hg. Pia Janke. Stuttgart: Metzler, 2013. 335–340.
Janke, Pia und Stefanie Kaplan. „Politisches und feministisches Engagement". In: *Jelinek-Handbuch.* Hg. Pia Janke. Stuttgart: Metzler, 2013. 9–20.
Jelinek, Elfriede und Wilhelm Zobl. „Offener Brief an Alfred Kolleritsch und Peter Handke". In: *manuskripte* 9.27 (1969): 3–4.
Jelinek, Elfriede. o.T. In: *Grenzverschiebung. Neue Tendenzen in der deutschen Literatur der 60er Jahre.* Hg. Renate Matthaei. Köln: Kiepenheuer & Witsch, 1970. 215–218.
Jelinek, Elfriede. „Wahrscheinlich wäre ich ein Lustmörder. Gespräch mit Georg Biron". In: *Die Zeit*, 28. September 1984.
Jelinek, Elfriede. „In den Waldheimen und auf den Haidern. Rede zur Verleihung des Heinrich-Böll-Preises in Köln am 2. Dezember 1986". In: *Die Zeit*, 5. Dezember 1986a.
Jelinek, Elfriede. „‚Was bei mir zu Scheiße wird, wird bei Handke kostbar'. Gespräch mit C. Bernd Sucher". In: *Schauspiel Bonn. Erste Premieren Spielzeit 1986/1987.* Bonn 1986b. 45–52.
Jelinek, Elfriede. „Der Einzige und wir, sein Eigentum". In: *profil*, 20. Februar 1989a: 72–73.
Jelinek, Elfriede. „‚Ich mag Männer nicht, aber ich bin sexuell auf sie angewiesen'. Gespräch mit Sigrid Löffler". In: *profil*, 28. März 1989b: 83–85.

Jelinek, Elfriede. „'Ich bin kein Theaterschwein'. Gespräch mit Dieter Bandhauer". In: *Falter*, 20. April 1990: 8–9.
Jelinek, Elfriede. „Das Hundefell". In: *profil*, 16. September 1991: 108.
Jelinek, Elfriede. „'Es geht immer alles prekär aus – wie in der Wirklichkeit'. Gespräch mit Gunna Wendt". In: *Frankfurter Rundschau*, 14. März 1992a.
Jelinek, Elfriede. „Gespräch mit Margarete Lamb-Faffelberger". In: Margarete Lamb-Faffelberger. *Valie Export und Elfriede Jelinek im Spiegel der Presse. Zur Rezeption der feministischen Avantgarde Österreichs*. New York u. a.: Lang, 1992b. 183–200.
Jelinek, Elfriede. „Unter dem Haar des Filzes". In: *profil*, 24. Mai 1993: 84–85.
Jelinek, Elfriede. „Mehr Haß als Liebe". In: *Provinz, sozusagen. Österreichische Literaturgeschichten*. Hg. Ernst Grohotolsky. Graz/Wien: Droschl, 1995a. 63–76.
Jelinek, Elfriede. „Nicht wirklich eine Österreicherin… Ein Gespräch mit Pascale Casanova". In: *O Österreich!* Hg. Heinz Ludwig Arnold. Göttingen: Wallstein, 1995b. 59–63.
Jelinek, Elfriede. „Mein Pessimismus ist wirklich grenzenlos. Gespräch mit Karl Unger". In: *Die Wochenzeitung*, 25. Oktober 1996a.
Jelinek, Elfriede. „Zwischen Lehrstück und Ästhetik des Dadaismus. Elfriede Jelinek über ‚Raststätte oder Sie machens alle'. Gespräch mit Roman Bucheli". In: *Neue Zürcher Zeitung*, 25. März 1996b.
Jelinek, Elfriede. „Gespräch mit Ralf B. Korte". In: *Elfriede Jelinek. Die internationale Rezeption*. Hg. Daniela Bartens und Paul Pechmann. Graz/Wien: Droschl, 1997a. 273–299.
Jelinek, Elfriede. „Im Schock des Positiven". In: *Die Presse*, 3. April 1997b.
Jelinek, Elfriede. „'Man steigt vorne hinein und hinten kommt man faschiert und in eine Wursthaut gefüllt wieder raus'. Ein E-Mail-Austausch mit Gerhard Fuchs". In: *Elfriede Jelinek. Die internationale Rezeption*. Hg. Daniela Bartens und Paul Pechmann. Graz/Wien: Droschl, 1997c. 9–27.
Jelinek, Elfriede. „Milch unfrommer Denkungsart". In: *Der Standard*, 22. Oktober 1997d.
Jelinek, Elfriede. „'Ich bin resigniert'. Gespräch mit Wolf Scheller". In: *Die Woche*, 23. Oktober 1998.
Jelinek, Elfriede. „'Ein einziges Grinsen'. Gespräch mit Klaus Nüchtern". In: *Falter*, 11. Februar 2000.
Jelinek, Elfriede. „Schreiben müssen. In memoriam Otto Breicha". In: *Die Presse*, 30. Dezember 2003.
Jelinek, Elfriede. „Gespräch mit Hans-Jürgen Heinrichs". In: *Sinn und Form* 56.6 (2004a): 760–783.
Jelinek, Elfriede. „Ich bin eine Wagnerianerin. Gespräch mit Ulrich Weinzierl". In: *Die Welt*, 28. Februar 2004b.
Jelinek, Elfriede. „Ich renne mit dem Kopf gegen die Wand und verschwinde. Gespräch mit Rose-Maria Gropp und Hubert Spiegel". In: *Frankfurter Allgemeine Zeitung*, 8. November 2004c.
Jelinek, Elfriede. „An ihm gemessen". In: *Die Presse*, 4. Februar 2006a.
Jelinek, Elfriede. „Das Gewicht der Hand (Fredy Kolleritsch zum 75. Geburtstag)". In: *Falter*, 17. Februar 2006b.
Jelinek, Elfriede. „Aus gegebenem Anlaß. Über Peter Handke und das Dichterwort". In: *Frankfurter Rundschau*, 2. Juni 2006c.
Jelinek, Elfriede. *Winterreise. Ein Theaterstück*. Reinbek: Rowohlt, 2011a.

Jelinek, Elfriede. „Der Weg durch den Schnee (Michael Scharang zum 70. Geburtstag)". In: *Die Presse*, 29. Januar 2011b.
Jelinek, Elfriede. „Die Flüchtige". In: *Die Presse*, 2. Juni 2012.
Kerschbaumer, Marie-Thérèse. „Porträt einer Dichterin: Elfriede Jelinek (1986)". In: Dies. *Für mich hat Lesen etwas mit Fließen zu tun... Gedanken zum Lesen und Schreiben von Literatur*. Wien: Wiener Frauenverlag, 1989. 147–152.
Löffler, Sigrid. „Der Mönch auf dem Berge". In: *profil*, 17. November 1986.
Matt, Peter von. „Grandeur und Elend literarischer Gewalt. Die Regeln der Polemik". In: Ders. *Das Schicksal der Phantasie. Studien zur deutschen Literatur*. München: Deutscher Taschenbuch Verlag, 1996. 35–42.
Mayer, Verena und Roland Koberg. *Elfriede Jelinek. Ein Porträt*. Reinbek: Rowohlt, 2007.
Meyer, Urs. „Tagebuch, Brief, Journal, Interview, Autobiografie, Fotografie und Inszenierung. Medien der Selbstdarstellung von Autorschaft". In: *Medien der Autorschaft. Formen literarischer (Selbst-)Inszenierung von Brief und Tagebuch bis Fotografie und Interview*. Hg. Lucas Marco Gisi, Urs Meyer und Reto Sorg. München: Fink, 2013. 9–15.
Millner, Alexandra. „Schreibtraditionen". In: *Jelinek-Handbuch*. Hg. Pia Janke. Stuttgart: Metzler, 2013. 36–40.
Mittermayer, Manfred. „‚Nur die Verstellung rettet mich zeitweise' – Ausgangspunkte einer Biographie über Thomas Bernhard". In: *Leben als Kunstwerk. Künstlerbiographien im 20. Jahrhundert. Von Alma Mahler und Jean Cocteau bis Thomas Bernhard und Madonna*. Hg. Christopher F. Laferl und Anja Tippner. Bielefeld: Transcript, 2011. 85–109.
Schärf, Christian. „Ein eigentümlicher Apparat. Zum Phänomen der modernen Autorschaft". In: *Literarische Moderne. Begriff und Phänomen*. Hg. Sabina Becker und Helmuth Kiesel. Berlin/New York: de Gruyter, 2007. 487–505.
Tabah, Mireille. „Geschlechterdifferenz im Werke Thomas Bernhards. Ansätze zu einer feministischen Interpretation". In: *Thomas Bernhard Jahrbuch* (2002): 133–144.
Vogel, Juliane. „Die Gebetbücher des Philosophen – Lektüren in den Romanen Thomas Bernhards". In: *Modern Austrian Literature* 21.3/4 (1988): 173–186.
Vogel, Juliane. „‚Ich möchte seicht sein.' Flächenkonzepte in Texten Elfriede Jelineks". In: *Lob der Oberfläche. Zum Werk Elfriede Jelineks*. Hg. Thomas Eder und Juliane Vogel. München: Fink, 2010. 9–18.
Vogel, Juliane. „Intertextualität". In: *Jelinek-Handbuch*. Hg. Pia Janke. Stuttgart: Metzler, 2013. 47–55.
Wagner, Karl. *„Er war sicher der Begabteste von uns allen". Bernhard, Handke und die österreichische Literatur*. Wien: Picus, 2010.

II SCHREIBWEISEN

Bernhard Sorg
Zur Konstruktion eines transzendentalen ästhetischen Subjekts bei Bernhard und Jelinek

I

Literatur ist Konstruktion. Die Beziehung zur Lebenswelt geschieht auf indirekte Weise in der und durch die Sprache. Sie wird aus einem Medium der Kommunikation zu einem des ästhetischen Ausdrucks. Diesen Verwandlungs-Vorgang leistet jeder fiktionale Text. Aber er leistet ihn in einer jeweils anderen Weise und Form, mit anderen Intentionen und anderen Resultaten.

Die Diktion, die Perspektive, die Metaphorik eines Textes wird hervorgebracht und legitimiert durch das, was man das *ästhetische Subjekt* nennen kann. Es entwirft ein künstlerisches Prinzip, aus dem heraus das Geschriebene seine je eigene und eigenständige Formung und Finalität findet.

Dieses Subjekt ist sich seiner selbst nicht bewusst, weshalb die Idee eines unbewussten Subjekts eine contradictio in adiecto zu sein scheint. Innerhalb der Logik der Dichtung ist daher der Begriff des *transzendentalen Prinzips* angemessener. Es bedarf weder einer vorgängigen Rechtfertigung noch einer ihm entgegenstehenden Objektsphäre. Es existiert einzig in der und durch die Sprache des Kunstwerkes. Seine immanente Logik ist die der ästhetischen Zusammengehörigkeit ohne lebensweltliche Relationen und ohne außerliterarische Wahrscheinlichkeit. Nichts anderes meint die Theorie von der Autonomie des Kunstwerkes. Es designiert keine Welt-Fremdheit, wohl aber die eigenständige Logik der sprachlichen und meta-sprachlichen Zuordnungen und Bestimmungen.

Literatur ist mithin nicht Abbild empirischer Verhältnisse, sondern eine Konstruktion eines je anderen ästhetischen Raums, eine Welt sui generis. Ihre Wahrheit lässt sich nicht übertragen auf die Logik und Geschichtlichkeit des uns umgebenden Seienden; es ist eine Wahrheit innerhalb der selbstreferentiellen Sprache der Kunst. Jeder Versuch, die Welt der Literatur und die Welt des Empirischen aufeinander zu beziehen im Sinne eines Korrektivs oder einer kategorial höheren Wahrheit oder gar einer ideologischen Suprematie, scheitert schon an der Existenz dieses transzendentalen Subjekts. Es entzieht sich und den fiktionalen Text der Sphäre und Form des Seienden. Wer das Ästhetische bewusst ideologisiert, zerstört seinen inneren Zusammenhang und macht umgekehrt aus dem Empirischen der außerliterarischen Welt das kontingente, ja sinnlose Korrektiv des Kosmos der Kunst. Das literarische Kunstwerk existiert nur dann aus sich und seiner je eigenen Plausibilität und Logik, wenn es jede andere Legitimation und jeden anderen Telos kategorisch und kategorial ausschließt. Jeder Rekurs auf außerliterarische Verhältnisse und Relationen zerstört die Wahrheit und Glaubwürdigkeit des ästhetischen Scheins, der innerhalb des Ästhetischen, und nur dort, zur Wahrheit einer einzig hier und jetzt erfahrbaren Epiphanie hypostasiert wird.

Jeder literarische Text ist eine notwendige Entfaltung der Perspektive des transzendentalen Subjekts, ausgesprochen oder unausgesprochen. In dieser Perspektive konstituiert sich das ästhetische Subjekt und wird so zur unhintergehbaren Basis aller innertextlichen Relationen und Obsessionen. Es sind dies keine lebensweltlichen Tatsachen, sondern literarische Phantasien ohne außerliterarischen Wahrheitsgehalt und außerliterarische Substanz. Prätendieren sie beides, so destruieren sie ihre eigene fiktionale Logik, ohne eine andere, etwa eine empirische, zu gewinnen.

II

Frost (1963) ist Thomas Bernhards erster veröffentlichter Roman, vielleicht auch sein bester. Er erzählt die Geschichte zweier Männer, eines Älteren, eines gescheiterten Malers, und eines Jüngeren, eines Studenten der Medizin. Der wird von seinem akademischen Lehrer, dem Bruder des Malers, in das salzburgische Alpendorf namens Weng, real existent und doch fiktiv wie die meisten ästhetischen Konstruktionen bei Bernhard, geschickt, in das sich der Künstler schon vor langen Jahren zurückgezogen hat. Der Zweck des Besuchs soll sein, den Geisteszustand des Bruders zu überprüfen; eine Aufgabe, die sowohl die empirische Plausibilität wie auch das psychologische Vermögen des jungen Mannes übersteigt oder zu übersteigen scheint. Indem er sich dem Älteren annähert oder anzunähern versucht, transzendiert er seine eigenen Grenzen, wird immer irreversibler von der wahnhaften und gleichzeitig faszinierend-hellsichtigen Welt des Künstlers angezogen und verändert. Am Ende verschwindet der Ältere im Hochgebirge, entzieht sich der verkommenen Welt durch Suizid; der Jüngere bricht den Aufenthalt in Weng ab und kehrt in seine Universitätsstadt und zu seinem Studium zurück.

Die Perspektive des Romans baut sich aus der Sicht des Studenten auf, unterbrochen, erweitert und korrigiert durch längere wörtliche Reden des Malers Strauch, uferlose Sprach- und Gedanken-Kaskaden. Der Maler repräsentiert eine zeitgenössische Variante des literarischen Misanthropen, der seinen Adepten, hier den Medizinstudenten, in die Welt des philosophischen Menschenhasses und damit der gnostischen Dichotomie von Materie und Geist, Körper und Seele, Verfallenheit an das Seiende und Überwindung der Welt einführt. Der Wissende lehrt den Unwissenden, aber Lernwilligen, der Pneumatikos den Gesellen. Es sind Stufen der Erkenntnis, die beide betreten, Stufen einer immer distinkter werdenden Welt-Ablehnung, im Gefolge einer elementaren Welt-Durchdringung. Das Lehrer-Schüler-Verhältnis wiederholt auf der intellektuellen Ebene die emotionale Vater-Sohn-Konstellation des Initiierten zu dem Adepten. Als Eingeweihter, als Pneumatikos, also Geisterfüllter, als Erkennender steht der Künstler, kraft seiner intellektuellen Überlegenheit, jenseits der empirischen Irrtümer und Verhängnisse.

Etwa fünfzehn Jahre nach dem Ende des Zweiten Weltkriegs sind dessen Spuren noch überall im Gebirge zu sehen oder zu erspüren, auch wenn sie sich der Empirie entziehen und die Bewohner des Dorfes sie wegzuschieben bemüht sind. Die Kriegs-Erfahrungen von Ausgesetztheit, Brutalität und Tod sind freilich Formen einer fundamentalen existentiellen Lehre, die von der Gleichgültigkeit der Natur, des gesamten Kosmos. Sie werden vom Lehrer nicht direkt oder vereinfacht seinem Schüler oktroyiert, sondern erscheinen vermittelt durch die Anschauung der Natur und durch die Poesie. Poesie im Sinne der Frühromantik, vor allem im Sinne des Denkens des Novalis, also in der Bedeutung einer Synthese von Begrenztem und Unbegrenztem, Endlichem und Unendlichem, Empirischem und Transzendentem. Der Zweite Weltkrieg, in mancher Hinsicht lange vergangen und doch in den Erinnerungen, Träumen und Albträumen schrecklich präsent, ist, ähnlich wie in den Erzählungen Arno Schmidts aus den fünfziger Jahren, der brutale Lehrmeister, ist die existentielle Einführung in die Welt als Hölle, in die Hölle in Gestalt unserer Welt.

Der Titel *Frost* bedeutet, dass alle Beobachtungen, kriegsbezogen oder nicht, unter dem Signum einer unentrinnbaren Kälte, der Vereisung aller Beziehungen und der Einsicht in die Unentrinnbarkeit der finalen Erfahrung des Todes stehen. Was zwar, nüchtern von außen betrachtet, der Originalität entbehrt, aber für den Studenten, am Beginn seines erwachsenen Lebens, möglicherweise einer wissenschaftlichen Karriere, einen klaren Kontrapunkt setzt zu den unvermeidlichen Hoffnungen und Illusionen seiner jungen Jahre und der jeweiligen punktuellen Verzweiflung, die ihnen parallel zu laufen pflegt. Durch den Maler lernt er das Empirische, den ihn bedrängenden Kosmos des Seienden zu durchschauen als Ort unentrinnbarer Verzweiflung. Es gilt, diese Gestalten des Schreckens anzunehmen, denn nur im Durchgang durch das Purgatorium entsteht ein neuer Ort der Hoffnung, im Geistigen. Strauch ist zwar ein gescheiterter Künstler, aber ein Philosoph der Einsicht in das Sinnlose aller empirischen Taten, die jedoch im illusionslosen Denken eine Tür öffnet: die der Bewältigung des Schreckens im poetischen Wort. Als Gescheiterter erfährt er alles um sich herum als Scheitern und als Groteske, als Lüge und Betrug, als trostlosen Selbstbetrug der Menschen im kalten, dunklen und gewalttätigen Bergdorf.

Nur der Student, sein Lehrling, dessen Auftrag er bald durchschaut und dessen Neugier auf ihn selbst zurückzulenken er zunehmend in der Lage ist, erweist sich als getreuer und lernbegieriger Schüler in der Philosophie des gnostischen und misanthropischen Denkens. Scheitern heißt hier, seiner selbst innezuwerden und auch so die Welt um sich herum in ihrer Schäbigkeit und Verworfenheit zu erkennen. Diese Akte der Erkenntnis sind immer radikalere Formen der Welt-Ablehnung durch Welt-Erkenntnis und Signum einer Auszeichnung, die nicht von dieser Welt ist. Vielleicht ist sie auch bloß eine abstruse Illusion, kategorial nicht anders als die der Dorfbewohner, das ist nicht zu entscheiden. So wie jedes Leben innerhalb des Empirischen ein Scheitern ist, weil alles auf dieser Welt scheitern muß, so ist auch jede Erkenntnis eine gescheiterte Erkenntnis, weil alles hier und jetzt ein Scheitern ist vor dem Anspruch der absoluten Erkenntnis. Allein die Poesie verspricht und gewährt den Anspruch einer höheren Wahrheit, in der Realisation des Romans, ohne Relation zur Sphäre des Empirischen und also unentrinnbar Schuldbeladenen.

Anders gesagt: Alles geschieht innerhalb der Kunst, unterworfen ihrer und keiner anderen Logik. Diese spezifische Welt existiert als Konstruktion einer fiktionalen Perspektive, die der Rezipient annehmen oder verwerfen, bejahen oder verneinen kann. Das im Roman entstehende ästhetische Subjekt ist gleichzeitig Anschauender und Erkennender, Lehrer und Schüler, Wissender und Lernender. Innerhalb der Romanwelt, und also auch innerhalb von *Frost*, gibt es keine Sphäre der Wahrheit und keine der Lüge im moralischen Sinn, lediglich eine der künstlerischen Plausibiltät und der sprachlichen Originalität, die dann eine eigene Wahrheit hervorruft. Ob also das, was der Maler seinem temporären Adepten auf dessen Lebensreise mitgibt an Meinungen und Maximen, empirischen Überprüfungen standhält, ob es wahrscheinlich, wahr oder falsch ist, besitzt keine außerliterarische und keine inter-subjektive Verbindlichkeit.

Möglich ist einzig die Frage nach der Logik dieser Roman-Konstruktion. Sie steht in der Tradition des Bildungs-Romans und der Misanthropen-Darstellungen, also der Konfiguration der Desillusionierung eines jungen Mannes durch die erfahrene Wirklichkeit und die Interpretationen eines ihm zunächst intellektuell überlegenen Lehrers als des geistigen Vaters, jenseits der biologischen Kontingenz. Der intellektuelle Meister findet in diesem Roman am Ende den Tod. Der Student, sein geistiger Sohn, geht durch die Schule einer gnostisch grundierten Anschauung, die ihn nach kurzer Zeit schon das unmittelbare Welt-Erleben anders sehen und beurteilen lässt als unten im Flachland. Als Medizin-Student war er es gewohnt, den Menschen als überwiegend oder weitestgehend somatisches Phänomen zu betrachten und zu behandeln. Der misanthropische Künstler

Strauch erschließt ihm nun einen Kosmos jenseits der anschaulichen Dinge und Verhältnisse, weil er ihn lehrt, das Leiden, die Schmerzen und das Vergebliche jedweden menschlichen Handelns und Strebens zu akzeptieren und ihr Telos zu begreifen: den Tod.

Die Konsequenz des Romans *Frost* wird fortgeführt in den folgenden Prosawerken *Amras* (1964), *Verstörung* (1967) und *Das Kalkwerk* (1970). Sie insistieren mit eindrucksvoller künstlerischer Kraft auf einer kategorialen Überlegenheit der Poesie über die Empirie und damit auf der künstlerischen Autonomie als Äquivalent zur Wahrheit der Kunst. Während die Romane Bernhards aus seinem letzten Lebensjahrzehnt zunehmend selbstreferentiell die Überlegenheit des künstlerischen Genies feiern und damit wohl in erster Linie sich selbst meinen, liegt das Spezifische der frühen Prosawerke in ihrem unbedingten Willen zur ästhetischen Autarkie. Ihre bis heute nachwirkende Relevanz gewinnen sie durch eine eigenständige Logik der Sinngebung des Sinnlosen: Indem sie ohne Rücksicht auf psychologische Plausibilität und empirische Logik auf der Wahrheit der je eigenen und unhintergehbaren Erfahrung insistieren, verleihen sie der Welt des Schreckens, der letalen Verstörungen und der Endlichkeit die Würde einer Vergeistigung aus dem Geist philosophischer Verneinung. Der Welt des Willens antwortet eine Welt der künstlerischen Vorstellung in der Form einer singulären intellektuellen und ästhetischen Darstellung.

Wenigen Schriftstellern in der zweiten Hälfte des 20. Jahrhunderts ist so überzeugend die Transponierung eines fundamentalen Welt-Ekels, einer intellektuellen Welt-Verachtung gelungen wie dem Thomas Bernhard der sechziger Jahre. Was nicht ausschließt, daß sich in seinen Texten als Korrektiv und relativierende Instanz nicht selten Spuren von sehnsüchtiger Welt-Bejahung, ja Welt-Umarmung finden. Doch in seiner Welt der abgeschlossenen, düsteren und kalten Hochgebirgstäler, die mit der Realität der salzburgischen oder kärntnerischen Alpentäler wenig bis nichts zu tun haben, entsteht eine geschlossene Konstruktion des existentiellen Schreckens aus dem künstlerischen Willen einer Welt-Anschauung und Welt-Beschreibung der gedanklichen Kompromisslosigkeit, die nicht argumentieren, sondern lediglich zeigen will. Die uferlosen Reden des Malers Strauch wie jene des Fürsten Saurau in Verstörung gehorchen keiner nachvollziehbaren Argumentations-Struktur oder einer Logik der intellektuellen Apperzeption, sondern sie sind Sprache gewordene Überzeugung innerhalb der Perspektive misanthropischer Welt-Anschauung. Sie sind der verzweifelte Versuch, die Erfahrung der Welt als eines Gefängnisses ohne Ausgang in eine Form zu bannen, die diese Welt einer physischen und psychischen Gewalt auf Distanz hält. Was nur möglich ist in der Kunst. Nur in der Kunst erfährt der Einzelne ein Moment von Freiheit, einen temporären Ausweg. Ob er diesen Weg als Ausweg in die Kälte des Hochgebirges und damit den physischen Tod versteht und schließlich realisiert oder einen zurück in den banalen Alltag bei denen da unten – das ist oder scheint dem Einzelnen zur freien Entscheidung überlassen und besitzt keine objektive Verbindlichkeit.

Thomas Bernhards Prosa ist eine der ununterbrochenen Behauptungen ohne Beweise. Innerhalb der Welt der Dichtung entsteht so eine Struktur ästhetischer Verflechtungen ohne Rechtfertigungszwang. Überträgt man diese Logik in die Empirie, steht das Subjekt vor den Forderungen mehr oder minder stringenter Beweisführung. Sie sind hier nicht notwendig; allerdings zerfließt Bernhards Text in beliebige Thesen ohne logische Substanz. Man kann nicht beides haben: sowohl die künstlerische Welt in autonomer Strukturierung *und* die objektive Gestaltung eines empirischen Befundes. Bernhards Prosa der sechziger Jahre hatte beides noch auseinander gehalten; die eher autofiktionalen Werke der 1970er und 1980er Jahre verwischen die Grenzen und machen sie dadurch zwar vielleicht leserfreundlicher, aber auch künstlerisch weniger bedeutsam.

III

Elfriede Jelineks Roman *Lust* (1989) entwirft ein ästhetisches Subjekt, das sich zuerst und nachhaltig die Sprache in monotoner Homogenität unterwirft. Lust bedeutet im Kontext dieser Fiktionalität: Un-Lust, Ekel vor allem und jedem, nicht nur der Sexualität. Diese ubiquitäre Aversion beginnt bei der Sprache des Romans und endet auch bei ihr, denn eine andere Welt gibt es hier nicht. Sie, die monotone Sprache und die Sprache der Monotonie, entwirft Sexualität als pseudo-sinnliche Erregung anti-zivilisatorischer Provenienz. Es ist eine konstruierte Erregung elementarer und kontinuierlicher Un-Lust, erregt innerhalb einer papierenen Sphäre und einzig und allein auf dem Papier existent.

Wenn man so etwas wie außerliterarische Intentionalität dem Prosa-Text der späteren Literatur-Nobelpreisträgerin entnehmen will, dann die obsessive Idee von der Sexualität als stärkstmöglichem Movens der anthropologischen Macht, die der Mann über das Weib ausübt. Es muss hier tatsächlich „das Weib" heißen, denn der ideologische und psychologische Kern verweist nicht, wie prätendiert, auf ahistorische Konstanten und bzw. oder ihre zeitgenössischen Realisationen innerhalb der sogenannten bürgerlichen oder kleinbürgerlichen Gesellschaft der Gegenwart. Vielmehr verweist er auf die Zeit und die Welt um 1900, als man dergleichen zu sagen pflegte, im Gefolge der Theorien von Otto Weininger und seines immens einflussreichen Buches *Geschlecht und Charakter* (1903) . Ein Atem des inhaltlich fragwürdigen Archaischen durchzieht den ganzen Roman; dadurch entsteht ein monotoner Ausdruck der Ausdruckslosigkeit, der die Sprache mit Bleigewichten hinunter auf einen Boden zieht, auf dem es weder Lust noch Erotik, weder Sexualität noch Beziehungen gibt, lediglich die Banalität einer sorgsam gepflegten Hass-Sprache.

Die Familie ist das Schlachtfeld ehelicher Macht-Verhältnisse oder besser: Macht-Exzesse; das ist nichts Neues, zunächst lediglich die Steigerung altbekannter Motive, die schon zu Strindbergs Zeiten nicht mehr gänzlich originell waren. Eine Steigerung, die einen fundamentalen Hass auf alle Formen des Männlichen projeziert, die als Phänomen konstatierbar, aber nicht wirklich diskutabel sind.

Der Mann und die Frau – so heißen die zentralen Figuren der Handlung. Sie geistern dumpf durch eine Welt, in die ein meta-sprachliches Verständnis nicht mehr hineinreicht. Der elementare Duktus des Textes ist der einer sich jedweder Begründung entziehenden Kommunikations-Verweigerung. Da es hier weder einen zeitlich nachvollziehbaren Ablauf noch psychologische Kausalitäten oder Plausibilitäten gibt noch geben darf, wird aus dem Duktus der Verweigerung zunehmend eine Aneinanderreihung autistischer Gebärden menschlicher Hilflosigkeit und Verzweiflung, stets aber im Sinne eines literarischen Kunst-Wollens, das sich jeder empirischen Kontrolle vielfältiger Weise entzieht: durch die Figur der Groteske, der Parodie oder Pseudo-Parodie und der zwanghaften Wiederholung vorgegebener Bilder und Klischees. Wodurch sich allerdings die Idee einer Entlarvung gesellschaftlicher Monstrositäten selbst dementiert: Hinter den sprachlichen Larven und Masken entbirgt sich im Verlauf der Roman-Handlung nicht eine Wahrheit des Konformismus, sondern das blanke Nichts. Der von der Autorin intendierte ideale Leser und Rezipient kann keine eigenständige Art und Weise der Lektüre wagen, sondern er muss, bei Strafe fundamentalen Missverständnisses, den intentionalen Spuren des Textes bis zur Selbstaufgabe folgen. Womit der den Roman letztlich nur hilflos verdoppelt und sich selbst überflüssig macht. Was zwar so geplant sein mag, aber jedweder hermeneutischen Reflexion und Erkenntnis ins Gesicht schlägt, um in der gewaltsamen Metaphorik des Romans zu bleiben. Lässt er sich dagegen auf den Text als einer ästhetischen Vor-Gabe ein, so bleibt ihm nur die Wahl zwischen der Pest einer reflexionslosen Affirmation und der Cholera unbedingter Abwehr. Eine Auseinandersetzung ist so nicht möglich.

Der Roman insinuiert, dass eine selbständige Rezeption gar nicht vorstellbar und nur als irrationaler Abwehrgestus von Ignoranten und illiteraten hinterwäldlerischen Troglodyten denkbar ist. Wer als Leser glaubt, die Leere hinter den inhaltslosen Sätzen wahrzunehmen, bestätigt dadurch, so die vorgängige und alle Kritik abweisende Meta-Theorie, die eigene Verfallenheit an das Seiende männlicher Brutalität Die unterstellte unumstößliche Wahrheit der Konstruktion verhindert jedwede elementar-kritische hermeneutische Reflexion; der Roman-Text ist lediglich als ununterbrochene Bestätigung des totalitären Gestus seiner

Ideologie diskutabel. Nur wer die Position des Kindes in Hans Christian Andersens Märchen *Des Kaisers neue Kleider* einnimmt, ist in Anlehnung an das Märchen in der Lage, ‚Der Kaiser ist nackt!' zu rufen und den Bann der Monotonie und der scheinbar endlosen Banalitäten zu brechen. Die Nacktheit des Herrschers ist die Kleidung zivilisatorischer Verhüllung; ein Gedanke, den der Roman an keiner Stelle auch nur zulässt, geschweige denn artikuliert.

Der inquisitorisch-monomanische Duktus des Romans verhindert jedweden Rekurs auf die empirische Faktizität oder intersubjektive Plausibilität. Die Substanzlosigkeit des Inhalts macht den Text mehr und mehr zu einer leerlaufenden Sprach-Groteske, charakterisiert durch eine Absenz von Form und Sinn. So auf ein Null-Medium reduziert, bezieht sich die Sprache auf nichts mehr als auf sich selbst. Was bedeutet, dass der Roman lediglich die Bloßlegung seines Verfahrens dokumentiert, das nichts anderes ist als das Verfahren seiner Hervorbringung; eine selbstreferentielle Welt ohne Bezug zu irgendetwas anderem. Man könnte auch sagen: Der Leser wird einem kontinuierlichen Rorschach-Test unterzogen. So bleibt jedwede Auseinandersetzung im Sinne einer hermeneutisch geleiteten Befragung und Selbst-Befragung ausgeschlossen. Der Text ist, was er nicht ist, aber sein will.

Das verleiht Jelineks Roman die frappierenden Züge einer dadaistischen Empörung ohne Fundament und Ziel. Eine Beziehung zum Empirischen ist nicht nur nicht möglich, sie ist von Anfang an kategorial versperrt. Im Nebel der selbstreferentiellen Worthülsen verschwindet jede Bedeutung und jede intersubjektive Logik, ohne die der Text zu einem diffusen Spiel ohne Spielregel regrediert. Das mag so oder so ähnlich von der Autorin intendiert sein; es bleibt allerdings ein Text als Abfolge von Sätzen ohne Referenz, durch die sich keine Welt öffnet, lediglich ein Kosmos von Vor-Urteilen, Ekel-Bildern und ästhetischer Irritation oder Langeweile, der dem Leser das trügerische Panorama überlegener Einsichten vermitteln soll, ohne dass dies wirklich gelingen könnte.

Der Mann als der Herrscher über die Welt des Ökonomischen, in der er von Anfang an selbst ein Beherrschter ist, sucht die Ideologie der Macht dann tatsächlich zu realisieren in seiner Beziehung zum Weib; in der Ehe, und in außerehelichen Affären. Innerhalb der kapitalistischen Welt der Produktion und Distribution ein Opfer, gewinnt er innerhalb der Privat-Sphäre, ein nur ihm zur Verfügung stehendes Privat-Opfer: die Frau. Sie ist das Subiectum, das Unterworfene schlechthin. Ihr Sklavenstatus verweigert ihr jedwede Form der Eigenständigkeit. Unterworfen in der und durch die Ehe und die Kinder, wird die Sexualität zur Sprache dieser gesteigerten Unterwerfung. Es ist freilich eine Sprache, die über sie verfügt und nicht umgekehrt. Das Weib schweigt in der ehelichen Welt sadistischer Rituale. Jelineks Konstruktion auf Ekel, Herabwürdigung und Hass gegründeter Ehe-Höllen geht allerdings hinter die Darstellungen und Erkenntnisse der Wende zum 20. Jahrhundert zurück oder über sie hinaus, gewollt wie ungewollt. Gab es dort noch vielfältige Formen der Auseinandersetzung, also den Kampf zweier zwar nicht Gleichberechtigter, so doch zweier in der Sprache und den Emotionen aneinander Gebundener, so entwirft Jelineks Roman aus dem Jahr 1989 den dumpfen Kosmos eines unentrinnbaren Sklaven-Daseins. Nichts anderes gibt es hier als Täter und Opfer, Opfer und Opfer, Mann und Weib.

Schwer, dem Gedanken auszuweichen, dass diese monomanische und im Zentrum manichäisch-dualistische Welt grundiert ist von *gnostischen Welt-Entwürfen*. Die Dunkelheit des Lebens ist innerhalb dieser Logik unüberwindlich, das heißt: sie ist unüberwindlich innerhalb der Logik des Materiellen. Das Licht der gnostischen Erkenntnis reicht in die zentrale zivilisatorische Struktur der Ehe oder ganz allgemein der auf Sexualität gegründeten Beziehung zweier Menschen nicht hinein. Lediglich die Sprache der Kunst – so jedenfalls die seit Jahrhunderten existente und tradierte Idee – erinnert an das Licht der Erlösung. Auf diesen Gedanken deutet, freilich in dunkler Gestalt und mit diffusen Konsequenzen, das Motto des Romans; Sexualität erscheint als tiefstmöglicher, als wahrhaft satanischer Ausdruck der modernen Entfremdung innerhalb der Welt des Seienden. Aus der Ehe-Hölle führt nur ihre geistige Verdoppelung in eine neue Sphäre, die von Abstraktion und sprachlicher Gestaltung, in eine Spiritualität ohne Schuld. Der Künstler als zeitgenössischer Initiierer und Träger der Wahrheit erschafft die Gegen-Welt zur dunklen Materie, zur Materie als Emanation der Dunkelheit: eben die Literatur. Die Materie als Träger und Objektivation des Bösen ist hier ganz direkt zu verstehen als die Fleischlichkeit des Menschen, seine Sexualität, als gesteigerter Wille zur Macht. Im Roman werden so die Qualen des Sexus zu einem innerweltlichen Purgatorium, zu einem Durchgang durch eine ausweglose Welt sinnloser Rituale und Prüfungen ohne Hoffnung auf Erlösung, ein Purgatorium ohne Paradies.

Freilich ist es gerade die sprachliche Repräsentation des Bösen, die etwas kategorial Anderes schafft: die Kunst, die Literatur. Sie ist das einzig mögliche Erlebnis eines Neuen, das, was in den vermeintlich oder tatsächlich frommen Zeiten des Juan de la Cruz *Gott* oder *das Göttliche* hieß. Oder auch *das Nichts*. Diese Identität von Göttlichem und dem Nichts ist eine uralte Erfahrung frommer Mystiker in allen Religionen zu allen Zeiten. Und daher naturgemäß den kirchlichen Institutionen, den Institutionen der diversen Kirchen höchst suspekt. Hier tritt an die Stelle des Göttlichen die Kunst; präziser gesagt: eine Art Sehnsucht nach der Kunst, die von ähnlicher Kraft sein könnte wie die Sphäre des Mystischen. Es aber nicht ist. Denn die Gegenwart erscheint als Epoche einer unüberwindbaren universalen und totalen Ent-Menschlichung, der jedwede transzendente Erlösung und auch Erlösungs-Möglichkeit fehlt.

Sex ist weder, wie bei vielen Mystikern, die innerweltliche Erfahrung einer übermenschlichen unio mystica von Sterblichen und Gott, noch, wie bei vielen radikal säkularisierten Gegenwarts-Menschen, eine Art physiologischer Entspannung, sondern der Ausdruck einer unrettbaren Entleerung des homo sapiens. Die Figuren in Jelineks Roman sind vulgär, primitiv und ohne Ansätze eines nachvollziehbaren individuellen Selbstbewusstseins. So wird die Literatur hineingezogen in die Ent-Humanisierung der Moderne. Vielleicht ist ja, so dürfte die Ideologie des Romans jenseits aller auf der Hand liegenden Feminismen eigentlich lauten, die erlösende Rolle der Kunst in den gnostischen Theorien früherer Jahrzehnte und Jahrhunderte nur deshalb denkmöglich, weil sie im Kern die Idee eines Göttlichen trotz aller Säkularisationstendenzen noch bewahrt hatten. Ist dieser Kern im Säurebad der Aufklärung verschwunden, bleibt nichts als die Erinnerung. Und die Gewalt des Faktischen, und zwar ohne jedes Gegen-Gewicht. In dieser, unserer Zeit, wird die Vorstellung einer Erlösung durch die Geistigkeit der Kunst zur Groteske. Das Subjekt des Romans existiert zwar aus der Einsicht in die Sinnlosigkeit des Geistigen, kann aber nicht umhin, dieser Absenz des Logos ästhetisch gestalteten Ausdruck zu verleihen. Warum auch immer, wozu auch immer.

IV

Bei Bernhard und Jelinek erfahren wir die Konstruktion zweier unterschiedlicher ästhetischer Subjekte, die aus ihrem je anderen Leiden die Bedingung der Möglichkeit literarischer Suprematie herleiten. Künstlerische Genialität und sexuelle Unterwerfung sind die Voraussetzungen, aus dem Objekt-Status in den eines ästhetischen Subjekts zu gelangen.

In erster Linie geschieht das durch die Macht der Sprache in ihrer Funktion als Sprache der Macht. Bei Bernhard ist dies evident und vollzieht sich auf quasi direktem Weg durch die unendlichen Reden Strauchs; bei Jelinek in indirekter Weise, in der immer wieder aufblitzenden Erinnerung des Textes an die geistgezeugte Sprache gnostischer Welt- und Erlösungs-Modelle. Freilich lässt sich die religionskritische Funktion der Aufklärung als radikalem Säkularisations-Phänomen in Jelineks infernalischer Konzeption nicht ignorieren oder leugnen. Eine Erlösung aus dem Geist des Geistigen verfällt dem Verdikt transzendenter Spekulation. So nähert sich allerdings die sowohl sehr konkrete wie metaphysische Un-Lust des *Lust*-Romans jenen Ressentiments an, die von stupider Ignoranz nicht zu unterscheiden sind. Der Hass auf die Dumpfheit des Körperlichen ist so wenn überhaupt dann nur sehr schwer zu differieren vom Hass auf den Mann und das Männliche im Sinne Weiningers und vom Hass auf den Mann als biologische und zivilisatorische Existenzform. Beide Romane konstruieren Welten ohne Empirie, Erkenntnisse ohne Wahrheit und einen Kosmos der Geschlechter, der mit dem Mann und dem Männlichen oder dem Weib und dem Weiblichen nichts zu tun hat.

Das dürfte auch die eigentliche Intention, so überhaupt rekonstruierbar, beider Romane sein: die Erschaffung eines Raumes der unbedingt eigenwilligen Konstruktionen, voll rabiaten Eigensinns und ästhetischer Autarkie. Der Macht des Empirischen antwortet die literarische Macht aus dem künstlerischen Willen zur Gestaltung einer eigenständigen Kunst-Welt. Bernhards schon etwas angestaubtes Kunst-Pathos aus dem ersten Drittel des 20. Jahrhunderts und Jelineks ubiquitärer und universaler Welt-Ekel sind die beiden Seiten der gleichen Aversion gegenüber dem Seienden. Einem Seienden, das sich der pragmatischen Veränderung verweigert und nur die Konstruktion eines literarischen Subjekts in einem geistgeschaffenen Raum mit je eigener künstlerischer Logik zulässt. In dieser Modernität existiert keine Verbindung mehr von Kunst und Erlösung, Literatur und Befreiung, egal ob real oder metaphorisch. Lediglich der monomanische Wille zur Gestaltung verbindet beide Romane in ihrer Genese und in ihrem Resultat. Ihren literarischen Standort und ihre künstlerische Qualität zu bestimmen unterliegt dann freilich nicht mehr dem Willen des Autors.

Verena Meis
„Das ist kein Hoppel-hoppel wie im bürgerlichen Theater."
(Anti-)theatrale Poetologie der Gewalt bei Jelinek und Bernhard

> Und das Vergleichen ist überhaupt die Kunst, die man zu beherrschen versuchen muss. Es ist die einzige Schule, die einen Sinn hat und die einen weiter- und vorwärtsbringt. (Bernhard 1971, 158)

Das Gewaltpotential der theaterpoetologischen Schriften Elfriede Jelineks und Thomas Bernhards erweist sich als außerordentlich hoch. Allein der im vorangestellten Motto als produktiv befundene Akt des Vergleichens wird unmittelbar nach seiner Behauptung destruiert: „Es darf nichts Ganzes geben, man muß es zerhauen." (Bernhard 1971, 158) Ungeachtet dessen wird hier ein theaterästhetischer Vergleich riskiert – jedoch keineswegs anhand der Dramen, sondern insbesondere mittels der theaterpoetologischen Schriften beider Autoren und anhand Bernhards Kurzprosatext *Ein eigenwilliger Autor* (1978) sowie Jelineks Theatertext *Das Schweigen* (2000), der als „eine Persiflage von und zugleich Hommage an Thomas Bernhard" (Lücke 2008, 147) bezeichnet werden darf. Ebenso wie Heiner Müller es einmal formuliert hat, interessieren auch hier in erster Linie die theatralen Strategien des „Widerstand[s] gegen das ‚Genau-wie-Otto-Theater'" (Müller 2005, 311),[1] mithin gegen bestehende Theaterkonventionen, die beide Autoren nicht nur in ihren Theatertexten, sondern vornehmlich in ihren theaterästhetischen Schriften reflektieren. Jelineks Diktum „Ich will kein Theater. Ich will ein anderes Theater" (Jelinek 1989) – diese De- bzw. Konstruktion des Theaters – kann ebenso eindringlich auch für Bernhard proklamiert werden. Jelineks Theaterästhetik wird im Folgenden als eine radikale Fortführung seiner theatralen Poetologie gedacht.

Dass Jelineks „Intertextigkeit" (Jelinek 2013a), ihr Spiel mit „vorgefundene[m] Material – pur oder gemischt mit eigenem" (Jelinek 1984, 15) keinem „fröhliche[n] postmoderne[n] Spiel, [k]ein[em] guckguck dada" (Jelinek 2013a) gleicht und auf ihrer Bühne keineswegs ein „Hoppel-hoppel wie im bürgerlichen Theater" (Haß

---

[1] „Was mich interessiert an den Texten von Elfriede Jelinek, ist der Widerstand, den sie leisten gegen das Theater, so, wie es ist, wie es sich durchgesetzt hat, ist das ‚Genau-wie-Otto-Theater', also man sitzt da unten und sieht da oben jemand und sagt: ‚Genau wie Otto.' Das Erschreckende an den Texten von Elfriede Jelinek ist: Da kommt auch Otto vor, aber Otto ist in ihren Stücken viel genauer wie Otto als Otto." (Müller 2005, 311)

2006, 17) erwartet werden darf, gilt in ähnlichem Maße auch für den „Geschichtenzerstörer" Bernhard, der ebenso gewaltbereit „mit einem Material, das ununterbrochen unvollständig ist" zu jonglieren weiß: „In meiner Arbeit, wenn sich irgendwo Anzeichen einer Geschichte bilden, oder wenn ich nur in der Ferne irgendwo hinter einem Prosahügel die Andeutung einer Geschichte auftauchen sehe, schieße ich sie ab." (Bernhard 1971, 152, 160 u. 152) Auf die Bereitschaft zu schießen folgt jedoch augenblicklich der Einwand: „Andererseits ..." (Bernhard 1971, 152) Leistet Bernhard dem narrativen Element nur vermeintlich Widerstand, so erscheinen bei Jelinek sowohl der „Sinn egal" als auch der „Körper zwecklos" (Jelinek 2004c, 7), obwohl hier lediglich der repräsentierende Körper von der Bühne verbannt wird. Ob „Geschichte", „Sinn" oder „Körper" – die Notwendigkeit, Narration und / oder Figur zum Abschuss freizugeben, besteht erst gar nicht, da Jelinek die Chance einer Identifikation des Zuschauers mit einer stringenten Handlung und insbesondere mit einer „ersonnenen Figur" (Jelinek 1990, 158) *a priori* negiert: „Keine Figur ein Treffer, keiner trifft eine Figur, wir sind ja nicht am Schießstand." (Jelinek 2013b) Bei ihr finden keine „psychologisch agierende[n] Personen" (Jelinek 1984, 14) den Weg auf die Bühne. Sie schlägt „sozusagen mit der Axt drein, damit kein Gras mehr wächst, wo [ihre] Figuren hingetreten sind" (Jelinek 1984, 14). Sowohl die Figuration als solche als auch ein für die Theaterfigur und ihr -spiel errichteter, topographisch fest umrissener Raum erfahren radikale Ablehnung. Es gibt, heißt es später in *In einem leeren Haus* (2003), „keine präzisen Standorte unter die Leute zu verteilen" (Jelinek 2003). In ihrem poetologischen Essay *Textflächen* (2013) führt Jelinek zudem das für gewöhnlich vom Publikum geforderte Diktum nach Charakteren, nach „abgerundete[n] Menschen mit Fehlern und Schwächen" (Jelinek 1984, 14) ad absurdum, indem sie mit dem vielstimmigen Publikum nur scheinbar in Dialog tritt und unter Gewaltandrohung ihre Forderungen an Schauspieler und Zuschauer stellt:

> Wir wollen keine Flächen mehr, wir wollen nur noch Menschen! Nein, es ist mir leider noch nie gelungen, mich zu verankern, immer zieht mir wer den Boden unter den Füßen weg, weil ich eben keine Menschen darstelle. Da ist kein Platz. [...] Und andre Menschen sollen meine Menschen auch nicht darstellen dürfen. Sie sollen benutzen, was ich ihnen herlege, sie sollen unter den Schlägen zittern, die ich ihnen auflege, mit der flachen Hand [...]. Sie müssen sprechen, mehr brauche ich nicht. (Jelinek 2013a)

Drängen sich Bernhards „Theatermacher" noch massiv in den Vordergrund, bestehen monologisierend auf ihrer Position als Hauptdarsteller und begründen eine inszenierte, „auf Publikumswirksamkeit ausgerichtete Existenz" (Thill 2011, 82), so sucht bei Jelinek lediglich „das Sprechen" selbst eine „Hülle" (Jelinek 1989, 152), behauptet darin jedoch ebenso rigoros seine Wirkkraft. Die Zweckgebundenheit scheint hier jeweils eine andere, eine chiastische zu sein: Seine Protagonisten, regelrechte Worthülsenmaschinen, monologisieren, um zu existieren; ihre „Körper", Resonanzräume ohne Widerhall, existieren, um zu sprechen und lediglich *weil* sie sprechen, und fallen somit wieder in Eins mit Bernhards „Theatermachern": „Für mich bestehen die Figuren nur aus Sprache, und so lange sie sprechen, sind sie da, und wenn sie nicht sprechen, sind sie verschwunden." (Jelinek 1992, 4) So gilt für beide gleichermaßen, dass es keiner Verlinkung zwischen Körper und Sprache, zwischen „Bewegung und Stimme" (Jelinek 1990, 157) bedarf, da keinem Körper außerhalb des Sprechens überhaupt ein Dasein eingeräumt wird. Begreift Jelinek Bernhards Œuvre als „gesprochene Literatur", die sich noch vermeintlich an einen Körper klammert, der „atmet und spricht" (Jelinek 1992, 5), so ist Sprache in ihren Texten konsequent körperlos, Ulrike Haß zufolge „überzählige Rede ohne Ort", die sich „beweglich" und „in völliger Autonomie durch die Texte" (Haß 2008, 22) windet. Jelineks theaterästhetische Schriften behandeln dabei zugleich auch immer schauspielerästhetische Aspekte (vgl. Haß 2013, 63), denn für Jelinek bedeutet ein körperloses Sprechen für die Schauspieler: „[Sie] SIND das Sprechen, sie sprechen nicht." (Jelinek 2004c, 9) Ob dialogisch, monologisch oder chorisch, ob „Mann", „Frau" oder „Ein Anderer" – auf der Textebene erübrigt sich die Frage nach dem Ursprung des Gesprochenen: „Wer spricht?" (Jelinek 2013a) – „[E]iner[,] egal wer" (Jelinek 2004c, 8).

Was Jelinek Ende der 1980er in *Ich will kein Theater. Ich will ein anderes Theater* (1989) noch zaghaft als Einwand gegen das dialogische Prinzip auf dem Theater formuliert, gilt gleichwohl für Bernhard: „Die Aufteilung des Textes auf zwei Personen schiene mir wie ein Rückfall in eine alte Ästhetik." (Jelinek 1989, 153) Bernhards Theaterfiguren ermächtigen sich selbst, zu sprechen und degradieren alle Beteiligten zu Zuschauern und insbesondere Zuhörern ihres Schau- bzw. Sprechspiels. Für sie gilt Bernhards Szenenanweisung seines frühen Schauspiels *Der Berg. Ein Spiel für Marionetten als Menschen oder Menschen als Marionetten* (1970), die in gewisser Weise Jelineks Aussage über das Verschwinden ihrer Figuren, „wenn sie nicht sprechen" (Jelinek 1992, 4), ähnelt:

> Jede einzelne Figur […] ist durch mehrere Schnüre mit ›Oben‹ verbunden; von dort wird sie wie eine Marionette geführt. Sämtliche Darsteller erwecken den Eindruck von Puppen. Nach dem letzten Wort, das eine Person in diesem Stück zu sprechen hat, lässt diese den Kopf fallen und bleibt so, bis das Stück zuende ist. (Bernhard 2004b, 447–448)

Die Notwendigkeit, eine präzisierte Form des Ich-Erzähltypus – den „Ich-Erzähler-Beobachter" (Bosse 2005, 92) – für Bernhards Œuvre benennen zu müssen, macht offenbar, dass er auch in seiner Prosa nicht einfach auf das Zwiegespräch zurückgreift. Sind es in seinen Dramen vornehmlich monologisierende Theatermacher, Zirkusdirektoren oder Schauspieler, die das Wort gewaltsam an sich reißen, so tauchen in Bernhards Prosa mitunter stille Teilhaber – anonyme Herausgeber – auf, deren Einflussnahme auf die (in-)direkt wiedergegebene Rede uneindeutig bleibt. In seiner Unzuverlässigkeit erweist sich das monologische Sprechen bei Bernhard als ein polyphones Sprechen, bei dem die Anzahl der möglichen Urheber zwar überschau- und in gewisser Hinsicht nachvollziehbar bleibt, sich dennoch mit Jelineks diffuser Vielstimmigkeit konfrontieren lässt. Beanspruchen Bernhards Protagonisten neben ihrer Sprechgewalt auch die Urheberschaft des Geschriebenen – selbst wenn der Schreibversuch scheitert –, so fügt Jelinek ihrem Diktum „Die Schauspieler SIND das Sprechen, sie sprechen nicht" zugleich eine kollektive Autorschaft hinzu:

> Aber da sie ja zu mehreren, zu vielen sind und mich mühelos ausknocken und auszählen können, muß ich sie verwirren, disparat machen, ihnen ein fremdes Sagen unterschieben, meine lieben Zitate, die ich alle herbeigerufen habe, damit auch ich mehr werden und ausgeglichener punkten kann als bisher, da ich nur eine einzige war. (Jelinek 2004c, 9)

Nicht aus Angriffslust, sondern aus Befürchtung einer gegen sie als Einzelne gerichteten Attacke der Schauspieler – einem Knockout gleich – lässt Jelinek sicherheitshalber „beliebig viele gegeneinander antreten" (Jelinek 1990, 158) und etabliert auf beiden Seiten eine Vielstimmigkeit, die „Formationen eines Sprechens dar[stellt], das seine poetische Dimension auch im Klang eines nicht identifizierbaren Einzelnen realisiert" (Meister 2013, 69). Dem Kollektiv der Zuschauer, das lautstark *dramatis personae* forderte, gesellt sich nun auch das offensive Ensemble der Schauspieler hinzu, dem Jelinek ein ebenso polyphones Sprechen „heterogener Stimmen und Klänge" (Meister 2013, 68) zur Abwehr entgegenhält, um auch sich selbst zu vervielfältigen und die Rückbindung an eine personale Autorinstanz unmöglich zu machen: „Die Autorin ist weg, sie ist nicht der Weg." (Jelinek 2004b, 90)

Wenngleich Bernhards Protagonisten ausnahmslos eine scharf umrissene Kontur und ihr Figur-Sein behaupten und in seinen Texten nichts Anderes als ein „Von-sich-Sprechen" stattfindet, das Christina Schmidt Jelineks Figuren rigoros abspricht (vgl. Schmidt 2000, 67), ist das rhythmische Moment, das Schmidt hervorhebt, eines, das – Jelinek zufolge – sie und Bernhard verbindet:

> Genau das verbindet mich mit Thomas Bernhard: daß wir beide eigentlich Sprach-Kompositionen machen; daß wir einem musikalischen Rhythmus folgen. Bei mir ist das mehr semantisch aufgeladen, und bei ihm waren es die rhythmischen Tiraden, die Sinus-Schwingungen, weil es eben gesprochene Stücke sind. Bei mir geht es mehr um den einzelnen Ton, um das Wort für Wort, um die Wörtlichkeit. [...] [I]ch will die Sprache sich selbst im Schreiben und Sprechen entlarven lassen. Der Sprache wohnt hier eine höhere Wahrheit inne als der Person. Und vielleicht entstehen da die Öffnungen und Löcher, in diesen grammatikalischen

und semantischen Sprachspielen, die zuerst unabhängig von einer Person existieren und wo die Person sich plötzlich einzuschleichen versucht. (Jelinek 1992, 4)

Die hier benannte Schnittstelle – das kompositorisch-rhythmische Moment – birgt neben den Parallelen zugleich auch Divergenzen; nur bedingt ähneln sich die „Musikalitätsprinzipien"(Jelinek 1989, 154) beider Autoren: Lässt sich die „Stimmenvielfalt" – die Verschachtelung der Erzählerebenen – bei Bernhard noch mühelos in ihre Einzelstimmen auflösen, so offenbaren sich Jelineks „Sprach-Kompositionen" als Kompositionen ohne Partitur, ohne eine Stimmeneinteilung. Ihre Texte lehnen es – wie bereits hervorgehoben – entschieden ab, „in [...] identifizierbaren Stimme[n] zu sprechen" (Zanetti 2008, 184). Bernhards „gesprochene Stücke" seien ihr zufolge dagegen stärker durch Melodie, Rhythmus und insbesondere das Zusammenspiel der Töne charakterisiert. Es wäre ein Leichtes, die „Sinus-Schwingungen", die Höhen und Tiefen des Sprachflusses, die das Gesprochene in seiner Abfolge erzeuge, oszillografisch abzubilden. Jelineks kompositorischer Fokus läge dabei mehr auf der semantischen Ebene, dem „Wort für Wort", der wörtlichen Bedeutung. Sie schlägt auch hier „sozusagen mit der Axt drein" (Jelinek 1984, 14). Ihre Axthiebe äußern sich dabei als grammatikalische und semantische Hiebe, die ein notwendiges „Stolpern" (Schmidt 2000, 68) verursachen und dadurch ein flüssiges „Durch den Text gehen" (Haß 2008) verhindern, um sprachliche Abgründe an die Oberfläche zu holen. Obwohl sie Thomas Eder und Juliane Vogel zufolge als „Verfechterin der Zweidimensionalität" (Eder, Vogel 2010, 7) gilt, eröffnet Jelinek an dieser Stelle mit der Frage nach dem Schlupfloch – der Möglichkeit, sich „einzuschleichen" – den sprachlichen Raum auch dem Schauspieler. Ihre Sprachspiele, so die Vermutung, könnten dabei die durchlässige Membran sein, der mögliche „Schacht" (Jelinek 2004c, 9), der vom zweidimensionalen Papier in den dreidimensionalen Raum des Theaters führt. In *Sinn egal. Körper zwecklos.* (2004) ist die schauspielerische Initiation als ein Prozess der Erkenntnis gestaltet:

> Die Herausforderung besteht [...] darin, daß [die Schauspieler], wie fleischfarbene Schinken, [...] aufgehängt in der Räucherkammer, im Schacht einer anderen Dimension, die nicht Wirklichkeit, aber auch nicht Theater ist, uns etwas bestellen sollen, eine Nachricht die Anfänger, eine Botschaft die Fortgeschrittenen. Und dann merken sie, daß sie selber ihre eigene Botschaft sind. (Jelinek 2004c, 9)

In der vagen Umschreibung der „anderen Dimension, die nicht Wirklichkeit, aber auch nicht Theater ist", offenbart sich sowohl Jelineks „Anti-Repräsentationsprogramm" (Lücke 2008, 125) – die Verweigerung realistischer wie figurativer Darstellungspraktiken auf dem Theater –, als auch ihr „Misstrauen gegenüber plastischen Zuständen". Vogel zufolge artikulieren Jelineks Texte allgemein „ein

Flachheitsbegehren", das „[a]us der Flächigkeit des Schriftträgers auch die Flächigkeit jener Dinge, Figuren, Ereignisse und Handlungen ableite[t], von denen auf diesem die Rede ist." (Vogel 2010, 9) Schließt dies die theoretische Betrachtung von Dreidimensionalität im zweidimensionalen Raum der Textoberfläche zwar nicht aus, so überlässt Jelinek die faktische Transformation von der Fläche in den Raum, bei der sich zu dem „Ein Stück lang, ein Stück breit" (Jelinek 2006) noch „ein Stück tief" hinzugesellen müsste, dennoch Anderen, wie sie in *Es ist Sprechen und aus* (2013) konstatiert:

> Figuren treten auf, ich habe sie mir nicht ausgedacht, bei mir muß immer ein andrer sie erschaffen, ein Regisseur, eine Regisseurin, ich gebe nur mein Chaos her [...]. Verzweifelt rühre ich darin rum, da wird doch was zu erwischen sein!, irgendwas muß doch da sein!, aber es ist mir dann einfach zuviel [sic], das auch noch Menschen auf der Bühne zuzuteilen. (Jelinek 2013b)

Mit der Möglichkeit des Einschleichens bedenkt Jelinek vorrangig den Zugang des Schauspielers in den Text, das Eindringen des Körpers in die Sprachfläche, nicht etwa umgekehrt. Ihrem Sprechen „das Raumartige verleihen, es in einen Ort stellen und eine Konstellation herstellen" (Jelinek 2006), d.h. Sprache, Körper und Raum in ein Verhältnis zueinander setzen, liegt ihr fern: „Ich bin Damen- und Herrenausstatterin. Ich statte mit Sprache aus, die alles ist und sein kann, [...] unter Umständen, die der Regisseur herzustellen hat." (Jelinek 2006) Bleibt sie der „verflachten *personae*" (Annuß 2010, 55) verhaftet, so schlägt Bernhard in seinem Monolog *Drei Tage* (1971) indessen die entgegengesetzte Richtung ein und etabliert ein auf die Rezeption seiner Texte ausgerichtetes „Kunst*mittel*" (Bernhard 1971, 151), das der papiernen Fläche räumliche Tiefe verleiht:

> In meinen Büchern ist alles *künstlich*, das heißt, alle Figuren, Ereignisse, Vorkommnisse spielen sich auf einer Bühne ab, und der *Bühnen*raum ist total finster. Auftretende Figuren auf einem *Bühnen*raum, in einem *Bühnen*viereck, sind durch ihre Konturen deutlicher zu erkennen, als wenn sie *in der natürlichen* Beleuchtung erscheinen wie in der üblichen uns bekannten Prosa. In der Finsternis wird alles deutlich. Und so ist es nicht nur mit den Erscheinungen, mit dem Bildhaften – es ist auch mit der Sprache *so*. Man muss sich die Seiten in den Büchern *vollkommen finster* vorstellen: Das Wort leuchtet auf, dadurch bekommt es seine *Deutlichkeit* oder *Überdeutlichkeit*. Es ist ein Kunstmittel, das ich von Anfang an angewendet habe. Und wenn man meine Arbeiten aufmacht, ist es so: Man soll sich vorstellen, man ist *im Theater*, man macht mit der ersten Seite *einen Vorhang* auf, der Titel erscheint, totale Finsternis – langsam kommen aus dem Hintergrund, aus der Finsternis heraus, Wörter, die langsam zu *Vorgängen äußerer und innerer Natur*, gerade wegen ihrer Künstlichkeit besonders deutlich zu einer solchen werden. (Bernhard 1971, 150–151)

Bernhard kehrt die typographische Gestaltung des Textes – schwarze Schrift auf weißem Grund – in ihr Gegenteil und verlagert die Schrift in einen finsteren

Bühnenraum, in eine theatrale *black box*, mittels derer die „Figuren, Ereignisse, Vorkommnisse" konturierter hervor- und in räumliche Erscheinung treten. Er etabliert ein „szenisches Dispositiv" (Haß 2013, 65), das sowohl die Figuren als auch die Sprache von der zweidimensionalen Buchseite in den dreidimensionalen Bühnenraum hebt und diesen somit Plastizität und Tiefe – ein Innen und Außen – verleiht. Geht es zwar auch Jelinek um „starke Kontraste, harte Farben, Schwarz-Weiß-Malerei", doch keineswegs um „abgerundete" (Jelinek 1984, 14), hervorstechende Figuren, so weist Bernhard der Hell-Dunkel-Kontrastierung gerade die Funktion der figuralen Konturenzeichnung zu: Erst der Schwarz-Weiß-Kontrast – die künstlich erzeugte Umgebung – vermag es, eine exponierte geschlossene Figur hervorzubringen. Mit der Transformation der Sprache in „*Vorgänge* [...] äußerer und innerer Natur" spielt Bernhard implizit auf die sich im ausgehenden achtzehnten Jahrhundert herausbildende Vorstellung der Verkörperung einer Rolle an, bei der der phänomenale Körper des Schauspielers allein als Zeichenträger „für die sprachlich erzeugten Bedeutungen des Textes" (Fischer-Lichte 2001, 13) dient. Jelineks „Figurenrede" hingegen widersetzt sich einer „psychologischen Dramatik" (Jelinek 1989, 152), innerhalb derer Sprache und Sprecher in Einklang stünden: „Weil sich das zu Sprechende nicht zur geschlossenen Figur fügt, ist dem Schauspieler die Kontrolle über den Text genommen und die Möglichkeit entzogen, ihr sprechend eine imaginäre Plastizität zu verleihen." (Annuß 2010, 54) In seinem Monolog *Drei Tage* formuliert Bernhard jedoch nicht etwa eine Spiel-, sondern eine Gebrauchsanweisung für die Rezeption seiner Texte: „Man soll sich vorstellen, man ist *im Theater*, man macht mit der ersten Seite *einen Vorhang* auf" (Bernhard 1971, 151). So schwebt Bernhard hier das Ideal eines Rezipienten als Zuschauer vor, den er letztlich auch zum eigentlichen Produzenten seines Literaturtheaters erhebt. Für Jelinek hingegen müsse „Theater [...] eine Art Verweigerung sein." (Jelinek 2005) Der Identifikation und Projektion setzt sie den „Sturz in den [Theater-]Graben" aller Beteiligter entgegen und fragt: „Funktioniert Theater überhaupt erst, wenn man alles loslässt, vielleicht sogar wegwirft, sich selbst und das, was man sieht? Indem man verzichtet, in diesen Figuren irgendetwas sehen zu wollen?" (Jelinek 2005)

In Jelineks Theatertext *Das Schweigen* schlägt nicht nur der Lese-, sondern vornehmlich der Schreibakt fehl: Auf Bernhards Prinzip der ‚Wortschöpfung' in *Drei Tage* rekurrierend, verweigert das Wort die Möglichkeit einer Komplizenschaft[2] *a priori*, indem es erst gar nicht erscheint:

---

[2] Sandro Zanetti spricht in seinem Aufsatz *Sagen, was sonst kein Mensch sagt* von Jelineks „Theater der verweigerten Komplizenschaft" (2008, 183).

> Es herrscht Stille, zumindest solang bis das Wort kommt, Achtung, jetzt kommts! Nichts kommt. Kein Wort. Alles bleibt still. Welch ein Verlust! Wäre es gekommen, es wär ein gutes Wort gewesen. Also ich befreie jetzt das Wort von seinem Kommen. Vielleicht kommts dann schneller, wenn es nicht kommen muss. Nein, wieder nichts. (Jelinek 2004a, 40)

In *Das Schweigen* persifliert Jelinek insbesondere Bernhards Prosatext *Beton* (1982) und das „Ringen um die Mendelssohn-Studie" des Protagonisten Rudolf (Thill 2011, 339). Wie die „Schrift über Schumann" bei Jelinek (2004a, 40) ist auch die Studie über Mendelssohn bei Bernhard zwar beabsichtigt, kommt jedoch „nicht zustande" (Bernhard 2006, 7). Was bei Bernhard mit der Inquit-Formel „schreibt Rudolf" im ersten und letzten Satz seines Prosatextes diskret anklingt, legt Jelinek in ihrem Theatertext rigoros offen: „Die Schrift. Sie entsteht, indem sie nie entsteht, indem aber unaufhörlich von ihr die Rede ist." (2004a, 44) Entzieht sich Bernhards Figuren vornehmlich das Schreiben, weswegen sie exzessiv über das Scheitern des Schreibens sprechen und schreiben, so widersetzt sich Jelineks „Figuren" das eigene Sprechen, weil es immer ein „Sprechen anderer" (Jelinek 2006), ein fremdes, apersonales Sprechen ist.

Neben der (Ohn-)Macht der Sprecherinstanz verhandeln Bernhard und Jelinek ebenso beständig Macht- und Besitzverhältnisse ihrer fiktiven Autorinstanzen: In Jelineks theaterästhetischem Essay *In einem leeren Haus* fügt sich die Autorin, „die unsichtbar oben im Theater in ihrer Loge sitzt, [...] der Macht des Regisseurs" (Arteel 2008, 11) und seiner „unvermeidlichen Eingriffe" (Jelinek 2003). Mit dem prophezeiten Sturz „ins Leere" wagt sie jedoch zugleich, sich zu ermächtigen und gerade aus der Abwesenheit der anwesenden Autorin ihren Posten zu behaupten:

> Wie gut, daß ich deren Gesetze alle außer Kraft gesetzt habe!, und zwar indem ich mich unsichtbar gemacht und dann ganz habe verschwinden lassen. Gerade indem ich dort hineingesetzt worden bin ins leere Haus, ohne daß es irgend jemand weiß, ist alles, was die dort unten machen werden, [...] verschwunden [...]. Die Halteseile reißen, und wir werden gewiß gleich alle miteinander ins Leere stürzen. (Jelinek 2003)

Was bei Jelinek noch dem Austarieren von Machtverhältnissen zwischen Text und Inszenierung, Autor und Regisseur ähnelt, steht in Bernhards Kurzprosatext *Ein eigenwilliger Autor* nicht zur Disposition. Nicht der Regisseur oder die Schauspieler befinden sich im (tödlichen) Visier des Autors, sondern sein Publikum:

> Ein Autor, der nur ein einziges Theaterstück geschrieben hat, das nur ein einzigesmal auf dem, seiner Meinung nach besten Theater der Welt und genauso seiner Meinung nach nur von dem besten Inszenator auf der Welt und genauso seiner Meinung nach nur von den besten Schauspielern auf der Welt aufgeführt werden durfte, hatte sich schon bevor der Vorhang zur Premiere aufgegangen war, auf dem dafür am besten geeigneten, aber vom

Publikum überhaupt nicht einsehbaren Platz auf der Galerie postiert und sein eigens für diesen Zweck von der Schweizer Firma Vetterli konstruiertes Maschinengewehr in Anschlag gebracht und nachdem der Vorhang aufgegangen war, immer jenem Zuschauer einen tödlichen Schuß in den Kopf gejagt, welcher seiner Meinung nach, an der falschen Stelle gelacht hat. Am Ende der Vorstellung waren nur noch von ihm erschossene und also tote Zuschauer im Theater gesessen. Die Schauspieler und der Direktor des Theaters, hatten sich während der ganzen Vorstellung von dem eigenwilligen Autor und von dem von ihm verursachten Geschehen, nicht einen Augenblick stören lassen. (Bernhard 2003, 310)

Als ‚Schöpfer' seines Werkes beansprucht Bernhards Karikatur von einem Autor diktatorisch die Deutungshoheit über sein Theaterstück und ahndet jede abweichende Rezeption gewaltsam. Kanalisiert sich die Gewalt bei Bernhard noch in einer fest umrissenen Figur, der des Autors, so ist Jelineks fiktive Autorinstanz in ihrem theaterästhetischen Essay *Der Lauf-Steg* (2004) mitten im „Gewirble von Sätzen, Armen und Beinen" auf dem „schmalen Steg aus Brettern von der Bühne in den Zuschauerraum" (Jelinek 2004d): „[W]ir sind ja nicht am Schießstand." (Jelinek 2013b)

Literatur

Annuß, Evelyn. „Flache Figuren – Kollektive Körper". In: *Lob der Oberfläche. Zum Werk von Elfriede Jelinek.* Hg. Thomas Eder und Juliane Vogel. München: Fink, 2010. 49–69.
Arteel, Inge. „Theater trotz allem". In: *Elfriede Jelinek. Stücke für oder gegen das Theater?* Hg. Inge Arteel und Heidy Margrit Müller. Brüssel: Koninklijke Vlaamse Academie van België voor Wetenschappen en Kunsten, 2008. 9–14.
Bernhard, Thomas. „Drei Tage". In: Ders. *Der Italiener.* Salzburg: Residenz, 1971. 144–163.
Bernhard, Thomas. „Ein eigenwilliger Autor" [1978]. In: Ders. *Werke, Band 14: Erzählungen. Kurzprosa.* Hg. Martin Huber, Hans Höller und Manfred Mittermayer. Frankfurt am Main: Suhrkamp, 2003. 310.
Bernhard, Thomas. *Der Berg. Ein Spiel für Marionetten als Menschen oder Menschen als Marionetten* [1960]. *Werke, band 15. Dramen I.* Hg. Manfred Mittermayer und Jean-Marie Winkler. Frankfurt am Main: Suhrkamp, 2004b. 89–136.
Bernhard, Thomas. *Beton* [1982]. In: Ders. *Werke, Band 5.* Hg. Martin Huber und Wendelin Schmidt-Dengler. Frankfurt am Main: Suhrkamp, 2006.
Bernhard, Thomas. *Der Theatermacher* [1984]. In: Ders. *Dramen V. Werke Band 19.* Hg. Martin Huber, Bernhard Judex und Manfred Mittermayer. Frankfurt am Main: Suhrkamp, 2011. 97–222.
Bosse, Anke. „Die Macht der Theatralität in Thomas Bernhards Prosa". In: *Germanistische Mitteilungen. Zeitschrift für deutsche Sprache, Literatur und Kultur* 60–61 (2005): 89–103.
Eder, Thomas und Juliane Vogel. „Vorbemerkung der Herausgeber". In: *Lob der Oberfläche. Zum Werk von Elfriede Jelinek.* Hg. Dies. München: Fink, 2010. 7.

Fischer-Lichte, Erika. „Verkörperung / Embodiment. Zum Wandel einer alten theaterwissenschaftlichen in eine neue kulturwissenschaftliche Kategorie". In: *Verkörperung*. Hg. Erika Fischer-Lichte, Christian Horn und Matthias Warstat. Tübingen/Basel: Francke, 2001. 11–25.

Haß, Ulrike. „Elfriede Jelinek". In: *Kritisches Lexikon zur deutschsprachigen Gegenwartsliteratur*. Hg. Heinz Ludwig Arnold. München: Edition Text und Kritik, 2006. 1–24.

Haß, Ulrike. „Durch den Text gehen". In: *Elfriede Jelinek. Stücke für oder gegen das Theater?* Hg. Inge Arteel und Heidy Margrit Müller. Brüssel: Koninklijke Vlaamse Academie van België voor Wetenschappen en Kunsten, 2008. 15–27.

Haß, Ulrike. „Theaterästhetik. Textformen". In: *Jelinek-Handbuch*. Hg. Pia Janke. Stuttgart: Metzler, 2013. 62–68.

Jelinek, Elfriede. „Ich schlage sozusagen mit der Axt drein". In: *TheaterZeitSchrift* 7 (1984): 14–16.

Jelinek, Elfriede. „Ich will kein Theater. Ich will ein anderes Theater. Gespräch mit Elfriede Jelinek". In: *Autorinnen. Herausforderungen an das Theater*. Hg. Anke Roeder. Frankfurt am Main: Suhrkamp, 1989. 143–160.

Jelinek, Elfriede. „Ich möchte seicht sein" [1983]. In: *Gegen den schönen Schein. Texte zu Elfriede Jelinek*. Hg. Christa Gürtler. Frankfurt am Main: Verlag Neue Kritik, 1990. 157–161.

Jelinek, Elfriede. „Wir leben auf einem Berg von Leichen und Schmerz." *Theater heute*-Gespräch mit Elfriede Jelinek. In: *Theater heute* 33.9 (1992): 1–9.

Jelinek, Elfriede. *In einem leeren Haus*. http://www.a-e-m-gmbh.com/ej/fleer.htm. 18. Januar.2003 (22. Juni .2015).

Jelinek, Elfriede. *Das Schweigen*. Dies. *Das Lebewohl. 3 kl. Dramen*. Berlin: Berlin Verlag, 2004a. 37–48.

Jelinek, Elfriede. „Nachbemerkung" [1999]. In: Dies. *Macht nichts. Eine kleine Trilogie des Todes*. Reinbek: Rowohlt, ²2004b. 85–90.

Jelinek, Elfriede. „Sinn egal. Körper zwecklos". In: Dies. *Stecken, Stab und Stangl. Raststätte oder Sie machens alle. Wolken.Heim. Neue Theaterstücke*. Reinbek: Rowohlt, ³2004c. 7–13.

Jelinek, Elfriede. *Der Lauf-Steg*. http://elfriedejelinek.com/aem/flaufste.htm. 21. Juni 2004d (16. März 2018).

Jelinek, Elfriede. *Theatergraben (danke, Corinna!)*. http://elfriedejelinek.com/aem/fjossi.htm. 08. Mai 2005 (16. März 2018).

Jelinek, Elfriede. *Die Leere öffnen (für, über Jossi Wieler)*. http://elfriedejelinek.com/aem/fjossi2.htm. 24. November 2006 (16. März 2018).

Jelinek, Elfriede. *Textflächen*. http://elfriedejelinek.com/aem/ftextf.htm. 17. Februar 2013a (16. März 2018).

Jelinek, Elfriede. *Es ist Sprechen und aus*. http://elfriedejelinek.com/aem/fachtung.htm. 15. vember 2013b (16. März 2018).

Lücke, Bärbel. *Elfriede Jelinek*. Paderborn: Fink, 2008.

Meister, Monika. „Theaterästhetik. Bezüge zur Theatertradition". In: *Jelinek-Handbuch*. Hg. Pia Janke. Stuttgart: Metzler, 2013. 68–73.

Müller, Heiner. „Bonner Krankheit. Widerstand gegen das ‚Genau-wie-Otto-Theater'". In: Ders. *Schriften. Band 8*. Hg. Frank Hörnigk. Frankfurt am Main: Suhrkamp, 2005. 311–314.

Schmidt, Christina. "Sprechen sein. Elfriede Jelineks Theater der Sprachflächen". In: *Sprache im technischen Zeitalter* 153 (2000): 65–74.
Thill, Anne. *Die Kunst, die Komik und das Erzählen im Werk Thomas Bernhards. Textinterpretationen und die Entwicklung des Gesamtwerks.* Würzburg: Königshausen & Neumann, 2011.
Vogel, Juliane. "'Ich möchte seicht sein.' Flächenkonzepte in Texten Elfriede Jelineks". In: *Lob der Oberfläche. Zum Werk von Elfriede Jelinek*. Hg. Thomas Eder und Juliane Vogel. München: Fink, 2010. 9–18.
Zanetti, Sandro. "Sagen, was sonst kein Mensch sagt. Elfriede Jelineks Theater der verweigerten Komplizenschaft". In: *Elfriede Jelinek. Stücke für oder gegen das Theater?* Hg. Inge Arteel und Heidy Margrit Müller. Brüssel: Koninklijke Vlaamse Academie van België voor Wetenschappen en Kunsten, 2008. 183–192.

Clemens Götze
„Dieses Interview hat mich völlig dekonstruiert"

Zu Inszenierungspraktiken von Bernhard und Jelinek im Interview

1 Das Interview als Kunstform literarischer Selbstdarstellung

Erfolg auf dem Markt der Literatur wird in gewissem Umfang auch durch ein in den Medien transportiertes Image gespeist. „Jeder neue Text eines Autors muß sich nicht nur vor dessen Gesamtwerk legitimieren, er wird vor allem an den Selbstaussagen des Autors gemessen, denen die Funktion der Beglaubigung zuzukommen scheint" (Bartens 1997, 36). Insofern steht der immer wieder postulierte Werkschlüssel ‚Autoreninterview' jederzeit auf derselben Ebene wie die Literatur selbst (vgl. Janke 2006). Sowohl Literaturnobelpreisträgerin Elfriede Jelinek als auch der selbst titulierte „Geschichtenzerstörer" Thomas Bernhard können als Meister der Interviewkunst bezeichnet werden, jeder in einer sehr speziellen Weise, die einige Gemeinsamkeiten wie das Schöpfen aus dem Negativen oder der Negation, wohl aber auch diffizile Unterschiede prägen. In der Kunst des Schriftstellerinterviews lässt sich bei beiden Autoren ein Mittel der Selbststilisierung erkennen, das nicht nur die jeweilige Werk- und Rezeptionsgeschichte, sondern ferner die österreichische Mediengeschichte mit geprägt hat.

Bernhards und Jelineks Interviewkunst lässt sich von ihren literarischen Schreibweisen kaum ablösen und ist insofern als „integrale[r] Bestandteil[]" in der Selbstdarstellung des Systems Literatur" zu verstehen (Grimm/Schärf 2008, 7). So geht es auch bei der Inszenierung von Autorschaft nicht mehr vordergründig „um die ‚Wahrheit' über einen Autor, sondern um eine ‚Ins-Bild-Setzung', also den Grad seiner Theatralität" (Grimm/Schärf 2008, 8). „Der (Interview-)Künstler spielt mit den Strukturelementen, setzt die Realitätspartikel neu zusammen, hebt die Realität partiell auf und trägt damit zur Entstehung einer ‚eigenen Realität' bei" (Heubner 2002, 208). Dass diese oft nicht mit den Absichten der Künstler korreliert, muss nicht weiter verwundern.

Was die zeitgenössische Rezeption von Bernhards und Jelineks Werk oft unter dem Etikett des Skandalautors zu fassen suchte, spiegelt sich ferner in der literaturwissenschaftlichen Forschung; die Präferenz für Dichtung und Skandal scheint insbesondere auf dem Theater ein spezifisch österreichisches Phänomen zu sein, bei dem es nicht zuletzt um die Bewahrung nationaler und künstlerischer Identität geht (vgl. Millner 1995, Moser 2007, Pelka 2007).[1] Das öffentliche Interesse an der Person eines Autors beruht nicht zuletzt auf den Texten, die sich dem Rezipienten aufgrund ihrer künstlerischen Verdichtung nicht selten zu entziehen scheinen. Für das Beispiel Bernhard gilt in zahlreichen Interviews für Presse, Rundfunk und Fernsehen sowie in mehreren Leserbriefen, dass der Autor ganz explikativ seine Medienfigur „Bernhard"[2] als eine Form der Rollenprosa erschaffen hat, die über das dichterische Werk hinausreicht und sich folglich in die außerliterarische Wirklichkeit einschreibt.[3] Bei Jelinek scheint sich diese Tendenz ähnlich abzubilden, wenn auch unter anderem Vorzeichen. Ihr Werk ist gekennzeichnet durch die Abkehr von der Figurine eines Autorinnenimagos hin zum Diskurs von Ich und Stimme (vgl. Schäfer 2010). Nichtsdestoweniger bleibt die Selbstdarstellung von Autoren ein vielfach unausgeschöpftes Forschungsfeld, ein Umstand, der gewiss auch auf den diffusen Gegenstand selbst zurückzuführen ist.

Äußerst problematisch erscheint das Vorgehen, jene Interviewtexte wie Gérard Genette lediglich als paratextuelles Beiwerk des Buches zu fassen (Genette 2001, 345), denn sowohl bei Bernhard entspräche dies keinesfalls der Ansicht des Autors, der seine Selbstaussagen unbedingt „als gleichberechtigten Teil seines Werkes betrachtete" (Herzog 1992, 130), als auch bei Jelinek gelten die „Interviewaussagen als Fort- und Weiterschreibungen des medialen Diskurses über die Person und das Werk der Autorin" (Schenkermayr 2013, 341).

Infolgedessen sind derartige habituelle Inszenierungspraktiken unter Berücksichtigung performativer, sozialer wie politischer und ästhetischer Aspekte zu beschreiben, sie also als „auktoriale[] Epitexte[] mit öffentlichem Resonanzradius" zu verstehen (Jürgensen/Kaiser 2011, 12). Im Autoreninterview, das nicht grundsätzlich mit dem literarischen Interview gleichzusetzen ist (vgl. Hansen

---

[1] Verwiesen sei in diesem Zusammenhang darauf, dass sowohl Jelinek als auch Bernhard zuallererst Hausautoren deutscher Verlage sind, sich die zahlreichen Skandale, insbesondere im Theaterbereich, aber vorwiegend in Österreich abspielen (*Heldenplatz, Holzfällen, Burgtheater, Raststätte* usw.).

[2] Wie Wendelin Schmidt-Dengler bereits zu dessen Lebzeiten anmerkte: „Bernhard ist zur Kunstfigur geworden, und sein Werk lässt sich nicht mehr ablösen von der Wirkung, die es gehabt hat" (Schmidt-Dengler 2010, 130).

[3] „Die mediale Präsenz Bernhards – am besten wahrnehmbar in den von ihm mit souveränem Witz gestalteten Interviews – diente so weniger seinem Werk als der Konturierung einer singulären Autorfigur, die sich der Öffentlichkeit um so deutlicher einprägte, je mehr sie sich ihr ostentativ entzog." Huber/Schmidt-Dengler 2008, 1770. Über den Umweg der Rezeption dieser Wirkung diente sie schließlich aber doch seinem Werk.

1998, 461), manifestieren sich die Schnittstellen zwischen Literaturgeschichte, -produktion, -vermittlung und -markt, es dient als „Fortsetzung der Kunst mit anderen Mitteln" (Heubner 2002, 212). Das Interesse und das Bedürfnis des Publikums nach Autoreninterviews lässt sich vor allem damit begründen, dass in ihnen eine Art Schlüssel für die als hermetisch empfundenen, mitunter schwer zugänglichen literarischen Werke gesehen wird (vgl. Hoffmann 2009, 278). Durch das Problem der Vielfalt und Vielschichtigkeit von Autoreninterviews findet jene Zwitterproblematik des Interviews ihre konkrete Abbildung, da dieses zwischen reflexivem Charakter und künstlerischer Ausdrucksform oszilliert. „Als Kunstform praktiziert es eine selbstgesteuerte Primärkommunikation, die eigene – und das ist entscheidend – *imaginäre* Welten erzeugt" (Heubner 2002, 212f., Hervorhebung im Original). Ausprägungen eines spezifischen Personalstils, Vermeidungsstrategien von Kommentaren zum literarischen Werk, der aktive, das Gespräch dominierende Gestus (als Widerlegung von Genettes Passivitätsbehauptung) und zu guter Letzt das Moment einer theatralen Performance stellen prägende Elemente dieses Interviewtypus dar (vgl. Hoffmann 2009, 278). Daraus lässt sich ableiten, dass Bernhards und Jelineks Texte dieser Gattung, ähnlich wie die Fallbeispiele Heiner Müller oder W.G. Sebald illustrieren, zu einer Art ästhetischer Vernetzung von öffentlicher Rede und literarischem Text gehören und daher am ehesten im Kontext des Gesamtkunstwerkes der jeweiligen Autorenpersönlichkeiten zu verstehen sind. Dieser Beitrag versteht sich infolge eines höchst umfangreichen Textkorpus von Bernhard- und Jelinek-Interviews als vergleichende Bestandsaufnahme und Diskussionsangebot für eine künftige Beschäftigung mit dieser Thematik und verweist auf einige markante Anknüpfungspunkte einer möglichen Detailuntersuchung, die für das Verständnis des Autoreninterviews von Belang sein können.

2 Vorlage – Bernhard als Interviewkünstler

Nach wie vor bleibt eine umfangreiche Studie zu Bernhards Interview- bzw. Gesprächskunst ein Desiderat der Bernhardforschung. Die Vielzahl seiner Interviews lässt sich aber in Anlehnung an das literarische Werk Thomas Bernhards in drei charakteristische Phasen unterscheiden (vgl. Götze 2014, 242), sie durchlaufen einen Entwicklungsprozess vom explikativen Frage-Antwort-Interview mit Informationsvermittlung hin zum narrativen Interview mit Rollenspielcharakter. In diesem Zusammenhang ist Bernhards allgemeine Hinwendung zum Filminterview ab den 1970er Jahren von Bedeutung, in denen die Selbstdarstellung nicht nur auf Paratexte und das gesprochene Wort herkömmlicher Zeitungsinterviews beschränkt bleibt, sondern das Einnehmen optisch wahrnehmbarer Posen zum wesentlichen Bestandteil seiner Inszenierungspraxis wird.⁴ Aus diesem Grund soll der Fokus der Betrachtung auf filmischen Interviews von Jelinek und Bernhard liegen, deren funktionale Rollenspielästhetik sich als produktives Verfahren der Positionsbestimmung im literarischen Feld herauskristallisiert.⁵

Bernhard nimmt zu dieser Zeit immer deutlicher die Rolle eines großbürgerlichen Intellektuellen ein, was jenem Figurentypus des Spätwerks entspricht⁶, den der Autor später im Modus der Autofiktion weiterentwickelte.⁷ So beziehen sich Bernhards narrative Strategien im Interview ab den 1980er Jahren nicht mehr vordergründig auf die historisch-rekonstruierende Darstellung seiner Autorgenese, sondern auf eine werkinterne intertextuelle Bezugnahme durch ein komplexes System des Aufgreifens von Figurensprache in thematischer wie stilistischer Hinsicht. Die Autorfigur wird somit zur Projektionsfläche und zum Spiegelbild seiner literarischen Figuren. Je mehr sich der Autor in die Texte selbst einschreibt, desto deutlicher tritt das Rollenspiel seiner Interviews hervor. Seine Rede formt sich um, vom deskriptiven Paratext zur unterhaltenden Performance, anders als in den literarischen Texten oder den kritischen Leserbriefen operiert Bernhard in seinen Interviews nicht vordergründig mit der Provokation; seine Aussagen tendieren dort vielmehr zur Komik und Ironie, die von einer gleichsam rituellen Kunstfigur zur Aufrechterhaltung eines Images konstruiert wird.⁸

---

4 Dazu lassen sich auch körperbezogen-performative Selbstdarstellungsformen wie Kleidung und äußeres Erscheinungsbild, Mimik, Gestik sowie die Darstellung der alltagsgebräuchlichen Umfelder (z. B. Wohnung, Statussymbole usw.) zählen (vgl. Jürgensen/Kaiser 2011, 13 f.).
5 „Die Inszenierungspraktiken zielen, indem sie die literarische Produktion gleichsam „einrahmen", auf das öffentlich wahrnehmbare Besetzen, Beglaubigen und Bestätigen von Positionen. Als wahrnehmbare, decodierbare Spuren dieser Positionierungskämpfe auf dem literarischen Feld versorgen sie wiederum je spezifische Adressatengruppen mit hinreichend deutlich unterscheidbaren Zeichenmaterialien für deren kulturell-semiotische Positionierung" (Kaiser 2004, 120).
6 Wie Uwe Schütte angemerkt hat, verrät Bernhards Versteckspiel gerade in den Fleischmann-Interviews „indirekt viel über die Notwendigkeit, sich in der Öffentlichkeit einen Schutzpanzer anzulegen" (Schütte 2010, 114).
7 Bernhards Tendenz zur Autofiktion zeichnet sich zu Beginn der 1980er Jahre in seiner autobiographischen Pentalogie (mit dem Drama *Über allen Gipfeln ist Ruh'* (1982), Prosatexten wie *Beton* (1982), *Wittgensteins Neffe* (1982), *Holzfällen* (1984) sowie dem 2009 postum erschienenen, um 1980/81 entstandenen Band *Meine Preise*) ab. Zur kritischen Auseinandersetzung mit dem Begriff Autofiktion vgl. Gasser 2012, 22 f.
8 Fischer-Lichte zufolge lassen sich „Theater und Ritual [...] beide als transformative Performanzen begreifen und bestimmen" (Fischer-Lichte 2004b, 279).

Die vom Autor erschaffene Kunstfigur Bernhard, die in den Interviews auftritt, bedient dabei die Erwartungen des Publikums[9] und inszeniert gleichzeitig die eigene Künstlerautonomie.[10] Damit entwirft Bernhard ein inszenatorisches Konzept[11], welches hier als ästhetische Duplizität zu verstehen ist, methodisch basierend auf dem Wiederholungsschema der Selbstzitation.[12] Ebenso wie in seinen literarischen Texten schafft Bernhard einen unverwechselbaren Stil[13], der seinen Sound so unverkennbar macht. Doch nicht nur formal-stilistische Aspekte werden von Bernhard in seinen Interviews aufgegriffen, thematische Bezugnahmen zu seiner Literatur lassen die Grenzen zwischen Fiktion und Realität zusehends verwischen. Im Spannungsfeld der Ambivalenz, das sich in Selbstwidersprüchen und -relativierungen abbildet, bleibt Bernhard als Autor im Gespräch: Er ist in den Medien und damit als Repräsentant im literarischen Feld präsent, artikuliert sich, inszeniert sich, erfüllt also die Erwartungshaltung des Publikums, destruiert dies

---

9 Damit entspricht die Selbstinszenierung des Autors der Rückbezüglichkeit auf „in der Öffentlichkeit kursierende Autorbilder" (vgl. Hoffmann 2009, 282).
10 „Die Figur des Künstlers wird vor dem Hintergrund eines Wertewandels von Verteilungsgerechtigkeit zu Chancengerechtigkeit [...] paradigmatisch. Sie veranschaulicht die Notwendigkeit von Wettbewerb und die Kontingenz von Erfolg. Dieser Erfolg steht gerade in keinem proportionalen Verhältnis zur Qualität der Leistung, sondern erhält einen Überschuss, der einen Künstler gegenüber anderen heraushebt, also im Wortsinn ‚excellent' werden lässt. Sein Talent verleiht ihm einen Grad an Überlegenheit, die das gewöhnliche Maß sprengt" (Woltersdorff 2012, 185).
11 Inszenierungen seien hier verstanden als „absichtsvoll eingeleitete oder ausgeführte sinnliche Prozesse, die vor einem Publikum dargeboten werden *und zwar so, dass sich eine auffällige spatiale und temporale Anordnung von Elementen ergibt, die auch ganz anders hätte ausfallen können*" (Seel 2001, 51, Hervorhebung im Original).
12 „Die Inszenierungstechnik der Bernhardschen Prosa, die schriftliche Objektivierung der sprachlichen Selbstdarstellung, setzt die Redestrategien der literarischen Figuren der Reflexion und zunehmend [...] auch der Selbstreflexion aus. Als elementare Verfahrensweisen dieser Erlebnisverarbeitung nennt Bernhard die Beobachtungs- bzw. Übertreibungskunst, Wahrnehmungs- und Artikulationstechniken, also, die nicht im Sachbezug, sondern im Personbezug der Rede fundiert sind" (Velussig 1997, 43).
13 Stil sei hier mit Soeffner wie folgt verstanden: „Aus interaktionstheoretischer Sicht verstehe ich unter einem bestimmten historischen Stil eine beobachtbare (Selbst-)Präsentation von Personen, Gruppen oder Gesellschaften. Stil als eine spezifische Präsentation kennzeichnet und manifestiert die Zugehörigkeit eines Individuums nicht nur zu einer Gruppe oder Gemeinschaft, sondern auch zu einem bestimmten Habitus und einer Lebensform, denen sich diese Gruppen oder Gemeinschaften verpflichtet fühlen. Ein Stil ist Teil eines umfassenden Systems von Zeichen, Symbolen und Verweisungen für soziale Orientierung: Er ist Ausdruck, Instrument und Ergebnis sozialer Orientierung. Dementsprechend zeigt der Stil eines Individuums nicht nur an, wer ‚wer' oder ‚was' ist, sondern auch, wer ‚wer' für wen in welcher Situation ist. Und Stil von Texten, Gebäuden, Kleidung, Kunstwerken zeigt nicht nur an, was etwas ist, oder wohin es zugeordnet werden kann, sondern auch, was etwas für wen und zu welcher Zeit ist und ‚sein will'" (Soeffner 1992, 78).

alles gleichzeitig und gibt somit seine künstlerische Autonomie nicht einmal im Interview auf.

Bernhards Spiel mit den Medien zeigt sich in einem Interview über Zeitungen (vgl. Götze 2009, 163) ganz offensichtlich als ironisierte Interviewstrategie, indem das Reale in die Welt der Literatur scheinbar als Kompositionsprinzip Eingang findet (vgl. Bayer 1995, 74). Insbesondere auf der Sichtbarmachung von Gegensätzen und einer antithetischen Grundstruktur seiner Texte beruht das Bernhardsche Erzählen, ebenso wie auch die Darstellung in Interviews und öffentlichen Stellungnahmen.[14] Interessant an Bernhards späten Interviewfilmen ist freilich auch die Wiederaufnahme eines ästhetischen Konzepts, dessen Einführung schon mehr als zehn Jahre zurückliegt, wie das des selbsttitulierten „Geschichtenzerstörers"[15]. Eben jene Geschichtenproduktion findet sich in den Interviewfilmen der 1980er Jahre gesteigert, in denen der Sprechmodus des Autors zwischen süffisanter Selbststilisierung der eigenen Autorschaft und konkreter Absichtsbeschreibung oszilliert, um so das eigene Werk poetologisch zu untermauern. Ein hervorragendes Beispiel bildet Bernhards parodistische Kritik des Stifterschen Erzählstils:

> Die gehen zu der Tür hin, dann treffen sie den Dr. Übermichel, und der hat eine Aktentasche, und die Aktentasche ist von Pierre Cardin, und in der Aktentasche sind sieben Akten von der Firma sowieso drinnen, und dann hat er noch einen Hut auf mit einem schwarzen Band, das rückwärts zu einer Schlaufe zusammengezogen ist. Das ist doch alles uninteressant. Aber daraus besteht die meiste Schriftstellerei. [...] *Aussparen*, heißt's ja schon. Aber jetzt ist wieder modern, daß jedes Bleamal angeführt wird. Bis da einer beim Haustürl draußen ist und beim Gartentürl, sind schon sechzig Seiten weg. Unökonomisch auch. (Fleischmann 2006, 150f, Hervorhebung, C.G.)

Bernhards später Interviewstil ist geprägt von solchen zur kleinen Geschichte geformten Übertreibungen, wobei das erzählerische Geschick durch die Abgrenzung von anderen Autoren den eigenen literarischen Stil dann doch beschreibt. Dies geschieht vor allem in Form der Negation allfälliger Bezugnahmen auf Vorbildautoren, Kollegen und Konkurrenten im Literaturbetrieb. Indem Bernhard sich komplett als Außenseiter der Literaturgeschichte geriert, indiziert er erfolgreich seine Unabhängigkeit im literarischen Feld. Sein Habitus als Außenseiter

---

[14] Bernhards literarisches Kompositionsprinzip hat grundsätzlich in der Konstruktion von Gegensatzpaaren und Ambivalenzstrukturen seine wohl deutlichste Ausprägung erfahren (vgl. Ludewig 1999, 60).
[15] Im Interviewfilm *Drei Tage* bezeichnet sich Bernhard als Geschichtenzerstörer, der, sobald sich bei seiner Arbeit „Anzeichen einer Geschichte bilden", diese durch Abschießen vernichte (Bernhard 1978, 100).

entsteht allerdings im Spannungsfeld der Ambivalenz, die ein wesentliches Spezifikum seiner Literatur ist. Denn einerseits geriert sich Bernhard als Großbürger, der den intellektuellen Kreisen der höheren Wiener Gesellschaft zwar angehört, andererseits jedoch nicht müde wird, diese zu diskreditieren, wie etwa in und durch seinen Roman *Holzfällen* (1984).

Schließlich mündet Bernhards totale Verweigerungshaltung, die ihn als Künstler wie auch als Privatperson unangreifbar macht, in die konsequente Umsetzung der Rolle des Altersnarren im Interview, die ihre Entsprechung in zahlreichen Figuren der Texte findet. Die Unbelangbarkeit des Autors zeigt sich dann in dessen Interviewduktus, sowohl thematisch als auch formal, wenn sich etwa keine stringenten narrativen Strukturen mehr ausmachen lassen und das Frage-Antwort-Prinzip des Interviews gänzlich negiert bzw. ins Gegenteil verkehrt wird: Jene kurzen Erzählpassagen haben vorwiegend elliptische Strukturen, die nicht selten in Selbstrelativierung oder Zurücknahme des Gesagten sowie im plakativen Blödeln enden. Mit diesem Rückzug entspricht Bernhard seinem literarischen Ambivalenzprinzip, denn so wie er sich im Interview hinter der Maske des Altersnarren verstecken kann und eben nichts über sein Inneres verrät, widerspricht (oder gar entspricht) er seiner eigenen Feststellung: „*Innere* Vorgänge, die niemand sieht, sind das einzig Interessante an Literatur überhaupt. Das, was *niemand* sieht, das hat einen Sinn aufzuschreiben" (Fleischmann 2006, 151 Hervorhebung, C.G.). Damit avanciert Bernhard als Kunstfigur im Interview zu seinem eigenen figuralen Referenzobjekt oder besser -subjekt, indem er seine Figuren in Habitus, Duktus, Themenwahl und Stilistik nachspielt, um dahinter in der Figur des Autors ihrer selbst zu verschwinden. Diese performative Ästhetik weist sich „nicht als Sinnbild und Abbild menschlichen Lebens aus, sondern als das menschliche Leben selbst und zugleich als sein Modell" (Fischer-Lichte 2004a, 360).

In seiner Rolle der selbstreflexiven Kunstfigur Bernhard erreicht der Autor eine ähnliche hermetische Struktur wie sie in seiner Literatur auszumachen ist. Geschichtenerzähler und Geschichtenzerstörer in einem zu sein ist letztlich dasselbe Gegensatzprinzip wie dasjenige, Kommentator der eigenen Kunst und zugleich Verweigerungskünstler sein zu wollen. So liegt gerade im Wechselspiel zwischen diesen Polen die herausfordernde Dynamik von Bernhards Interviewkunst, wenn dieser einmal die eigene Autorschaft hinter der Maske fast völlig negiert und hernach als Anwalt seines Textes implizit einen hohen Authentizitätsgehalt transportiert wissen will.

3 Rekonstitution – Jelineks Interviewkunst

War Bernhards Gegnerschaft noch in einer literarischen Rolle verhaftet und konnte sich somit hinter der Maske der Kunstfigur „verstecken", um schlichtweg gegen alles zu sein, variiert Jelineks Kontradiktion die Spielart in wesentlich reflexiverer Weise. Auch Jelinek nimmt eine Rolle im Interview ein, auch sie konstruiert damit ein Image, welches sie in den literarischen Texten weiterträgt. „Ich will nicht spielen und auch nicht anderen dabei zuschauen" (Jelinek 1990, 157), schreibt die Autorin, und greift damit in ihrer Polemik gegen die Selbstdarstellung das theatrale Authentizitätsgefüge performativer Gestaltung radikal an, das mit Goffman die Selbstaufgabe eines jeden Einzelnen bedeutete. „Wir sind unsere eigenen Darsteller" (Jelinek 1990, 161) auf dem Weg zu einem Authentizitätsversprechen, das die Lebenswirklichkeit zur Bühnenwirklichkeit werden lässt und damit die Selbsterfahrung eines natürlichen Spieltriebes dogmatisch indoktriniert. Die Theaterkleider, in denen man nach Jelinek hängt, sind jedoch nichts anderes als Kostüme und damit wiederum Masken, die man aufsetzen kann, um eine Rolle zu spielen, die aber gleichzeitig auch Schutz bieten können. Jelineks Selbstaussagen folgen dem Entwurf der Schutzsuchenden und kreisen um Schonung und Scham, ähnlich wie Bernhard relativiert sie sich ständig selbst: „Rigide betreibt sie den Ikonoklasmus am eigenen Bilde und die redselige Entmythologisierung der eigenen Maske" (Vogel 1990, 147).

Wer aber spricht hier? Die Medienfiktion einer Autorinnenrolle, die unter dem Deckmantel ihrer eigenen Figuren agiert? Eine Fürsprecherin der von ihr selbst verfassten Theaterrollen? Gerade dieser Aspekt stellt ja für Jelineks Werk nach eigenen Aussagen ein wichtiges Moment dar:

> Wenn ich über mich eine Doktorarbeit schriebe, würde ich wahrscheinlich die Bedeutung des Wir, des auktorialen Kommentars in der Erzählung, analysieren, der ja ständig seine Perspektive ändert. In späteren Sachen, z. B. in der „Lust", werden die Leute ja direkt angesprochen, oder ich spreche von mir in der Mehrzahl, es ändert sich also ständig, und man muß immer herausfinden, wer jetzt gerade spricht, welches Ich oder welches Ihr (Jelinek 1995, 28).

Die Figur der Autorin fordert plakativ ein, nimmt ihre Stimme wahr und verblasst scheinbar dennoch wie hinter einem Schleier. Ähnlich einer Attentäterin enthauptet sie theatralisch die Schauspieler und inthronisiert das Ich als einzig legitime Authentizitätsquelle. So führt Jelinek ein der Medialität inhärentes Prinzip ad absurdum und komponiert eine auf ihr Werk bezogene Spannung, wenn sie im Text als Gewalttäterin erscheint, im Interview sich wiederum zurücknimmt und ihrem Selbsthass Geltung einräumt. Hatte Bernhard den Ekel der Welt noch auf die Anderen projiziert, so entdeckt Jelinek ihn als Maßnahme, die sie gegen sich selbst zu richten scheint. Immer wieder spricht sie von Selbstverachtung (Müller 2011, 122) und stark ausgeprägtem Selbsthass (Müller 1998, 11); ein Topos, der umschrieben eigentlich Selbstschutz bedeutet. Dies jedoch unverstellt zu äußern, hieße, sich angreifbar zu machen, als Frau in einer Männerwelt sowieso; insofern ist dieses Sich-selbst-Angreifen in seiner Schutzfunktion wesentlich effektiver und letztlich auch produktiver zu verstehen. War es bei Bernhard die Schaffenskraft aus der Negation heraus, ist es bei Jelinek Schöpfung aus der Negativität: „Meine Kreativität kommt aus dem Negativen. Ich kann nichts Positives beschreiben" (Müller 2011, 125f.). Auch bei Jelinek wird der Topos vom Mord im Schreiben aufgegriffen; sie sei eine Mörderin am Schreibtisch, „weil das ja im wirklichen Leben nicht geht" (Müller 2011, 126). Schon Bernhard hatte 1980 im Spiegel-Interview behauptet: „Auch ich könnte auf dem Papier jemanden umbringen. Aber eben nur auf dem Papier" (Bernhard 2011, 188). Doch nicht so bei Jelinek. Ihr Image des Enfant terrible richtet sich gegen sie selbst und fungiert damit nicht unwesentlich als Motor der Imagekonstruktion. „So ist zuallererst Reproduzierbarkeit ein Paradigma ihrer Selbstinszenierung. Bilder, Biographie und Gesicht will sie geglättet, geliftet und synthetisiert. Sie optiert dabei für ein Kunstprodukt, dem man geradezu parthenogenetische Züge nachsagen könnte" (Vogel 1990, 151). Im Spiel mit den Optionen geht Jelinek in einem Interview sogar soweit, ein Facelifting „nachzuspielen", indem sie ihre Gesichtshaut mit den Händen strafft, woraufhin man ihr entgegnet, so würde man sie gar nicht mehr erkennen. „Ich kann mir ja ein Schild umhängen, wo drauf steht, dass ich es bin" (Müller 2011, 132), ihr ganzes Erscheinungsbild wird damit getarnt als Maske eines Autorbildes: „Das sind Stilisierungen, und das weckt natürlich die Neugier" (Müller 2011, 132). Gegenüber André Müller äußert Jelinek hinsichtlich der Äußerungen zu ihrem Privatleben: „Ja, aber das waren Äußerungen, aus denen man nichts über mich erfuhr. Was ich sonst sage, sind Stilisierungen. Ich ziehe mir Kleider an in Ermangelung eines eigenen Lebens. Ich trage die Sätze vor mir her wie Plakate, hinter denen ich mich verstecken kann" (Müller 1998, 20). Plakative Sätze waren schon Bernhards Spezialität, wenn man sich seine endlos erscheinenden Tiraden und Polemiken zur österreichischen Vergangenheitsbewältigung und zur politischen Situation der Zweiten Republik generell vor Augen führt. Jelineks Kleidertopos greift hingegen ihr Körperthema auf und modifiziert dieses in der Selbstdarstellung ihrer Autorin. Das Versteck des Kleides, eines Schleiers könnte ja femininer kaum sein. Doch trügt die äußere Aufmachung der Szene; was für das literarische Werk gilt, kann gleichermaßen auf Jelineks Interviewkunst Anwendung finden:

> Der Körper verhält sich zunehmend wie ein eingesunkenes Kleid, das den Träger zunehmend in sei eigenes Faltenwerk hineinzieht. Seine vertikalen wie auch seine plastischen Orientierungen werden damit aufgegeben. Vor allem in den späteren Texten nehmen die Bezüge auf solche Textilien zu, die keine Stabilität in der Senkrechten besitzen und keine Volumenbildung zulassen. Jelineks Kleider passen nicht und sie vermögen daher auch keinen plastischen Eindruck des Trägerkörpers mehr zu vermitteln. Stattdessen zeigen sie den Niedergang jenes ‚perfekten Sitzes', der ein Kleidungsstück und einen Körper zu einer idealen Passform vereinigte. Wenn diese die gesellschaftliche Geltung des Trägers unterstreichen und dessen Souveränität im Raum begründen sollte, werden nun alle Passungsvorgänge eingestellt. In der Folge lässt sich der Körper von einer Textilie nicht mehr unterscheiden. [...] Nach Aufgabe der Passung bedeutet Auftritt nicht mehr den Eintritt in die, sondern den Fall aus der Form (Vogel 2010, 15).

Fall aus der Form ist jedoch nicht gleichbedeutend mit Fall aus der Rolle. Hier behält Jelinek die Perfektion des Scheins fest im Griff und merkt selbstironisch an: „Es gibt ja nichts Authentisches. Was wir heute für die Wirklichkeit halten, ist eine Fernsehwirklichkeit. Darüber schreibe ich" (Müller 2011, 129). Einen ähnlichen Diskurs hatte Medienverführer Bernhard lange vorher mit umgekehrtem Vorzeichen eröffnet, als er gegenüber Krista Fleischmann meinte, es gäbe nichts Erfundenes; Realität, Fiktion und Vision fallen in eins zusammen. Wenn dies so ist, erscheint Jelineks Schritt nur konsequent. Alles Erleben – ob Kunst oder Natur – wird zur Mimesis, die Frage ist hierbei nur, inwieweit dies eine Grenznivellierung zur Folge hat. Zumindest für den Fall Bernhard kann eine Hybridität und Grenzverwischung von Fiktion und Realität konstatiert werden, die in Interviews wie literarischem Werk gleichermaßen thematisiert wird. Jelineks frühe Kritik an Oberflächenwahrnehmung verdeutlicht ihre Argumentation, „dass die Fernsehgesellschaft auch diesseits des Bildschirms nur zweidimensionale Wahrnehmungsbilder hervorbringt" (Vogel 2010, 12). Dies gilt freilich auch für die eigene mediale Selbstdarstellung. „Und so legt die Wiederkehr der immer gleichen Repliken nahe, daß die dem Porträt mythisch unterschobene Ganzheit eine Konfiguration stereotyper Selbstaussagen ist. Diese heben auf eine je medienspezifische Form der Ironie ab" (Vogel 1990, 148).

Jelinek ist die fleißige Schreiberin, die mit ihrer Kunst bewegen will, vielleicht auch polarisieren und letztlich auch etwas von sich preisgeben. All dies vor einem medialen Hintergrund, der nur durch ein spielerisches Selbstverständnis bewältigt werden kann und daher die Inszenierungspraktik der Autorin als anthropologische Komponente fasst, die unter anderem im Vorführen der Konstruiertheit eigener Identität durch unvermeidbare Selbstinszenierung verstanden werden muss. Ausschlaggebend ist ähnlich wie bei Bernhard die Ambivalenz von Sein und Nichtsein, Produktivität und Verstummen: „Heute strebe ich mit meinem Schreiben nur noch das Überleben an. Ich werfe mich, indem ich schreibe, aus mir heraus. Denn wenn ich mir meiner Identität bewusst werde, bin ich tot. Ich will mich nicht kennenlernen. Ich lebe aus zweiter Hand, aber ich beklage mich nicht" (Müller 2011, 135 f.). Schöpfung als vermeintliche Krankengeschichte; Wahn und Kunst als Topoi eines tradierten Kulturverständnisses. Wie so oft in der Literatur (und auch bei Bernhard) geht es immer wieder um die Auslöschung der eigenen Persönlichkeit zum Zwecke der Renaissance (vgl. Schäfer 2010, 103). „Das ist ja dieses Verschwinden, dieses Wegnehmen einer Anwesenheit, was mich sehr beschäftigt" (Jelinek 1995, 33). Insofern lässt sich für Jelineks Performance im Interview das Bild der Identitätssuche als konstituierende bestimmen, ohne dabei jedoch nach der „echten" Autorin hinter der Inszenierung zu fragen. Vermeintlich Authentisches von weniger Authentischem trennen zu wollen erscheint in diesem Zusammenhang ohnehin nicht zielführend, nicht zuletzt deshalb, weil Jelinek selbst angibt, sich im Interview zu abstrahieren: „Ich selbst bewahre mich da. Über mich habe ich eigentlich noch nie wirklich gesprochen" (Jelinek 1995, 36). Die Fassade – oder neutraler Image genannt – muss immer existieren, sie ist letztlich der Grund, Interviews zu geben, um im medialen Gefüge als Player etwas über sich zu verbreiten und damit Publikum und Markt zu befriedigen.

> Man muss versuchen, die Dinge so zu umschreiben, sie so zu verzerren, daß sie zur Kenntlichkeit entstellt werden. Das bezieht sich auf Thomas Bernhard, aber, auch wenn es irrsinnig oft zitiert wurde, glaube ich, daß ich die erste bin, die das verwendet hat: etwas zur Kenntlichkeit entstellen (Jelinek 1995, 49).

Vor allem der Prozess der Verzerrung spiegelt künstlerisches Modellieren von Ästhetik und Selbstverständnis einerseits, Körperdiskursivität andererseits: „Die Rede vom Körper als Einschreibefläche oder als Diskurseffekt versperrt systematisch den Blick darauf, daß mit der Lebendigkeit als spezifischer Form von Materie ein Eigensinn des Körpers, auch des menschlichen, einhergeht" (Barkhaus 2002, 36). Dem wirken beide Autoren konsequent durch eigene Inszenierungskonzepte entgegen.

> Einem körperpolitischen Umgang mit gesellschaftliche Normierungen im Rahmen der Performancekunst stehen wohl nur zwei Wege offen, die nicht in die Sackgasse neuer Neutralisierungen und Normierungen führen: Derjenige einer permanenten, ironischen Neuerfindung und -codierung von Körpern und Körperbildern, welche die Normen immer wieder dekonstruieren und subversiv verschieben [...], oder die Arbeit in der Negativität [...]. (Brunner 2008, 37–38)

Negativität als Antrieb und Thema, Motiv und Maske gleichermaßen, bilden das künstlerische Image von Provokateurkünstlern wie Jelinek und Bernhard. Auf die

Frage, ob es eine gesellschaftliche Umgebung Österreich gäbe, auf die Jelinek reagiere, antwortet sie:

> Ja, also ähnlich wie Thomas Bernhard würde ich meine Situation auch sehen. Nur was bei ihm eben ein Rundumschlag war, was wahrscheinlich sogar für die österreichische Realität das einzig Zutreffende ist, dem setze ich halt eine stärker definierte politische Position entgegen. (Korte 1997, 294)

Negativität wird zum Kraftspender gleich einer Art Lebens- und Schaffensenergie:

> Ich kann nur aus negativen Emotionen heraus kreativ sein. Wäre ich mir sympathisch, fände ich das zwar angenehm, aber ich würde nicht schreiben. Es gibt eine Kreativität, die aus dem Positiven entsteht, und eine, die errungen wird, weil sie sich gegen etwas behauptet. (Müller 1998, 11)

Diese Behauptung ist auch Bernhards Antriebsmotor, denn er bezeichnet Widerstände als seine wesentliche Herausforderung. Und meint die gesellschaftliche wie seine persönliche, die Lebenskrankheit. Auffällig ist, dass sich Bernhards Kunstfigur in den achtziger Jahren immer stärker in den Vordergrund rückt, während der Körper des Autors zusehends hinfälliger und von der Krankheit gezeichnet ist. Bei Jelinek scheint das Gegenteil der Fall zu sein, mit zunehmendem Ruhm zieht sie sich immer mehr zurück, wägt die Bedeutung des öffentlichen Auftrittes stärker ab. Ähnlich wie Bernhard wählt Jelinek das bewegte Bild als Darstellungsdokument ihrer Selbst, so geschehen etwa anlässlich der Nobelpreisrede, welche in Abwesenheit der Autorin per Videoeinspielung erfolgte. „Angemerkt sei dazu, dass diese physische Abwesenheit auf der Ebene der Rezeption zumeist das Gegenteil, nämlich eine verstärkte Anwesenheit der ‚Figur' Jelinek hervorruft." (Clar 2013, 24). Solch mediale Omnipräsenz gelang Bernhard freilich nicht in diesem Maße; auch wenn seine Interviewfilme mittlerweile Kultstatus erlangt haben, sind sie doch ästhetischer Ausdruck eines gerade erst beginnenden Medienzeitalters. So unterhaltsam sie in ihren Inhalten bisweilen noch immer sein mögen, erscheinen sie dennoch heute ein wenig antiquiert und mit dem Geist der Multimedialgesellschaft kaum noch richtig kompatibel. Autorschaftsinszenierung funktioniert heute mehr denn je über das Internet, wofür unter anderem Jelineks Website ein prädestiniertes Beispiel ist.

Jelineks partieller Rückzug als leibhaftige Person der Öffentlichkeit ließ sich ferner auch bei Bernhard beobachten, der in späteren Jahren weder Preise annahm noch viel in der Öffentlichkeit zu sehen war. Er focht seine Kriege in seinen letzten Lebensjahren exorbitant über das Medium des Leserbriefs und Presseinterviews aus, vor allem seinen letzten Kampf um das Stück *Heldenplatz*, was nicht zuletzt seinem Gesundheitszustand geschuldet war. Die Fortschreibung seines

Autorschafts-Ichs verfolgte er dennoch konsequent bis an die Grenzen seiner Schaffenskraft.[16] Die Kunst der Autofiktion erlebt jedoch nicht nur bei Bernhard meisterhafte Vollendung.

Von der Forschung bereitwillig aufgenommen und als überdeutlich verstanden sind die scheinbar so eindeutigen Fortschreibung von Jelineks Person in manchen ihrer Figuren, wie beispielsweise in *Die Klavierspielerin* oder *Die Liebhaberinnen* (vgl. Clar 2013, 22). Ähnliches gilt für Jelineks Bühnenfiguren und selbst für ihre Essays, in denen sie Mode, bildende und literarische Künste und politische Themen diskutiert und dabei immer wieder ein Bild von sich selbst mitkonstituiert. Im Übrigen ist das Bild, oder vielmehr das Abbild, der Autorin ein wichtiger Bestandteil ihrer Selbstinszenierung; was die Presse initiert hat, indem kaum ein Beitrag über sie ohne Bild auskommt, wobei ihr Äußeres nie unkommentiert bleibt, setzt die Autorin selbst auf ihrer Homepage mit immer wieder wechselnden Fotografien fort. Auffallen mit markantem Schema, jedoch nicht um jeden Preis – so ließe sich das Konzept der Aufmerksamkeitsgewinnung in den öffentlichen Statements und Performances Jelineks auf den Punkt bringen.

> Das Wissen wertet die Frau als sexuelles Wesen ab. [...] Dieser Wunsch mich zu schminken, oder diese Kleider, das ist für mich ganz eindeutig ein verzweifelter Versuch, von meinen intellektuellen oder künstlerischen Leistungen abzulenken und Gnade zu finden. (Jelinek 1995, 67)

4 Schnittstellen

Was den Inszenierungspraktiken beider Autoren gleichermaßen inhärent zu sein scheint, ist die öffentliche Ausstellung eines äußerst prägnanten Imaging. Im Abbild Bernhards als Kunstfigur und bei Jelinek ist ebenfalls der „künstliche Charakter der scheinbar ‚authentischen' Formen, der Bilder, Interviews etc., deutlich sichtbar" (Clar 2013, 25).

> Subjektivation besteht nun eben nicht darin, die Vielfältigkeit identitätslogisch zu leben, sondern darin, unordentlichen Praxen auf ordentliche identitätswirksame Nenner zu bringen. So bedeutet Subjektwerdung den doppelten, paradoxen Prozess der gleichzeitigen Unterwerfung unter phantasmatische, normative Ideale einerseits und der dadurch gegebenen Existenzmöglichkeiten [...] und Handlungsfähigkeit andererseits. (Villa 2008, 264)

---

16 Als Bernhards Gesundheitszustand keine künstlerische Produktivität mehr zuließ, initiierte er die Publikation eines Frühwerkes, das im Herbst 1989 mit *In der Höhe. Rettungsversuch, Unsinn* (entstanden 1959) erschien.

Subjektivität und Identität sind das Ergebnis von Abgrenzung und Bezugnahme zum jeweils anderen. In diesem Sinne kann die Konstruktion von Selbstdarstellung im öffentlichen Raum vor allem durch die Spiegelung eines Bezugsrahmens erfolgen. Jelinek dekonstruiert den Körper in ihrem literarischen Werk, schreibt die Figuren in Richtung Tod bis hin zum Untotsein, Bernhard hingegen macht aus scheinbar leblosen Kunstfiguren sein Abbild und formt sich in seine Literatur durch Unsterblichkeit ein. Wo Jelinek auf die weibliche Identität in Opposition zum männlichen Subjekt verweist und so wiederum auf die (De-)Konstruktion fixer Geschlechteridentitäten hindeutet, rotiert Bernhard um das patriarchalische Kunstverständnis seiner Großvätergeneration. Beider Autorschaft manifestiert sich im Interview als narrative Transformation eines Images, das auf den Stimulus der Provokation ausgerichtet ist: „Ja, ich bin eine Triebtäterin beim Schreiben" (Jelinek 1995, 74), äußert Jelinek, und Bernhard gibt den Verweigerungskünstler par excellence. In diesem Punkt treffen sie sich, sind sie wohl am ehesten zu vergleichen. Beiden geht es um die Ausstellung eines möglichst markanten Images, das sie nicht zuletzt an ihrer literarischen Arbeit entwickeln und im Laufe ihrer Karriere zu forcieren verstehen. Dazu gehören freilich auch Kolportage, Außenseitertum, Ambivalenzen, Rollenspiele und Maskerade. Dabei führt das Spiel mit den vermeintlichen Wahrheiten über die Wahrheit bis an die Grenzen der Vor-, aber auch der Darstellbarkeit, getragen durch ein immenses Maß an Selbstironie und produktiver Lust am Künstlertum, wie es Jelinek treffender nicht ausdrücken konnte: „Früher habe ich mir wenigstens durch das, was ich verkünde, eine Art Identität schaffen können. Dieses Interview hat mich völlig dekonstruiert" (Müller 1998, 23).

Literatur

Barkhaus, Annette. „Der Körper im Zeitalter seiner technischen Reproduzierbarkeit". In: *Grenzverläufe. Der Körper als Schnittstelle*. Hg. Annette Barkhaus und Anne Fleig. München: Fink, 2002. 27–46.
Bartens, Daniela. „Vom Verschwinden des Textes in der Rezeption. Die internationale Rezeptionsgeschichte von Elfriede Jelineks Werk". In: *Elfriede Jelinek*. Hg. Daniela Bartens und Paul Pechmann. Graz: Droschl, 1997. 28–51.
Bayer, Wolfram. „Das Gedruckte und das Tatsächliche. Realität und Fiktion in Bernhards Leserbriefen". In: *Kontinent Bernhard. Zur Thomas-Bernhard-Rezeption in Europa*. Hg. Wolfram Bayer. Wien/Köln/Weimar: Böhlau, 1995. 58–79.
Bernhard, Thomas. *Der Italiener*. München: Deutscher Taschenbuch Verlag, 1978.
Bernhard, Thomas. *Der Wahrheit auf der Spur. Reden, Leserbriefe, Interviews, Feuilletons*. Hg. Wolfram Bayer, Raimund Fellinger und Martin Huber. Berlin: Suhrkamp, 2011.

Brunner, Markus. „‚Körper im Schmerz' – Zur Körperpolitik der Performancekunst von Stelarc und Valie Export". In: *Schön normal. Manipulationen am Körper als Technologien des Selbst.* Hg. Paula-Irene Villa. Bielefeld: Transcript, 2008. 21–40.

Clar, Peter. „Selbstpräsentation". In: *Jelinek-Handbuch.* Hg. Pia Janke. Stuttgart: Metzler, 2013. 21–26.

Fischer-Lichte, Erika. *Ästhetik des Performativen.* Frankfurt am Main: Suhrkamp, 2004a.

Fischer-Lichte, Erika. „Theater und Ritual". In: *Die Kultur des Rituals. Inszenierungen, Praktiken, Symbole.* Hg. Christoph Wulf und Jörg Zierfas. München: Fink, 2004b. 279–292.

Fleischmann, Krista. *Thomas Bernhard – Eine Begegnung.* Frankfurt am Main: Suhrkamp, 2006.

Gasser, Peter. „Autobiographie und Autofiktion. Einige begriffskritische Bemerkungen". In: *„… all diese fingierten, notierten, in meinem Kopf ungefähr wieder zusammengesetzten Ichs". Autobiographie und Autofiktion.* Hg. Elio Pellin und Ulrich Weber. Göttingen/Zürich: Wallstein, 2012. 13–27.

Genette, Gérard. *Paratexte. Das Buch vom Beiwerk des Buches.* Frankfurt am Main: Suhrkamp, 2001.

Götze, Clemens. „‚Die Redereien und Selbstdarstellungen hasse ich'. Thomas Bernhards Interviewkunst". In: *Echt inszeniert. Interviews in Literatur und Literaturbetrieb.* Hg. Gerhard Kaiser und Torsten Hoffmann. Paderborn: Fink, 2014. 239–256.

Götze, Clemens. „Die eigentliche Natur und Welt ist in den Zeitungen". In: Clemens Götze. *Geschichte, Politik und Medien im dramatischen Spätwerk Thomas Bernhards.* Marburg: Tectum, 2009.

Grimm, Gunter E. und Christine Schärf (Hg.). *Schriftsteller-Inszenierungen.* Bielefeld: Aisthesis, 2008.

Hansen, Volkmar. „Das literarische Interview". In: *„In Spuren gehen…" Festschrift für Helmut Koopmann.* Hg. Andrea Bartl. Tübingen: Niemeyer, 1998. 461–473.

Herzog, Andreas. „Vom Nutzen verlegerischer Wettkämpfe um Thomas Bernhard". In: *Neue deutsche Literatur* 476 (1992), Heft 40: 123–130.

Heubner, Holger. *Das Eckermann-Syndrom. Zur Entstehungs- und Entwicklungsgeschichte des Autoreninterviews.* Berlin: Logos, 2002.

Hoffmann, Torsten. „Das Interview als Kunstform. Plädoyer für die Analyse von Schriftstellerinterviews am Beispiel W.G. Sebalds". In: *Weimarer Beiträge* 55 (2009): 276–292.

Huber, Martin und Wendelin Schmidt-Dengler. „Umspringbilder. Romanwerk und Leben Thomas Bernhards". In: *Thomas Bernhard: Die Romane.* Hg. Martin Huber und Wendelin Schmidt-Dengler. Frankfurt am Main: Suhrkamp, 2008. 1769–1809.

Janke, Pia. „Schriftsteller als Ikonen. Aus Anlaß der Geburtstage von Thomas Bernhard (75) und Elfriede Jelinek (60)". In: *Praesent 2007. Das literarische Geschehen in Österreich von Juli 2005 bis Juni 2006.* Wien: Praesens, 2006. 77–85.

Jelinek, Elfriede. *Sturm und Zwang. Schreiben als Geschlechterkampf. Elfriede Jelinek im Gespräch mit Adolf-Ernst Meyer.* Hg. Adolf-Ernst Meyer. Hamburg: Klein Verlag, 1995. 7–74.

Jelinek, Elfriede. „Ich möchte seicht sein". In: *Gegen den schönen Schein. Texte zu Elfriede Jelinek.* Hg. Christa Gürtler. Frankfurt am Main: Verlag Neue Kritik, 1990. 157–161.

Jürgensen, Christoph und Gerhard Kaiser. „Schriftstellerische Inszenierungspraktiken. Heuristische Typologie und Genese". In: *Schriftstellerische Inszenierungspraktiken. Typologie und Geschichte.* Hg. Christoph Jürgensen und Gerhard Kaiser. Heidelberg: Winter, 2011. 9–30.

Kaiser, Gerhard. „Inszenierungen des Authentischen. Martin Kessel und *Die epochale Substanz der Dichtung*". In: *Martin Kessel (1901–1990).* Hg. Claudia Stockinger und Stefan Scherer. Bielefeld: Aisthesis, 2004. 109–142.

Korte, Ralf B. „Gespräch mit Elfriede Jelinek". In: *Elfriede Jelinek.* Hg. Daniela Bartens und Paul Pechmann. Graz: Droschl, 1997. 273–299.

Ludewig, Alexandra. *Großvaterland. Thomas Bernhards Schriftstellergenese dargestellt anhand seiner (Auto)Biographie.* Frankfurt am Main: Lang, 1999.

Millner, Alexandra. „Theater um das Burgtheater. Eine kleine Skandalogie". In: *Konflikte -– Skandale – Dichterfehden in der österreichischen Literatur.* Hg. Wendelin Schmidt-Dengler. Berlin: Erich Schmidt, 1995. 248–266.

Moser, Joseph W. „Literaturskandal als Dialog mit der Öffentlichkeit. Der Fall Thomas Bernhard". In: *Literatur als Skandal. Fälle, Funktionen, Folgen.* Hg. Stefan Neuhaus und Johann Holzer. Göttingen: Vandenhoeck & Ruprecht, 2007. 503–512.

Müller, André. *„Sie sind ja wirklich eine verdammte Krähe!" Letzte Gespräche und Begegnungen.* Mit einem Vorwort von Elfriede Jelinek. München: Langen Müller, 2011.

Müller, André. *...über die Fragen hinaus. Gespräche mit Schriftstellern.* München: Deutscher Taschenbuch Verlag, 1998.

Pelka, Artur. „Jelineks ‚Raststätte'. (K)ein Theater-Porno oder: Wie die Skandalisierung zum Skandal wird". In: *Literatur als Skandal. Fälle, Funktionen, Folgen.* Hg. Stefan Neuhaus und Johann Holzer. Göttingen: Vandenhoeck & Ruprecht, 2007. 524–533.

Schäfer, Armin. „Die Wörter ihre Arbeit tun lassen: Jelineks Stimmen". In: *Lob der Oberfläche. Zum Werk Elfriede Jelineks.* Hg. Thomas Eder und Juliane Vogel. München: Fink, 2010. 103–116.

Schenkermayr, Christian. „Interviews und Porträts". In: *Jelinek-Handbuch.* Hg. Pia Janke. Stuttgart: Metzler, 2013. 341–347.

Schmidt-Dengler, Wendelin. *Der Übertreibungskünstler. Zu Thomas Bernhard.* Wien: Sonderzahl, 2010.

Schütte, Uwe. *Thomas Bernhard.* Köln/Weimar/Wien: Böhlau, 2010.

Seel, Martin. „Inszenieren als Erscheinenlassen. Thesen über die Reichweite eines Begriffs". In: *Ästhetik der Inszenierung. Dimensionen eines künstlerischen, kulturellen und gesellschaftlichen Phänomens.* Hg. Josef Früchtl und Jörg Zimmermann. Frankfurt am Main: Suhrkamp, 2001. 48–62.

Soeffner, Hans-Georg. *Die Ordnung der Rituale. Die Auslegung des Alltags 2.* Frankfurt am Main: Suhrkamp, 1992.

Vellusig, Robert. „Thomas Bernhards Gesprächs-Kunst". In: *Thomas Bernhard. Beiträge zur Fiktion der Postmoderne. Londoner Symposium.* Hg. Wendelin Schmidt-Dengler, Adrian Stevens und Fred Wagner. Frankfurt am Main: Lang 1997. 25–46.

Villa, Paula-Irene. „Habe den Mut, dich deines Körpers zu bedienen! Thesen zur Körperarbeit in der Gegenwart zwischen Selbstermächtigung und Selbstunterwerfung". In: *Schön normal. Manipulationen am Körper als Technologien des Selbst.* Hg. Paula-Irene Villa. Bielefeld: Transcript, 2008. 245–272.

Vogel, Juliane. „,Ich möchte seicht sein.' Flächenkonzepte in Texten Elfriede Jelineks". In: *Lob der Oberfläche. Zum Werk Elfriede Jelineks.* Hg. Thomas Eder und Juliane Vogel. München: Fink, 2010. 9–18.

Vogel, Juliane. „Oh Bildnis, oh Schutz vor ihm". In: *Gegen den schönen Schein. Texte zu Elfriede Jelinek.* Hg. Christa Gürtler. Frankfurt am Main: Verlag Neue Kritik, 1990. 142–156.

Woltersdorff, Volker. „Lebenskünstler als Unternehmer. Über gegenwärtige Diskurse zur Ästhetisierung und Ökonomisierung des Selbst". In: *Selbst-Reflexionen. Performative Perspektiven.* Hg. Gunter Gebauer, Ekkehard König und Jörg Volbers. München: Fink, 2012. 179–194.

Antonia Egel
„chor oh". Bernhard und Jelinek –

Sprechen im Chor?

Für H.-G. – im Duett

Thomas Bernhard stellt seinem frühen Libretto *die rosen der einöde* (1959) als Motto ein Zitat von Pablo Picasso voran, in dem dieser von der „vision des anfangs" spricht, die „allem gegenteiligen anschein zum trotz fast unversehrt" bleibe (Bernhard 2004b, 8). Mit diesem Verweis auf den virtuosen Maler, der im durchgestalteten Bild immer noch und zu seiner eigenen Überraschung die „vision des anfangs" erkennt, die ihn zum Malen dieses Bildes trieb, schreibt sich Bernhard in eine bühnentheoretische Tradition ein.

Es war Friedrich Nietzsche, der dem dramatischen Chor in *Die Geburt der Tragödie aus dem Geiste der Musik* (1872) die Fähigkeit zuschrieb, Visionen zu erregen und zwar solche vom Anfang der Kunst: „Der Satyrchor ist zu allererst eine Vision der dionysischen Masse, wie wiederum die Welt der Bühne eine Vision dieses Satyrchors ist." (Nietzsche 2003, 60) Diese Beschreibung bezeichnet Nietzsche sodann als „künstlerische Urerscheinung", die er „zur Erklärung des Tragödienchors" herangezogen habe, die aber das Kunstschaffen grundsätzlich bestimme. Der Dichter sei nur dadurch Dichter, „dass er von Gestalten sich umringt sieht, die vor ihm leben und handeln und in deren innerstes Wesen er hineinblickt" (Nietzsche 2003, 60). Wie die „Vision des Malers" sei das, was der Dichter vor sich sehe, nicht stillgestellt, sondern „nur durch das fortwährende Weiterleben und Weiterhandeln" der Charaktere von jener unterschieden (Nietzsche 2003, 60).

Rainer Maria Rilke nimmt diese Stelle aus Nietzsches Tragödienschrift wiederum auf, um seine eigene Variante dieser Vision vorzustellen: „*zwischen Publikum und Szene*" müsse „*ein Auge eingeschoben werden*, für dessen ruhigen Blick die Handlung in jedem Moment richtig und wahrhaft ist" (Rilke 1996, 163). Brechts Verfremdungseffekt vorwegnehmend, erläutert Rilke diese Notwendigkeit: „Und das Publikum muss an diesem Auge seine Auffassung korrigieren und mit seiner Hülfe *ein* großer Körper werden, der sich *einheitlich* zu den Vorgängen der Bühne stellt" (Rilke 1996, 163, Hervorhebungen im Original). Rilke versteht den von Nietzsche beschriebenen Chor mit Schlegel als Verdoppelung des Zuschauers: „Der Zuschauer erkennt im Chor sich", zugleich versteht er ihn entindividualisiert, nämlich „befreit von seinem Zufälligen und Zeitlichen, von seiner

Kultur". Auf diesem „Umwege" begreife er „die Vision dieses Chors, als welche die Handlung sich darstellt". (Rilke 1996, 163–164)

Diese an Nietzsche gewonnene und auf eigensinnige Weise weitergedachte Chortheorie Rilkes mündet in eine Beschreibung eines künftigen Theaters, das Gemeinsamkeit durch eine musikalische Grundstimmung hervorrufen soll:

> Es tut not, eine solche Handlung auf die Bühne zu stellen, durch die ein in der Erfahrung und im Gefühl jedes Einzelnen mögliches Erlebnis angeregt wird, das in seiner Gewaltsamkeit die Menge der Zuschauer wie ein großer Griff zusammenfaßt. [...] Die Handlung, der Stoff muß auch beim Drama (ähnlich wie in der Malerei) wieder an die ihm gebührende *zweite* Stelle treten und Raum geben für ein wirklich künstlerisches Ereignis. Nicht *wirklicher*, wahrheitsnäher darf die Bühne werden, sondern scheinhafter und schöner. Etwas [...] *den Menschen* überhaupt Gemeinsames muß hinter der Handlung, wie eine verbindende Erinnerung [...] aufstehen [...]. Nicht das Spiel, sondern die *Melodie* des Spiels muß das Zusammenfassende sein, weil jeder in sich Begebenheiten und Erfahrungen finden wird, welche im Takte *eben dieser* Melodie [...] sich abgespielt haben. (Rilke 1996, 165, Hervorhebungen im Original)

Rilke versucht hier, die auf den ersten Blick durch das Kollektiv bestimmte dramatische Figur des Chores individualistisch zu denken. Gemeinsamkeit, so seine These, stelle sich gerade durch einzeln Erlebtes, auf einer musikalischen Ebene aber allen Gemeinsames, her.

Die Rolle des Chores auf der Bühne nimmt auch traditionell genau jene Schnittstelle zwischen Individuum und Gemeinschaft ein (vgl. Kurzenberger 1999, 84). Ist der Chor, wie Rilke nahelegt, eine gemeinsam artikulierte „Melodie", in der der Einzelne sich mit radikal einzeln Erlebtem aufgehoben fühlen kann oder ist er nicht vielmehr kollektive, alles Individuelle ausschließende Masse und somit Widerpart des Einzelnen, diesen nach Gutdünken einschließend oder ausschließend (vgl. Haß 1999, 75)?

Sowohl Bernhard als auch Jelinek setzen den Chor in ihren dramatischen Texten als Figur ein. Beiden ist zugleich eine besondere Nähe zur Musik zu bescheinigen und oft bescheinigt worden.[1] Beide beschäftigen sich außerdem intensiv mit der politischen Frage von Masse und Macht, um mit Canetti zu sprechen (vgl. Pelka 2013, 297). Wie sie dies tun, wie sie darin aufeinander zu beziehen sind und inwiefern sie mit der eingangs zitierten Theatertheorie über den Chor verbunden sind, wird im Folgenden erkundet.

---

[1] Zum Beispiel Bloemsaat-Voerknecht 2006; Klug 1991, insbes. 187–208; Solibakke 2004, Kolesch 1999, 58.

1 Chor als dramatis persona im Frühwerk Bernhards

Bernhard setzt den Chor in seinen Libretti *die rosen der einöde* und *Köpfe* (1960), sowie in seinem Stück *Der Berg* (1960) als dramatis persona ein. Die Genre-Bezeichnung von *die rosen der einöde* („fünf sätze für ballett, stimmen und orchester", Bernhard 2004b, 7) streicht die Gattungsmischung des Stückes heraus und zwar in mehrfacher Hinsicht: Die Abschnitte werden nicht, wie für Oper oder Drama traditioneller Weise üblich, als Akte bezeichnet sondern wie in der Instrumentalmusik als „Sätze". Die Zahl fünf verweist zugleich auf das überkommene Dramenschema von fünf Akten. In *Köpfe* erscheint eine chorische Formation, nämlich lachende Stimmen. *Der Berg* wiederum enthält den Chor als dramatis persona. In diesem „Spiel für Marionetten als Menschen oder Menschen als Marionetten" (Bernhard 2004a, 89) verfährt Bernhard geradezu nach antiken Mustern des Chors. Der Nebentext verlangt: „Die hier angeführten Gestalten sind, auch wenn sie nicht zu sprechen haben, immer anwesend" (Bernhard 2004a, 92). Nun könnte man erwarten, eine Handlung werde durch einen immer anwesenden, mal hier und mal dort kommentierend eingreifenden Chor begleitet, beobachtet oder unter Umständen unterbrochen. Doch Bernhard wählt eine andere Gestaltung: alle Figuren sind immer gleichzeitig auf dem „Schauplatz", „ein[em] Hochplateau" (Bernhard, 2004a, 92). Die Figuren sprechen den Text, der fast ein Gedicht ist, im Wechsel.[2] Rede und Gegenrede erscheinen nicht als Dialog, sondern als Fortsetzung einer Sprachmelodie. Zunächst als Wechselgesang zwischen Tänzerin und Dichter (I), dann zwischen Mädchen und Philosoph (II), Tänzerin und Dichter (III), Mann und Frau, ergänzt und/oder unterbrochen von Philosoph und Ingenieur (IV), Bruder und Schwester, ergänzt und/oder unterbrochen von Philosoph und Ingenieur (V), Tänzerin, Mann, Philosoph, Bruder, Schwester, Offizier, Mädchen, Ingenieur, Dichter (VI), Frau und Mann (VII).

Der Chor als eine der „Gestalten" (Bernhard 2004a, 92) mischt sich in diesen Wechselgesang in unterschiedlich dominanter Weise. In I sind Tänzerin und Dichter unter sich, in ununterbrochener Verständigung, ein Wort des lyrischen Dialogs gibt das nächste, die „Gestalten" scheinen grundsätzlich zu wissen, wovon der andere spricht und können mühelos anknüpfen und fortsetzen.

---

2 Stefan Krammer spricht von einem „dramatische[n] Text zwischen poetischem und absurdem Theater" und meint: „Durch die lyrische Sprache und die Reduktion der Handlung auf Stimmungsbilder liest sich der Text wie ein auf verschiedene Sprecher aufgeteiltes Gedicht" (Krammer 2003, 103).

In II gilt scheinbar das gleiche für Mädchen und Philosoph, jedoch zeigt sich schnell, dass genau das nicht gelingt; jede Gestalt bleibt in sich gefangen, abzulesen an der Rede des Mädchens – „hören Sie" (Bernhard 2004a, 98) –, das die andere Gestalt nicht zu hören scheint. In diesen nicht gelingenden Wechselgesang schaltet sich nun der Chor ein. Einmal wiederholt er nur ein einziges Wort, das zuerst das Mädchen und dann der Philosoph gesprochen hat: „purpur" (Bernhard 2004a, 101) – das Königs-, Kriegs- und Verlust-der-Unschuld-Wort. Ein zweites Mal, auch hier handelt es sich um eine Wiederholung, greift er nur das auf, was der Philosoph gesagt hat: „In der Zeitspanne eines Augenblicks" (Bernhard 2004a, 102). In III beginnen auch Dichter und Tänzerin aneinander vorbeizureden, in IV ist das Aneinandervorbeireden[3] der Gestalten schließlich komplett: zwar sprechen sie in grammatikalisch korrekt aufeinander bezogenen Versatzstücken, jedoch geht der Sinn des Textes, der dabei herauskommt, mehr und mehr verloren.

In V und VI ist der Chor sprachlich präsenter als in allen anderen Abschnitten. In die Wechselrede von Bruder und Schwester mischt sich der Chor als Kommentator ein – er sagt zum Beispiel zu Bruder und Schwester „ihr müßt warten", dies allerdings nachdem der Bruder eben das geäußert hat („wir warten") und die Schwester dem Chor seinen Teil souffliert: „ihr müßt warten" (Bernhard 2004a, 119). Der Chor ist auf der Bühne präsent, aber, wie es scheint, ohne um seine Funktion zu wissen, die ihm erst von den Figuren zugeschrieben wird.

Das spinnt sich im Weiteren fort, wenn der Chor wiederholt, was Schwester oder Bruder ihm vorsagen: entweder ganze Sätze („es gibt keinen Übergang") oder auch nur einzelne Worte („Phantasie", Bernhard 2004a, 119). In diesen Anadiplosen zeigt sich die Funktion, die Bernhard dem Chor zuschreibt, ganz deutlich. Spricht der Bruder jeweils von seinen oder der Schwester zugeschriebenen Eigenschaften, Zuständen oder Tätigkeiten, so nimmt der Chor in der Wiederholung des Substantives ohne die Possesivpronomina „mein" und „dein" diese (Seelen)zustände den agierenden Figuren und stellt sie entpersonalisiert in den Raum:

Bruder
    in meiner Phantasie
Chor
    Phantasie
Bruder
    dein Schweigen
Chor

---

3 Vgl. dazu im Kontext des absurden Theaters Krammer 2003, 65.

    Schweigen
Bruder
    deine Verlassenheit
Chor
    Verlassenheit
Bruder
    deine Sicherheit
Chor
    Sicherheit (Bernhard 2004a, 119–120)

Diese Entpersonalisierung wird im Folgenden explizit, indem die Rede auf den Tod kommt: „Bruder: dein Ende / Chor: Ende". Wie eine Einrede gegen diesen verbal herbeigeführten Tod erscheint der Versuch der Schwester, das Wort noch einmal zu ergreifen: „worin nicht", doch der Chor unterbricht: „in allem und jedem", „Schatten / und Schatten vor Schatten" (Bernhard 2004a, 120).

Als Repräsentant oder Verkünder der Unterwelt erscheint der Chor wieder in VI. Liest man zunächst die Loqutien des Chores in diesem Abschnitt, ergibt sich folgende Wörterreihe: „nichts", „vorüber", „vorüber", „schneidet Hälse ab", „ein Abgrund", „tötet / tötet / tötet", „ohne Zahl / ohne Zahl / ohne Zahl", „tötet", „niemand sieht mich", „morgen", „nichts" (Bernhard 2004a, 125–130). Der Chor steht nicht nur für die Entindividualisierung in ihrer radikalen Form, also für den Tod, er evoziert auch sprachlich jenen Raum, in dem diese Entindividualisierung vonstattengeht – als Kommentar zu den nihilistischen Einsichten der Gestalten „Tänzerin" und „Dichter", die meinen, in ihrem jeweiligen Werk aufzugehen, „lacht" der Chor an zwei Stellen „durcheinander". Dieses Lachen unterbricht die „Tänzerin: die Entdeckung / daß ich nicht bin / macht mich glücklich" und den „Dichter: „es gibt Silben / die der Welt überlegen sind / und die niemand zerstören kann" (Bernhard 2004a, 129). Der Abschnitt endet mit dem vom Chor artikulierten „nichts" (Bernhard 2004a, 130). Hier greift Bernhard das nihilistische Lachen Nietzsches auf. Wie hier der Chor die beiden Künstler mit einem Totenlachen unterbricht, trägt der Silen inmitten von Nietzsches Ausführungen über den Chor das vergebliche Streben des Menschen danach, nichts zu sein, unter „gellem Lachen" (Nietzsche 2003, 35) vor.

Der Schluss des Stückes nimmt das Thema der Auflösung ganz explizit in den Blick: die „sechs oder sieben verdunsteten" Körper auf „eine[r]" „weiße[n] endlose[n] Fläche" (Bernhard 2004a, 136) sind vielleicht sieben der zehn „Gestalten" des Stückes, vielleicht aber auch nicht. Der Chor, den man nach dessen eigenen Angaben ohnehin nicht sieht, ist indessen verschwunden. War er überhaupt da? Und wenn ja, in welcher Gestalt? Als „nichts", als solches jedoch sprachbegabt.

Diese Figuration des Chores kann man auch in Bernhards Libretto *die rosen der einöde* ausmachen. Der Chor erscheint hier als dramatis persona unter den anderen dramatis personae und nimmt doch eine deutliche Sonderstellung ein. Er erscheint als jene Formation, die keine übliche Vorstellung von der Welt hat, ja vielleicht die Welt gar nicht kennt: wiederholt fordert er: „wir wollen die Welt sehen" (Bernhard 2004b, 10 – 13). Der Chor geht davon aus, dass die Bewohner der ersehnten Welt Namen tragen und wird enttäuscht. Er geht ferner davon aus, die Welt müsse rund sein und erfährt, sie sei ein Ei.

Der Chor übernimmt außerdem die Sprache des Gärtners nach dessen Tod. Erneut erscheint der Chor also als Figuration des Todes, vielleicht auch einfach eines entindividualisierenden Prinzips. Zugleich aber erscheint der Chor als Stimme der Gestorbenen und wird damit vergleichbar mit den Stimmen bei Jelinek, die ebenfalls den Untoten zugeschrieben werden. Ein Chor hört nicht auf zu sprechen – in der Entindividualisierung[4] der Stimme trägt er die Stimme dennoch oder gerade weiter (vgl. dazu Haß 1999, 78 – 79).[5]

Das ist verknüpft mit einem ästhetischen Prinzip: dem der Erscheinung um ihrer selbst willen. Sowohl Bernhard als auch Jelinek streben ein Theater jenseits von referentieller Bedeutung und diesseits der Autonomie der Erscheinung an.[6] Ganz im Sinne Nietzsches und Rilkes, wie sie eingangs zitiert wurden, betont die Gestaltung des Chores den Theaterraum als einen ästhetischen Sonderraum, der gewohnte Grenzen sprengt und die Darstellung neu und anders einhegt.

Den Sonderraum des Theaters schildert Nietzsche mit einem alpenländischen Bild:

> Der Satyrchor ist zuallererst eine Vision der dionysischen Masse, wie wiederum die Welt der Bühne eine Vision dieses Satyrchors ist: die Kraft dieser Vision ist stark genug, um gegen den Eindruck der „Realität", gegen die rings auf den Sitzreihen gelagerten Bildungsmenschen den Blick stumpf und unempfindlich zu machen. Die Form des griechischen Theaters erinnert an ein einsames Gebirgsthal: die Architektur der Scene erscheint wie ein leuchtendes Wolkenbild, welches die im Gebirge herumschwärmenden Bacchen von der Höhe aus erblicken, als die herrliche Umrahmung, in deren Mitte ihnen das Bild des Dionysus offenbar wird. (Nietzsche 2003, 60)

---

[4] Die Figuren sind, wie Janke schreibt, zwar als solche „entindividualisiert" (Janke 1999, 225), jedoch führt der Chor diese Entindividualisierung performativ weiter.

[5] Wenn Ulrike Haß dem Chor in seiner entindividualisierenden Polyvokalität mit Roland Barthes das ‚Rauschen der Sprache' und ‚Musik des Sinns' zuschreibt, sieht man erneut die Nähe zu Nietzsche, auf den all das letztlich zurückgeht. Zugleich sieht man an der Analyse der Chor-Figur, dass dem Chor die Funktion der Musik selbst zukommt, wenn die Funktion der Musik ist, das „Lebens-Spiel am Leben" zu halten und „das ewige Spielen-Müssen prolongiert"(Janke 1999, 226), vgl. auch Mertens 2013, 292.

[6] Vgl. Kolesch 1999, 64 – 65, sowie Janke 1999, 220 – 221, Krammer 2003, 97 u. 103 und Klug 1991, 202 u. 207.

2 Jelineks „Chor" in *Ein Sportstück* (1998)

In einer ungewöhnlich langen Regieanweisung[7] zu Beginn von *Ein Sportstück* nimmt Jelinek die Unterscheidung zwischen so genanntem Haupt- und Nebentext aufs Korn, indem sie im Nebentext zu Beginn des Stücks eine Figur auftreten lässt, die zudem noch den Schlussmonolog spricht: nämlich „[d]ie Autorin", die sich notfalls auch „von Elfi Elektra vertreten" lassen kann (Jelinek 2008, 184). Der Nebentext gibt sich also als Teil der Fiktion aus oder der Haupttext als Teil der dramaturgischen Bühnenwirklichkeit. Dieser Kunstgriff ist wichtig, um den Stellenwert dessen, was in dieser „Regie-Anweisung" steht, einschätzen zu können.

Hier ist, so ausführlich wie an keiner anderen Stelle des Jelinekschen Werks, vom Chor bzw. von „Chören" die Rede.[8] Über die Chöre spricht die „Autorin" die dritte Person plural „Sie" an, die Regisseure, darf man schließen: „Die Autorin gibt nicht viele Anweisungen, das hat sie inzwischen gelernt. Machen Sie was sie wollen" (Jelinek 2008, 7). Eine Sprechinstanz wiederum spricht in der dritten Person von der Autorin (von sich selbst?), die im nächsten Moment zu einer Sprechinstanz verschmelzen: „Machen Sie was sie wollen" ist die direkte Rede der Sprechinstanz / der Autorin. In dieser Rede fährt der Text in einem Imperativ fort, der den benevolenten Eingangssatz karikiert: „das einzige, was unbedingt sein muß, ist: griechische Chöre" (Jelinek 2008, 7).

Was aber ist das: griechische Chöre? Die Regie und die Interpretation könnte sich aufgrund dieses Satzes daran machen, die griechischen Dramen zu studieren und würde viele verschiedene Ausprägungen von „griechischen Chören" finden und natürlich längst gemerkt haben, dass sich diese Multichoralität durch die Geschichte der Interpretationen, Wiederaufnahmen, der Rezeption und Transformation seit zweitausend und mehr Jahren weiter verzweigt und mit historischen Indienstnahmen verkompliziert hat. Dieser Einladung zum Zurückschweifen gebietet Jelinek aber Einhalt, indem sie genauer beschreibt, was sie mit der Forderung nach griechischen Chören meint:

> griechische Chöre, einzelne, Massen, wer immer auftreten soll, außer an den wenigen Stellen, wo etwas anderes angegeben ist, muß Sportbekleidung tragen, das gibt doch ein

---

[7] Zur Problematisierung des Begriffs vgl. Schmidt 2008, 43 und zur Sache auch Haß 2013a, 162.
[8] Gleichwohl ist das nicht der einzige von Jelineks Theatertexten, der mit dem Chor umgeht (vgl. Haß 2013b, 67 und Meister 2013, 69). Aufgrund der Tatsache, dass Jelinek nicht immer festlegt, wer welchen Text und nicht einmal wie viele welchen Text sprechen sollen, bezeichnet Monika Meister „das chorische Sprechen" als dasjenige, was „Jelineks Theatertexte grundlegend [...] strukturiert" (Meister 2013, 69).

> weites Feld für Sponsoren, oder? Die Chöre, wenns geht, bitte einheitlich, alles adidas oder Nike oder wie sie alle heißen, Reebok oder Puma oder Fila oder so (Jelinek 2008, 7).

Der Einzelne ist von der chorischen Masse kaum zu unterscheiden, alle tragen Sportkleidung, höchstens die Marke ist verschieden. Damit spießt Jelinek natürlich ein soziales Phänomen auf, nämlich eben dieses, dass die Kleidung immer dieselbe, in aller Regel unter den gleichen menschenunwürdigen Bedingungen hergestellte ist, die sich in Preis und Ansehen nur durch den Namen unterscheidet. Der Hinweis auf die Sponsoren ist wiederum ein dramaturgisch-bühnenwirkliches Element innerhalb des fiktionalen Textes, an dem man sieht, dass es reichlich absurd ist, überhaupt von einem fiktionalen Text zu sprechen (vgl. dazu auch Schmidt 2008, 45).[9] Die Autorin geht ganz in der Tradition der großen Dramatiker, die meistens – ebenso wie Bernhard – auch Bühnenpraktiker waren, auf die Bedingungen von Theater inmitten der (Sport-)Gesellschaft ein. So zeigt sie, dass der Sonderraum des Theaters als dieser Sonderraum seinen „Sitz im Leben" (Zimmermann 2000, 30) hat. Besonders aufschlussreich ist in diesem Zusammenhang der Hinweis auf die möglichen Kosten der Inszenierung inmitten des dramatischen Textes: „oder, etwas teurer, mittels Leuchtschrift" (Jelinek 2008, 7).

Der Chor hebt sich, wenn überhaupt, dann durch die einheitliche Bekleidung von den Einzelnen ab. Wenn aber der Chor zum Beispiel in Schwarzweiß gekleidet ist und einige Einzelne auch, wird die Unterscheidung zwischen den Einzelnen und dem Chor allein aufgrund der Kleidung schwierig.

> Was ich vom Chor will, ist folgendes: Der Chorführer, oder die Chorführerin, soll mittels Ohrstecker mit dem Sportkanal verbunden sein und alle interessanten Sportereignisse oder die neuesten Ergebnisse, je nach seiner (ihrer) Einschätzung, dem Publikum bekanntgeben […]. Zum Chorführer (zur Chorführerin) sollte jemand gewählt werden, der gut improvisieren kann, er tritt also zur Rampe und verkündet, das Spiel unterbrechend, ein neues Ergebnis,

---

[9] Haß spricht von der „öffentlichen Arbeitsweise der Texte Jelineks" (Haß 1999, 72). Die Kunst als Kunst gehört zur Wirklichkeit, ja ist vielleicht gerade wirklich, weil sie künstlich ist (vgl. Jelinek 1992, 2), was gerade nicht ausschließt, dass „reale" Versatzstücke im Kunstwerk eingestaltet sind (vgl. Figal 2010, 91–92). Jelinek scheint gerade dadurch, dass sie Bühnenbeschreibung, Regieanweisung und den mehr oder weniger friedlichen Dialog mit der Regie als Teil ihres dramatischen Textes gestaltet, auf diesen künstlerischen Sonderraum zu insistieren. Dies steht nicht im Gegensatz dazu, dass die „Wirklichkeit" als „Fundus der Autorin" angesehen wird (Meister 2013, 70). Siehe auch Haß 2013a, 62: „die vielfältigen Bezüge zwischen Text, Figur und Körper, zwischen Sprache und Sprechen, Sichtbarem und Hörbarem [liegen] im Theater in einer komplexen Struktur zueinander geordnet [vor], sodass sich kein Teilchen herauslösen lässt, ohne andere Elemente zu berühren, zu verstellen oder zu ordnen".

und der Chor nimmt das dann auf und wiederholt es chorisch. Und zwar so, daß die Handlung eben dadurch unterbrochen wird, es gibt eh keine (Jelinek 2008, 7).

Aus den „griechischen Chören", bzw. den „Chöre[n]", ist von einem zum nächsten Absatz *ein* „Chor" geworden, der, ganz in attischer Manier, einen gewählten Chorführer oder, nicht in attischer Manier, eine gewählte Chorführerin hat. Der Text, den dieser und ihm nachsprechend der Chor zu sprechen hat, wird aus der außerhalb von Bühne und Theater gleichzeitig ablaufenden „Realität" des „Sportkanals" gespeist (Jelinek 2008, 7). Der Chor hat keinen niedergeschriebenen Text der Autorin zu sprechen, sondern die Ergebnisse dieses oder jenes gleichzeitig zum Theaterabend verlaufenden Sportereignisses zu verkünden – das Vertrauen oder die Gewissheit, dass immer jemand spielt, ist also vorausgesetzt. Damit soll der Chor eine Handlung „unterbrechen", die ohnehin nicht vorhanden sei.

Bei der Beschreibung der Bühne geht „die Autorin" offensichtlich von drei chorartigen Formationen aus: zwei „Feindmengen", durch ein „Fanggitter" in einem „Sportstadion" voneinander getrennt, tendenziell permanent feindlich aufeinander zustrebend, und eine Phalanx aus uniformierten Polizisten, die dieses Bestreben zu verhindern sucht. Von den „Übergriffen" der „Feindmengen" „handelt im Grunde das ganze Stück, vielleicht aber auch von was ganz andrem" (Jelinek 2008, 7–8). Mit diesen Worten endet die Exposition in Form einer Regie-Anweisung, die sich selbst ad absurdum führt.

Handelte das Stück von diesen „Übergriffen", so wäre das Hineinrufen von Sportergebnissen die Unterbrechung dieser Handlung – im Ergebnis eines Spieles wäre der Agon für einen kurzen Moment, in dem der Sieger klar und anerkannt ist, unterbrochen. Diese hier gesetzte Handlung wird zuvor aber negiert („es gibt eh keine") und auch in ihrer Beschreibung sogleich wieder zurückgenommen („vielleicht aber auch von was ganz andrem").

Wie „unbedingt" ist dann die Forderung nach den „griechischen Chören" zu verstehen? Die extensive Beschreibung dieser Chorformationen am Anfang dieses Stücks erfährt auf der Textebene nicht annähernd die Beachtung, die man durch die Exposition erwarten könnte. Der Chor tritt als dramatis persona ein einziges Mal in Erscheinung und spricht einen zehn Seiten langen Text. Die Textebene täuscht jedoch – die Regieanweisung zu Beginn des Stücks lenkt den Blick weg vom Text und hin zur Regie.[10] Dies allerdings so, ein Kunstgriff der Autorin, die damit ihre Unentbehrlichkeit erweist, dass diese Hinwendung zur Regie gerade

---

10 Vgl. zu dem daraus resultierenden und als „Verwirr-Spiel mit den Masken der Figur, der Rolle und der Identität" ästhetisch fruchtbar zu machenden Spannungsfeld Kolesch 1999, 58.

wieder auf den Text zurückbiegt, da sie in eben diesem vorliegenden Text geschieht. Die „griechischen Chöre", die „unbedingt" „sein müssen", sind Sache der Bühnenpraxis und sind Sache des Moments der Aufführung. Sie sind das rein performative Element, dem kein Äquivalent im Text entspricht. Dieses Element ist aber wiederum eben durch die Beschreibung auf der Textebene evoziert.[11] Mit diesen Chören kann man (fast) alles machen und so wurde das auch gern ausgelegt.[12] Gleichzeitig ist die Aufgabe doch klar umrissen: Wiedergabe von aus ihrem Kontext gelöst recht sinnlosen Ergebnissen (und nur Ergebnissen) von irgendwelchen zufällig gerade stattfindenden Sportkämpfen.

Bei seinem Auftritt als Figur im Stück (als Text betrachtet) spricht der Chor einen niedergeschriebenen Text, dessen (fingierte) Quellen allerdings nicht der Sportkanal, sondern der öffentlich-rechtliche Rundfunk (ORF) und die Wiener Wochenzeitung „Falter" sind. Nach einer Einleitung, die Sport und Krieg engführt und damit, in antiker Manier, den Monolog der Frau kommentiert, suggeriert der Chor „zwei vollkommen uneigennützige Mannschaften", die zu „sehen" seien (Jelinek 2008, 23). Der Chor erregt auf diese Weise, wie von Nietzsche gefordert, eine „Vision". Diese Mannschaften sind die Rezipienten der genannten Medien, die der Text zu gegensätzlichen Formationen stilisiert: Hier die Jungen, dort die Alten, hier die Söhne, dort die Mütter. Der Kommentar schlägt um in eine belehrende Attacke auf die sich um ihren Sohn sorgende Mutter und mündet in den aus Nietzsches Tragödienschrift entnommenen, abgewandelten Satz des Silen: „Und für Ihren Sohn hat es sich nicht ausgezahlt, geboren zu sein. So!" (Jelinek 2008, 24)[13]

Im Folgenden scheint der Chor – wie zuvor schon bei Bernhard – die Stelle eines Verstorbenen einzunehmen. Denn der gestorbene Sohn wird „im Grab" (Jelinek 2008, 24) verortet, während der Chor auf seine versprochene Wiederkunft wartet und in der Zwischenzeit dessen Anrede an die Mutter übernimmt: „Mama!" ruft der Chor so, wie am Schluss „die Autorin" beständig „Papi" schreit (Jelinek 2008, 184–187). Der Chor wird hier zur Stimme des gestorbenen, jedoch untoten

---

11 Vgl. zum Ineinander von Text und über den Text hinausgehende Regie Kolesch 1999, 61.
12 Vgl. die Beschreibung der Uraufführung durch Einar Schleef bei Schmidt 2008, 46–48, sowie bei Kolesch 1999, 62–63 und die Ausführungen von Kurzenberger 1999, insbes. 87–90. Karen Jürs-Munby spricht von einem „Freibrief Jelineks", den Schleef „beim Wort genommen" habe, „indem er eigene Szenen einfügte" (Jürs-Munby 2013, 327).
13 Vgl. Nietzsche 2003, 35: „Elendes Eintagsgeschlecht, des Zufalls Kinder und der Mühsal, was zwingst du mich dir zu sagen, was nicht zu hören für dich das Erspriesslichste ist? Das Allerbeste ist für dich gänzlich unerreichbar: nicht geboren zu sein, nicht zu *sein*, *nichts* zu sein. Das Zweitbeste ist für dich – bald zu sterben." (Hervorhebung FN) Der Text des Chores in *Ein Sportstück* reflektiert die Künstlichkeit der dramatischen Kunstfigur, ganz im Sinne von Jelineks Statement über ihre Figuren: „Sie sind alles und nichts" (Jelinek 1989, 152).

Sohnes. So zeigt sich dieser „Sohn" im Laufe der chorischen Rede zunehmend als ein Kunstprodukt, das aus den „Stimmen" der Zeitung und der Geschichte konstruiert ist. So gehen die Ebenen des „individuellen" Schicksals von einem, der auszog, Sport zu treiben, mit der der politischen und ökonomischen Indienstnahme des Sports beinahe nahtlos ineinander über.[14] Die instrumentalisierende Mutter-Kind-Beziehung, so scheint es, macht es staatlicher und/oder marktbestimmt gesellschaftlicher Vereinnahmung des Einzelnen durch kollektive Überformung von vorneherein leicht.[15]

3 Stimmen und Sprachen der Toten. Der Chor als musikalischer Hintergrund der Dichtung

Wer spricht, wenn der Chor spricht? Bernhard und Jelinek stellen diese Frage, wenn sie den Chor einsetzen, und beide setzen das chorische Sprechen ein, um denen, die keine Stimme (mehr) haben, eine zu geben, insbesondere denen, die Jelinek „Untote" (Jelinek 2004, 138) nennt – diese Stimme ist nicht nur die der Opfer, sondern auch die der Täter, wie Jelinek in *Wolken.Heim.* (1990) zeigt, wo sie mit dem permanenten Einsatz des Kollektivsingulars „Wir" (Jelinek 2004, 137–158) beständig fragt: wer spricht, wenn ein „wir" spricht (vgl. Meister 2013, 69)? Chorisches Sprechen geht bei Jelinek und bei Bernhard in den besprochenen Stücken dort weiter, wo individuelles Sprechen nicht länger möglich ist. Der Chor ist die Stimme aus dem „off" des Totenreichs.

Welche Sprache aber spricht der Chor? Mit Bernhard kann man antworten, dass die Sprache des Chors – der Gemeinschaft, des Kollektivs – so unbestimmt und daher so beliebig füllbar ist, wie das „Ach" der Olimpia bei E.T.A. Hoffmann (1985, 40). Der Chor sagt im Zweifelsfall: „oh" (Bernhard 2004b, 10–14).

Damit zeigt Bernhard einerseits, dass der Chor sich auf der modernen Bühne nicht ohne weiteres zurechtfindet, und andererseits weist er dem Chor auf eben dieser modernen Bühne den Ort eines nichtreferentiellen und also musikalischen und nur musikalischen Sprechens (oder Singens) zu (vgl. auch Krammer 2003, 95–97). Diese Funktion des Chores haben Christina Schmidt und Ulrike Haß auch

---

14 Vgl. dazu auch Haß 2013a, 163.
15 Die Mahnung der „performative[n] Ästhetik" an die „Vergänglichkeit von Ereignissen und Formen im ephemeren theatralen Moment ebenso wie an die Vergänglichkeit des Menschen" (Kolesch 1999, 65) ist zugleich eine Mahnung daran, dass der Mensch als Individuum den Versuchen seiner Kollektivierung seinem Wesen nach widersteht. Vgl. auch Pelka 2013, 297. Jürs-Munby setzt Jelineks „Kritik am Kollektiv als Masse" ab gegen „Schleefs positiv besetzte Auffassung vom Chor als Kollektiv" (Jürs-Munby 2013, 327).

beim Chor Jelineks und Schleefs ausgemacht. Chorisches Sprechen und Singen zeigt auf dem Theater der Moderne Erscheinungstheater, das allfällige politische, ja referentielle Zuschreibungen jeder Art künstlerisch aufhebt.[16] Genau das aber ist in Nietzsches Sinne ursprünglicher Weise Theater: ästhetisches Spiel um seiner selbst (oder um Dionysos') Willen. Ist das Theater bei Nietzsche alltagsenthoben und in gesteigerter Weise lebendig, so ist es bei Jelinek alltagsenthoben und unlebendig: „Den Wunsch, Leben zu erzeugen auf dem Theater, der fast alle Schriftsteller angezogen hat, lehne ich ab. Ich will genau das Entgegengesetzte: Unbelebtes erzeugen" (Jelinek 1989, 153). Damit strebt Jelinek jenes „andere Theater" an, in dem Bühnengeschehen als Erfahrung von Gegenständlichkeit (vgl. Figal 2006) möglich wird. Wenn Jelinek die zitierte Unbelebtheit mit der Forderung nach unbedingter „Wiederholbarkeit" (Jelinek 1989, 192) verknüpft, so erhebt sie für ihre Dramatik den Anspruch, etwas Dauerndes und Unverwechselbares zu sein, auf das der Rezipient immer wieder zurückkommen kann. Das wäre der Anspruch, das Kunstwerk als Gegenstand im phänomenologischen Sinne sich zeigen zu lassen. Das Kunstwerk in diesem Sinne ist gerade nicht lebendig, sondern objektiv, die Werke der Kunst zeichnen sich durch eine spezifische „Fixiertheit und Unveränderlichkeit" (Figal 2010, 94) aus.

Diese dramatische Vision wird gerade durch einen musikalischen oder quasimusikalischen Effekt hervorgerufen – eine chorisch umgesetzte, musikalische Grundstimmung. Chorisches, halbverständliches Sprechen ist der Hintergrund vor dem gespielt wird. Damit bewegen sich diese Texte zwischen dem Dionysi-

---

[16] „Erscheinungstheater" überträgt Günter Figals Bestimmung der Kunstwerke als „Erscheinungsdinge" auf das Bühnengeschehen, insofern es als Kunstwerk, also als „Phänomen *par excellence*" (Figal 2010, 93) wahrgenommen werden will. Dabei verdoppelt sich der Theatercharakter von Theater: Ist der Schauplatz (theatron) bereits der Platz für die Erscheinung, so wird er im „Erscheinungstheater" reflektierend intensiviert. Hier liegt ein phänomenologischer Erscheinungsbegriff zugrunde. Einen solchen setzt auch, ohne es explizit zu machen, Monika Meister voraus, wenn sie das „aufscheinen lassen" des „Anwesende(n)" im „Abwesenden" gegen die „Repräsentation" stellt (Meister 2009, 275) und mit Jelinek davon spricht, dass das „Gesprochene zu einem Sein" komme (2009, 279). Mit dem Theater als echtem Spielraum (vgl. Meister 2009, 280) könnte man jedoch sagen, das Sprechen komme eben nicht zu einem Sein, sondern zum Erscheinen. Fasst man dagegen „Erscheinung" als Äquivalent zu „Illusion" auf, kann man Jelineks Theater als eines „gegen den schönen Schein" (Gürtler 1990, vgl. insbes. 10–12, auch Haß 2013b, 64) auffassen, aber eigentlich nur dann. Nicht zuletzt Jelineks berühmter Text *Ich möchte seicht sein* (1983) zeigt, dass man mit einem phänomenologischen Erscheinungsbegriff beschreiben kann, was die Autorin will: „Zivilisten sollen etwas auf einer Bühne sprechen" (Jelinek 1990, 158), betont, dass ein Gegenstand betrachtet werden will, nämlich etwas. Dieses Etwas wird näher benannt, nämlich als „Sprechen" und „Dichtung" (1990, 158). Die Ungeheuerlichkeit der Regie ist in der Logik dieses Textes die, dass das „Bedeutungslose" – das Sprechen, die Dichtung, das, was einfachhin erscheint – plötzlich etwas bedeutet (1990, 159).

schen und dem Apollinischen ohne je dem einen oder dem anderen den Vorzug zu geben. Die Auflösung der (psychologischen) Figuren führt zu umso klarer umrissenen, wirklichen Kunstfiguren: „Sprache und Figuren" sollen, „wie schon beim antiken Theater, diese Übergröße in der Präsenz bekommen" (Jelinek 1992, 2). Dies wird erreicht, indem die „geschlossene[n] Sprachflächen", die die Figuren sein sollen, „dauernd Wahrheiten aus sich heraus[brüllen]", bis „auch hier jemand denkt: Das kann so eigentlich nicht alles stimmen. Oder: das ist eigentlich wahr, aber das sagt so niemand. Niemand im wirklichen Leben" (1992, 2). Ganz im Sinne Nietzsches hält Jelinek fest: „Nur das Theater wäre der Ort der allergrößten Wirklichkeit und der allergrößten Künstlichkeit." (1992, 2)[17]

In eben diesem Sinne, jedoch gleichsam von der anderen Seite sich nähernd, hält Pia Janke über die Libretti Bernhards fest:

> Welt wird in diesem Theater entworfen und zugleich als ein großes Theater vor Augen geführt, als ein Spiel, aus dem es kein Entkommen gibt. Assoziativ werden Jahrmarkt, Zirkus, Zuschauer- und Bühnenraum als Rahmen der Handlungen beschworen und dadurch die Künstlichkeit, die Theatralität des Lebens betont, auf das verwiesen wird (Janke 1999, 225).

Jelinek und vor ihr Bernhard machen das Theater nicht zuletzt mithilfe des Chores „scheinhafter und schöner" (Rilke 1996, 165).[18] Dabei folgen sie „einem musikalischen Rhythmus" (Jelinek 1992, 4), wie Jelinek ihre Nähe zu Bernhard beschreibt, und damit sind beide Kinder der Nietzsche-Zeit. Vergleicht man Bernhard und Jelinek, so zeigt sich Nietzsche als der gemeinsame Bezugspunkt, wo es um die Entstehung der Sprache aus der Musik geht. Dieses musikalische Ursprungsmotiv ist eine Gemeinsamkeit, die weitere Gemeinsamkeiten zwischen beiden Autoren einschließt. Insbesondere das schreibende Bedenken des Todes und des Grenzbereiches zwischen Leben und Tod ist eng verknüpft mit der entindividualisierenden Macht, die Nietzsche der Musik zuschreibt. Die rhythmische Bewegtheit der Musik, die Formen schafft und zugleich wieder auflöst, suggeriert

---

17 Vgl. zu diesem Komplex Meister 2009, 257, 283 u. 284.
18 Bezeichnend ist eine Formulierung Nicolas Stemanns über die Zumutung des Jelinekschen Textes: „Das Theater darf machen, was es will – und das, wo der Text es hinführt! [D]as ist ja da, das Chaos, und die Texte versuchen, mit den Mitteln der Kunst dieses Chaos zu ordnen. Allerdings, und das ist es, was einen am Anfang so wütend macht, ist diese Ordnung der Kunst keine, die das Chaos negiert oder aufzuheben willens oder in der Lage wäre. Lässt man sich jedoch darauf ein, dann spürt man diese wahnsinnige Schönheit dieser Texte, die Größe dieses literarischen Verfahrens. Und letztlich ist es das, was auch die Qualität für die Zuschauer der Inszenierung ist: dass die Inszenierung sie in einen Zustand bringt, in dem alles ganz klar erlebbar ist, obwohl es nicht mehr rational erfassbar ist" (Stemann 2007, 124). Vgl. zur Schönheit der Kunst in diesem Sinne Figal 2010, 52–121.

einen Blick in ein unkonturiertes Zwischenreich von Tod und Leben, Form und Nichtform, Sprache und ihrem klingenden Ursprung.

So beschreibt Bernhard sein eigenes Schreiben mit einer Paraphrase aus Nietzsches Tragödienschrift:

> Ja, was ich schreibe, kann man nur verstehen, wenn man sich klarmacht, daß zuallererst die musikalische Komponente zählt und daß erst an zweiter Stelle das kommt, was ich erzähle. Wenn das erste einmal da ist, kann ich anfangen, Dinge und Ereignisse zu beschreiben. (zitiert nach Dreissinger 1991, 88)

Damit nimmt er, bewusst oder nicht, Bezug auf Nietzsches Ausführungen über den Ursprung der Dichtung am Beispiel einer Selbstaussage Schillers:

> Ueber den Prozess seines Dichtens hat uns Schiller durch eine ihm selbst unerklärliche, doch nicht bedenklich scheinende psychologische Beobachtung Licht gebracht; er gesteht nämlich als den vorbereitenden Zustand vor dem Actus des Dichtens nicht etwa eine Reihe von Bildern, mit geordneter Causalität der Gedanken, vor sich und in sich gehabt zu haben, sondern vielmehr eine musikalische Stimmung („Die Empfindung ist bei mir anfangs ohne bestimmten und klaren Gegenstand; dieser bildet sich erst später. Eine gewisse Gemüthsstimmung geht vorher, und auf diese folgt bei mir erst die poetische Idee"). (Nietzsche 2003, 43)

Die „vision des anfangs", die Bernhard mit Picasso seinen ersten dramatischen Texten voranstellt, ist musikalisch. Ganz im Sinne der dionysisch-chorischen Visionen, die Nietzsche ausführt. „Subjektivität" wird im dionysischen Anfang der Kunst als eine „Einbildung" vorgeführt (Nietzsche 2003, 44). Im dionysischen „Schlaf auf hoher Alpentrift" „tritt Apollo [an den Dichter] heran und berührt ihn mit dem Lorbeer" (Nietzsche 2003, 44). Und was passiert? „Die dionysisch-musikalische Verzauberung des Schläfers sprüht jetzt gleichsam Bilderfunken um sich, lyrische Gedichte, die in ihrer höchsten Entfaltung Tragödien und dramatische Dithyramben heissen" (Nietzsche 2003, 44).

Dass diese „Bilderfunken", auch die von der Hand Bernhards und Jelineks, nicht in ein dramatisches Schema mancher Poetiken des deutschsprachigen achtzehnten und neunzehnten Jahrhunderts passen, liegt in der Natur der dramatischen Sache. Dass beide aber auch nicht alles neu erfinden, sondern vielmehr in eine lange *longue durée* der dramatischen Kunst gehören, zeigt sich zum Beispiel am Chor, dessen Gestaltung antike Momente aufnimmt, die Goethe-Zeit mitführt und Nietzsches moderne Theatertheorie umsetzt. Auch, vielleicht gerade das postdramatische Theater ist besser verständlich zu machen, wenn man es mit seiner (auch) dramatischen Vorgeschichte verknüpft.

Literatur

Bernhard, Thomas. *Der Berg* [1970]. In: Ders. *Werke Band 15. Dramen I.* Hg. Manfred Mittermayer und Jean-Marie Winkler. Frankfurt am Main: Suhrkamp, 2004a. 89–136.
Bernhard, Thomas. *die rosen der einöde* [1959]. In: Ders. *Werke Band 15. Dramen I.* Hg. Martin Huber und Wendelin Schmidt-Dengler. Frankfurt am Main: Suhrkamp, 2004b. 7–52.
Bloemsaat-Voerknecht, Lisbeth. *Thomas Bernhard und die Musik.* Würzburg: Königshausen & Neumann, 2006.
Dreissinger, Sepp (Hg.). *Thomas Bernhard. Portraits.* Weitra: Bibliothek der Provinz, 1991.
Figal, Günter. *Gegenständlichkeit. Das Hermeneutische und die Philosophie.* Tübingen: Mohr Siebeck, 2006.
Figal, Günter. *Erscheinungsdinge. Ästhetik als Phänomenologie.* Tübingen: Mohr Siebeck, 2010.
Gürtler, Christa. „Vorwort". In: *Gegen den schönen Schein. Texte zu Elfriede Jelinek.* Hg. Christa Gürtler. Frankfurt am Main: Verlag Neue Kritik, 1990. 7–16.
Haß, Ulrike. „Im Körper des Chores". In: *Transformationen: Theater der neunziger Jahre.* Hg. Erika Fischer-Lichte, Doris Kolesch und Christel Weiler. Berlin: Theater der Zeit, 1999. 71–81.
Haß, Ulrike. „Ein Sportstück". In: *Jelinek-Handbuch.* Hg. Pia Janke. Stuttgart: Metzler, 2013a. 162–167.
Haß, Ulrike. „Textformen". In: *Jelinek-Handbuch.* Hg. Pia Janke. Stuttgart: Metzler, 2013b. 62–68.
Hoffmann, E.T.A. *Der Sandmann* [1816]. In: Ders. *Sämtliche Werke in sechs Bänden.* Hg. Wulf Segebrecht und Hartmut Steinecke. Bd. 3. Hg. Hartmut Steinecke. Frankfurt am Main: Deutscher Klassiker Verlag, 1985. 11–49.
Janke, Pia. „Thomas Bernhard als Librettist". In: *Thomas Bernhard: Traditionen und Trabanten.* Hg. Joachim Hoell und Kai Luehrs-Kaiser. Würzburg: Königshausen & Neumann, 1999. 217–231.
Jelinek, Elfriede. „Ich will kein Theater. Ich will ein anderes Theater. Gespräch mit Elfriede Jelinek". In: *Autorinnen: Herausforderungen an das Theater.* Hg. Anke Roeder. Frankfurt am Main: Suhrkamp, 1989. 142–160.
Jelinek, Elfriede. „Ich möchte seicht sein" [1983]. In: *Gegen den schönen Schein. Texte zu Elfriede Jelinek.* Hg. Christa Gürtler. Frankfurt am Main: Verlag Neue Kritik, 1990. 157–161.
Jelinek, Elfriede. „Wir leben auf einem Berg von Leichen und Schmerz. In: *Theater heute*-Gespräch mit Elfriede Jelinek". *Theater heute* 33.9 (1992): 1–9.
Jelinek, Elfriede. *Wolken.Heim.* [1990]. In: Dies. *Stecken, Stab und Stangl. Raststätte. Wolken.Heim.* Reinbek: Rowohlt, 2004. 135–158.
Jelinek, Elfriede. *Ein Sportstück* [1998]. Reinbek: Rowohlt, 2008.
Jürs-Munby, Karen. „Inszenierungsformen". In: *Jelinek-Handbuch.* Hg. Pia Janke. Stuttgart: Metzler, 2013. 324–334.
Klug, Christian. *Thomas Bernhards Theaterstücke.* Stuttgart: Metzler, 1991.
Kolesch, Doris. „Ästhetik der Präsenz". In: *Transformationen: Theater der neunziger Jahre.* Hg. Erika Fischer-Lichte, Doris Kolesch und Christel Weiler. Berlin: Theater der Zeit, 1999. 57–69.

Krammer, Stefan. „*redet nicht vom Schweigen…*": *Zu einer Semiotik des Schweigens im dramatischen Werk Thomas Bernhards*. Würzburg: Königshausen & Neumann, 2003.

Kurzenberger, Hajo. „Chorisches Theater der neunziger Jahre". In: *Transformationen: Theater der neunziger Jahre*. Hg. Erika Fischer-Lichte, Doris Kolesch und Christel Weiler. Berlin: Theater der Zeit, 1999. 83–91.

Meister, Monika. *Theater denken: Ästhetische Strategien in den szenischen Künsten*. Wien: Sonderzahl, 2009.

Meister, Monika. „Bezüge zur Theatertradition". In: *Jelinek-Handbuch*. Hg. Pia Janke. Stuttgart: Metzler, 2013. 69–73.

Mertens, Moira. „Untote". *Jelinek-Handbuch*. Hg. Pia Janke. Stuttgart: Metzler, 2013. 292–296.

Nietzsche, Friedrich. *Die Geburt der Tragödie aus dem Geiste der Musik* [1872]. In: Ders. *Kritische Studienausgabe*. Hg. Giorgio Colli und Mazzino Montinari. Bd. 1. München: Deutscher Taschenbuch Verlag, 2003. 9–156.

Pelka, Artur. „Körper – Sport – Krieg". In: *Jelinek-Handbuch*. Hg. Pia Janke. Stuttgart: Metzler, 2013. 297–300.

Rilke, Rainer Maria. *Marginalien zu Friedrich Nietzsche* [1900]. In: Ders. *Werke. Kommentierte Ausgabe in vier Bänden*. Hg. Manfred Engel, Ulrich Fülleborn, Horst Nalewski und August Stahl. Bd. 4. Hg. Horst Nalewski. Frankfurt am Main: Insel, 1996. 161–172.

Schmidt, Christina. „Von der nach-protagonistischen Figur zum Chor: Einar Schleefs Inszenierung *Ein Sportstück*". In: *Elfriede Jelinek: Stücke für oder gegen das Theater*. Hg. Inge Arteel. Brüssel: Koninklije Vlaamse Academie van Belgie voor Wetenschappen en Kunsten, 2008. 43–50.

Solibakke, Karl. *Geformte Zeit. Musik als Diskurs und Struktur bei Bachmann und Bernhard*. Würzburg: Königshausen & Neumann, 2004.

Stemann, Nicolas. „'Das Theater handelt in Notwehr, also ist alles erlaubt'. Ein Interview". *Ulrike Maria Stuart*. Hg. Ortrud Gutjahr. Würzburg: Königshausen & Neumann, 2007. 123–140.

Zimmermann, Bernhard. *Europa und die griechische Tragödie: Vom kultischen Spiel zum Theater der Gegenwart*. Frankfurt am Main: Fischer, 2000.

III GEGENWÄRTIGE VERGANGENHEIT

Gerhard Scheit
Totales Bewusstsein und kollektives Unbewusstes

Das postnazistische Subjekt bei Bernhard und Jelinek

Es gibt in der Rezeption avancierter Gegenwartsliteratur eine merkwürdige Arbeitsteilung darin, die Frage der Form zu verdrängen: Die literarische Produktion findet sich entweder unter dem Gesichtspunkt des politischen Engagements verhandelt, dem es nur um den Inhalt zu tun ist (ob er auch genügend fortschrittlich sei etc.), oder sie wird mit Methoden analysiert, die an formaler Bestimmung überhaupt abstreiten, dass sie noch dialektisch auf Inhaltliches zu beziehen wäre (und darum zu Recht strukturalistisch oder poststrukturalistisch heißen, wenn anders Struktur bedeutet, Form ohne Subjekt zu denken). Dieses Dilemma der Rezeption betrifft in ganz besonderer Weise die Literatur Elfriede Jelineks, die gleichermaßen als Paradebeispiel politischen Engagements betrachtet wird, wie auch als bevorzugtes Objekt poststrukturalistischer Analyse dient. Vielleicht ist das auch der Grund, warum die Vergleiche mit Thomas Bernhard sich oft auf den Umstand beschränken, dass diesem Autor in der breiten Öffentlichkeit früh schon die prominente Rolle des ‚Nestbeschmutzers' zugedacht worden war, für die auch Jelinek ausersehen werden sollte. Dass beider Prädestiniertheit für dieses Feindbild nationalistischer Provenienz auf jeweils sehr verschiedenen ästhetischen Voraussetzungen beruht, wurde im Grunde kaum weiter beachtet. Dabei könnten sie sogar in ihren politischen Aspekten noch ins Auge springen: Inmitten einer Welt, in der konservativ zu sein primär bedeutete, im Nationalsozialismus seine Pflicht als ‚Volksgenosse' erfüllt zu haben, gab Bernhards literarische Entwicklung – neben der von Albert Drach oder Hans Lebert – allmählich die Konturen eines ganz anders disponierten Konservativen zu erkennen, dem vor dieser Pflicht graute und der für sie bald nur noch Hohn übrig hatte, gleichsam eines Neokonservativen in alpenländischer Tracht. Solitär war Bernhard nicht nur, weil es in Österreich (jedenfalls außerhalb von Judentum und Zionismus[1] und abgesehen von einem sehr kleinen Kreis kritischer Katholiken[2]) angesichts der alles dominierenden Kontinuitäten seit dem Nationalsozialismus einen solchen, reflektierten Konservativismus eigentlich gar nicht geben konnte

---

1 Das Spektrum reicht etwa von Friedrich Torberg bis Simon Wiesenthal.
2 Zu nennen wären hier Friedrich Heer und Erika Weinzierl.

(oder eben nur in der Literatur geben konnte[3], wobei die Isolation, in die Drach und Lebert gerieten, allerdings symptomatisch ist). Bernhard war auch darin unerhört, dass er im Einspruch gegen die hier von ihm diagnostizierte Symbiose aus Katholiken, Nationalsozialisten und Sozialdemokraten erst in die Nähe mancher Positionen der radikalen Linken gelangte, wo Jelineks Ausgangspunkt als Autorin lag, und nicht zuletzt dank dieser merkwürdigen Annäherung in der westdeutschen Öffentlichkeit mehr Aufsehen denn je erregte und so seinen Ruhm auszubauen verstand. Bei Jelinek könnte hingegen fast von einer komplementären, spiegelbildlichen Entwicklung gesprochen werden, nimmt sie doch in ihren Theatertexten ab einem bestimmten Zeitpunkt auf die Philosophie Hannah Arendts oder die Lyrik Paul Celans Bezug, die für ihre frühe Produktion keinerlei Bedeutung hatten.

Aber die Gegenüberstellung von Jelineks und Bernhards Werken muss viel weiter reichen als derlei Bestimmungsversuche politischer und rezeptionsgeschichtlicher Aspekte. Sie berührt wie kaum eine andere vergleichende Betrachtung auf dem Gebiet der heutigen Literatur den Kern literarischer Produktion. Denn sie macht deutlich, dass es wesentlich um Formen eines Erinnerns geht, dessen Gegenstand gerade jenen dialektischen Begriff der Form in Frage stellt – und darin mag man auch heute noch das Wahrheitsmoment strukturalistischer Methodik erkennen, das sich ihr selbst freilich nicht erschließt; dass es sich bei diesem Problem in aller Konsequenz um die Möglichkeit der Literatur nach Auschwitz handelt.

1 Die enttäuschte Sehnsucht nach dem Souverän: von *Frost* und *Jagdgesellschaft* zu *Vor dem Ruhestand* und *Heldenplatz*

Es ist also kein Zufall, wenn Clemens Götze über das angedeutete Dilemma in jeder Hinsicht hinauszugehen vermag, indem er die Erinnerungsmodi in den Dramen von Bernhard und Jelinek ins Zentrum rückt: „Was bei Bernhard noch das einzelne Individuum erinnert und von der großen Bühne hinunter ins Publikum

---

[3] Im literarischen Leben Westdeutschlands, in dem sich schon bald nach 1945 eine Hegemonie der Linken abgezeichnet hat – wobei die meisten dieser linken Schriftsteller ehemalige Wehrmachts-, SS- oder HJ-Angehörige waren, denen gerade die neue politische Orientierung über die Erinnerung an diese Vergangenheit hinweghalf –, findet sich vielleicht nur ein Autor, der mit Bernhard vergleichbar wäre: Arno Schmidt. Wie weit diese Verwandtschaft reicht, zeigt Jan Süselbecks Studie (Süselbeck 2006).

trägt, erinnert bei Jelinek ein entpersonalisierter Körper ohne inneres Selbst, ein Sprachkonstrukt, wahrlich ein Sprachrohr kollektiver Entgrenzung." (Götze 2011, 191) Nun zeigte Bernhard, um mit einem Detail der Theatergeschichte zu beginnen, bei der Besetzungsfrage jenes „einzelnen Individuums" offenbar eine gewisse Schwäche für Schauspieler und Schauspielerinnen, die im ‚Dritten Reich' Karriere gemacht hatten. Für die Generalin der *Jagdgesellschaft* (1974) hätte er bei der Burgtheateraufführung gerne Paula Wessely gehabt; für Minetti schrieb er eigene Rollen und ganze Stücke; und Marianne Hoppe, die mit dem Autor zuletzt relativ eng befreundet war, verkörperte in der berühmten *Heldenplatz*-Uraufführung (1988) die Frau des toten Professors. Das Verhältnis zur eigenen Vergangenheit mag bei diesen drei Bühnenstars unterschiedlich ausgeprägt gewesen sein und es soll hier nicht erörtert werden, inwieweit es darin überhaupt jeweils einen Bruch gab. Wichtig ist, dass Bernhard sie eine bestimmte Sprache sprechen lassen möchte, in der sich der für ihn allein mögliche Bruch vollzieht. Doch auch dieser Bruch hat eine innere Geschichte und verlief alles andere als glatt.

Ausgebildet wurde die Sprache zunächst in den Romanen und Erzählungen, in deren Mittelpunkt stets ein einzelnes Individuum dargestellt wird, das nahezu in jedem Satz Anspruch darauf erhebt, das Kollektiv, so wie es sich als wirkungsmächtiges Residuum einstiger ‚Volksgemeinschaft' darstellt, von seinem Denken auszugrenzen und gerade darin ein Existentialurteil eigener Prägung zu formulieren: Es richtet sich im Grunde gegen die Doktrin der postnazistischen Gesellschaft, den Verbrechen der Vergangenheit kollektiven Sinn zuzuschreiben, vor allem den, sich für das Ganze – Vaterland, Nation, Volk – aufgeopfert zu haben. Darum spricht der Maler Strauch aus *Frost* (1963) von „der grenzenlosen Naivität des Vernichtungswillens" und von einem gespenstischen „Trauma der Angst", wenn er nur das allgegenwärtige Hundegekläff auf dem Land beschreibt (Bernhard 2003a, 159–160): dahinter lauert der fortgesetzte „ungeheure Ausnahmezustand", die „Synthese der Weltverworfenheit und der Weltverrücktheit" und die „Urteilslosigkeit der ganzen übrigen Welt" (Bernhard 2003a, 285–286). Das eigene Urteil zielt auf die Sinngebung, aber es bezieht seine Begründungen aus fragwürdigen Quellen: Der „letzte Krieg", so Strauch, habe die Landmenschen ruiniert, als „Untermenschen" (Bernhard 2003a, 162) zurückgelassen; es ist von Leichenresten und Kriegsgerät der damals aufgelösten deutschen Regimenter im Wald die Rede, aber auch von „dunklen Elemente[n] aus dem Osten", zu deren Opfern eine Gruppe von Grenadieren gehörte, mit abgeschnittenen Zungen, denen der Penis im Mund steckte (Bernhard 2003a, 146–147). Könnte am Gebrauch des Worts Untermensch noch der Versuch gesehen werden, die Nazidiktion gegen den Nationalsozialismus selbst zu wenden, so bezeichnet die Formulierung von den „dunklen Elemente[n] aus dem Osten" einen letzten gemeinsamen Nenner der Bernhardschen Prosa mit der Sprache des Postnazismus, umso mehr als vom millionenfachen Massenmord im Osten, an dem jene „Grenadiere" in welcher Form auch immer beteiligt waren, geschwiegen wird.

Dieser Nenner wird aber aufgelöst – und das gerade dank einer Prosa, die sich bewusst weigert zu differenzieren, einer Prosa nämlich, die obstinat immer wieder die gleichen Worte und Wendungen gebraucht, um eben keine Nuancierung zuzulassen, bei der ungewöhnliche Komposita nicht Vermittlung andeuten, sondern schockieren wollen. Ihr Impetus ist gegen die in den Nachfolgestaaten des ‚Dritten Reichs' aufblühende Metaphorik gerichtet, mit der die Vergangenheit ‚bewältigt', das heißt, mit Sinn versehen und entsorgt wurde. Metaphern werden bei Bernhard überhaupt nur angewandt, um zu insultieren, was in dieser Gesellschaft als positiv firmieren mag. Sie dienen entweder zur Beschimpfung oder zur Ausweitung der Todessphäre über den gesamten Bereich des Lebens.

Das Existentialurteil kann sich solchermaßen aber nur vom postnazistischen Jargon lösen, indem es letztlich auf ein Bewusstsein rekurriert, das außerhalb jenes totalen Vernichtungswillens, jenes ständigen Ausnahmezustands, außerhalb also des Kollektivs der „Untermenschen", situiert ist. Es liegt darin etwas wie die Sehnsucht nach einem Souverän, der anders wäre, anders als das, was inmitten der Demokratie vom Nationalsozialismus weiterlebt und in Österreich in besonders ausgeprägten Formen fortbesteht. Nach Auffassung des Malers Strauch in *Frost* könne hierbei von einem Staat gar nicht mehr die Rede sein, denn das „Nationale" an diesem Ort ist „Nationalschande"; es handelt sich um etwas so Lächerliches wie einen „kleinen piepsenden Rhesusaffen in einem großen zoologischen Garten", in welchem naturgemäß nur die schönen, gutgenährten Exemplare von Leoparden und Tigern und Löwen Interesse erweckten (Bernhard 2003a, 282).

Staaten wie Leoparden, Tiger oder Löwen finden sich, wenn überhaupt, nur noch im Westen, so legen es jedenfalls die späteren Romanfiguren Bernhards nahe. Fürst Saurau aus *Verstörung* (1967), der sich von der heimischen Nationalschande ebenfalls mit Ekel abwendet, liest die Londoner *Times:* er sei, wie er selbst sagt, ein durchaus für London geschaffener Mensch, der in Hochgobernitz eingekerkert worden ist, in London hingegen hätte er sich auf „die brauchbarste Weise" entwickeln können (Bernhard 2003b, 172). Saurau eröffnet die Reihe derer, die in ihrem Denken eher nach Westen hin ausgerichtet sind – trotz gelegentlicher Seitenhiebe auch in diese Richtung –, wobei die Orientierung zugleich als etwas Aussichtsloses erscheint, so sehr ist die Heimat vergiftet. Saurau selbst, mag auch seine geistige Statur von jenem kleinen piepsenden Rhesusaffen denkbar verschieden sein, wird aber damit noch nicht zum Tiger oder Löwen in Bernhards Bild vom zoologischen Garten der Nachkriegspolitik, er gleicht vielmehr, wie man mit einer Anspielung auf Tomasi di Lampedusa sagen könnte, einem *Gattopardo*, also einem Leoparden, der jedoch anders als in Lampedusas Roman in der neuen

Gesellschaft keinen Halt mehr finden kann: quasi eine Pardelkatze aus der postnazistischen Steiermark. Darum muss er auch fürchten, dass sein Sohn, der sich in London aufhält, den Besitz Hochgobernitz nach der Rückkehr durchaus ruinieren werde: „Hochgobernitz wird ihm nur noch als ein *verrücktes* möglich sein" (Bernhard 2003b, 207).

Vor allem Großbritannien taucht zwar als mögliches Exil und Fluchtmöglichkeit auf (oder es ist Italien, das – trotz Faschismus und Katholizismus – diese Perspektive auf eine andere Souveränität, im Geiste von Hobbes und Machiavelli, verkörpert), aber es geht *stricto senso* um Verkörperung, um Projektionen und Affinität, nicht um eine politische Analyse des jeweiligen Landes und seiner Geschichte. Diese Hoffnung hat auch nichts Idyllisches oder Utopisch-Versöhnliches, so wenig wie der Hobbessche *Leviathan* oder der Machiavellische *Fürst* – und sie trägt immer auch ihre eigene Enttäuschung bereits in sich.

Signifikant ist in diesem Zusammenhang eine Art Drehbuch, das Bernhard 1970 für einen Film auf der Grundlage seines 1964 erschienenen Fragments *Der Italiener* geschrieben hat und an die Handlung von *Verstörung* gemahnt: Der Schlossherr hat sich erschossen, sein Sohn Max ist zum Begräbnis aus London heimgekehrt und begegnet hier einem entfernten italienischen Verwandten, der nun in der Filmvorlage wie ein Hegelianer spricht. Es ergebe sich aus der Betrachtung der Weltgeschichte selbst, „daß es vernünftig in ihr zugegangen, daß sie der vernünftige, notwendige Gang des sogenannten Weltgeists gewesen sei" (Bernhard 2004a, 245–246). Der Sohn „hört zu, er will zuhören, aber es fällt ihm schwer, dem, was der Italiener sagt, zu folgen, alles, was der Italiener sagt, übersteigt sein Fassungsvermögen" (Bernhard 2004a, 246). Die Kamera sei nun aber dem Ort des Gesprächs zuzuwenden, denn der Italiener und Max spazieren auf dem Grundstück des Vaters, sodass klar wird, warum Hegels Weltgeist gerade hier nicht mehr zuständig sein kann. Max erwähnt nämlich, dass er in dieser Lichtung oft Fangen gespielt habe und sagt

> plötzlich: auf einem Massengrab ... die Lichtung ist ein Massengrab. In der Lichtung sind zwei Dutzend Polen begraben. Verscharrt. Gemeine Soldaten. Offiziere. Ich erinnere mich noch, sie haben Zuflucht gesucht im Glashaus, das mein Vater immer das Schlachthaus genannt hat, weil die Polen im Glashaus erschossen worden sind ... er wollte im Glashaus aufgebahrt sein ... das ganze Leben ist er dem Geschrei der im Glashaus an die Wand gestellten Polen nicht entkommen. (Bernhard 2004a, 247)

Allerdings trifft die Schuld hier nicht den Vater: „Deutsche waren es, wie im Fall des ermordeten Vaters des Juden Bloch in *Verstörung*, Österreich kann weiter seinen Opferstatus reklamieren, der Anteil von Wolfsegg und seinen Bewohnern an diesem Verbrechen ist gering: auch der Vater war vom Erschießen bedroht. Die Schuld, die hier gesetzt wurde, ist ungetilgt und lastet auf dem Schloss." (Pfabigan 1999, 166 – 167) Erst im späten Roman *Auslöschung. Ein Zerfall (1986)* ist es die eigene Familie und das eigene Land, die selbst verantwortlich gemacht werden für die Massenverbrechen. Zugleich wird dabei die Sehnsucht nach einem anderen, einem imaginären, westlich geprägten Land insofern am überzeugendsten und genauesten dargestellt, als hier die Lage der Juden in den Mittelpunkt rückt: wirkliches Kriterium für das Wesen und Unwesen des Staats – wie immer man im Übrigen die Lösung am Ende des Romans, die Abschenkung des Besitzes an die jüdische Gemeinde, auch beurteilen mag.[4]

Als Theaterautor setzt Bernhard nun mit der *Jagdgesellschaft* (1974) gleichsam noch einmal bei der Konstellation seines ersten Romans an. Wie in *Frost* ist auch die Gesellschaft von Schriftsteller, General und Generalin eine absolut geschlossene, es gibt kein Außen, keine Aussicht auf ein imaginäres Exil. Auch die Natur, der große Wald, der dem General gehört, ist bloß eine Verlängerung des Subjekts, dient allein dessen Inkarnation. Richtet hier die Figur des Schriftstellers in seinen weitschweifigen Expektorationen alles Sein auf den Tod aus, so behauptet der praktisch politisch tätige General demgegenüber nur ephemer eine Gegenposition, die sich positiv der Erhaltung des Gemeinwesens widmet. In Wahrheit wissen beide so gut wie die Generalin, dass diese Position, die der totkranke General einnehmen möchte, unhaltbar geworden ist. Zwischen den Bäumen, die von den Borkenkäfern befallen sind, wird er, der in Stalingrad war, von den Erinnerungen an die toten Soldaten heimgesucht. So fördert der Wald wie in *Frost* die Vergangenheit des Zweiten Weltkriegs zutage. Waren es im ersten Roman die „dunklen Elemente aus dem Osten", die aus der Ideologie des ‚Dritten Reichs' auftauchten, so verurteilt der Schriftsteller aus der *Jagdgesellschaft* im selben Stil den Kompromiss, den General Paulus machte, als er sich gefangen nehmen ließ, statt sich für den Führer umzubringen: „auch Paulus hat das Leben / der Unsterblichkeit vorgezogen" – und spricht damit aber offen den politischen Kern seiner eigenen Todesphilosophie aus (Bernhard 2004b, 418). Wenn sich der General schließlich erschießt, dann ist es, als sollte eben dieser Kompromiss revoziert werden.

Wie bei der bereits angedeuteten Entwicklung in der Epik zeigt sich auch in der Konzeption der späteren Stücke, dass sich Bernhards Texte im Grunde immer weiter von dieser Todesphilosophie entfernten. Dieser Prozess veranschaulicht zugleich die Erkenntnis, dass die gehasste Volksgemeinschaft, auf die in *Frost* hilflos noch als eine von „Untermenschen" angespielt wurde, sich selbst als eine Gemeinschaft zum Tode überhaupt erst konstituieren konnte. Das erscheint indirekt zunächst als Gehalt der Bernhardschen Komik. Zirkusdirektor Caribaldi aus *Macht der Gewohnheit* (1974) ist wie ein ins Komödienfach abgewanderter Gene-

---

4 Vgl. hierzu Heidelberger-Leonard 1995, 184, 192; Vogt 1999, 47 – 48.

ral: Die Phantasie der Unsterblichkeit, die in *Jagdgesellschaft* der Schriftsteller als versäumte Treue zum Führer einklagt, wird in der Sehnsucht nach der perfekten Wiedergabe des musikalischen Kunstwerks karikiert. Es ist, als ob sich Bernhard durch solche Charakter-Komödien des scheiternden Künstlers – wie später auch mit *Der Theatermacher* (1984) – Raum erst geschaffen hat, auch auf dem Theater das Politische noch einmal zum Thema zu machen und die verhängnisvolle Konstellation von *Jagdgesellschaft* vollständig aufzulösen.

So steht in dem Stück *Vor dem Ruhestand* (1979) ein ehemaliger SS-Offizier im Mittelpunkt, der jetzt als Gerichtspräsident im Nachfolgestaat tätig ist. Die veränderten Bedingungen aber werden von diesem Rudolf Höller wie von der ihm inzestuös verbundenen Schwester Vera unausgesetzt beklagt, um die große politische Vergangenheit heraufzubeschwören – ähnlich wie Zirkusdirektor und Theatermacher von den alten Zeiten schwärmen und unter den neuen leiden, durch die groteske Unterdrückung ihrer Familienmitglieder aber das Verlorene kompensieren. Während noch General und Generalin dank der toten deutschen Soldaten von Stalingrad geheimnisvolle Aura erhalten, werden der Gerichtspräsident und seine Schwester durch ihren Antisemitismus einfach bloßgestellt. Anstelle des Schriftstellers findet sich hier als Gegenüber die andere Schwester des Gerichtspräsidenten, Clara, die gerade, wenn sie schweigt, provoziert und durch ihre Zeitungslektüre jenes Andere, das außerhalb der Nachfolgestaaten des ‚Dritten Reichs' wäre und in den Romanen im Westen oder in Italien lokalisiert wird, in einer Art innerem Exil verkörpert. *Heldenplatz* schließlich wendet dieses Exil wieder nach außen: die Familie des Professors war in England geblieben, die Rückkehr nach Wien bringt dem Professor und seiner Frau geradezu zwangsläufig den Tod.

Gegenüber dem Stück *Elisabeth II. Keine Komödie* (1987), das der Figur des Guggenheim deutlich philosemitische Züge verleiht, gelang Bernhard in *Heldenplatz* noch eine wesentliche „Korrektur": Er habe hier, so Mireille Tabah, „auch auf die Gefahr hin, als Antisemit abgestempelt zu werden, zwischen Skylla und Charybdis, zwischen der ‚philosemitischen' Verklärung eines selbstsicheren Judentums und der selbstgefälligen Identifikation mit den jüdischen Leiden einen schmalen Weg gefunden" (Tabah 2012, 171). Auf diesem Weg mag zwar das Bild der postnazistischen Gesellschaft als eine Projektion kenntlich sein, die das Zusammenhalten der Familie Schuster erst ermöglicht (vgl. Pfabigan 1999, 427–428). Aber gerade in dieser Funktion ist es fast belanglos. Die Gleichgültigkeit angesichts innerfamiliärer Konflikte, die das Stück zum Ausdruck bringt – allein dadurch, dass die Figuren, von einigen schablonenhaften Zügen abgesehen, austauschbar erscheinen, sobald sie nur über Österreich reden (und sie tun es fortwährend) – verrät vielmehr, dass diese Familie in Wahrheit selbst nur als ein Vehikel funktioniert. Damit wird (anders als in *Vor dem Ruhestand*) auch die entsprechende psychologische Ausgestaltung links liegen gelassen, ein Umstand, der wie geschaffen ist, etwas darzustellen, das auf andere als diese groteske Weise vielleicht gar nicht mehr darstellbar ist, so sehr hat der Jargon des Postnazismus und des Philosemitismus alle Ausdrucksmittel desavouiert: die Angst der Juden vor der Verfolgung als einer immer ungreifbarer werdenden, nichtsdestoweniger aber realen Bedrohung. In Österreich Jude zu sein „bedeute immer / zum Tode verurteilt zu sein / die Leute mögen schreiben und reden was sie wollen / der Judenhaß ist die reinste die absolut unverfälschte Natur des / Österreichers" (Bernhard 1988b, 114).

Der beständige Rekurs auf Österreich und die Österreicher ist demnach nicht so sehr als eine Projektion zu sehen, die den inneren Problemen des familiären Zusammenseins entspringt, vielmehr fungiert umgekehrt die Darstellung dieses Familienlebens als bloßer Stichwortgeber, um auszusprechen, was in ungebrochen dramatischer Form, also in der direkten Konfrontation von Juden und Antisemiten, nicht mehr ausgesprochen werden kann. Österreich steht für das *factum brutum*, in Österreich Jude zu sein und also mit Antisemitismus unmittelbar wie nirgendwo konfrontiert zu werden. Dieses Jude-Sein muss nicht mehr philosemitisch ausgemalt werden, weil Bernhard jetzt weniger denn je davor zurückschreckt, sich selbst als Autor inhaltlich ganz zu erkennen zu geben, wenn er der Form nach Jüdinnen und Juden sprechen lässt; also demonstrativ vorführt, jede Figur nur als Sprachrohr seiner selbst zu verwenden und damit die Faustregel germanistischer Proseminare, die Reden der dargestellten Personen nur ja nicht als die Auffassung ihres Schöpfers zu nehmen, außer Kraft setzt. Mit dem einen einzigen Schlagwort Österreich wird das dramatische Formgerüst, dessen Krise schon so lange währt, endgültig zertrümmert. Der Autor prätendiert wie nie zuvor, allein sich selbst darzustellen – und eben keine Juden, denn das wäre philosemitisch; er begründet es aber immanent – durch die (in der ‚Waldheim-Affäre' herangereifte) Einsicht, dass er sich in diesem Land überhaupt nur noch zu Wort melden könne, indem er auf die Lage der Juden unmittelbar Bezug nehme (vgl. Scheit 2013a, 156–158). Die Komik zielt auf die Form und ist bereit, den Narzissmus des Autors offen zur Schau zu stellen, damit im Inhalt nur nichts an Todernstem verloren geht.

2 Der ungemilderte Phantomschmerz der dramatischen Form: *Burgtheater* und *Rechnitz, Totenauberg* und *Stecken, Stab und Stangl*

Während Bernhard sich Paula Wessely für die Rolle der Generalin aus der *Jagdgesellschaft* wünschte, spielte Elfriede Jelinek in ihrer *Burgtheater*-„Posse" (1985) auf eben diese Schauspielerin unmittelbar an. Sie tut es aber nicht, um durch die Allusion noch ein totales Bewusstsein in Gestalt einzelner Individuen zur Darstellung zu bringen, wie es Bernhard vorschwebte, sondern wie es scheint im Gegenteil: ein total gewordenes Unbewusstes zu evozieren.

Schon in früheren Werken provozierten Jelineks ‚Charaktere' dadurch, dass sie, um die Begriffe Freuds und Weiningers zu verwenden, „kein Ich" haben. Die Autorin lässt gewissermaßen immer nur sprechen, was nicht Ich ist, und durch Kulturindustrie, sexuelle Unterdrückung und Klassenherrschaft Ich auch nicht werden kann. Mit *Burgtheater* kommt diese Konstruktion eines kollektiven Unbewussten eigentlich erst zu sich selbst, da nun das Verhältnis zu den Verbrechen der Vergangenheit ebenso zum Hauptthema wird wie die Form des Ganzen zu erfassen beginnt. Das „Allegorische Zwischenspiel" präsentiert einen merkwürdig zugerichteten „Alpenkönig", der die drei Nazi-Schauspieler bereits ganz im Geist der postnazistischen Gesellschaft mahnt: „Ihnaer Entgleisungen schaden Ihnen mehr als sie nutzen. Tun Sie nun endlich eppes fürs Österreicherland". Dieser Alpenkönig ist die szenische Gestaltung dessen, was sich nach 1945 als österreichische Identität etabliert hatte und für die jene drei Schauspieler, auf die das Stück skandalöser Weise anspielte, als Identifikationsfiguren geeignet waren wie nur wenige andere. „Ich bin Ihnare Biographie [...] Ich bin die Nachgeborenen! Ich bin die Jugend! Ich bin das hohe Alter! Ich bin Österreich! Ich bin die Zukunft!" (Jelinek 1992, 146–147)

Das Stück *Rechnitz (Der Würgeengel)* (2009) bildet in bestimmter Hinsicht einen Endpunkt: Hier hat sich jenes im Alpenkönig verkörperte „Ich bin die Nachgeborenen!" vollends zur Form niedergeschlagen, und zwar dadurch, dass nur noch Boten berichten und nicht einmal mehr der Schein eines handelnden, urteilenden Individuums entsteht. Durch das Prinzip des totalisierten Botenberichts, der solche Entgrenzung erlaubt, wird nunmehr unmittelbar szenisch sichtbar, was bereits in früheren Texten die Darstellung des Nationalsozialismus bestimmte: Vergangenheit und Gegenwart gehen vollständig ineinander auf. In diesem Sinn wäre es zugleich verkürzt, die Boten, die ständig das Subjekt austauschen und zwischen „Ich", „Wir" und „Sie" wechseln, als die Nachgeborenen selbst zu identifizieren, die hier nun anstelle von Tätern und Opfern auftreten und dadurch, dass sie so viele verschiedene Varianten des Gedächtnisses, des Verdrängens wie des ‚Sündenstolzes' darbieten, das Geschehene sozusagen relativierten. Vielmehr ist entscheidend, dass die hier Sprechenden unfähig sind, Gegenwart und Vergangenheit als etwas Unterschiedenes und zu Unterscheidendes noch zu fassen, und es also unmöglich wird, von Nachgeborenen *stricto senso* überhaupt sprechen zu können.

Demgegenüber erscheinen Thomas Bernhards Werke insofern konventionell, als in den Romanen wie in den Stücken die chronologische Abfolge der Ereignisse ebenso wie die Einheit von Zeit, Ort und Handlung durchaus gewahrt bleibt – sieht man ab von der Schlussszene des *Heldenplatz*, wenn plötzlich das „Massengeschrei" von 1938 „bis an die Grenze des Erträglichen anschwillt" (Bernhard 1988b, 165). Die bewahrte zeitliche Ordnung ist für das totale Bewusstsein des Subjekts, das bei Bernhard in Roman- wie Bühnengestalten sich verkörpert, geradezu Voraussetzung, das fundamentale Urteil über die Gesellschaft und das Leben zu fällen – wobei allerdings der Eindruck entsteht, dass der Einzelne, der spricht, durch Wiederholungszwang, Monotonie und Größenwahn in seiner Rede selbst jene zeitliche Abfolge und jene Einheit des Ortes von sich aus ganz allein gewissermaßen schon durchbrechen möchte – so wie eben auch sein Urteil darauf hinausläuft: „Alles ist die Hölle." (Bernhard 2003a, 175)

In Jelineks Werken wird solchem Urteilen scheinbar die Grundlage entzogen, ohne dass es deshalb um die Hölle besser bestellt wäre. Der Verlust der Urteilskraft und das Scheindasein der Individualität wie das allenthalben geschwächte Ich, die nach dem Urteil Kritischer Theorie die moderne Gesellschaft ausmachen und in postmodernem Stil mitunter als ‚Tod des Subjekts' affirmiert werden – diese Phänomene finden sich hier eben als Gegenteil dessen dargestellt, was eigentlich Bewusstsein bestimmt. Darin liegt die Radikalität von Jelineks Texten. Sie konstruieren ein sekundäres, ein kollektives Unbewusstes. Wie es im realen Unbewussten, im Unbewussten des Individuums, nach Freud zu keiner Negation kommt, besteht die Konstruktion eines kollektiven, also eines fiktiven Unbewussten bei Jelinek wesentlich darin, die Negation zurückzunehmen. Strebungen mit entgegengesetzten Zielen existieren, so Freud, „im Unbewußten nebeneinander, ohne daß ein Bedürfnis nach deren Abgleichung sich regte. Entweder sie beeinflussen einander überhaupt nicht, oder wenn, so kommt keine Entscheidung [...] zustande [...]" (Freud 1999b, 91). Dem unbewussten „Denken" geht also ein „dem ‚Urteilen' vergleichbarer Vorgang" ab (Freud 1999a, 199), und darum ist es so bestechend, mit ihm eine Gesellschaft zu charakterisieren, die als solche jegliche Urteilskraft hintertreiben muss. Die Negation fällt immer genau dort aus, wo sie ganz selbstverständlich sein müsste, und bestätigt damit *grosso modo* die Aussage des Malers Strauch in *Frost*, wenn dieser von der „Urteilslosigkeit der ganzen übrigen Welt" spricht (Bernhard 2003a, 286).

Die Unfähigkeit zur Negation, die in einer Gesellschaft, die von solcher Unfähigkeit geradezu synthetisiert wird, selbst nicht mehr greifbar sein kann – vielmehr sucht man in Politik, Öffentlichkeit und Kulturindustrie diese Gesellschaft darzustellen als einen Zusammenhang von freien Subjekten und ständigen Entscheidungsprozessen –, lässt sich in Kunst und Literatur nur bloßlegen durch bestimmte Negation der ästhetischen Form beziehungsweise des Formversprechens, und für die dramatische Kunst, die es wie keine andere (abgesehen von der Musik) mit dem „inneren Sinn und der Anschauungsform der Zeit" (Kant) zu tun hat, heißt das: Negation gerade dieses Sinns und dieser Form. „Bitte keine Anklänge an die Vergangenheit" (Jelinek 2009a, 55): Wie im Unbewussten selber ist in Jelineks Theatertexten alles Gegenwart. Die Unterscheidung zwischen vergangenem Geschehen und gegenwärtigem Handeln ist abgeschafft: Nationalsozialismus und die Gesellschaft, die auf ihn folgte, fallen zusammen – so verlangt die Verfassung des postnazistischen Subjekts die Suspendierung des Dramas. Was immer dieses Subjekt unternimmt, selbst wo es sich von der Vergangenheit abzugrenzen sucht, es lebt darin der Nationalsozialismus fort.[5]

Nun könnte man sagen, die Autorin nehme damit eigentlich, als wäre sie der Maler Strauch, für sich allein in Anspruch, die Urteilsfähigkeit noch zu besitzen, um die „Synthese aus Weltverworfenheit und Weltverrücktheit" (Bernhard 2003a, 285) darzustellen. Das behaupten jedenfalls jene, die ihre Texte als solche politischen Engagements lesen – um es nämlich zurückzuweisen. Wie weit sie selbst einer solchen Interpretation aber widersprechen, wird etwa an einer Szene gerade jenes *Rechnitz*-Stückes manifest: Es handelt sich um eine Anspielung auf ein Interview mit Hans Magnus Enzensberger in der *Weltwoche*, das hier vom „Ausnahmeboten" aufgegriffen wird, wie um das Spiel der Boten zu unterbrechen. Mit ihr soll in gewisser Weise das Bewusstsein der Zeit, der Trennung von Vergangenheit und Gegenwart wieder hergestellt werden, und es entsteht der Eindruck, als würde sich der Ausnahmebote direkt an die anderen Boten – aber jetzt als Nachgeborene identifiziert – wenden: „Halt halt halt! Wir haben doch heute eine kognitive Distanz zu der Zeit der Extreme gewonnen, und diese Distanz sollten Sie nicht einfach so im Casino des Denkens aufs Spiel setzen. Jetzt, da Sie endlich das selbständige Denken und Handeln gelernt haben." (Jelinek 2009a, 78) Nun aber zieht der Ausnahmebote selbst die Autorin mit hinein in seine Rede. Enzensberger hatte in jenem Interview gar nicht über Jelinek gesprochen, aber was er an der Haltung der politisch engagierten Nachgeborenen kritisiert, könnte auch auf sie bezogen werden – und die Autorin hat es auf sich bezogen. Er betonte gegenüber dem Interviewer, seine „Unbefangenheit" zu verteidigen; prätendierte, ein

---

5 Vgl. hierzu Scheit 2013b, 286–291; 2013c, 156–161.

Schriftsteller solle sich nie als Gesetzgeber der anderen aufspielen; und kritisierte die Perspektive derer, die „keine Erfahrungen mit Diktatur und Krieg haben und die es sich deshalb mit solchen Fragen oft zu leicht machen". Stattdessen hoffe er auf einen Leser, der bereit sei, „sich hineinzuversetzen in die Dilemmata, mit denen es seine Eltern und Großeltern zu tun hatten und der zu einem eigenen Urteil fähig ist." (Enzensberger 2008) Der Ausnahmebote gibt nun diese Interview-Passagen verzerrt wieder, indem er zugleich immer auch darauf hinweist, dass sie ihm von der Autorin in den Mund gelegt worden sind: „Eine total von sich eingenommene Frau hat es mir eingetrichtert. Ein Glück, daß sie Ihnen so unsymphatisch ist!" (Jelinek 2009a, 78)

Jelinek hat in einer Äußerung über das Stück diese Passage nicht als bloße Polemik gegen Enzensberger verstanden wissen wollen, sondern als Möglichkeit, durch dessen Aussagen hindurch über die eigene Position zu reflektieren: „Ja, ich wollte meine Position schon auch selber in Frage stellen. Vielleicht auch, um mich nicht gleich wieder diesen Vorwürfen auszusetzen, dass da schon wieder ein linker Gutmensch dieses Thema aufwärmt." (Jelinek 2009c, 6–7) Die Rede des Ausnahmeboten, der doch auf Urteilsfähigkeit und Zeitbewusstsein beharrt, enthüllt sich dennoch nach und nach als neues deutsches Nationalbewusstsein, das im selben Moment wieder in die Vergangenheit zurückfällt: „Wir Deutschen unter unseren Duschen, den echten Duschen natürlich, sollten endlich wieder Mut zu einem starken Nationalgefühl haben, wir sollten es ordentlich tuschen lassen […]." (Jelinek 2009a, 80) Als Intention dieses Bewusstseins, das sich „auf moralische Grauwerte" beruft, stellt sich das Bedürfnis heraus, nicht mehr sehen zu müssen, „wer Henker und wer Opfer war […] das ist bloße Einteilung, die kann man jederzeit auch ändern […]" (Jelinek 2009a, 84–85). Dieses Ende der Rede, das in der Entlarvung des Ausnahmebotens dann indirekt, aber eben deshalb imperativisch fordert, dass man im Gegenteil sehen müsse und könne (und mit der Behauptung von Relativität nicht zu ändern vermag), wer Täter und wer Opfer war, wird erst begründbar durch jenes Moment der Selbstreflexion, die eigene Position in Frage zu stellen. Ohne solche Momente gäbe es tatsächlich nur noch vermittlungslos die sprachlichen Strukturen ohne Ich auf der einen Seite und das politische Engagement des Subjekts auf der anderen; Subjekt und Objekt, Form und Inhalt könnten auch nicht im Negativen aufeinander bezogen werden. Jelinek wäre eine politisch engagierte Autorin, deren Werke sozusagen als Nebeneffekt auch noch poststrukturalistische Universitätsseminare mit reichlich Nahrung versorgen. Im Strom des kollektiven Unbewussten, wie es die Autorin konstruiert, kommt es jedoch immer wieder zu einem Innehalten, das sich der Notwendigkeit der Form – Form als dem Bewusstwerden der Strukturen – verdankt und auf sie verweist, aber gleichsam nur noch wie ein Phantomschmerz.

Solcher ‚Schmerz', der an die Form erinnern muss, ist in den einzelnen Texten unterschiedlich groß. *Totenauberg* (1991), nicht lange nach Bernhards *Heldenplatz* entstanden, kann auf den ersten Blick sogar als Versuch gesehen werden, zur dramatischen Form, zu ausgeschriebenen Rollen und Protagonisten, die sich gegenüberstehen und miteinander in Konflikt treten, zurückzukehren. Aber die Autorin selbst betonte nicht zufällig in einem Kommentar zu diesem Stück, dass es nicht darum gehen kann, das Verlorene wiederzugewinnen: „*Totenauberg* ist auch eine Abrechnung mit dem Versuch, ein Ich, ein Selbst zu sein, so wie mit der Amoralität dieser Philosophen des Faschismus, und ein letztes verzweifeltes und auch gleichzeitig resignierendes Plädoyer für ein moralisches Handeln im Sinne Kants." (Winter 1991, 18) Dieses „so wie", dieses „und" bezeichnen nichts anderes als die Antinomie der Literatur nach Auschwitz, die der Logik widerspricht und deren Satz vom ausgeschlossenen Dritten dementiert. Es sind darum auch keine wirklichen dialogischen Rollen, welche „der alte Mann" und „die Frau" in *Totenauberg* sprechen, sondern auf Personen verteilte Textflächen – aber sie sind dennoch ‚zurechenbar' im Hinblick auf die jüdische Herkunft und die nationalsozialistische Vergangenheit. Die Figur des Mannes ist mit Heidegger assoziierbar, die der Frau mit Hannah Arendt. Statt eines Konflikts mündet alles in die Resignation der Frau, in deren Versöhnungsbereitschaft: Die Frage „Sie erinnern sich wohl nicht?" beantwortet sie selbst mit den von Arendt stammenden brieflichen Grüßen: „Menschen ist Gegenwärtiges immer lieb, der Schnee ist wunderbar, seien Sie mit Ihrer ganzen Familie gegrüßt, und eine schöne Abfahrt!" (Jelinek 1991, 59) Wenn die Arendt-Figur das Wir auch von außen zu betrachten vermag: „Was für ein Glück, daß andre den Tod für euch haben erfahren müssen! Menschenherden habt ihr aus der Behaglichkeit gerissen, während eure Bergbäche rauschten [...] Wenn alles nichtig ist, wird man seine Verstrickungen in die Mitwelt los und geht in die Heimwelt ein, wo man einsam auf dem Bankerl sitzen kann und eine Orange schälen" (Jelinek 1991, 80), so könnte das ebenso gut der Heidegger-Figur in den Mund gelegt worden sein, ersetzte man nur das „Euch" durch ein „Wir". Und umgeben ist die Frau von diesem sich überall aufspreizenden Wir: stürzende Skifahrer, tote Osttouristen, ein Paar in Trachtengewand usw., sodass die aktuellen Phrasen aus Zeitung und Fernsehen in Österreich und Deutschland mit dem Grauen des Nationalsozialismus wie selbstverständlich Hand in Hand gehen. Dabei wird nicht zuletzt auch die Hoffnung auf einen wahren Souverän abrupt zunichte gemacht – eine Sehnsucht, wie sie ebenso bei Jelinek sich durchaus findet, nur dass dieser Souverän, wie manche Passagen aus ihrem Werk und viele politische Statements der Autorin nahelegen[6], die Züge eines perfek-

---

6 So erklärt sich die Enttäuschung, die Jelinek noch Anfang 2012 in einem kleinen Text auf ihrer

tionierten Sozialstaats trägt, den die Kreisky-Ära in Aussicht stellte und der gerade Bernhard so verabscheuungswürdig schien.[7] In *Totenauberg* heißt es: „Was Großes aus der Menschenhaut herstellen! Und wo endet das? Beim Schirm aus Arbeitslosenunterstützung" (Jelinek 1991, 54). Die scheinbare Gleichsetzung ist eben jener Konstruktion eines kollektiven Unbewussten geschuldet: So denkt es in dem empirischen Ich, wenn es Wir sagt. Der große Roman *Die Kinder der Toten* (1995) und das spätere Stück *In den Alpen* (2002) knüpfen daran an und steigern noch jenes Unerhörte, dass Vergangenheit und Gegenwart ununterscheidbar sind. Indem aber die abstrusesten Wahnvorstellungen des Wir nachvollzogen werden, wird plötzlich fundamental zwischen den Unfallopfern und den Opfern des Nationalsozialismus unterschieden: „Unser Ofen hat 155 Stück geschafft", sagt das beim Unfall der Bergbahn verbrannte Kind zu einem Juden: „aber dass ihrer viel mehr geschafft hat, das müssen sie mir erst beweisen. Opa sagt, das geht gar nicht." (Jelinek 2002, 42)

Die Konstruktion des kollektiven Unbewussten ist das radikalste Bewusstsein davon, dass es keine Negation gab und gibt im Verhältnis zum Nationalsozialismus. Zum Ausdruck kann es jedoch nur kommen, wenn Jude und Kind (*In den Alpen*), die Frau und der alte Mann (*Totenauberg*), der Ausnahmebote (*Rechnitz*) aus dem Wir irgend hervortreten; wenn in der Einheit doch eine Trennung, wie ephemer auch immer, sichtbar wird, eine Trennung, die gewissermaßen nur noch indirekt darauf verweisen kann, wo die Negation nötig (gewesen) wäre – so wie man vielleicht auch im Traum zwar nicht etwas wie wirkliche Negation träumen kann, aber doch im Prozess des Erwachens ihre Möglichkeit fühlen. Dass diese Trennung in Jelineks Werk keineswegs mehr die Züge eines Charakters anzunehmen vermag, legt indessen Zeugnis von der Ohnmacht ab, über die das Be-

---

Homepage kundtat (anlässlich einer subalternen Personalentscheidung im Österreichischen Rundfunk, der parteipolitisch motivierten Bestellung des SPÖ-Manns Niko Pelinka zum ORF-Büroleiter): „Die Sozialdemokratie als Maßschneiderei für Karrieren, so endet sie. Das ist es, wie sie endet. [...] Unter den Schuhen dieser Mädel und Buben geht die Welt der Sozialdemokratie, grinsend wie ein Hirschhornknopf, zugrunde, die einmal für Gerechtigkeit angetreten ist." (Jelinek 2012) Sehnsucht nach dem sozialen Souverän verrät indirekt auch das Stück über die Finanzkrise, *Die Kontrakte des Kaufmanns* von 2009. In dieser *Wirtschaftskomödie* wird ein „Wir" der Banken und der Kleinanleger so konstruiert, dass man daraus fast schon Schlüsse auf die bessere Welt eines nicht neoliberalen Staats ziehen könnte, denn dieses Wir erscheint von der politischen Vergangenheit Österreichs und Deutschlands fast vollständig losgelöst; dem Stück entgeht darum im Wesentlichen auch das antisemitische Potenzial der jüngsten Krise, sieht man etwa von einer wenig akzentuierten Anspielung auf Shakespeares Shylockfigur ab (Jelinek 2009b, 340).

7 Nicht von ungefähr bezeichnete er Kreisky einmal als „Salzkammergut- und Walzertito" (Bernhard 1979, 33).

wusstsein sich nicht mehr hinwegtäuschen darf. Was soll der angesprochene Jude dem Kind sagen? Er kann nur eins machen: sich mit allen Mitteln schützen.

Allein in solchen Konstellationen wird es möglich, sich unmittelbar auf Paul Celans Gedichte zu beziehen, wie Jelinek es vermag, ohne damit „Gourmet-Kost für Sinne, Geist und Seele" darzureichen.[8] In *Stecken, Stab und Stangl* werden Zitate aus seinem Werk einmontiert. Sie finden sich von der Figur des Fleischers verwendet und lösen bei seiner Kundschaft sofort Befremden aus: „Entschuldigung, was haben Sie da eben gesagt?" (Jelinek 2013b, 3000); „Also das wäre nun wirklich nicht nötig gewesen!" (Jelinek 2013b, 40). Aber dabei bleibt es nicht. Marlies Janz schreibt, dass „Celans Texte von den Figuren des Stücks sozusagen vampirisch ausgesogen und einem Todesdiskurs integriert" werden (Janz 1998, 286), und dieser Diskurs hat inhaltlich deutlich genug den Charakter Heideggerschen Philosophierens, gebrochen durch sprachliche Versatzstücke von Werbung und Kulturindustrie. Celans „emphatischer Begriff vom Gedicht" ist in der Zitierweise der Figuren jedoch ausgelöscht: Mit Grund seien daher die Celan-Gedichte im Stück nicht markiert; es wird selbst im abschließenden Kommentar der Autorin der Name Celan nicht genannt („Die Autorin hat wieder einmal Zitate hereingelegt. Sagt aber nicht welche. Raten Sie! Keine Preise zu gewinnen!" (Jelinek 2013b, 68)).

So kann zwar festgehalten werden, dass die Figuren „Celan zum Verschwinden gebracht" haben (Janz 1998, 290), und damit ist der Prozess, der dargestellt wird, von den Figuren aus richtig erfasst, aber es handelt sich eben nicht um konventionelle Dramatik. Ist es auch die Intention der Sprechenden, oder besser: der Phrasen, die sie verkörpern, Celan zum Verschwinden zu bringen, die Zeilen seines Gedichts können nur noch *ex negativo*, dadurch, dass sie gerade nicht als Zitate markiert sind, vielmehr der Strukturlosigkeit des kollektiven Unbewussten ausgeliefert erscheinen, hervorgehoben werden: als das zu Entdeckende und zu Bewahrende, das einzige, an dem ein Ich und eine ihm bewusstwerdende Struktur zu gewinnen wären.

Literatur

Bernhard, Thomas. *Verstörung* [1967]. In: Ders. *Werke Band 2*. Hg. Martin Huber und Wendelin Schmidt-Dengler. Frankfurt am Main: Suhrkamp, 2003b.
Bernhard, Thomas. „Brief an Die Zeit". In: *Die Zeit*, Nr. 27, 29. Juni 1979. 33.

---

[8] Mit diesen Worten wurde 2013 im Stuttgarter Theaterhaus eine „Hommage an Paul Celan" mit dem Schauspieler Ben Becker angekündigt, die als typisch gelten kann für die Art und Weise, wie Celan heute rezipiert wird.

Bernhard, Thomas. „Die Jagdgesellschaft" [1974]. In: Ders. *Werke Band 15. Dramen I.* Hg. Martin Huber und Wendelin Schmidt-Dengler. *Werke in 22 Bänden.* Frankfurt am Main: Suhrkamp, 2004b. 329–421.

Bernhard, Thomas. *Heldenplatz.* Frankfurt am Main: Suhrkamp, 1988b.

Bernhard, Thomas. *Frost* [1963]. In: Ders. *Werke Band 1.* Hg. Martin Huber und Wendelin Schmidt-Dengler. Frankfurt am Main: Suhrkamp, 2003a.

Bernhard, Thomas. „Der Italiener. Ein Film" [1970]. In: Ders. *Werke Band 11. Erzählungen I.* Hg. Martin Huber und Wendelin Schmidt-Dengler. Frankfurt am Main: Suhrkamp, 2004a. 183–248.

Enzensberger, Hans Magnus. „Jammern ist nie eine gute Idee." [Interview von Eugen Sorg und Peer Teuwsen]. Die Weltwoche, 25. Januar 2008. http://www.weltwoche.ch/ausgaben/2008_4/artikel/artikel-2008-04-jammern-ist-nie-eine-gute-idee.html (16. März 2018).

Freud, Sigmund. „Der Witz und seine Beziehung zum Unbewußten". In: Ders. *Gesammelte Werke.* Hg. Anna Freud et al. Bd. 6. Frankfurt am Main: Fischer, 1999a.

Freud, Sigmund. „Abriß der Psychoanalyse". In: Ders. *Gesammelte Werke.* Hg. Anna Freud et al. Bd. 17. Frankfurt am Main: Fischer, 1999b.

Götze, Clemens. „Erinnerungsmodi in den Dramen von Thomas Bernhard und Elfriede Jelinek". In: Ders. *„Es ist alles lächerlich, wenn man an den Tod denkt". Studien zum Werk Thomas Bernhards.* Marburg: Tectum, 2011. 165–192.

Heidelberger-Leonard, Irene. „Auschwitz als Pflichtfach für Schriftsteller". In: *Antiautobiografie. Thomas Bernhards Roman „Auslöschung ".* Hg. Irene Heidelberger-Leonard und Hans Höller. Frankfurt am Main: Suhrkamp, 1995. 181–196.

Janz, Marlies. „Das Verschwinden des Autors. Die Celan-Zitate in Elfriede Jelineks Stück ‚Stecken, Stab und Stangl '". In: *Celan-Jahrbuch 7* (1997/1998): 279–292.

Jelinek, Elfriede. *Totenauberg. Ein Stück.* Reinbek: Rowohlt, 1991.

Jelinek, Elfriede. „Burgtheater ". In: Dies. *Theaterstücke.* Reinbek: Rowohlt, 1992. 129–190.

Jelinek, Elfriede. „Stecken, Stab und Stangl. Eine Handarbeit". In: Dies. *Neue Theaterstücke.* Reinbek: Rowohlt, 1997. 15–68.

Jelinek, Elfriede. „In den Alpen ". In: Dies. *In den Alpen.* Reinbek: Rowohlt, 2002. 5–65.

Jelinek, Elfriede. „Rechnitz (Der Würgeengel)". In. Dies. *Drei Theaterstücke.* Reinbek: Rowohlt, 2009a. 53–205.

Jelinek, Elfriede. „Die Kontrakte des Kaufmanns. Eine Wirtschaftskomödie". In: Dies. *Drei Theaterstücke.* Reinbek: Rowohlt, 2009b. 207–349.

Jelinek Elfriede. „Jetzt sag ich's euch aber noch mal rein. Die Schriftstellerin Elfriede Jelinek im Gespräch mit dem Dramaturgen Roland Koberg". In: *Programm des Schauspielhauses Zürich zu Elfriede Jelineks Rechnitz (Der Würgeengel)*, 2009c. 5–8.

Jelinek, Elfriede. „Der kleine Niko". http://elfriedejelinek.com/aem/fpelinka.htm. (16. März 2018).

Pfabigan, Alfred. *Thomas Bernhard. Ein österreichisches Weltexperiment.* Wien: Zsolnay, 1999.

Scheit, Gerhard. „Komik der Ohnmacht. Die Sehnsucht nach dem wahren Souverän und ihre Enttäuschungen bei Thomas Bernhard ". In: *Thomas Bernhard. Persiflage und Subversion.* Hg. Mireille Tabah und Manfred Mittermayer. Würzburg: Königshausen & Neumann, 2013a. 147–158.

Scheit, Gerhard. „Nationalsozialismus". In: *Jelinek-Handbuch.* Hg. Pia Janke. Stuttgart: Metzler, 2013b 286–291.

Scheit, Gerhard. „Stecken, Stab und Stangl; Rechnitz (Der Würgeengel)". In: *Jelinek-Handbuch*. Hg. Pia Janke. Stuttgart: Metzler, 2013c. 156–161.
Süselbeck, Jan. *Das Gelächter der Atheisten. Zeitkritik bei Arno Schmidt und Thomas Bernhard*. Frankfurt am Main/Basel: Stroemfeld/Nexus, 2006.
Tabah, Mireille. „Thomas Bernhard und die Juden. *Heldenplatz* als ‚Korrektur' der *Auslöschung* ". In: *Thomas Bernhard. Gesellschaftliche und politische Bedeutung der Literatur*. Hg. Johann Georg Lughofer. Wien/Köln/Weimar: Böhlau, 2012. 163–171.
Vogt, Steffen. „Trauer und Identität. Erinnerung bei Thomas Bernhard und Peter Weiss". In: *Thomas Bernhard. Traditionen und Trabanten*. Hg. Joachim Hoell und Kai Luehrs-Kaiser. Würzburg: Königshausen & Neumann, 1999. 29–48.
Winter, Riki. „Gespräch mit Elfriede Jelinek ". In: *Elfriede Jelinek*. Hg. Kurt Bartsch und Günther Höfler. Graz: Droschl, 1991. 9–20.

Jan Süselbeck
NS-Tatorte bei Bernhard und Jelinek

Sondierung eines vernachlässigten Forschungsfeldes

1 Wut auf Österreich

Denkt man über vergleichbare Themen in den Werken Elfriede Jelineks und Thomas Bernhards nach, so fällt einem neben dem schwarzen Humor oder der besonders rhythmisierten Prosa- und Theatersprache als erstes die Aufarbeitung der verleugneten NS-Täter-Geschichte in Österreich und in Deutschland ein. Beide haben wiederholt Texte verfasst, in denen die fortgesetzte Verharmlosung der Schuld beider Länder an der Shoah mit einzigartiger Verve und Aggressivität angeprangert wird. Allerdings gibt es hier, wie im Folgenden zu zeigen sein wird, Divergenzen.[1]

In einem Interview, das Jelinek anlässlich ihres Literaturnobelpreises im Jahr 2004 mit der *Frankfurter Allgemeinen Zeitung* führte, verweist die Autorin auf den weniger sprachexperimentellen Ansatz Bernhards, auf seine süchtig machenden und die Leser in Trance versetzenden Tiraden, die einen spezifischen sprachlichen Herrschaftsanspruch seiner Erzähler markierten, an dem sie als Autorin scheitern müsse, auch wenn sie selbst Ähnliches versuche. Gefragt, ob die Sprache nicht ein Herrschaftsinstrument sei und ihr eigener Stil nicht einen beinahe männlichen Gestus habe, antwortet Jelinek:

> Ja, es ist diese Anmaßung, die einen drüberträgt. Das würde ich phallische Anmaßung nennen, aber das macht aus mir noch keinen Mann. Es liegt darin natürlich auch eine Auflehnung gegen die Tatsache, daß man sich als Frau nicht einschreiben kann. Man rennt mit dem Kopf gegen die Wand. Man verschwindet. Aber man kann sich nicht einschreiben. Ich maße mir das aber trotzdem immer wieder an, und was mich trägt, ist die Wut auf Österreich. Vielleicht unterscheidet mich auch meine Leidenschaft von anderen. Aber das ist

---

[1] In einem Beitrag über Komik bei Bernhard und Jelinek urteilt Karl Müller: „Um es vorwegzunehmen: Obwohl beide Künstler oft in einem Atemzug genannt werden (Stichwort: Nestbeschmutzertum) und Elfriede Jelinek ihren [sic!] Schriftstellerkollegen Bernhard einen klugen Nekrolog gewidmet hat, der an einigen Stellen auch als eine Art selbstbezüglicher Kommentar zu lesen ist [...] – [,] unterscheiden sich Jelineks poetologische Fundamente und ihr künstlerisches Selbstverständnis erheblich von denen Bernhards." (Müller 2004, 94)

nicht die autoritäre Position, die Bernhard hat. Diesen Subjektstatus, diese Sicherheit des Sprechens – das hat nur ein männlicher Autor. (Jelinek et al. 2004)[2]

An dieser Stelle soll jedoch kein gendertheoretischer Aufsatz über die grundlegende Differenz folgen, die Jelinek hier für sich reklamiert, sondern eine weitere auffällige Verbindung zwischen den Werken Bernhards und Jelineks in den Fokus gerückt werden, die umso mehr frappiert, als sie bisher noch kaum betrachtet worden ist. Die Rede ist von der wiederholten Konzentration beider Œuvres auf vergessene Tatorte rassistischer und antisemitischer Morde, ihre unablässige Um- oder auch Einkreisung von Alpengegenden, provinziellen Landschaften oder Städten, wo im ‚Dritten Reich' Menschen massakriert wurden und manchmal auch noch in der Gegenwart (neue) Nazi-Täter ihr Unwesen treiben. Die literarische Annäherung an solche Schauplätze, deren scheinbare Belanglosigkeit die Verdrängung der NS-Geschichte als *lieu de mémoire* (vgl. Vogt 2002, 62) ästhetisch darstellbar macht, ist, so die These des vorliegenden Beitrags, *das* zentrale *tertium comparationis* der Werke Jelineks und Bernhards.

Der erstaunliche Befund, dass zwar bereits eine Reihe vergleichender Beiträge zu diesen beiden Œuvres vorliegt, das überaus naheliegende Thema der NS-Tatorte jedoch bislang weitgehend unberücksichtigt blieb, fällt bereits beim ersten kursorischen Blick in den bibliographischen Anhang des *Jelinek Handbuchs* (Janke 2013, 399–411) auf. Gerhard Scheit benennt in seinem Handbuch-Essay zum Thema *Nationalsozialismus* zumindest die zentrale Bedeutung der Werke des Autors Bernhard für die Schriftstellerin, wobei die Texte des großen Vorbilds noch vergleichsweise konventionell geblieben seien. Vielleicht provozieren Jelineks Texte deshalb nachhaltigere Ablehnung im Publikum als die Bernhards:

> Die Art und Weise, wie jeweils auf das Werk dieser beiden wohl am meisten gehassten Autoren der Zweiten Republik reagiert wird, dürfte von dessen formaler Eigenart nicht unabhängig sein: Während Bernhard immer wieder große, aber punktuell bleibende Skandale hervorrief, die Ablehnung nach seinem Tod aber erstaunlich rasch einer merkwürdigen Verehrung wich, entwickelte sich Jelinek sozusagen zu einem permanenten Ärgernis. Die Rezeption ihrer Werke kann befreit von diesem kontinuierlichen Hass kaum vorgestellt werden. (Scheit 2013a, 286)

---

[2] Vgl. dazu die Bemerkung von Gerhard Scheit: „So ist Jelineks Kunst der von Thomas Bernhard, in der gleichsam ein Ich imaginiert wird, das groß sein soll wie der Größenwahn aller herbeizitierten Geistesgrößen zusammengenommen, geradezu entgegengesetzt. Während bei Bernhard das epische Subjekt als absolut gesetzte, allmächtige und allgegenwärtige Urteilskraft rekonstruiert wird (auf dem Theater allerdings mit einem ausgeprägten Zug ins Komische, das Vergebliche eingestehend), lässt es bei Jelinek auf ein Darunterliegendes durchblicken, das keine solche Urteilskraft mehr zulässt." (Scheit 2013b, 289)

In ihrem Artikel über Jelineks *Schreibtraditionen* wiederum verweist Alexandra Millner im *Jelinek Handbuch* im Rahmen der NS-Thematik auf Jelineks und Bernhards gemeinsame Verbindungen zu Schreibweisen Ingeborg Bachmanns und der Anti-Heimatliteratur, wie sie Hans Lebert mit seinem Roman *Wolfshaut* (1960) vorprägte. Neben Jelineks Roman *Die Kinder der Toten* (1995) und ihrem Stück *Rechnitz (Der Würgeengel)* (2009) fallen einem zum Thema der NS-Tatorte auf der Seite Bernhards neben dem von Millner erwähnten Skandalstück *Heldenplatz* (1988), das den Namen eines geschichtsträchtigen Schauplatzes im Sinne des „Anschlusses" Österreichs an das ‚Dritte Reich' und der folgenden Pogrom-Exzesse gegen die Juden im Land bereits im Titel trägt (vgl. Süselbeck 2006, 482–496), auf Anhieb der Debütroman *Frost* (1963) und sein Drehbuch zum Film *Der Italiener* (1971) sowie die Wiederaufnahme des dortigen NS-Tatortmotivs in seinem Spätwerk *Auslöschung. Ein Zerfall* (1986) ein.

Zumindest zu diesem Themenkomplex, der motivischen Verbindung zwischen dem *Italiener* und *Auslöschung*, liegt eine einschlägige Studie vor, in der auf verschiedene Theorien zu topografischen Aspekten des Erinnerns rekurriert wird, so unter anderem auf diejenige von Maurice Halbwachs sowie deren Weiterführung durch Jan und Aleida Assmann. Ein Ort könne demnach als Heiliger Ort, als Tabuort, Gedächtnisort, Gedenkort oder eben auch Tatort eines Verbrechens erscheinen (Vogt 2002, 61).

Das „langjährige Ausweichen einiger Wissenschaften vor dem Thema ‚Raum' nach 1945" sei, so Jürgen Joachimsthaler, in Deutschland nicht zuletzt „eine Flucht vor der Reflexion nicht nur der eigenen Geschichte" gewesen, sondern auch „vor dem unausweichlichen Verflochten-Sein in die unauflösbare Wechselseitigkeit von ‚Text' und ‚Raum'" (2005, 254 f.). Ein „Gedächtnis der Orte" liegt laut Steffen Vogt erst vor, wenn „tatsächlich der Ort, verbürgt durch die ‚Präsenz der Toten', als Träger des Gedächtnisses angesehen wird" (Vogt 2002, 61–62). Anders lägen die Dinge allerdings beim Versuch, den Ermordeten der nationalsozialistischen Massenvernichtung zu gedenken. Vogt verweist an der Stelle auf den paradigmatischen Text *Meine Ortschaft* (1965) von Peter Weiss (2002, 94). Mit dieser „Ortschaft" ist bei dem Exilautor Weiss Auschwitz gemeint, wo er selbst hätte ermordet werden können, wenn er vor 1945 in Deutschland geblieben wäre. Weiss beschreibt in *Meine Ortschaft* einen Besuch an diesem Schauplatz, seine dortigen Beobachtungen und sein Unvermögen, das eigene Wissen über Auschwitz mit der Erscheinung des Orts in Einklang zu bringen: „Ein Lebender ist gekommen, und vor diesem Lebenden verschließt sich, was hier geschah." (Weiss 1979, 36)

Auch im Blick auf Jelineks Werk ist dieser Prätext wichtig, vielleicht sogar noch mehr als in der Deutung von Bernhards literarischen NS-Erinnerungen, da Jelineks eigener Vater von den Nationalsozialisten als „Mischling 1. Grades" eingestuft wurde und die Shoah als „Halbjude" nur mit Glück als Arbeiter in der Rüstungsindustrie überlebte, ohne selbst deportiert zu werden (vgl. Mayer und Koberg 2006, 119–123). *Meine Ortschaft* ist für das Verständnis von Jelineks Tatort-Prosa selbst ein erhellender intertextueller *lieu de mémoire*, wenn man ihre Überblendung konkreter Motive aus der Geschichte der NS-Vernichtung mit der ‚anwesenden Abwesenheit' des Holocaust in der ‚Idylle' verstehen möchte.

2 Erste Absteckung eines vielschichtigen Themenfeldes

Bei näherer Betrachtung wird schnell klar, dass man es hier mit einem Motivkomplex zu tun hat, dessen präziser und systematischer Vergleich ein wesentlich größeres Textkorpus berücksichtigen müsste als die wenigen, oben bereits genannten Texte Jelineks und Bernhards. So thematisierte Bernhard in seinen Theaterstücken das Nachleben des Holocaust und das Fortwirken nationalsozialistischen Denkens nicht nur in Österreich, sondern, etwa in seinen Dramoletten *Der deutsche Mittagstisch* (1988), seinem Drama *Vor dem Ruhestand. Eine Komödie von deutscher Seele* (1979) oder auch in seinem bislang kaum beachteten „Arisierungs"-Stück *Über allen Gipfeln ist Ruh'. Ein deutscher Dichtertag um 1980* (1981), auch in Deutschland. Bernhard stellte dabei die Andeutung, Benennung und Erinnerung verschiedenster Tatorte ins Zentrum der Handlung. In den Dramoletten *Freispruch* und *Eis* reden NS-Massenmörder, die in der Bundesrepublik hohe Ämter als Ministerpräsident, Gerichtspräsident oder auch Gerichtsrat bekleiden, gut gelaunt über ihre eigenen Tatorte in ganz Europa (Bernhard 2010). In dem Bernhard-Stück *Vor dem Ruhestand* wird dieser Aspekt vielleicht am deutlichsten betont (vgl. Süselbeck 2006, 496–551), aber auch noch in *Über allen Gipfeln ist Ruh'* spielt eine solche Täter-Erinnerung an die Kriegsschauplätze vor allem in Osteuropa eine zentrale Rolle: Am Ort der Handlung, dem mondänen Haus des Dichter-Protagonisten Moritz Meister in Deutschland, einer ‚arisierten' Villa, verfasst der Wehrmachtsveteran Meister eine „Tetralogie", bei deren Stoff es sich um ein dreistes Plagiat der Lebensgeschichte des vor 1945 enteigneten und ins Exil vertriebenen Juden Professor Stieglitz zu handeln scheint (vgl. Süselbeck 2013a).

Mit dieser ersten kursorischen Übersicht sind aber noch nicht einmal die vielen frühen Prosatexte Bernhards benannt, in denen – ähnlich wie in Jelineks Roman *Die Kinder der Toten* – in der Beschreibung unheimlicher Orte oder auch konkreter Tatorte mit eher metonymischen oder subtextuellen Anspielungen gearbeitet wird, um eine ‚anwesende Abwesenheit' der Opfer der Shoah zu literarisieren. Einerseits können solche Shoah-Erinnerungen bei Bernhard explizit auftauchen, wie etwa in dem 1959 entstandenen Text *In der Höhe. Rettungsversuch, Unsinn* (1989), andererseits können sie aber auch durch typische Chiffrierungstechniken des Schreibens im Schatten von Auschwitz vermittelt werden (vgl. Dunker 2003, Süselbeck 2006, 458–459). Ein weiteres Textkorpus, in dem man die Thematisierung von NS-Tatorten noch genauer beleuchten müsste, als dies bisher geschehen ist, wären Bernhards ‚autobiografische' Texte der 1970er Jahre.

Verblüffend nimmt sich das skizzierte Desiderat der Forschung nicht zuletzt deshalb aus, weil eine Betrachtung der Behandlung von NS-Tatorten bei Jelinek und Bernhard vielfältige intermediale Anknüpfungspunkte für Vergleiche mit filmischen Behandlungen des Themas bietet (vgl. Süselbeck 2013b, 407–411). Nicht zuletzt würde eine Untersuchung dieses Topos' einen Anschluss an den seit Jahren boomenden literatur- und kulturwissenschaftlichen Diskurs des *Spatial Turn* erlauben.

In Anbetracht der sehr unterschiedlichen disziplinären und methodologischen Perspektivierungen im *Topographical Turn* (vgl. Anz 2008) versteht sich der vorliegende Essay als eine erste Sondierung eines weitläufigen Terrains, auf die kommende Untersuchungen aufbauen mögen. Ein Schwerpunkt der vergleichenden Betrachtung wird dabei auf den Themenkomplex des Kraftwerks von Kaprun zu legen sein, weil es sowohl bei Jelinek als auch bei Bernhard als paradigmatisches Symbol für die verleugnete NS-Geschichte vorkommt.

3 Mordzimmer, ein paar Quadratkilometer groß

Keine andere Autorin hat das Schreiben nach Auschwitz wie Jelinek durch eine derart prototypische „Konzentration auf die elementare Materialseite der Literatur", also auf das im Alltag und in den Medien vorgefundene Sprachmaterial sowie durch ein „Beharren auf dem Terror im nicht nur sprachlichen Detail ‚um uns herum'" profiliert (Dunker 2003, 296–297). Da die Schriftstellerin in den meisten ihrer Texte versucht, „Auschwitz universell zu machen" (Dunker 2003, 153), können sich bei ihr selbst Orte, die auf den ersten Blick ganz alltäglich erscheinen, als Metonymien der Vernichtung entpuppen. Auch solche literarischen Schauplätze, die historisch überhaupt nichts mit der Shoah zu tun zu haben scheinen, können so plötzlich an bekannte Tatorte gemahnen.

„Auf einmal, völlig zwecklos, ist die Vergangenheit wieder da", heißt es mit Betonung dieser unvermuteten Unmittelbarkeit etwa gleich zu Beginn des Romans *Die Kinder der Toten* (Jelinek 2009, 15). Eines der vielen beklemmenden Beispiele für ein solches jähes ‚Auftauchen' der Vergangenheit an einem unerwarteten Ort ist in diesem Text jener sinistre Beton-Pool im Wald, der sich als wahrer Höllenschlund entpuppt. Das gruselige schwarze Loch wird als ein „Wasservakuum" bzw. als „Staubsauger des Erinnerns" beschrieben (Jelinek 2009, 100). Jelineks Untoten-Figur Karin Frenzel wird buchstäblich in die bodenlose Tiefe des Brunnens hineingesogen, damit sich die Welt der Toten einen „Geschichtsraum" (Jelinek 2009, 99) in ihrem offenbar beliebig duplizierbaren Körper erobern kann.[3] Die Figur, die, wie sich im Roman erst nach hunderten von Seiten endgültig bestätigt (Jelinek 2009, 587), bereits in jenem Verkehrsunfall in den Alpen ums Leben gekommen ist, der erstmals gleich zu Beginn des Buchs beschrieben wird, ist bei ihrer Ankunft an diesem beängstigenden Becken längst zum Medium Millionen Toter geworden, ohne dass es ihr selbst schon zur Gänze bewusst geworden wäre. Zunächst wird die obskure Beton-Tränke unter Aufrufung des Auschwitz-Stichworts bei Peter Weiss hinterfragt, während die Leser(innen) noch ebenso wenig wie Karin wissen, um was für einen „Ort" es sich hier überhaupt handelt:

> Ist das eine *Ortschaft* [Hervorhebung J.S.], oder ist das schon der Ort? Im Becken ist dunkles Wasser, alt, gestockt, schwarz, seit Urzeiten scheint es sich nicht erneuert zu haben, obwohl sich das Gerinsel recht munter hindurchschlängelt. Die Blutauffrischung scheint aber in der angestammten schwarzen Brühe nichts ausrichten zu können. Wozu hat dieses Becken gedient? Man kann nicht bis auf seinen Grund sehen, merkt Karin, als sie neugierig nähertritt. Es scheint, da sie sich darüber neigt, ein stumpfer, geschwärzter Spiegelscherben sie anzuschauen, aber innen drinnen, oder besser: darunter ziehen Schlieren von Algen oder anderen Gewächsen dahin, treiben hierhin, dorthin, dann sammeln sie sich wieder über ihren Wurzeln zum Angriff. Das Becken ist vielleicht zwei Meter tief, nein, tiefer, aber das Wasser darin [...] wirkt, als stiege es leichtfüßig, manchmal schwer atmend, direkt bis zum Schlund der Erde hinab. Der Wasserspiegel bewegt sich sacht, als übten tote Tiere immer noch das Schwimmen. An der Oberfläche treiben träge ein paar Blätter: Ahorn. Karin Frenzel starrt sie an, dann weiß sie, was sie stört. Hier steht doch nirgendwo ein Laubbaum! [...] Das kann nicht sein, woher kommen diese Blätter, es wird sie doch keiner da hineingelegt haben. Wer oder was hat sich in dieses Becken, aus dem ein unbeschreiblich fauliger Geruch aufsteigt, geworfen, wer hat hier auf die Natur eingeschlagen, daß die Pauke dröhnt? (Jelinek 2009, 84–85)

---

[3] Karin Frenzel begegnet zuvor an einem Gebirgsbach und dann an dem besagten dunklen Becken einer unheimlichen Doppelgängerin, die nach Verwesung stinkt und schließlich in dem schwarzen Pool versinkt. Der auffällige Verstörungseffekt dieser vielfach auftauchenden Zombie-Duplikate in Jelineks Roman erinnert an Sigmund Freuds *Das Unheimliche* (1919), wo dem Doppelgängermotiv eine zentrale Rolle zukommt und zugleich bemerkt wird, dass vielen Menschen im „allerhöchsten Grade" unheimlich erscheine, was „mit dem Tod, mit Leichen und mit der Wiederkehr der Toten" zusammenhänge (Freud 2000, 264). Freud macht u. a. darauf aufmerksam, dass aus dem ursprünglich narzisstischen Motiv des Doppelgängers als „Versicherung gegen den Untergang des Ichs" in der Moderne ein unheimlicher „Vorbote des Todes" wurde (Freud 2000, 258).

Wie in einem klassischen Horrorfilm wird hier das Grauen ganz langsam, mit jedem Satz etwas mehr konkretisiert. Der bedrückende Ort erscheint Karin Frenzel plötzlich als Tor zur Unterwelt, durch das „eine Menschenmasse, ein Menschenmassiv" heraufkommen möchte (Jelinek 2009, 105). Es scheint sich um eine Art Ventil zu handeln, durch das sich alle vergessenen Toten der Shoah in Erinnerung bringen wollen – und damit um ein literarisches Bild, das Jelineks poetologischen und ästhetischen Umgang mit unscheinbaren Schauplätzen, die sich als Medium der Erinnerung ganzer Völkermorde entpuppen können, paradigmatisch veranschaulicht.

Das Misstrauen, mit dem solche Bilder in der Kunst nach Auschwitz allgemein betrachtet werden müssen, hat Theodor W. Adorno in seinen *Minima Moralia* (1951) so umschrieben: „Es gibt nichts Harmloses mehr. [...] Noch der Baum, der blüht, lügt in dem Augenblick, in welchem man sein Blühen ohne den Schatten des Entsetzens wahrnimmt" (Adorno 1988, 21). Die Erkenntnis dieser grundsätzlich gewordenen Unwägbarkeit aber wirkt unmittelbar auf die Rezipient(inn)en solcher Kunstwerke und schockiert sie zutiefst.

Doch nicht nur solche kontaminierten Idyllen, sondern auch ganz andere Tatorte können bei Jelinek mit Auschwitz in Verbindung gebracht werden. Selbst wenn Jelinek in ihren Stücken *Bambiland* und *Babel* (beide 2004) über den zeitgenössischen Irak-Krieg schreibt, so werden das propagandistische Fernseh-Gerede und alle anderen Texte seit der Antike, die hier zu einem ganz neuen „Theater der Grausamkeit" verarbeitet worden sind (Lücke 2004, 229), zu Erinnerungen an die „Toten der Kriege" insgesamt und zielen auf ein „Eingedenken aller gemordeten und noch lebenden Terror-, Folter- und Rassismus-Opfer (vom Holocaust über den 11. September bis zu Guantanamo und Abu Ghraib)" (Lücke 2004, 243).

Auch das 1995–1997, also im werkgenetischen Kontext von *Die Kinder der Toten* entstandene Stück *Stecken, Stab und Stangl* wäre hier zu nennen, das den Namen des Kommandanten des NS-Vernichtungslagers Treblinka, Franz Paul Stangl (1908–1971), im Titel trägt und damit bereits explizit auf die Shoah verweist. Gleichzeitig aber stellt es einen Tatort in der burgenländischen Kleinstadt Oberwart ins Zentrum, an dem 1995 mittels einer perfiden Sprengfalle, die rechtsextreme Mörder der „Bajuwarischen Befreiungsarmee" (BBA) installierten und mit dem Schild „Roma zurück nach Indien" versahen, vier Roma getötet wurden, die versucht hatten, die rassistische Inschrift zu entfernen.

Jelineks Stück collagiert die Reaktionen der Politiker und der Medien auf dieses grausame Attentat abermals mit eingestreuten Erinnerungen an die Shoah: Das gesamte Burgenland wird hier zum Tatort, zu einem „Mordzimmer, das ein paar Quadratkilometer groß ist" (Jelinek 1997, 19). Nach einer Garage wird dabei schließlich ein Fernsehgerät als winzige Gaskammer beschrieben, in die das erregte Publikum eindringen möchte: „Das ist schlecht! Es gehen nun einmal nicht alle auf einmal hinein! So drängen Sie doch nicht so!" (Jelinek 1997, 36)

Die verstörende Montageform, die *Stecken, Stab und Stangl* auszeichnet und in der lauter Alltägliches bruchlos neben dem größten Verbrechen der Menschheitsgeschichte steht, erinnert an Wahrnehmungen während des banalen ‚Zappens' durch die TV-Programme.[4] Es handelt sich dabei jedoch um keine fahrlässige Verballhornung der Shoah. Vielmehr zielt Jelineks Poetologie auf die Verurteilung der pausenlosen, ubiquitären Medien-Verharmlosung des Holocaust im öffentlichen Gedächtnis bzw. im kollektiven Unbewussten, um sie durch ihre erneute ironische Evokation zu entlarven (vgl. Scheit 2013b, 289).

Jelineks Texte künden im Kontext von *Die Kinder der Toten* eine geradezu apokalyptische Rache der Toten an, um „uns", also auch die Leser(innen) des Romans, in einen „heulenden Wirbelsturm" hinauszureißen, „wo uns keine Gedenkfeiern mehr finden werden, zu denen die Präsidenten und Kanzler sprechen, singen, trinken und lachen" (Jelinek 2009, 165). In diesem Roman wird das literarische Programm der Erinnerung an die vergessenen Toten wohl am ausführlichsten entfaltet. Es geht bei Jelinek immer wieder um die furiose Anklage einer exklusiven Betrauerung der Angehörigen der deutsch-österreichischen ‚Wir-Gruppe', wenn sie etwa als Alpinisten umkommen, während sich für die ungleich größere Zahl derjenigen Toten, die durch die Täter dieser Nationen einst ermordet wurden, nach wie vor niemand interessiert: „Doch die Ewigkeit der Millionen, die auch tot sind, die hat kein Auge gesehen." (Jelinek 2009, 254)

Die verlogenen Betroffenheitsformeln im Fernsehen, die Jelinek mit der ungekennzeichneten Zitation aggressiver Floskeln der Schuldabwehr kombiniert, warnen in diesen textuellen Arrangements vor einer denkbaren Wiederholbarkeit des Massenmords. Die gefährliche Blindheit gegenüber der Grausamkeit solcher Verbrechen manifestiert sich in *Stecken, Stab und Stangl* in einer allgemeinen Vertuschung der Bedeutung von Tatorten, in Anspielung auf die von rassistischen Österreichern ermordeten Roma und die Shoah: „Ein ganzes Geschlecht ist inzwischen hier verwest, jawohl, und jetzt sind sogar noch vier Neue hinzugekommen, und doch: man riecht nichts. Keine Angst, dieser Ort spielt nur!" (Jelinek 1997, 41) Passend dazu wiegelt die Figur des Fleischers den Tod der vier hinterhältig getöteten Roma mit den Worten ab: „Mit euch vier Hanseln kommt man doch nicht auf ein Massengrab!" (Jelinek 1997, 50)

Es geht hier nicht nur um Österreich. Heute lässt Jelineks visionäres Stück z. B. auch an die terroristischen NSU-Morde an Migranten in Deutschland einige Jahre später denken, zumal in *Stecken, Stab und Stangl* bereits eine Verdächtigung

---

4 Zu den vielen intertextuellen Quellen des Stücks aus Presse und Literatur siehe Mariacher 2013.

der Roma-Opfer selbst aufscheint, die dem Stück wiederum als Zitat Jörg Haiders vorangestellt ist: „Wer sagt, daß es nicht um einen Konflikt bei einem Waffengeschäft, einen Autoschieberdeal oder um Drogen gegangen ist." (Jelinek 1997, 15) Auch noch die NSU-Ermittler im neuen Jahrtausend dachten in Deutschland sofort an „Döner-Morde", also an Taten, welche die erschossenen ‚Deutschen mit Migrationshintergrund', die man trotz ihrer Staatsbürgerschaft einfach als ‚mafiöse Türken' weiter exkludierte und diskriminierte, unter sich begangen hätten.

Ländliche Tatorte tauchen bei Jelinek immer wieder auf, wie etwa in ihrem Stück *Rechnitz (Der Würgeengel)* (2008), das von einer totgeschwiegenen Massenerschießung von Juden an der österreichischen Grenze zu Ungarn kurz vor dem Ende des Zweiten Weltkriegs und dem Einmarsch der Roten Armee handelt (vgl. Süselbeck 2013b, 448–458). Bei Jelinek kollidiert die bäuerliche Idylle des alpinen Freizeit-El Dorados Österreich stets mit der Erkenntnis, dass dessen Einwohner einst NS-Mörder waren, nach wie vor rassistische Mörder sein könnten oder auch begangene monströse Mordtaten im eigenen Land zu vertuschen versuchen. All dies findet sich allerdings auch schon bei Bernhard: Während die teils hermetisch wirkende intertextuelle Collagetechnik bei Jelinek oftmals von subtiler Komik sein kann, machte ihr inzwischen kanonisierter Vorgänger in seinem Dramolett *A Doda* (1981) eine vergleichbare Aussage angesichts eines oberbayrischen Settings. Auch wenn die jeweilige Komödien-Strategie unterschiedlicher kaum sein könnte, bleibt Jelineks Bernhard-Nachfolge im Sinne ihres eingangs zitierten Interviews offensichtlich: Schon der Text des literarischen Vorbilds offenbart ebenso prophetische Qualitäten wie Jelineks *Stecken, Stab und Stangl*.

4 „Tote in Beton. Beton in Toten": Der österreichische Tatort Kaprun

Das Wasserkraftwerk von Kaprun, eine Gruppe von Staudämmen in den Hohen Tauern, bei deren Bau NS-Zwangsarbeiter aus 25 Staaten, darunter auch Juden (vgl. Lajarrige 2006, 208 und 211), eingesetzt wurden, wurde nach dem Krieg nicht etwa zu einem Mord-Fanal oder einer Gedenkstätte für diese Opfer, sondern bei seiner Fertigstellung im Jahr 1955 zum allseits gerühmten Insignium der modernen „Zweiten Republik" Österreich.

Gerade diese ungebrochene Kontinuität und die Doppeldeutigkeit einer positiven Wahrnehmung des tatsächlichen Tatortes prädestiniert ihn geradezu als typischen Schauplatz für Jelinek, die ihn in ihren Stücken *In den Alpen* (2002) und *Das Werk* (2002) gleich zweimal auf bewährte Manier mit den ihr so verhassten Aspekten des unfallträchtigen Wintersports und jenen Shoah-Kontaminationen verknüpfte, die seiner Geschichte inhärent sind. Auch Thomas Bernhards berühmter Debütroman *Frost*, in dem ein Famulant von seiner auftragsmäßen Begegnung mit dem Maler Strauch in dem entlegenen Bergdorf Weng berichtet, um „Unerforschliches zu erforschen" (Bernhard 2003, 7), sollte ursprünglich explizit auf diesen Kapruner Schauplatz verweisen (vgl. Huber 2001, 165). In *Frost* taucht dieser dann jedoch lediglich in anonymisierter Form und oftmals unter seltsamen Andeutungen auf, die im Kontext von Jelineks Kaprun-Dramen aufhorchen lassen: „Wenn man hinschaut, muß man aufpassen, daß man nicht gesehen wird, sonst kommt man in Verdacht, sich Gedanken über etwas zu machen, worüber man sich eigentlich die ganze Zeit hätte Gedanken machen sollen." (Bernhard 2003, 131) Offensichtlich kommt der ehemaligen NS-Zwangsarbeiter-Baustelle Kaprun auch bei Bernhard eine wichtige Rolle in der Charakterisierung der geschilderten Alpen-Gegend zu: Im Text wird eine ‚anwesende Abwesenheit' evoziert, ein ewiges akustisches Rumoren, das man im ganzen Tal hören kann und das nicht enden möchte (vgl. Bernhard 2003, 131–132).

Vergleicht man *Frost* nun mit den genannten Stücken Jelineks, so stößt man bei Bernhard auf ähnliche Motive, auf grausige Kriegshinterlassenschaften wie Schädel oder „ganze Skelette, die nur von einer dünnen Tannennadelschicht zugedeckt sind" (Bernhard 2003, 146). Auch in Jelineks Stück *Das Werk* taucht ein „Totenschädel eines seit jahrzehnten vermißten Wanderers" auf, „auf einen Wegweiser gespießt" (Jelinek 2002, 10).

In einer der zentralen Passagen in *Frost* diskutiert ein Baustellen-Ingenieur mit dem Maler Strauch und dem Wasenmeister – also einem Mann, der beruflich für die Beseitigung und Verwertung von Tierkadavern zuständig ist – in einem Gasthaus über die fortschrittliche Errungenschaft eines ominösen Kraftwerks, von dem Strauch meint, es verschandele die Landschaft (Bernhard 2003, 96–99). Vor dem Hintergrund der NS-Geschichte des Orts Kaprun, die Bernhards Text unerwähnt lässt, klingt der Schlusssatz des Ingenieurs auffälligerweise wie das fröhlich verharmlosende Geschwätz typischer Jelinek-Stimmen in *Das Werk*:

> Die Gefahr, daß Menschen getötet werden, ist überall. Und überall werden auch Menschen getötet. Durch die Kraftwerke kommen die wenigsten um. Arbeiter, ja. Aber überall gehen Arbeiter zugrunde, auf jeder Baustelle. Wenn unser Land die Kraftwerke nicht gebaut hätte, die es gebaut hat, wäre es ein armes Land. [...] Nur der Maler schwieg und sagte nur: „Ja, die Kraftwerke." (Bernhard 2003, 99)

Jelinek setzt hier an und verdichtet diese vagen Andeutungen, die sich bei Bernhard bereits in den 1960er Jahren finden, in einer direkten Konfrontation mit Mediengeschwätz, historiografischer Literatur, NS-Quellen und der originalen Täter-Sprache zu Textgeweben, die trotz ihrer Hermetik weit deutlicher werden können als die frühen Werke Bernhards, und sei es nur durch ein wortwörtliches

Zitat aus der Rede des Außenministers Leopold Figl zum österreichischen Staatsvertrag vom 15. Mai 1955: „Österreich baut an. Österreich baut weiter, viel, viel weiter, als es zuvor gedacht hat. [...] Aber die Baustelle ist ein Kampfplatz, beinahe ein Krieg." (Jelinek 2002, 92–93, vgl. Janke 2009, 136–137). Nach Jelineks Quintessenz produziert der Mensch zuerst „Tote, dann macht er Beton, aber er hat schon oft beides gleichzeitig gemacht! Tote in Beton. Beton in Toten." (Jelinek 2002, 102)

Hier ist schlicht von jener „Vernichtung durch Arbeit" die Rede, die im Nationalsozialismus zum Alltag gehörte. Auch bei Bernhard ist die Alpenlandschaft nach dem Krieg „voll Leichengeruch": Massen erschossener Pferde und Soldaten seien im Wald aufgetaucht und hätten verbrannt oder verscharrt werden müssen, heißt es in *Frost* (Bernhard 2003, 105). Ein Teich im Gebirge, in dem Menschen verschwinden, „ohne daß sie jemals wieder auftauchen" (Bernhard 2003, 101) erinnert an jenes Beton-Becken aus Jelineks Roman *Die Kinder der Toten*. *Frost* könnte daher an vielen Stellen durch die Parallel-Lektüre späterer Jelinek-Texte ganz neue Bedeutungsebenen hinzugewinnen, die von Bernhard in der frühen Phase seines Werks, in welcher sein Debütroman entstand, jedoch noch gar nicht unbedingt mitgemeint gewesen sein dürften: „Alles, jeder Geruch, ist hier an ein Verbrechen gekettet, an eine Mißhandlung, an den Krieg, an irgendeinen infamen Zugriff". (Bernhard 2003, 56) Gerade in dieser forcierten Düsternis voller vager Andeutungen wirkt *Frost* heute stellenweise polyphoner als viele Folgewerke Bernhards und erinnert unweigerlich an die Zombie-Atmosphäre in Jelineks Opus Magnum *Die Kinder der Toten*, wenngleich Bernhard, literaturgeschichtlich gesehen, Anfang der 1960er Jahre intertextuell noch weit stärker in den 1950er Jahren verhaftet war als lange angenommen wurde.

5 Kaprun als revisionistisches Skandalthema seit den 1950er Jahren und seine intertextuelle Kontinuität bei Bernhard

Das Werk ist bei Jelinek textgenetisch und motivisch eng mit dem Stück *In den Alpen* verknüpft, in dem es vordergründig um die Brandkatastrophe der Gletscherbahn von Kaprun vom 11. November 2000 geht, bei dem 155 Menschen in einem steilen und engen Tunnel verbrannten oder an Rauchvergiftung starben, weil der Zug, in dem sie zum Kitzsteinhorn hinauf fahren wollten, Feuer gefangen hatte. Parallel thematisiert auch *In den Alpen* den Kraftwerkbau von Kaprun mit seinen möglicherweise einbetonierten Zwangsarbeitern: „Ich glaube jedoch, das, was wir wissen, ist nur die Spitze des Eisbergs. Das meiste wurde verschwiegen.

[...] Etliche hat damals auch die Betonspinne erwischt, droben, auf der Dammkrone. Wutsch, waren sie weg, im Guß des Damms" (Jelinek 2002, 10, vgl. Lajarrige 2006, 223), kurz: Menschen wurden hier offenbar zu „Fleisch im Betonmantel" (Jelinek 2002, 140).

Bernhard und Jelinek haben, was die zitierten Andeutungen von Arbeiter-Opfern in ihren jeweiligen Texten betrifft, neben einem Autor wie Othmar Franz Lang (*Die Männer von Kaprun*, 1955) einen besonders dubiosen Vorgänger aus der unmittelbaren Nachkriegszeit (vgl. Lajarrige 2006, 208 sowie Janke 2009, 131). Die Rede ist von dem Nazi-Journalisten Heinz Bongartz, der nach 1933 u. a. für die „Braune Post", das SS-Blatt „Das Schwarze Korps" und das „Organ der NSDAP", die Essener „Nationalzeitung" geschrieben hatte, sich in den 1950er Jahren schließlich Jürgen Thorwald nannte (vgl. Oels 2009, 8–11), für die Redaktion der konservativen Zeitung *Christ und Welt* schrieb und mit Büchern wie dem 2005 erneut wiederaufgelegten Machwerk *Die große Flucht* (1949) einen Long- und Bestellererfolg sondergleichen verbuchen konnte.

Thorwald verfasste neben revisionistischen Nachkriegs-Flucht- und Vertreibungsdarstellungen 1954 einen in der Zeitschrift *Quick* publizierten Fortsetzungsroman mit dem Titel *Hoch über Kaprun* (Thorwald 1969). Dieser reißerische Alpen-Krimi handelt von der Aufdeckung eines Mords an dem Bruder der bildschönen Arzttochter und Krankenschwester Yvonne Niederegger, einem früheren Agenten des Geheimdienstes der Wehrmacht, und seiner ebenso attraktiven ungarischen Geliebten im Jahr 1948. Letzteres Opfer ließen die Mörder, ein in Frauenhandel und andere ruchlose Geschäfte verwickeltes Ehepaar aus Osteuropa, von einem tschechischen Arbeiter in einen Betonpfeiler bei den Kraftwerksbaustellen von Kaprun einmauern, um die Leiche, die dann allerdings Jahre später unverhofft wieder auftaucht, für immer verschwinden zu lassen.

Die Thematisierung des Todes in den Betonmassen von Kaprun nach 1945 wirkt dabei allerdings wie eine unheimliche Deckerinnerung, hinter der sich im Bewusstsein der damaligen NS-Tätergeneration gewiss noch ganz andere Leichen verbargen. Thorwald war offensichtlich auch 1954 immer noch ein überzeugter Nazi-Veteran.[5] Rühmt doch *Hoch über Kaprun* mittels der dokumentarisch anmutenden Erzählstimme des Telefonisten Tom ganz offen die ‚Verdienste' Her-

---

5 Wohl nicht ganz zufällig hatte Hermann Göring einst das Vorwort zu Bongartz' (alias Thorwalds) erstem Buch von 1939 verfasst: *Luftmacht Deutschland. Aufstieg, Kampf und Sieg.* Vgl. dazu auch die lakonische Feststellung von David Oels über die Vergleichbarkeit von Thorwalds Veröffentlichungen in der Nazi- und Nachkriegszeit: „Im Hinblick auf die Nachkriegspublikationen bleibt bemerkenswert, dass die Art des benutzten Materials vor und nach 1945 ganz ähnlich ist." (Oels 2010)

mann Görings für den Bau des Kraftwerks, der ohne dessen Engagement niemals begonnen worden wäre (Thorwald 1969, 64 und 90).[6]

Bei der Handlung und der Botschaft von *Hoch über Kaprun* handelt es sich um eine triviale Täter-Opfer-Umkehr. Die Kraftwerksbaustellen über Kaprun wimmeln bei Thorwald nur so von Nazi- und SS-Veteranen, wobei auffällt, dass es sich bei ihnen stets um geradezu unschuldig verfolgte, aufopferungsvoll arbeitende Männer handelt, die in den Stollen und auf den Dammkronen der Deiche ihr Leben riskieren, damit Österreich und ganz Europa mit Strom versorgt werden kann. Erst *nach* 1945 gibt es bei bei Thorwald Verbrechen in Kaprun. Werden doch nun ‚dunkle Elemente' die Aufseher und Vorarbeiter der ‚armen' Nazis, denen sie aufgrund ihrer heiklen Vergangenheit hilflos ausgeliefert sind – einer vorherigen NS-Linientreue, die sie in die Berge fliehen ließ, um nicht von den alliierten Besatzern entdeckt zu werden. Die NS-Zeit, für die normalerweise die Phrase der „dunklen Vergangenheit" reserviert war, wird bei Thorwald zu einer relativ positiven Phase umgewertet, in deren Beschreibung „Zwangsarbeiter" als größte Selbstverständlichkeit beiläufig erwähnt werden, während die Ära nach 1945 als eine zeitversetzte historische Etappe der ‚Verdunklung' erscheint, mit der die NS-Schuld einfach überschrieben wird, weil hier die Täter offenbar härter behandelt werden als zuvor ihre Zwangsarbeiter im ‚Dritten Reich'.

Alles Böse kommt bei Thorwald aus dem Ostblock und hat meist auf dubiose Weise mit jenem Kommunismus oder Sozialismus zu tun, der zudem durch die sowjetische Nachkriegsbesatzung in Wien die österreichische Politik korrumpiere und den Kraftwerksbau bei Kaprun sabotiere. *Der Spiegel* berichtete im Erscheinungsjahr von *Hoch über Kaprun* in einem Artikel mit dem bemerkenswerten Titel *Leiche im Beton*, Thorwald selbst habe dem Nachrichtenmagazin über dieses Motiv mitgeteilt: „Die Idee zu der Toten wurde mir oben in Kaprun von einem maßgebenden Mann der Bauleitung vorgeschlagen, der die bösen Jahre nach 1945 miterlebt hat und der Ansicht ist, daß da nicht nur *ein* Mensch auf diese Weise verschwand." (Spiegel 1954) Auffällig ist hier also abermals, dass Thorwald im Gespräch über seine Quellen nur die Nachkriegsgeschichte als „die bösen Jahre" erwähnt, die Kapruner NS-Verbrechen selbst aber ausspart.

Bislang wurde vollkommen übersehen, dass Bernhards *Frost* dieses literarische Programm und das Setting Thorwalds etwa zehn Jahre später nach wie vor weitgehend imitiert, zumal die verruchte Goldgräberstadt-Stimmung[7] mit ihrer

---

[6] Siehe dazu Oels 2010 sowie zu Thorwalds Sachbüchern vor und nach 1945 ausführlicher Oels 2009.

[7] Explizit findet sich dieser Vergleich in Langs Buch *Die Männer von Kaprun*. Dort ist die Rede vom „Lager Mooserboden, das mit seinen Barackenstraßen fast einem Goldgräberlager im Westen Amerikas ähnlich war." (Lang 1955, 187)

Sexualnot und -gier, die der Vorgängerroman von Thorwald schildert, auch bei Bernhard das Alpental bestimmt (vgl. Bernhard 2003, 227–230). Die Liste der offensichtlichen Anregungen, die Bernhard bei Thorwald fand, ließe sich fortsetzen. Wie Bernhards Protagonist ist auch Thorwalds Erzähler ein Mediziner, der ins Alpental hinaufgekommen ist, um ‚Studien' zu betreiben und die Menschen wissenschaftlich zu beobachten (Thorwald 1969, 8). Die verruchte Handlangerin des Bordellbetreibers Mochotzky, Meta Petitot, eine ebenso skrupellose wie abgehalfterte Verführerin, gemahnt auf verblüffende Weise an die Wirtin in Bernhards *Frost* (vgl. Bernhard 2003, 66–67). Der die Romanhandlung prägende Ingenieur Schager wiederum, der bei Thorwald durch seinen Zynismus und seine rücksichtslose Schroffheit charakterisiert ist, erinnert in seinem anfänglichen Habitus zumindest entfernt an Bernhards Figur des Malers Strauch, während das Arbeitspensum und die Probleme mit dem Kraftwerksbau, die Bernhards Figur des Ingenieurs in *Frost* schildert, an den Alltag Schagers bei Thorwald denken lassen.

Spätestens hier wird man erstaunt fragen: Wie kann es sein, dass sich Bernhard für seinen Plot an literarischen Ideen eines trivialen Nazi-Schriftstellers wie Jürgen Thorwald orientierte?[8] In der Nachkriegszeit kam es offensichtlich bereits einem aufsehenerregenden Affront gleich, auch nur die Todesopfer unter den ‚Desperados' zu erwähnen, die sich nach 1945 auf dem Kapruner Werksbau verdingten. In diesem Rezeptionskontext konnte *Frost* noch zu Beginn der 1960er Jahre als ein besonders ‚harter' Debütroman erscheinen, obwohl er aus heutiger Sicht tatsächlich mehr von der regionalen österreichischen Täter-Opfer-Umkehr und der Schuldabwehr der 1950er Jahre tradiert, als man in der Forschung bisher wahrgenommen hat. Gleichzeitig gilt jedoch für Bernhards Roman in ganz anderer Weise als für die plumpe Action-Ästhetik Thorwalds, dass die Rede über die Toten nach 1945 hier einen gewissen Widerhall des Holocaust zu erzeugen vermag, den historisch informierte Rezipient(inn)en heute nicht mehr überhören können. So berichtet der Maler Strauch etwa über die Kraftwerksbaustelle, „da

---

[8] Laut einer Mitteilung von Bernhard Judex vom 07. Januar 2014 liegen in Bernhards Nachlass keine eindeutigen Belege für eine Thorwald-Textkenntnis vor, etwa durch eine Rezension im „Demokratischen Volksblatt", die der junge Bernhard ja gut hätte verfasst haben können. Hier wäre, so kann man hinzufügen, noch weiter zu recherchieren, inwiefern etwa die generelle Berichterstattung über Thorwalds Roman in Zeitungen aussah, die Bernhard seinerzeit regelmäßig las. Auch wäre zu eruieren, wie die in der zitierten Rezension im *Spiegel* angedeutete zeitgenössische Empörung über *Hoch über Kaprun* in Österreich konkret aussah. Es ist jedenfalls sehr gut möglich, dass sich Bernhard 1962 beim Verfassen der letzten Version seines Prosadebüts, dessen Textgenese bekanntlich einen längeren Zeitraum mit unterschiedlichsten Vorarbeiten beanspruchte, an Thorwalds Erfolgsmodell erinnerte und die genannten Figurenkonstellationen aus dessen Roman übernahm, um daran anknüpfen zu können.

unten zu arbeiten heiße eigentlich schon zu verrecken". Unmittelbar nach dieser korrekten Beschreibung der Zustände für Zwangsarbeiter *vor* 1945, die jedoch auch bei Bernhard gar nicht gemeint ist, folgt dann wieder die explizite Rückkehr zur Tagesordnung der 1950er Jahre: „In dreieinhalb Jahren Bauzeit sind hier achtzehn Männer getötet worden, vom Kran, vom Wasser, von Felsbrocken, von Lastwagenhinterrädern", rekapituliert Strauch, um etwas hinzuzusetzen, was im Blick auf die toten Zwangsarbeiter der Nazizeit endgültig zynisch klingen muss: „Das ist ja, wenn man bedenkt, noch nicht einmal ein gar zu hoher Preis!" (Bernhard 2003, 223)[9]

Strauchs Argumentation ist zeittypisch. Eine ähnliche Verharmlosung taucht bereits in Langs Roman *Die Männer von Kaprun* in vergleichbarer Abgründigkeit auf, wenn auch hier noch wesentlich näher am NS-Jargon: „Vierhundert, fünfhundert Kubikmeter Beton täglich konnten mehr auf die Mauer geschafft werden. Im Kampf um die höchste Betonierungsleistung konnte es keine Schonung geben, weder beim Menschen noch beim Material." (Lang 1955, 185)

Jelinek geht in ihrer Verarbeitung dieser Geschichte allerdings noch einmal sehr viel weiter als Bernhard. Die in Österreich so lange gewahrte Vermeidung der Erinnerung an die Kapruner Bauzeit vor 1945, die in *Frost* höchstens subtextuell überschritten wird, ignoriert sie in ihren Texten über das Kraftwerk gezielt und verbindet diesen literarischen Angriff noch dazu mit einer beklemmenden Thematisierung der verbrannten Opfer der Kapruner Tourismusindustrie im Jahr 2000.

In den Alpen gehört, was das betrifft, zu den unheimlichsten Texten Jelineks. „Schienen, die von selber zergehen werden, funkenstiebende Seile, eine sengende Lohe, die meine Menschenbrüder, von denen ich so lang nicht wußte, daß sie wirklich meine Brüder waren, voll erwischt hat", so die am Ende eher flappsige Schilderung des touristischen ‚Brandopfers' durch das „Kind" im Stück (Jelinek 2002, 16). Die zum bloßen Exemplar herabgestuften Toten im „Gletscherdrachen", jener in Rauch aufgelösten Kapruner Bergbahn, die hier als neuer subtiler Tatort auftaucht, werden mit den verbrannten Juden von Auschwitz überblendet – als Menschen, die „mitsamt ihrer Schmelzkäsekleidung" durch „den Boden hindurch getropft sind und die Schienen mit ihrer Asche belegt haben" (Jelinek 2002, 16).

---

[9] Hier muss aus narratologischer Perspektive allerdings beachtet werden, wer spricht. Der Maler Strauch ist eine typische Bernhard'sche Kippfigur, die in ihren Tiraden gegen Österreich selbst zusehends reaktionär wirkt. Bemerkenswert ist etwa jene Selbstdenunziation dieser Figur gleich zu Beginn des Romans, die an eine typische Verspottung des österreichischen Malers Adolf Hitler gemahnt, wie sie in den 1950er Jahren oft zu hören war, nämlich dessen abschätzige Bezeichnung als bloßer „Anstreicher": „‚Ich bin kein Maler', hat er heute gesagt, ‚ich bin höchstens ein Anstreicher gewesen." (Bernhard 2003, 16)

Die Kinderstimme, die hier spricht, deutet dabei im direkten ‚Leistungsvergleich' des Kapruner Unglücks mit den Muffelöfen im Krematorium von Auschwitz die Leugnung der Shoah durch den Großvater im Stück an, noch dazu in der Sprache der NS-Vernichtungsbürokratie, die menschliche Leichen zu „Stücken" neutralisierte: „Unser Ofen hat 155 Stück geschafft, aber daß Ihrer viel mehr geschafft hat, das müssen Sie mir erst beweisen! Opa sagt, das geht gar nicht." (Jelinek 2002, 42) Auch hier gilt wieder, was Jelinek in ihren Texten stets so scharf kritisiert: Das demonstrative Beweinen von 155 Toten im Jahr 2000 wird ausgestellt (Jelinek 2002, 20), während die Vergasung von sechs Millionen Juden verschwiegen, bezweifelt oder gar verleugnet wird, weil sie logistisch und technisch gar nicht möglich gewesen sei.

Diese Verdichtungen kritischer Botschaften bei Jelinek sind es, die sie definitiv vom Programm jener Bernhard'schen Vorbild-Texte emanzipieren, denen die Schriftstellerin eigenen Angaben nach dennoch so viel verdankt. Von *Frost* aus, wo es noch ausschließlich um anonyme NS-Täterfiguren geht, die als ‚Opfer' in den Wäldern um Weng aufgefunden oder vage erinnert werden und sich damit von vergleichbaren problematischen Charakteren bei Thorwald nur durch ihre betonte Schemenhaftigkeit unterscheiden, bis zu Bernhards Perspektivwechsel hin zu einer Erinnerung an die jüdischen Opfer im Spätwerk, etwa in *Heldenplatz* und *Auslöschung. Ein Zerfall*, war es ein langer Weg. Jelinek ging von dort aus jedoch noch einmal sehr viel weiter.

Literatur

Anz, Thomas. „Raum als Metapher. Anmerkungen zum ‚topographical turn' in den Kulturwissenschaften". *literaturkritik.de* Nr. 2 (2008): http://www.literaturkritik.de/public/rezension.php?rez_id=11620. 22. Dezember 2002. (16. März 2018).
Adorno, Theodor Wiesengrund. *Minima Moralia. Reflexionen aus dem beschädigten Leben*. Frankfurt am Main: Suhrkamp, 1988.
Bernhard, Thomas. *Frost* [1963]. In: Ders. *Werke Band 1*. Hg. Martin Huber und Wendelin Schmidt-Dengler. Frankfurt am Main: Suhrkamp, 2003.
Bernhard, Thomas. „Der Italiener. Ein Film" [1970]. In: Ders. *Werke Band 11. Erzählungen I*. Hg. Martin Huber und Wendelin Schmidt-Dengler. Frankfurt am Main: Suhrkamp, 2004a. 183–248.
„Der Spiegel" 32 (1954). „Kaprun. Leiche im Beton". http://www.spiegel.de/spiegel/print/d-28957137.html (16. März 2018).
Dunker, Axel. *Die anwesende Abwesenheit. Literatur im Schatten von Auschwitz*. München: Fink, 2003.
Freud, Sigmund. „Das Unheimliche". In: Ders. *Studienausgabe, Band IV. Psychologische Schriften*. Hg. Alexander Mitscherlich, James Strachey und Angela Richards. Frankfurt am Main: Fischer, 2000. 241–274.

Huber, Martin. „"…über mir aber liegt die wunderbare Stimmung meiner Arbeit…"". In: *Thomas Bernhard und Salzburg. 22 Annäherungen*. Hg. Manfred Mittermayer und Sabine Veits-Falk. Salzburg: Jung & Jung, 2001. 163–169.
Janke, Pia. „Der Mythos Kaprun in *In den Alpen* und *Das Werk*". In: *Jelinek, une répétition? A propos des pièces* In den Alpen *et* Das Werk */ Jelinek, eine Wiederholung? Zu den Theaterstücken* In den Alpen *und* Das Werk. [Genèses de Textes – Textgenesen 1] Hg. Françoise Lartillot und Dieter Hornig. Bern/New York: Lang, 2009. 127–141.
Janke, Pia. *Jelinek-Handbuch*. Stuttgart: Metzler, 2013.
Jelinek, Elfriede. *Die Kinder der Toten*. Reinbek: Rowohlt, 2009.
Jelinek, Elfriede. „Ich renne mit dem Kopf gegen die Wand und verschwinde." Ein Gespräch mit der Literatur-Nobelpreisträgerin Elfriede Jelinek über Komik und Kriminalromane, Cary Grant im Negligé und ihre Angst vor der Preisverleihung. (Interview von Rose-Maria Gropp und Hubert Spiegel). Frankfurter Allgemeine Zeitung, 8. November 2004. http://www.faz.net/aktuell/feuilleton/buecher/elfriede-jelinek-ich-renne-mit-dem-kopf-gegen-die-wand-und-verschwinde-1196979.html (16. März 2018).
Jelinek, Elfriede. *In den Alpen. Drei Dramen*. Berlin: Berlin Verlag, 2002.
Jelinek, Elfriede. *Stecken, Stab und Stangl / Raststätte oder sie machens alle / Wolken.Heim. Neue Theaterstücke. Mit einem „Text zum Theater" von Elfriede Jelinek*. Reinbek: Rowohlt, 1997.
Joachimsthaler, Jürgen. „Text und Raum". In: *Kulturpoetik. Zeitschrift für kulturgeschichtliche Literaturwissenschaft* 5 (2005): 243–255.
Lajarrige, Jacques. „Versuch einer Kontextualisierung von Anspielungen in Elfriede Jelineks Alpendramen". In: *Elfriede Jelinek et le devenir du drame*. Hg. Gérard Thiériot. Toulouse: Presses universitaires du Mirail, 2006. 195–223.
Lang, Othmar Franz. *Die Männer von Kaprun*. Wien/München: Österreichischer Bundesverlag für Unterricht, Wissenschaft und Kunst, 1955.
Lücke, Bärbel. „Zu *Bambiland* und *Babel*. Essay". In: Elfriede Jelinek. *Bambiland / Babel. Zwei Theatertexte*. Reinbek: Rowohlt, 2004. 229–270.
Mariacher, Barbara. „Die Sprache als ‚Werkstück'. Überlegungen zu Elfriede Jelineks poetologischem Konzept am Beispiel des Theaterstücks *Stecken, Stab und Stangl* (1996)". In: *textpraxis. Digitales Journal für Philologie* 6 (1.2013). http://www.uni-muenster.de/Textpraxis/barbara-mariacher-die-sprache-als-werkstueck (16. März 2018).
Mayer, Verena und Roland Koberg. *Elfriede Jelinek. Ein Porträt*. Reinbek: Rowohlt, 2006.
Millner, Alexandra. „Schreibtraditionen". In: *Jelinek-Handbuch*. Hg. Pia Janke. Stuttgart: Metzler, 2013. 36–40.
Müller, Karl. „Die Theaterkonzepte Thomas Bernhards und Elfriede Jelineks im Vergleich". In: *Thomas Bernhard Jahrbuch 2004*. Hg. Martin Huber, Manfred Mittermayer, Wendelin Schmidt-Dengler und Svjetlan L. Vidulic. Wien/Köln/Weimar: Böhlau, 2004. 91–116.
Oels, David. „‚Dieses Buch ist kein Roman'. Jürgen Thorwalds ‚Die große Flucht' zwischen Zeitgeschichte und Erinnerungspolitik". In: *Zeithistorische Forschungen/Studies in Contemporary History*, Online-Ausgabe, 6 (2009), H. 3. http://www.zeithistorische-forschungen.de/16126041-Oels-3-2009 (16. März 2018).
Oels, David. „Schicksal, Schuld und Gräueltaten. Populäre Geschichtsschreibung aus dem Geist der Kriegspropaganda: Jürgen Thorwalds ewiger Bestseller ‚Die große Flucht'". In: *Die Zeit*, 22. Juli 2010. http://www.zeit.de/2010/30/Geschichte-Thorwalds-Flucht (16. März 2018).

Scheit, Gerhard. „Komik der Ohnmacht. Die Sehnsucht nach dem wahren Souverän und ihre Enttäuschungen bei Thomas Bernhard". In: *Thomas Bernhard – Persiflage und Subversion*. Hg. Manfred Mittermayer und Mireille Tabah. Würzburg: Königshausen & Neumann, 2013a. 147–158.

Scheit, Gerhard. „Nationalsozialismus". In: *Jelinek-Handbuch*. Hg. Pia Janke. Stuttgart: Metzler, 2013b. 286–291.

Süselbeck, Jan. „Später Ruhm. Thomas Bernhards Drama ‚Über allen Gipfeln ist Ruh'. Ein deutscher Dichtertag um 1980' als Persiflage auf Autorschaftskonzepte des 20. Jahrhunderts". In: *Thomas Bernhard – Persiflage und Subversion*. Hg. Manfred Mittermayer und Mireille Tabah. Würzburg: Königshausen & Neumann, 2013a. 87–105.

Süselbeck, Jan. *Das Gelächter der Atheisten. Zeitkritik bei Arno Schmidt und Thomas Bernhard*. Frankfurt am Main: Stroemfeld/Nexus, 2006.

Süselbeck, Jan. *Im Angesicht der Grausamkeit. Emotionale Effekte literarischer und audiovisueller Kriegsdarstellungen vom 19. bis zum 21. Jahrhundert*. Göttingen: Wallstein, 2013b.

Thorwald, Jürgen. *Hoch über Kaprun*. Zürich: Droemersche Verlagsanstalt, 1969.

Vogt, Steffen. *Ortsbegehungen. Topographische Erinnerungsverfahren und politisches Gedächtnis in Thomas Bernhards ‚Der Italiener' und ‚Auslöschung'*. Berlin: Erich Schmidt Verlag, 2002.

Weiss, Peter. „Meine Ortschaft". In: *Atlas zusammengestellt von deutschen Autoren*. Berlin: Wagenbach, 1979. 26–36.

Corina Caduff
Poetiken des Todes bei Jelinek und Bernhard

„Der Tod ist mein Thema", sagt Thomas Bernhard (1968, 348), und auch Elfriede Jelinek formuliert ihre Hinwendung zu Toten als etwas Unabwendbares: „Es gibt einfach zu viele Tote, auf die ich schauen muss." (Jelinek 2004b) Die Auseinandersetzung mit Tod, Sterbenmüssen und Gestorbensein durchzieht das Werk beider Autoren gleichsam leitmotivisch mit anhaltender Dringlichkeit. In Bernhards Schreiben ist der Tod von Beginn an über Jahrzehnte hinweg als Thema und Motiv kontinuierlich präsent. Praktisch alle seine Protagonisten sind auf existenzielle Weise mit dem Tod konfrontiert, sie sind entweder affiziert vom eigenen bevorstehenden Tod oder vom Tod anderer, wobei die Triade Kunst–Isolation–Tod ein oft variiertes thematisches Gefüge darstellt. Jelineks Todesbezüge manifestieren sich insbesondere durch Figuren, die zwischen Leben und Tod mäandern: Vampire und Gespenster geistern genauso durch ihre Texte wie wiederauftauchende Opfer des Nationalsozialismus. Auch verstorbene historische Persönlichkeiten werden von der Autorin aufs Neue erweckt und setzen noch einmal zum Sprechen an. Vor allem bringt Jelinek *verschwiegene Tote* zum Sprechen, die zu Lebzeiten kaum eine Stimme hatten, so wie überhaupt ihre Literatur zum Hort von Toten wird, deren Geschichten nicht bewältigt sind und daher wieder an die Oberfläche treten. Die gemeinsame motivische Referenz bei Jelinek und Bernhard liegt im Blick auf tödliche gesellschaftliche Machtmechanismen. Insbesondere teilen sie dabei den Fokus auf den Nationalsozialismus in Österreich. Sie habe, erklärt Jelinek, „die Untoten immer schon als Metapher für die österreichische Geschichte gesehen" (Jelinek 2012, 18), und auch Bernhards Todesmotivik gipfelt wieder und wieder in harscher Staatskritik.

1 Testamentarisches

Das letzte Wort zum österreichischen Staat formulierte Bernhard in seinem Testament, das er zwei Tage vor seinem Tod im Februar 1989 unterzeichnet hat:

> Weder aus dem von mir zu Lebzeiten veröffentlichten, noch aus dem nach meinem Tod gleich wo immer noch vorhandenen Nachlass darf auf die Dauer des gesetzlichen Urheberrechts innerhalb der Grenzen des österreichischen Staats, [...] etwas in welcher Form immer von mir verfasstes Geschriebenes aufgeführt, gedruckt oder auch nur vorgetragen werden. Ausdrücklich [...] verwahre [ich] mich [...] gegen jede Annäherung des österreichi-

schen Staates [...]. Nach meinem Tod darf aus meinem literarischen Nachlass, worunter auch Briefe und Zettel zu verstehen sind, kein Wort mehr veröffentlicht werden. (zitiert nach Opitz 2004)

Pikant an der Sache ist, dass der Autor ausgerechnet jene beiden Personen als Testamentsvollstrecker einsetzt, die von einer postumen Verwertung seiner Texte am meisten profitieren: seinen Halbbruder und Alleinerben Peter Fabjan sowie seinen Verleger Siegfried Unseld. Letzterer notierte zwei Wochen vor dem Tod des Schriftstellers, dieser sei sicher, dass seine Werke nach seinem Tod eine neue Renaissance erleben werden (vgl. Bernhard und Unseld 2009, 810). Dank Fabjan und Unseld ist diese Renaissance eingetroffen. Die Aufführung der Stücke in Österreich wurde lediglich für kurze Zeit ausgesetzt, der Nachlass ist mittlerweile wissenschaftlich bestens erschlossen und in dem 2001 in Gmunden eröffneten „Thomas Bernhard Archiv" zugänglich. Wie ernst es Bernhard also mit seiner testamentarischen Verfügung war, muss dahin gestellt bleiben. Nach Clemens Götze etwa handelt es sich dabei um die Strategie, eine Österreichvereinnahmung geradezu zu evozieren und damit gleichsam „heimzukehren" (Götze 2011, 8). Jelinek präsentiert ihrerseits eine Art literarisches Pseudo-Testament, das die Unwägbarkeiten solcher urheberrechtlichen Verfügungen ad absurdum führt. In Kapitel 5 g des nahezu 1000-seitigen Romans *Neid. Privatroman*, den die Autorin 2007/2008 als Fortsetzungsroman im Internet veröffentlicht hat, finden sich Ausführungen über den Umgang mit dichterischen Nachlässen. Jelinek entwirft hier das Bild einer funktionalen Literatur, die materiell in Form von bedrucktem Papier überlebt, welches geschreddert wird und zum Häuserbau verwendet werden kann. Es kommt so als Dämmstoff zum Einsatz, als (Ab-)Dichtungsmaterial, das je nach Bedarf Wärme oder Kälte abhalten kann. Das entbehrt nicht der Ironie: Dichtung als Wohlgefühl, als Schutzwall gegen alles, was von draußen herein kommen könnte.

Laut Bärbel Lücke hinterlegt Jelinek hier „öffentlich ihr dichterisches privates Vermächtnis, ihr Testament" (Lücke 2009, 188). Eines ist dieses „Testament" jedenfalls mit Sicherheit nicht: ein juristisch umsetzbares Statement. Hinzugefügt sei an dieser Stelle, dass sich *Neid* gerade im fünften Kapitel durch eine höchstmögliche Durchlässigkeit der Grenzen zwischen Autorin, Erzählerin und Protagonistin auszeichnet, was so weit geht, dass sich die Ich-Erzählerin, die sich auch als E.J. bezeichnet, über die Ähnlichkeit zwischen ihr und der Protagonistin auslässt. Die Unmöglichkeit einer Grenzziehung zwischen Fiktion, Autobiographie und „Tagebuch", wie es im Text selbst heißt, ist damit auf die Spitze getrieben.

Lücke hält darüber hinaus fest, die Autorin habe „tatsächlich testamentarisch verfügt", dass die Originale ihrer Werke geschreddert werden sollen. Diese Aussage belegt sie mit der Zitation von E-Mails, die sie 2007 von Jelinek erhalten hat: „Die Originale werden ja geschreddert" / „Grad war mein Anwalt da, und ich habe mein Testament hinterlegt und dafür gesorgt, daß meine Urheberrechte an den Dingen, die zu Lebzeiten nicht erschienen sind (mein bald geschredderter Nachlass bzw. Vorlass), gewahrt bleiben, in seiner Kanzlei." (Lücke 2009, 188, Fußnote 30) Hier kann man wohl kaum ernsthaft von einer tatsächlichen testamentarischen Verfügung sprechen.

Pia Janke und Teresa Kovacs immerhin kommen aufgrund der Darlegungen von Lücke zu dem Schluss, dass sich die Philologinnen und Philologen keine Hoffnungen machen sollten auf Dokumente (z. B. mit handschriftlichen Korrekturen der Autorin oder Kommentaren ihres Lektors), die Jelineks Arbeitsprozesse belegen (vgl. Janke und Kovacs 2013). Zwischen der an der Universität Wien angegliederten Forschungsplattform zu Jelinek und der Autorin gibt es keine Vereinbarungen zu Fragen des Nachlasses.

Der spielerische Charakter von Jelineks Äußerungen wird so durch die Diffusion der Textsorten unterstrichen: Romanpassagen und E-Mails über das Schreddern inkl. Anwaltsreferenz. Hinzu kommt die Tatsache, dass Jelinek ihren ausschließlich im Internet publizierten *Neid*-Roman und mithin die darin enthaltenen Nachlass-Gedanken jederzeit ändern oder löschen kann, was sie sich auch ausdrücklich vorbehält (vgl. Jelinek 2007). Während sie Bernhard einen „Herrschaftsanspruch des Erzählers" nachsagt („Diesen Subjektstatus, diese Sicherheit des Sprechens – das hat nur ein männlicher Autor.", Jelinek 2004a), behält sie sich also selbst vor, auch nach der Publikation von *Neid* in den Text einzugreifen (durch Tilgungen, Ergänzungen etc.). In die gleiche Richtung zielt ihre Verfügung, dass ihre Homepage, die ausschließlich Texte von ihr selbst enthält, nach ihrem Tod gelöscht werden soll. So sollen der Leserschaft zeitgleich mit ihrem Tod also auch Texte entzogen werden. Ob diese, so sie nicht in anderer Form veröffentlicht sind, dann allerdings tatsächlich gänzlich aus der Welt verschwinden, bleibt dahin gestellt. Während Bernhards Testament mit Hilfe von Philologen und Juristen wieder außer Kraft gesetzt werden kann, trifft Jelinek eine anfällige, brüchige Nachlassregelung, die man gleichsam zwangsläufig mit Kafka assoziiert: gemäß der Nichtvorhersehbarkeit eines Nachlasslebens im Netz ist sie von vornherein an keine letzte Verbindlichkeit geknüpft.

2 Über den Tod und das Untote: Reden, Essays, Statements

Die Referenz auf den Tod ist sowohl bei Bernhard als auch bei Jelinek zu einem großen Teil textkonstitutiv. Explizit ausgesprochen wird dies von beiden Autoren insbesondere in Reden und Essays. Bernhards Fixierung auf den Tod artikuliert sich wirkungsvoll in zwei Preisreden, die der damals 37-jährige Autor 1968 unter dem Titel *Der Wahrheit und dem Tod auf der Spur* (Bernhard 1968) veröffentlichte[1], nachdem ihm der Durchbruch mit seinem ersten Roman *Frost* im Jahr 1963 gelungen war und er sich mithin mit seinen frühen Werken als Schriftsteller etabliert hatte. Die Dankesrede zum Österreichischen Förderungspreis für Literatur beginnt mit einem der meistzitierten Sätze Bernhards: „es ist nichts zu loben, nichts zu verdammen, nichts anzuklagen, aber es ist vieles *lächerlich*; es ist alles lächerlich, wenn man an den *Tod* denkt." (Bernhard 1968, 349) Der Fortgang der Rede, in der Bernhard die Österreicher harsch und kurz charakterisiert („ein ahnungsloses Volk, ein schönes Land – es sind tote oder gewissenhaft gewissen*lose* Väter, Menschen mit der Einfachheit und der Niedertracht, mit der Armut ihrer Bedürfnisse." / „Wir sind Österreicher, wir sind *apathisch*", 1968, 349), provozierte bei der Preisverleihung einen Skandal: Der Unterrichtsminister Theodor Piffl-Perčević verließ während der Rede kurzerhand den Saal. Daraufhin wurde die bereits terminierte Verleihungszeremonie für den Wildgans-Preis 1968 abgesagt. Die entsprechende Danksagung, die also mündlich nicht zum Zuge kam, dreht sich leitmotivisch um eine Todesrhetorik, die sich nicht fassen lässt und gerade dadurch alles bestimmt: „Also spreche ich heute zu Ihnen vom Tod, aber ich werde nicht *direkt* vom Tod sprechen", „ich spreche doch über den Tod, weil ich spreche", „*ich deute das Leben an und spreche vom Tode*", „es ist der Tod, wir werden vom Tod getrieben", etc. (Bernhard 1968, 347–349). So erscheint der Tod in diesen beiden Dankesreden gleichsam als göttliche Instanz, um die die Sprache kreist und von der sie überhaupt erst hervorgebracht wird.

Mit diesen Reden schafft Bernhard eine dauerhafte Referenz für seine Werke, und diese Referenz belegt, wie sehr der Autor auf das Thema ausgerichtet ist und wie entschieden er es seiner Leserschaft zu vermitteln sucht („mit dem Hinweis darauf, dass nämlich alles mit dem Tode zu tun hat, dass alles der Tod ist, das ganze Leben ist ja nichts anderes als der Tod, werde ich Ihnen einen guten, möglicherweise einen merkwürdigen Abend wünschen" (Bernhard 1968, 349)).

---

[1] Österreichischer Förderungspreis für Literatur 1967; Wildgans-Preis der österreichischen Industrie 1968.

Zum Zeitpunkt der Reden liegen bereits etliche Veröffentlichungen vor, in deren Zentrum das Todesthema steht (*In hora mortis* 1958, *Frost* 1963, *Amras* 1964, *Verstörung* 1967), weitere werden folgen (u. a. die fünfbändige Autobiographie sowie *Das Kalkwerk* 1970, *Beton* 1982 und schließlich *Auslöschung. Ein Zerfall* 1986). Ein für diese literarischen Werke rekonstruierbares poetologisches Programm, eine explizite Poetik des Todes enthalten die Reden zwar nicht, aber sie stellen exakt jene Wechselrelation zwischen Todesfaszination einerseits und dem Anschreiben gegen den Tod andererseits dar, die auch die literarischen Texte in unterschiedlichen Gewichtungen ausloten.

Jelinek dagegen formuliert ihre Poetik des Todes als literarisches Verfahren erstmals ausführlicher im Kontext des Nobelpreises 2004 sowie anschließend auch an anderen Orten. Im Zentrum der Nobelpreisrede *Im Abseits* steht die Sprache, wobei auch von der Fokussierung auf die Toten, ja gleichsam vom Zwang die Rede ist, sie wahrnehmen zu müssen: „Es gibt einfach zu viele Tote, auf die ich schauen muss." Geknüpft wird dieser Blick auf die Toten an den Verlust von Sprachkontrolle: „Je deutlicher diese Aufforderung zum auf sie, die Toten, Schauen in mir ertönt, umso weniger kann ich auf meine Worte achten." (Jelinek 2004b) Der ein paar Monate später veröffentlichte Essay *Wir müssen weg* (2005) konzentriert sich auf die literarische Wiederkehr von Toten, von denen sich die Autorin nach Belieben eine oder am liebsten viele Stimmen ausleiht, „damit sie sprechen, als wären sie ich, als wäre ich sie". Dabei nehmen die Toten die Gestalt von Projektionsflächen an, sodass die Autorin „den Toten das, was gewesen ist, und sogar das, was nicht gewesen ist, in den verfallenden Leib hineindichten kann, wobei die nicht gedichtet sind, sondern ausrinnen, ausrinnen nach wie vor und wie immer, bis nichts mehr da ist, außer Staub und Erde." (Jelinek 2005)

In dem späteren Text *Ich als Toten-Ausgräberin* (2012) macht Jelinek den Kontext der Nachgeschichte des Nationalsozialismus explizit, ihr Verfahren ist dabei als ein Verfahren gegen „das Begrabensein von Schuld zu verstehen", die Geschichte Österreichs ist „eine gespenstische Geschichte [...] weil überall, wo man gräbt, die Knochen aus dem Boden kommen" (Jelinek 2012, 17, 18). Solche Untote treten in Jelineks Literatur auf als Gespenster, als weibliche Vampire, als Opfer des Nationalsozialismus, als Stimmen der Geschichte, die in Romanen und Theatertexten als halb lebende, halb tote Figuren agieren. Die Autorin stellt ihr Sprechen diesen Stimmen zur Verfügung, ja fast scheint es, als stelle sie sich ihnen als literarisches Medium zur Verfügung, so wie hellsichtige Medien sich für den Kontakt mit Verstorbenen anbieten: „Da kommt einer, der schon gestorben ist, und der spricht zu mir, obwohl das für ihn nicht vorgesehen ist. Er darf das, viele Tote sprechen jetzt mit ihren erstickten Stimmen" (Jelinek 2004b). Und auch sich selbst rückt Jelinek in den Kontext des Untoten: „Ich bin nicht tot, aber ich empfinde mich als eine lebende Tote, weil ich [...] eben nicht leben kann, nicht reisen kann, Menschen nicht ertrage." (Jelinek 2007)

Tatsächlich wird damit eine eigene neurotische Disposition geltend gemacht, deren Verfestigung nicht zuletzt auf die Anfeindungen gegenüber der Autorin zurückzuführen sein dürften und die damit auf stringente Weise in den Kontext der von ihr bearbeiteten gesellschaftlichen Tötungsprozesse tritt.

3 Die literarischen Figuren und der Tod

Bernhards Literatur ist kontinuierlich auf den Tod ausgerichtet, ein Großteil der Handlungen der Prosawerke ist konzentrisch auf das Thema hin angelegt: „Das Denken an den Tod ist allen Hauptfiguren vertraut." (Pfeiferová 2007, 71) Bereits im Zentrum des frühen Gedichtbandes *In hora mortis* (1958) stehen der alles dominierende Tod sowie etliche Gottesreferenzen (die in späteren Texten nicht wieder auftauchen), und auch die folgenden frühen Prosawerke kreisen um Tod und Sterben: Der Romanerstling *Frost* aus dem Jahre 1963 besteht aus dem Protokoll einer lebensbedrohlichen Krankheit, die den Kunstmaler Strauch erfasst hat; ein Jahr später erscheint die Erzählung *Amras*, die die tödliche Isolation präsentiert, in welche zwei Brüder nach dem Suizid ihrer Eltern geraten; im 1967 erschienenen Roman *Verstörung* konfrontiert ein Landarzt seinen Sohn mit hoffnungslosen Krankheitsfällen, und in *Das Kalkwerk* ermordet ein zurückgezogener, erfolgloser Privatgelehrter seine behinderte Frau. In der fünfbändigen, zwischen 1975 und 1982 verfassten Autobiographie folgt dann Bernhards Darstellung der eigenen frühen Erfahrung von Krankheit und Tod, die gleichsam als literarische Begründung des lebenslangen Leitthemas fungiert: Der junge Bernhard musste innerhalb von zwei Jahren nicht nur die eigene lebensgefährliche (Lungen-)Erkrankung bewältigen, sondern auch die rasch aufeinander folgenden Tode des Großvaters und Schriftstellers Johannes Freumbichler (†1949) und der Mutter Herta Bernhard (†1950). Diese Erfahrungen werden in den autobiographischen Texten zur Sprache gebracht, wobei insbesondere die langen verschiedenen Krankenhausaufenthalte in den Jahren 1949–1951 eine thematisch konstitutive Rolle spielen. In den Bänden *Der Atem. Eine Entscheidung* (1978) und *Die Kälte. Eine Isolation* (1981) präsentiert der Autor die medizinische Versorgungslage der unmittelbaren Nachkriegsjahre bzw. die Verwahrlosung der Kranken und Sterbenden in den überfüllten Pflegeinstitutionen, in denen er selbst behandelt wurde. Der Ich-Erzähler in *Der Atem* legt dar, wie er aufgrund seiner schweren Lungenerkrankung von den Ärzten aufgegeben, im Sterbezimmer untergebracht und mit der letzten Ölung versehen wurde, derweil die Krankenschwester umher ging, die Hände der Patienten hochhob und deren Pulsschlag fühlte – wo einer gestorben war, fing sie an das Bett abzuziehen. In dieser Situation habe er sich willentlich entschieden zu überleben:

> Ich wollte *leben*, alles andere bedeutete nichts. Leben, und zwar *mein* Leben leben, *wie und solange ich es will*. Das war kein Schwur, das hatte sich der, der *schon aufgegeben gewesen war* [...] vorgenommen. Von zwei möglichen Wegen hatte ich mich in dieser Nacht in dem entscheidenden Augenblick für den des Lebens entschieden. (Bernhard 2004, 225)

Diese Beschreibung beinhaltet eine Urszene des Überlebens, die einen Schriftsteller hervorbringt, der fortan gegen den Tod anschreibt. Als solcher nimmt er den Platz ein, den bis anhin der ebenfalls dichtende, nunmehr aber verstorbene Großvater besetzt hatte: „mein Großvater, der Dichter, war tot, jetzt durfte *ich* schreiben, jetzt hatte *ich* die Möglichkeit, selbst zu dichten" (Bernhard 2004, 331). Vor seinem Tod war dieser Großvater, der für die intellektuelle und persönliche Prägung von Bernhard eine zentrale Rolle spielte, in derselben Klinik untergebracht gewesen wie dieser, sodass die beiden Kranken während Freumbichlers letzten Lebenswochen ihre Gespräche im Krankenhaus fortführten. Und hier, so der Ich-Erzähler in *Der Atem*, hinterlässt der alte Schriftsteller dem nachrückenden Enkel das Vermächtnis, sich auf das Krankenhaus als „Denkbezirk" zu beziehen: „Der Künstler, insbesondere der Schriftsteller, der nicht von Zeit zu Zeit ein Krankenhaus aufsuche, also einen solchen lebensentscheidenden existenznotwendigen Denkbezirk aufsuche, verliere sich mit der Zeit in die Wertlosigkeit, weil er sich in der Oberflächlichkeit verheddere." (Bernhard 2004, 250) Die Protagonisten der folgenden, 1982 bzw. 1985 erschienenen Romane *Beton* und *Alte Meister*, deren Kunst- und Todesbezug zunehmend eng geführt wird, veranschaulichen, dass es genau die Referenz des Künstlers auf einen solchen „Denkbezirk" ist, der ihn von seiner Umgebung isoliert und in bleibende Todesnähe rückt.

Am Grunde der Todesthematik bei Bernhard liegt zweifellos die eigene körperliche Erfahrung der schweren Krankheit sowie die mehr oder weniger zeitgleichen Tode seiner nächsten Verwandten. Mit diesen autobiographischen Erfahrungen im Rücken setzt er dazu an, das Todbringende fortan allerorten zu fokussieren: im Schul- und Familienwesen, im habsburgischen Mythos, im Katholizismus, im Nationalsozialismus, im österreichischen Staat. So analysiert er die Gewalt von Systemen, Betrieben und Kulturen, indem er deren Auswirkungen auf einzelne Figuren in den verschiedenen literarischen Werken scharf darstellt und ausdifferenziert.

In dieser Weise macht der Begriff ‚Tod' bei Bernhard sozusagen als „Generalmetapher" (Steinert 1984, 14) Karriere, er wird zum zentralen Leitbegriff für alles, was – im physischen, psychischen, gesellschaftlichen und politischen

Sinne – vernichtet worden ist, vernichtet werden oder als vernichtend empfunden wird. Und nicht zuletzt natürlich fungiert der Tod auch als Sinnbild des künstlerischen Scheiterns: Je ausschließlicher Bernhards Künstler-Protagonisten auf ihre kreative Produktion ausgerichtet sind und diese als Attacke gegen den Tod inszenieren, desto tödlicher und erfolgloser ist sie (*Frost*, *Das Kalkwerk*, *Beton*); je mehr die Protagonisten hingegen in der Lage sind, von ihrer simultanen Fixierung auf den Tod und die Kunst abzuweichen und stattdessen auch anderes in ihr Blickfeld einzulassen und andere Wertigkeiten in Betracht zu ziehen, umso eher scheint ein Entwicklungspotenzial auf (z. B. bei Reger in *Alte Meister*; vgl. Pfeiferová 2007, 69–134). Bernhards Texte sind stets aufgespannt, angespannt: Der Fokus auf den Tod ist unabwendbar, und zugleich erscheint jedes Wort wie ein sisyphosartiges Anschreiben gegen diesen Fokus.

Durchbrochen wird diese (An-)Spannung erst mit dem letzten, 1986 veröffentlichten Roman *Auslöschung*, dessen Protagonist Murau ganz auf die Abrechnung mit seiner nationalsozialistischen Familie fixiert ist. Er schreibt einen Bericht über diese Familie, der, so das explizite poetologische Programm des Autors Murau, selbst tötenden Charakter hat, denn er soll die Familiengeschichte auslöschen, er soll sie buchstäblich vernichten. Damit werden dialektische Gedächtniskonzepte, die auf die Aufhebung von Erinnern und Vergessen ausgerichtet sind, verabschiedet. Vielmehr wird, so Murau, die Schrift selbst als zielgerichtete Vernichtung, als Vollzug des Vergessens fungieren: „alles, das ich in diesem Bericht aufschreibe, wird ausgelöscht, meine ganze Familie wird in ihm ausgelöscht, ihre Zeit wird darin ausgelöscht" (Bernhard 2009, 158). Somit steht hier der Produktionsprozess, das Verfassen des Berichts, nicht in einem spannungsgeladenen Gegensatz zu einem drohenden Tod, gegen den die Produktion gerichtet ist (wie in *Frost*, *Das Kalkwerk* oder *Beton*); vielmehr verwandelt er sich dem Tod, im Anspruch der Auslöschung, an. Günter Butzer sieht darin ein konsequent negatives Erinnerungsverfahren, das „gerade in seiner Negativität imstande ist, durch die ‚Mimesis ans Tödliche' das Gedächtnis an die Opfer der ‚Maschinerie des Vergessens' – so Hannah Arendt über die Vernichtungslager – aufrecht zu erhalten" (Butzer 1999, 60). Somit kulminiert Bernhards Todesaffinität in seinem letzten Roman in dieser poetologischen Volte der „Mimesis ans Tödliche".

Die literarischen Figuren von Jelinek sind weniger mit individuellen Krankheiten und konkreten Todesfällen konfrontiert. Hingegen erscheinen viele von ihnen als Untote; mit ihnen lässt die Autorin die Geschichte gesellschaftlicher Abtötungsprozesse in der Literatur wieder auferstehen (vgl. Mertens 2013). Wo Bernhards Todesfixiertheit in *Auslöschung* in ein Schreibverfahren mündet, welches thematisch auf den Nationalsozialismus ausgerichtet ist und poetologisch eine „Mimesis ans Tödliche" betreibt, da präsentiert Jelinek nahezu von Beginn ihrer literarischen Tätigkeit an unterschiedliche Figuren, die gesellschaftlich Abgetötetes darstellen. Der Fokus auf den Tod erscheint dabei von vornherein als Konzept der literarischen Bewahrung: „Wie kann man Erinnertes fassen, an das man sich selbst gar nicht erinnern kann, weil man es nicht erlebt hat? Erlebt haben es andre, sehr viele, die meisten von ihnen sind tot. An ihren, der Toten ungesicherten Leitfäden müssen wir uns entlangtasten und aufpassen, dass sie uns nicht aus den Händen rutschen oder wie Spinnweben zerreissen." (Jelinek, „Mit den Augen von Toten schauen", o. J.)

Im Zentrum stehen die gesellschaftliche Verdrängung weiblicher Repräsentanz und die Verdrängung der Opfer der Shoah: „Es ist vielleicht eine Art Besessenheit, mit der ich mich immer wieder auf die Opfer der Nazizeit stürze, als ob ich sie wieder ausgraben könnte." (Jelinek 2012, 17) Exemplarisch hierfür ist der umfangreiche, 1995 erschienene Roman *Die Kinder der Toten*, in dem es hauptsächlich um die Verdrängung des Nationalsozialismus und dessen Nachgeschichte in Österreich geht. Wie Bernhards *Auslöschung* wird auch Jelineks *Die Kinder der Toten* als opus magnum bezeichnet, in welchem die bis dahin dominierenden literarischen Themen und Verfahren der Autorin kulminieren. Die Rahmengeschichte des Romans spielt in der Fremdenpension *Alpenrose* in der Steiermark. Protagonisten sind drei untote Figuren, die nach ihrem Tod wiederkehren und Kritik an gesellschaftlichen gewalttätigen Mechanismen üben (an der verschwiegenen Kontinuität der nationalsozialistischen Geschichte in Österreich und an der FPÖ, an der katholischen Kirche, am Sport in der Alpenwelt u. a. m.). Dabei eröffnen diese Figuren nicht nur ein Zwischenreich zwischen Tod und Leben, sondern auch zwischen den Zeiten; sie agieren in verschiedenen Jahrzehnten und lassen auf diese Weise fließende Übergänge zwischen den 1940er Jahren und der Gegenwart entstehen, in denen die Beständigkeit des NS in Österreich durchscheint. Der Roman, pünktlich zu den 50-Jahr-Gedenkfeiern zum Kriegsende veröffentlicht, reagiert auf die (Nicht-)Debatten zur Kontinuität des Faschismus in Österreich.

Mit dem Kunstgriff der untoten Figur bringt die Autorin das Gedächtnis der Toten selbst zum Sprechen. Dabei fluten die Toten die Lebenden, das Jenseits flutet das Diesseits, die Vergangenheit flutet die Gegenwart, die Toten machen sich bemerkbar, sie lassen das gesellschaftlich Abgedrängte wieder aufbrechen und kritisieren dieses Abdrängen gleichzeitig als Gewalttakt.

Andere untote Figuren hat Jelinek bereits früher insbesondere im Kontext ihrer Auseinandersetzung mit den Geschlechtern inszeniert, so etwa die beiden weiblichen Vampire Emily und Carmilla im Theaterstück *Krankheit oder Moderne Frauen* aus dem Jahr 1984. Emily und Carmilla kehren in der Gegenwart wieder als unerledigte Relikte der Literaturgeschichte, deren Namen auf die Autorin Emily Brontë sowie auf die Protagonistin von Sheridan Le Fanus Vampir-Novelle *Car-*

milla aus dem Jahr 1872 anspielen. Ihre Vampirexistenz – sie sind Pseudotote, also weder tot noch lebend – steht dabei für die symbolische Ortlosigkeit der Frau. Bereits hier spricht die Figur Emily aus, was zwanzig Jahre später in Jelineks Nobelpreisrede Thema sein wird: „Die Toten sollen lesbar sein." (Jelinek 1992, 231) Eine Konzentration auf weitere historische Frauenfiguren, die die Autorin als Untote zum Sprechen bringt, präsentiert das mehrteilige, zwischen 1998 und 2003 verfasste Theater-Projekt *Der Tod und das Mädchen. Prinzessinnendramen.* Hier kehren u. a. Schneewittchen, Jackie Kennedy, Sylvia Plath und Ingeborg Bachmann wieder: Sie alle sprechen als (Un-)Tote, sie rezensieren ihre Leben und Todesarten gleichsam postum und kommentieren dabei auch die Bilder, die man sich von ihnen gemacht hat. Auch hier geht es um Erinnerung und Kritik an den gesellschaftlichen Mechanismen, die zur gewaltvollen Konstruktion von Weiblichkeitsbildern beitragen, an denen die prominenten Figuren zugrunde gegangen sind und die sie hier noch einmal aufwerfen.

Während der Tod bei Bernhards Figuren mehrheitlich als lebensverhinderndes Schicksal erscheint und in diesem Sinne figurenbezogen und individuell abgehandelt wird, fokussiert Jelinek das Totsein nahezu von Beginn an als ein gewaltsames gesellschaftliches ‚zu Tode gebracht werden', das es aufzudecken gilt. Bei Bernhard bleibt der Schrecken, den der eigene Tod für das Individuum immer auch darstellt, spürbar. Jelineks literarische Analyse von gesellschaftlichen Gewaltstrukturen hingegen lässt diesen Schrecken nicht aufkommen. Ihre Texte eröffnen kaum Raum für einen individuellen Rückwurf, für die Besinnung auf das eigene Sterben. Die untoten Figuren bieten sich nicht dafür an, einen solchen Resonanzraum zu erzeugen; sie stehen vielmehr für die Kritik an strukturellen Verhältnissen.

4 Autorschaft zum Tode

Wird Jelineks Literatur beschrieben, so ist häufig von ‚Textkörpern' und ‚Sprachflächen' die Rede. Mit solchen Worten fasst man ein Verfahren, das sich jeglichem Identifikationsangebot verweigert, das keine erkennbaren Handlungsstränge präsentiert und Erzählung nur noch fragmentarisch aufblinken lässt. Die damit verbundene Dezentrierung liegt auch in einer überbordenden Intertextualität begründet. Jelineks obsessive Verwendung von direkten und entstellten Zitaten dient nicht dazu, den Deutungsstatus des Sprechens zu stärken, wie das beim gewöhnlichen Zitat der Fall ist; im Gegenteil wird ein ‚eigenes Sprechen' durch die Intertexte verschüttet, zerrüttet, aufgelöst. Augenfällig ist dies beim Roman *Die Kinder der Toten*, bei dessen Lektüre man sich als Leser nur schwer zurecht findet, man erhält kaum stabile Informationen, man ist desorientiert, man wird ständig übersprochen.

Jelineks Verfahren der überbordenden Intertextualität trägt dazu bei, den Geschichts- und Verbrauchscharakter der Sprache offen zu legen: Sprache ist immer schon vor einem da gewesen, sie ist alt, gebraucht, eine Hinterlassenschaft aus früheren Zeiten, ein Erbe von verstorbenen Menschen. Andere haben sie verwendet und abgeschliffen, man ist in ihr (wie auf Erden) lediglich eine Zeitlang zu Gast, während der man sich ihrer annimmt, sich in sie einschreibt und sie auch wieder abgibt.

In diesem Kontext ist auch die „Autorinnenfigur" zu verstehen, die Jelinek im Finale verschiedener Texte auftreten lässt – eine Figur, die keineswegs die aussagende Autorität der Autorin unterstreicht, sondern die im Gegenteil eine solche Aussageinstanz vor den Augen der Leserinnen und Leser demontiert, indem sie die Uneindeutigkeit des Aussagens steigert.[2] Gerade die Präsenz einer solchen Figur macht die Demontage der konventionellen Autorenrolle möglich, die auf Subjektstatus ausgerichtet ist („diese Sicherheit des Sprechens", Jelinek, 2004a).

Jelinek betreibt eine Poetik des An- und Abwesenden, eine Poetik des Verschwindens und wieder Hervorkommens, eine Poetik des Da- und Nicht-Daseins, die mithin auch die Person der Autorin selbst betrifft, man denke nur an die Nobelpreisrede, die die Autorin nicht leibhaftig in Stockholm gehalten hatte, sondern per Videobotschaft einspielen ließ. Diese Poetik ist – sei es im literarischen Text selbst, sei es in der literaturbetrieblichen Medienlandschaft – offen, anfällig, prekär, denn sie operiert (thematisch, medial, poetologisch) am Rande des Untergangs, sie ist stets vom Verschwinden bedroht. Sie ist riskant.

Bernhard spricht ein Leben lang – man denke an die Urszene des Überlebenwollens in *Der Atem* – gegen den Tod an. Seine lebensgefährliche Krankheit hat, so Jelinek in ihrem Nachruf auf den Kollegen, „den wüsten flammenden Atem des Um-sein-Leben-Sprechenden erzeugt" (Jelinek 1989, 72). In dieser Weise behauptet sich der Autor im Sprechen gegen den Tod, und in dieser Weise behaupten sich auch seine Figuren, solange es geht. Im poetologischen Sinne ist Jelineks Poetik des Todes radikaler als diejenige Bernhards, da sie an die Wurzeln der eigenen Sprachexistenz rührt; sie attackiert und demontiert die Fundamente der traditionellen Autorinstanz, indem sie diese bis zur Unkenntlichkeit zerspricht.

---

[2] Vgl. etwa *Ein Sportstück* (1998); *Das Werk* (2002); *Winterreise* (2011); siehe dazu Peter Clar: „*Was bleibt ist fort*" – *Die Autorinnenfigur in Elfriede Jelineks Dramen.*

Literatur

Bernhard, Thomas. „Der Wahrheit und dem Tod auf der Spur". In: *Neues Forum* 15.173 (1968): 347–349.
Bernhard, Thomas. *Die Autobiographie* [1975–1982]. In: Ders. *Werke Band 10*. Hg. Martin Huber und Manfred Mittermayer. Frankfurt am Main: Suhrkamp, 2004.
Bernhard, Thomas. *Auslöschung* [1986]. In: Ders. *Werke Band 9*. Hg. Hans Höller. Frankfurt am Main: Suhrkamp, 2009.
Bernhard, Thomas und Siegfried Unseld. *Der Briefwechsel*. Hg. Raimund Fellinger, Martin Huber und Julia Ketterer. Frankfurt am Main: Suhrkamp, 2009.
Butzer, Günter. „Literarisches Totengedenken. Erinnern und Vergessen bei Marcel Proust und Thomas Bernhard". In: *Thomas Bernhard. Traditionen und Trabanten*. Hg. Joachim Hoell und Kai Luehrs-Kaiser. Würzburg: Königshausen & Neumann, 1999. 49–60.
Clar, Peter. *„Was bleibt ist fort" – Die Autorinnenfigur in Elfriede Jelineks Dramen*. http://jelinetz2.files.wordpress.com/2013/02/xwas-bleibt-ist-fort.pdf (18. März 2018).
Götze, Clemens. *„Es ist alles lächerlich, wenn man an den Tod denkt". Studien zum Werk Thomas Bernhards*. Marburg: Tectum, 2011.
Janke, Pia und Teresa Kovacs. „Publikationsformen und Werküberlieferung". In: *Jelinek-Handbuch*. Hg. Pia Janke. Stuttgart: Metzler, 2013. 27–33.
Jelinek, Elfriede. „Der Einzige und wir, sein Eigentum". In: *Profil* 20.8, 20. Februar 1989: 72–73.
Jelinek, Elfriede. *Krankheit oder Moderne Frauen. Wie ein Stück*. In: Dies. *Theaterstücke*. Reinbek: Rowohlt, 1992. 191–265.
Jelinek, Elfriede. *Ich renne mit dem Kopf gegen die Wand und verschwinde. Ein Gespräch mit der Literatur-Nobelpreisträgerin*. http://www.faz.net/aktuell/feuilleton/buecher/elfriede-jelinek-ich-renne-mit-dem-kopf-gegen-die-wand-und-verschwinde-1196979.html. *Frankfurter Allgemeine Zeitung*, 8. November 2004a (18. März 2018).
Jelinek, Elfriede. *Im Abseits. Nobelvorlesung*. http://www.nobelprize.org/nobel_prizes/literature/laureates/2004/jelinek-lecture-g.html. 2004b. (16. März 2018).
Jelinek, Elfriede. *Wir müssen weg*. In: *Cicero. Magazin für politische Kultur*, 28. September 2005 http://www.cicero.de/salon/elfriede-jelinekwir-m%C3%BCssen-weg/37119. (16. März 2018).
Jelinek, Elfriede. *Dieses Buch ist kein Buch*. In: *Frankfurter Allgemeine Zeitung*, 17. April 2007 http://www.faz.net/aktuell/feuilleton/buecher/elfriede-jelinek-dieses-buch-ist-kein-buch-1434778.html. (16. März 2018).
Jelinek, Elfriede. „Ich als Toten-Ausgräberin". In: *Jelinek[Jahr]Buch 3*. Hg. Pia Janke. Wien: Praesens, 2012. 17–19.
Jelinek, Elfriede. *Mit den Augen von Toten schauen*. https://memorial-ebensee.at/website/index.php/de/start-gedenkstaette (18. März 2018).
Lücke, Bärbel. www.todsuende.com. *Lesarten zu Elfriede Jelineks „Neid"*. Wien: Praesens, 2009.
Mertens, Moira. „Untote". In: *Jelinek-Handbuch*. Hg. Pia Janke. Stuttgart: Metzler, 2013. 292–296.
Opitz, Michael. *Auch nach dem Tode. Thomas Bernhards Werke*. http://www.dradio.de/dlf/sendungen/buechermarkt/227124/14. 14. Januar 2004 (16. März 2018).

Pfeiferová, Dana. *Angesichts des Todes. Die Todesbilder in der neueren österreichischen Prosa: Bachmann, Bernhard, Winkler, Jelinek, Handke, Ransmayr.* Wien: Praesens, 2007.

Steinert, Hajo. *Das Schreiben über den Tod. Von Thomas Bernhards „Verstörung" zur Erzählprosa der siebziger Jahre.* Frankfurt am Main: Suhrkamp, 1984.

Karl Solibakke
Schweigen der Zeichen

Bernhards *Beton* und Jelineks *Schweigen*

In ihrer ersten Frankfurter Poetikvorlesung formuliert Ingeborg Bachmann Denkanstöße zur Integrität der Sprachzeichen in jenen Meisterwerken, die von der Begabung des Autors zehren, im Zeichengewebe einer tiefgründigen Wahrheit gewiss werden zu wollen. Der Autor müsse „im Rahmen der ihm gezogenen Grenzen die Zeichen fixieren und sie unter einem Ritual wieder lebendig machen" (Bachmann 1978b, 192), während der Wahrheitsanspruch auf die als schuldfrei geltenden Ursprünge aller Zeichenverhältnisse zurückzuführen sei. Mit dem Wunsch, dem Wort „eine Gangart [zu] geben, die sie nirgendwo sonst erhält außer im sprachlichen Kunstwerk" (Bachmann 1978b, 192), stehen Erkenntnisziele an, denen die ästhetischen Eingebungen sowie die ethische Relevanz der Schriftzüge und die nur ihnen angemessenen Bedeutungsmomente genügen sollen. Weisen Zeichen, die im Dienste der Gewissheit erzeugt und fixiert werden, in eine rechtschaffenere Vergangenheit und an einen lauteren Ursprung zurück, so dringen sie in eine utopische Zukunft vor, indem sie alle Aussagen hinter sich lassen und einem zukünftig zu realisierenden Ausmaß an Wahrheit zustreben.

Unzweifelhaft stimmt die Bemühung um Grenzzeichen wie Ursprung und Finalität mit der aristotelischen Entelechie überein, jenem Perfektionsdrang, den Bachmann in ihrer Dankesrede bei der Verleihung des Hörspielpreises der Kriegsblinden im Herbst 1959 thematisiert. Auch diese denkwürdige Ansprache, die mit dem richtungweisenden Titel *Die Wahrheit ist dem Menschen zumutbar* versehen ist, gilt als Appell, sich einer Sehergabe zur Bestätigung reeller Zeicheninhalte zu verpflichten, dabei den „Schmerz zu leugnen, seine Spuren zu verwischen, über ihn hinwegzutäuschen" (Bachmann 1978c, 275), den die absoluten Zeichenerzeugnisse der menschlichen Physis abverlangen mögen. In beiden Texten akzentuiert Bachmann eine ästhetisch-ethische Ataraxie, ein ins Zeichen eingeritztes Entsagungsmoment, das für ihre Nachfolger und Schriftstellerkollegen Thomas Bernhard und Elfriede Jelinek Programm wird.

In den folgenden Werken Bernhards und Jelineks wird eindringlich darauf hingewiesen, dass das schöne Wort verloren gegangen ist, nicht nur in kunsttheoretischer sondern auch in kulturphilosophischer Perspektive. Indem die literarischen Utopien, an die Bachmanns poetologische Praxis appelliert hat, zwangsläufig zur Infragestellung der Zeichensetzung als Kodex der kollektiven Wahrheitsbezeichnung führen, sind auch die geläufigen Prozesse der Zeichenherstellung längst sinnlos geworden. Daran anknüpfend eröffnen sich Hoffnungen auf Wahrheitswerte im Modus des Schweigens, die keiner begrifflich-logischen Explikation unterzogen werden können. (vgl. Fornet-Ponse 2000, 7–20) Fällt der postmodernen Dichtung eine ontologische, ästhetische und ethische Verpflichtung zur Überführung der Zeichen ins Nicht-Auszusprechende zu, mit dem sogar die Wahrheitsphilosophie überstiegen werden sollte, so erhält die Literatur die Aufgabe, das Scheitern der Gewissheit durch deiktische Figuren der Schweigsamkeit wettzumachen. (vgl. Weiß 1993, 15–21) Unabhängig davon, ob Wahrheit im Zeichenformat vorausgesetzt, stückweise realisiert, bewusst kaschiert oder mit Kraftanstrengung zur Entfaltung gelangen soll, leistet das ästhetische Produkt Widerstand gegen das systematische Verständnis von gesellschaftlicher Stabilität und kollektiver Erinnerungsarbeit. Damit dankt das Wort ab, denn seine Relevanz ist nicht mehr verbürgt, weswegen die Wahrheit zu „semantische[n] Potentiale[n]" (Nietzsche 1980, 880–881) avanciert, deren Essenz in einen kaum wahrnehmbaren, beharrlich verschwiegenen Klangraum zurückfällt. So kommt allein dem ‚stummen' Wort zu, kaum vernehmbare ‚Klangverhältnisse' aufzuspüren, die zu den Ableitungsprinzipien wahrheitsenthüllender Unterscheidungskriterien werden.

Je wichtiger die Wahrheitserkundung in der modernen Schrift zu werden vermag, desto unablässiger schiebt sich der ersuchte Grad der Vollkommenheit hinaus, mit der für die Wortkunst unbefriedigenden Bilanz, dass das Ziel, das als das einzig Gerechtfertigte sein soll, kurz vor der Erreichung als unbefriedigend, ja sogar entmystifiziert erscheint. Immer wieder werden die Wahrheitssuchenden darin bestärkt, das jeweils erreichte Stadium der Wahrheitsfindung zu überschreiten, zumal sie das Wahre in ihren Aussagen vollenden müssen. Bachmanns Bekenntnis zum Wahrheitsbegehren im Kunstwerk läuft auf die Vorstellung hinaus, dass die echten Zeichen einer Dialektik von Ausgesagtem und Nichtartikuliertem unterliegen, weshalb die Bewerkstelligung jeglicher Wahrheitsaussage zum Scheitern verurteilt ist. Allerdings ist im Zeichenkonstrukt stets ein Wahrhaftes eingegraben, was dem Modus des Schweigens zuzuschreiben ist: eine sogenannte Erschütterung im „Vertrauensverhältnis zwischen Ich, Sprache und Ding" (Bachmann 1978b, 188), die einem makellosen, niemals unmittelbar offenkundigen Urzustand entspringt. So führt Bachmann aus

> Wir, befaßt mit der Sprache, haben erfahren, was Sprachlosigkeit und Stummheit sind – unsre, wenn man so will, reinsten Zustände! – und sind aus dem Niemandsland wiedergekehrt mit Sprache, die wir fortsetzen werden, solang Leben unsere Fortsetzung ist. (Bachmann 1978b, 188)

In diesem Sinne sei Sprachlosigkeit, hervorgehend aus dem Unvermögen der Sprache, der „Übermacht der Dinge" Herr zu werden, jener archimedische Punkt, der den Schriftsteller anregt, sich integre, mit neuen Regeln behaftete Ausdrucksweisen zunutze zu machen. Erfahrungsgemäß läuft die Wahrheitssuche über ein mit affektivem Stimmvermögen gekennzeichnetes Klangethos.

In Theodor W. Adornos kunstphilosophischer Denkschärfe, die neben Ludwig Wittgensteins Logizismus auf Bachmann, Bernhard und Jelinek Einfluss ausgeübt hat, ist die Sprachähnlichkeit der Klangerzeugung, gleichbedeutend mit der Veranlagung zu musikalischer Gestaltung, eine, vielleicht sogar die wichtigste menschliche Begabung. Dabei liegt diese Gabe jenseits oder zumindest unmittelbar vor der Zeichensetzung. Weil der Mensch reden kann, meint er im Besitz von Wahrheitskriterien zu sein, die nicht nur auf das Objekt der Rede hinweisen, sondern auch jenseits der Sphäre alltäglicher Kommunikation liegen und mit der Bedachtsamkeit der Zeichen Korrelate bilden. Wie später Bernhard und Jelinek trachtet Bachmann stets nach einer Vereinigung der inneren Zeichenessenz mit dem Klangparadigma, die im Spannungsfeld einer Übereinkunft von Wahrheitsmaximen zu verorten sei. Auch Wittgenstein, der nachweislich auf die Willensmetaphysik Arthur Schopenhauers zurückgreift (vgl. McGuiness 1988, 77–79), erörtert die Einwirkung klangimmanenter Nuancen auf die Kommunikation von Satzwahrheiten im *Tractatus logico-philosophicus* und in den *Philosophischen Untersuchungen*. Ausdrücklich umreißt der Philosoph die Isometrie zwischen Sprache und Klang, wenn er im späteren Werk den Wort-Ton-Nexus mit den Konstituenten der Musiktheorie – Melodie, Rhythmus und Tempo – in Verbindung bringt:

> Das Verstehen eines Satzes der Sprache ist dem Verstehen eines Themas in der Musik viel verwandter, als man glaubt. Ich meine es aber so: daß das Verstehen des sprachlichen Satzes näher, als man denkt, dem liegt, was man gewöhnlich Verstehen des musikalischen Themas nennt. Warum sollen sich Stärke und Tempo gerade in *dieser* Linie bewegen? Man möchte sagen: ‚Weil ich weiß, was das alles heißt.' Aber was heißt es? Ich wüßte es nicht zu sagen. Zur ‚Erklärung' könnte ich es mit etwas anderem vergleichen, was denselben Rhythmus (ich meine dieselbe Linie) hat. (Wittgenstein 1984b, 440)

Seine ästhetische These, deren Grundsätze ‚Familienähnlichkeiten' mit dem Postulat einer sprachlichen wie musikalischen ‚Gangart des Geistes' zeigen, geht von einer rätselhaften, zu keiner Zeit artikulierbaren Logik im Wort-Ton-Nexus aus, die mit der Hebung und Senkung gesprochener Intonationsweisen zu erkunden sowie in der rhythmischen Konturierung der Phrase zu erspüren ist. Gemeinhin distanzieren sich Stärke und Tempo der menschlichen Lautbildungen von der unmittelbaren Dienerschaft an den ethischen Bestimmungen der kollektiven Ordnung, um zunächst wegen ihrer Verflechtung mit der integren Zeichensubstanz als ‚haftbar' angesehen und schließlich als ethische Autorität übersehen oder hintergangen zu werden. In gleicher Weise opponieren Bachmann, Bernhard und Jelinek gegen einen Tauschwert der Kommunikationsmedien, der an der Wirksamkeit eines alle sittlichen Handlungen umfassenden Wertesystems gemessen wird, das ohnedies nur noch anachronistisch und scheinheilig geworden ist. Die Metapher der „Währung" lässt sich auf Nietzsches Fragment *Über Wahrheit und Lüge im außermoralischen Sinne* zurückführen und markiert Bernhards und Jelineks Widerstand gegen den Warencharakter einer objektivierten Wortkunst in der nach ökonomischen Gesetzen operierenden Kulturindustrie der Nachkriegsjahre.

Zugegeben führt Bachmann die Pejorationen des modernen Zeichenhaushalts in den Erkenntnismodellen Nietzsches und Adornos in das Positivum einer „Teilhabe an einer universalen Sprache" (Bachmann 1978a, 61), womit sie erwägt, die Synthese von Wort und Klang in ein ideelles Gebiet zu lenken und die Sprachähnlichkeit der Zeichen als Wahrheitsgarant zu sichern. Bernhard und Jelinek steht dagegen das Wechselspiel von Zeichenkörper und Lautbildung nicht so störungsfrei zu wie bei Bachmann, sondern es bedarf der energischen Bemühung um das Schweigen, das sich erkenntniskritisch mit den Kriterien universeller Gesetzmäßigkeiten auseinanderzusetzen verspricht. Tatsächlich legt der ästhetisch-ethische Blick auf die in den Zeichen fixierten Gegenstände und deren Bezug zueinander raumzeitliche Konstellationen frei, mit denen nicht nur Gegenwart und Vergangenheit überlagert sind, sondern auch sich spiegelnde Zeichenverhältnisse sichtbar werden. Einerseits verlangen glaubwürdige Inhaltsgefüge Denkmodelle und Abbildverhältnisse, die Geltung erlangen, indem sie dem Beglaubigten durch Einordnung in ein beständig wandelndes ästhetisch-ethisches Erkenntnissystem Gewicht verleihen. Andererseits wirkt sich das subjektbezogene, solipsistische Bestreben nach Wahrheit in der Literatur destruktiv auf kollektive Wissens- und Gedächtnisbestände aus. Auf Grund solcher Vorbehalte ist für Bachmann, aber noch radikaler für Bernhard und Jelinek die Unwiderlegbarkeit der Narration sowie die Integrität der Tatsachenherstellung im Erzählaufbau keinesfalls disponibel. Vielmehr offenbaren sich die als akkurat zu bezeichnenden Repräsentationswege in der Zuordnung stiller Zeichenkonstituenten, und dieser ‚unerhörte' Umgang mit dem Zeit- und Raumkontinuum prägt jedwede Beweisführung über die nicht mehr in Worte zu fassende Bedeutungs- und Erinnerungskontingenz des Zeichenverhältnisses. (vgl. Krammer 2003)

Geht man der Dialektik von Wort und Schweigen sowie Bedeutung und Lautbildung bei Jelinek und Bernhard präziser nach, so gilt die Zeichensetzung als jene Funktion, die sich nicht nur zeitgemäßen Sachverhalten zuwendet, insbesondere solcher, die ästhetische, politische und erinnerungskulturelle Ansichten regeln, sondern sich auch von der Zeichenhaftigkeit der Gegebenheiten und Ereignisse entfremdet, um nötigenfalls marode Gesellschaftsverhältnisse anzuklagen. Hierbei verfehlen das Vorhaben normgebundene Begriffe, weil die

Rückbindung an sanktionierte Kommunikationsstrukturen ihr kritisches Geschäft untergräbt. Bei beiden Autoren besteht das Abwegige der Sprache wie auch des Sprechens darin, dass der Sprechakt mit seiner Intention nicht mehr zur Deckung kommt. Stattdessen schaffen Bekenntnisse tief eingegrabene, latente Übereinkünfte zwischen Unsagbarem und Gemeintem im Zeichengewebe, das noch von Selbstentäußerungen und exoterischen Kommunikationspraxen verstärkt wird. Vor allem verweisen deiktische Darstellungsmodi auf zersetzende Kommunikationswege in solchen bedrückenden Gesellschaften wie denjenigen, die Bernhard und Jelinek in ihren sozialkritischen Texten versinnbildlichen. Mit Bedacht auf die fehlgeschlagene Resozialisierung und den Verrat an menschlich verträglichen Neuorientierungen in den Nachkriegsjahren setzen sich postmoderne Kunstwerke das kritische Ziel, sich von allen illegitimen Wertekonstellationen abzuwenden, weswegen es in der Literatur Bernhards und Jelineks fast immer darum geht, die äußere Umgebung in ein absurdes Welttheater zu verwandeln.

Der Blick auf Gesellschafts- und Kommunikationsmodelle, die Gedächtniskulturen als eine Dialektik von Präsenz und Absenz sowie Zeichensetzung und Lautlosigkeit begreifen, zumal kein verbindliches Vokabular zu Gebot steht, hat zur Folge, dass das Phänomen der Stummheit einen Ausnahmerang erlangt. Denn das Aussetzen der Zeichen oder das mutwillige Verschweigen dessen, was unbedingt gesagt werden soll, aber nicht angezeigt werden darf, gerät zur moralischen Entscheidungs- und Tatkraft. Wegen ihrer Unmittelbarkeit als Medium der Wahrheit erlangt die Sprachlosigkeit eine affektive Beschaffenheit, die den kulturellen Parametern eine kompromisslose Form der Unnachgiebigkeit entgegensetzt. Nicht das (Dauer-)Sprechen verrichtet bei Bernhard und Jelinek symbolisch-expressive Werte, die ein akustisch-gestisches hermeneutisches Netz im klassischen Sinne herstellt, sondern das Schweigen darüber, welche Wahrheitskerne in den gegenwärtigen Existenzmiseren vorzufinden sind. Die Parameter der Lautlosigkeit inmitten des sinnentleerten Dauerredens beruhen auf einem Widerstand gegen die Widersprüchlichkeit des Redeflusses. Seine Kompetenz stiftet eine singuläre Ordnung *ante rem*, wenn die Nichtbeanspruchung der Wahrheit in der Rede einen Riss zwischen der Aussage als Enthüllungsmoment und der Autorität des Nicht-Ausgesprochenen nahelegt. Demnach liefern die ‚unerhörten' Klangzeichen in den Texten Bernhards und Jelineks Wahrheiten, über die konstant geschwiegen werden müsse und die niemals zur offenen Bezeichnung gelangen. Bildet Sprache üblicherweise das Medium intersubjektiver Verständigung, so kommt ihr Gegenteil, das Schweigen als Instrument der Wahrheitserschließung, der sachverständigen Auseinandersetzung mit dem kollektiven Gedächtnis gleich.

1 Thomas Bernhard: *Beton* (1982)

Die Ablösung vom Denkrigorismus im Werk Bernhards, die durch die Abweisung logischer, ästhetischer und existentieller Erkenntnisstrukturen markiert ist, muss ihre Brauchbarkeit für die Erschließung wahrheitsgetreuer Ausdrücke am Beispiel des Klangzeichens als ausgezeichnetes Repräsentationsmodell unter Beweis stellen. Demzufolge öffnet sich der Grenzübergang zwischen Sagbarem und Unsagbarem, also zwischen dem, was semantisch ausgewiesen, und dem, was nur um der Konnotation willen demonstriert werden sollte. Mutet man literarischen Erzeugnissen ethische und ontologische Aufklärungen im Sinne autonomer ‚Wahrheitsfindung' zu, so bergen diese die Gefahr existentiellen Scheiterns in sich, denn die Wahrheiten im Buchstabenmaterial sind nicht mehr zuverlässig. Dagegen lässt die intermediale Vermischung von Musik und Wort bei Bernhard Zwischenräume in der Zeichenstruktur sichtbar werden, die sich dem logisch behafteten Diskurs, ja vielleicht sogar der symbolischen Ordnung per se, entziehen. Der innere Zeichenklang wird zum Träger des Affekts, und der unterschwellige Affekt verbirgt eine Auskunft jenseits der Zeichenhaut. Daher erfüllt der Zwischenraum zwischen geronnenem Zeichenbild und flexiblem Zeichenklang Bedeutungsqualitäten, die paradoxerweise klanglosen Begriffen oder zeichenlosen Klängen verwehrt sind.

Unfähig, selbst nach vielen Jahren der Recherche seine wissenschaftliche Studie über Mendelssohn anzufangen, sinniert der Protagonist des 1982 erschienenen Romans *Beton* über die Ausmaße seiner Lungenerkrankung, die sich zunächst nur als physische Gebrechlichkeit, schließlich mit fortlaufender Rede auch als geistige erweist. So kommt es kurz vor Rudolfs Abreise nach Palma zum Geständnis, dass auch seine „Sucht zur Perfektion" (Bernhard 1982, 116) krankhaft sei, weshalb die Schrift über den Komponisten niemals ausgeführt werden dürfte, denn die handelsüblichen Zeichen seien niemals imstande, die Wahrhaftigkeit des Klangideals widerzuspiegeln. Als das „Alleridealste" (Bernhard 1982, 162), das jenseits der gemeinen Menschennatur liegt, die für die „höchsten und allerhöchsten [Ziele] nicht geschaffen" sei, scheint Musik nur demjenigen zugänglich, der „das Höchste fordern [könne], das Gründlichste, das Grundlegendste, das Außergewöhnlichste". (Bernhard 1982, 117) Dabei wird zunehmend deutlich, dass Rudolf sein wissenschaftliches Vorhaben über die ethisch verbrämten Eigenschaften des Kollektivs stellt, indem er sich und die Tugend seines Werkes wie eine Reliquie in einen für das kulturelle Archiv umhegten Zeichenraum einzuweisen trachtet. Nur dann gelingt die Selbsteinschätzung, wenn die Zeichenkunst als Zukunftskonstrukt vorschwebt und nicht als geschlossenes Werk besteht, das unbeabsichtigte Blessuren durch die gemeine Menschennatur erleidet. Die Perfektion des wahrheitsgetreuen Werkes bleibt insofern intakt, als das Ethische, das im Klangverhältnis angedeutet und angezeigt sei, sich nie aus den konkreten Zeichen herauslesen lässt. Vor menschlicher Unbill bleiben die Zeichen gefeit, weil sie standhaft schweigen und durch ihre Isometrie mit der Musik ermutigen, ohne je aus dem Schattendasein putativer Vernehmlichkeit hervorzukommen und gegen den „Weltgeist" (Bernhard 1982, 117) wetteifern zu müssen.

Hinzu kommt, dass in Anlehnung an Schopenhauers reines Subjekt der Erkenntnis[1] Rudolf zum Genie oder zum ‚Weltauge' stilisiert wird, womit ein willensmetaphysisches Element in den Fokus gehoben wird (vgl. Atzert 1999, 127–143) und zwar das des logischen Mystizismus, der ebenfalls in Wittgensteins *Tractatus* eine zentrale Rolle spielt. Unverborgen wird Bernhard gewesen sein, dass Bachmann in ihren populär-philosophischen Rundfunkessays zu Beginn der 1950er Jahre einen wichtigen Beitrag dazu leistete, die Auseinandersetzung mit dem nach dem Anschluss Österreichs an das Deutsche Reich 1938 aus dem Bewusstsein verdrängten und 1951 in England verstorbenen Philosophen gefördert zu haben. Daher ist es nicht verwunderlich, dass die sprachlogischen Abbildtheorien Wittgensteins, die auf die willensbezogenen Thesen Schopenhauers rekurrieren und die Grenzen zwischen Sprache und Welt zu Bildentsprechungen werden lassen (vgl. Goeres 2000, 30–39), ihren Widerhall in dem um die klassische Musik kreisenden Roman *Beton* finden. Hier entsprechen die platonischen Ideen, die bei Schopenhauer in den individuellen Klangphänomenen als Objektivationen des Willens erscheinen, den Gegenständen, die nach Wittgenstein genannt werden wollen. Sie erweisen sich als Weltsubstanz, aus deren Grundmaterie die festen Formen der Welt Gestalt annehmen. Gleichsam bilden die durch den Namen verbürgten Gegenstände die Tatsachen der Welt ab, die ihrerseits anhand von Sätzen in ein Abbildverhältnis zur transzendenten und denklogischen Wahrheit gebracht werden. Auf diese Weise setzt Wittgenstein die Zeichen an jene erkenntnistheoretische Position, die bei Schopenhauer die willensmetaphysischen Erkenntnisformen reiner Klangformate innehat. (vgl. Clegg 1985, 201–211) Ferner stellt das Ich Wittgensteins das Korrelat zum erkennenden Subjekt dar,

---

[1] Schopenhauer schreibt dazu in seinem Hauptwerk *Die Welt als Wille und Vorstellung*: „Daher habe ich das dann übrig bleibende reine Subjekt des Erkennens beschrieben als das ewige Weltauge, welches, wenn auch mit sehr verschiedenen Graden der Klarheit, aus allen lebenden Wesen sieht, unberührt vom Entstehn und Vergehn derselben, und so, als identisch mit sich, als stets Eines und das Selbe, der Träger der Welt der beharrenden Ideen, d.i. der adäquaten Objektität des Willens, ist; während das individuelle und durch die aus dem Willen entspringende Individualität in seinem Erkennen getrübte Subjekt, nur einzelne Dinge zum Objekt hat und wie diese selbst vergänglich ist." (Schopenhauer 1986, 485)

das eine exogene Position bezieht, um in Folge seiner Ataraxie die ethischen und ästhetischen Dimensionen aller Weltzufälle zu überschauen. Die Souveränität distanzierter Anteilnahme, die unbeschadet eigener Krankheitsmerkmale das Verständnis fürs menschliche Leiden zu einem kommentierenden Entsagungsdestillat gerinnen lässt, stellt die erkenntniskritische Verbindung zwischen Schopenhauer, Wittgenstein und dem Erzähl-Ich in Bernhards Roman her.

Die ästhetische und poetische Konsequenz dieser Dialektik von Wort und Klang, die gleichsam auf die Daseinsform des Subjekts zurückverweist, ähnelt in vieler Hinsicht jener Weltgrenze des Ichs, die Wittgenstein der empirischen Subjektposition in seinen frühen philosophischen Konzepten vorweist. Im *Tractatus* wird konstatiert (6.52), dass selbst nach Beantwortung aller wissenschaftlichen Fragen die Lebensprobleme unberührt blieben. Somit entsteht eine Grenzziehung zwischen Sag- und Zeigbarem, die speziell die Befugnisse des wissenschaftlich Verbalisierten, des philosophisch Erkennbaren und des mystisch-metaphysisch Angedeuteten voneinander unterscheidet. Im Zentrum dieser Mutmaßungen steht die Sprache als „Medium des Denkens und Erkennens" (Birnbacher 1992, 322), deren Funktion als sinnvolles Aussagesystem zur empirischen Welt sowie als Abbildfunktion für die dem Philosophen nicht sinnvoll artikulierbaren Belange der Ethik, der Ästhetik und der Existenzaussagen kritisch untersucht wird.

2 Elfriede Jelinek: *Schweigen* (2000)

Jelineks Monodrama *Schweigen*, das mit etlichen Details auf Bernhards *Beton* anspielt, gilt als poetologische Miniatur, die sich nicht nur mit den Widerständen um die Verfassung von Schriftwerken auseinandersetzt, sondern auch über die Unmöglichkeit jeglichen Werkes nachdenkt, das Vollkommenes in fixierte Zeichen zu verwandeln, Unsagbares zum Vorschein zu bringen, und wahrheitsphilosophische Zeugnisse abzulegen versucht – also jenes Werk, das letzten Endes niemals in Frage gestellt werden darf, denn es „wird das Bleibende bleiben". (Jelinek 2000, 39) Entscheidend geht es hierbei um autonome Aussagenwerte und Erkenntniskonstellationen, die in allen Lebenslagen Bestand haben, sogar in der Natur: „das Werk soll dann auch noch von allein stehen können, in einem Bücherregal, in der Ewigkeit, in einem Haus, an einem langen Sonntagnachmittag im Bett, am kürzeren Ende eines Asts". (Jelinek 2000, 39–40) Nicht zufällig für die musikbeflissene Jelinek, die in Wien erfolgreich ein Orgelstudium absolvierte, geht es im Kurzmonolog, analog zur Schöpfungskrise des Protagonisten in Bernhards Roman, um eine seit langem projizierte, mehrfach angefangene, doch Mal um Mal abgebrochene Anfertigung einer wissenschaftlichen Arbeit zu einem deutschen Komponisten von Weltrang, dem Romantiker Robert Schumann. Wie im Falle der Mendelssohnstudie trotzt das Studienobjekt dem Zugriff durch das Zeichenmedium – „schauen Sie sich diesen Anfang an – eine einzige Verweigerung!" (Jelinek 2000, 41) – und lässt sich keineswegs mit der gleichen Glaubhaftigkeit ermitteln wie jenen Klangerzeugnissen, die wir „sicher von etlichen Radiosendungen und CDs kennen". (Jelinek 2000, 40) Kontrastiv zu den omnipräsenten Produkten des Musikbetriebs in Folge des globalen Medienkonsums – „die Musik wird Ihnen völlig genügen, sie ist ja das Genügsamste, sie braucht nur etwas Strom und ein paar Geräte" (Jelinek 2000, 40) – schweigen die Schriftzeichen, auch wenn das auktoriale Bedürfnis besteht, den inneren Klang der Worte in Repräsentationsformen zu überführen, die eine Identitätssetzung von Subjekt und Objekt, Schöpfer und Schöpfung sowie Produktions- und Rezeptionsästhetik zulassen: „denn wo Schumann draufsteht, bin jetzt ich drin. Schumann raus, ich rein". (Jelinek 2000, 41)

Durch Entgegensetzung der Ausdrucksformen Klang und Sprache deutet Jelinek die zwiespältigen Begabungen Schumanns an, die sich sowohl in seinen theoretischen Schriften als auch in seinem musikalischen Oeuvre bemerkbar machen. Parallel zum Aufbau ihres mit Tagebucheinträgen und Briefen verwebten Theaterstücks *Clara S.* (1981) stellt Jelinek in *Schweigen* die Frage nach Kunstauffassungen im Zeitalter des großbürgerlichen Kultur- und Kunstverständnisses. Haben die Unwägbarkeiten des Kunstbetriebs und das beschwerliche Los von Künstlern strukturelle Ähnlichkeit mit den kulturpolitischen Kompromissen in Deutschland nach dem Zweiten Weltkrieg, so schlägt die Autorin einen spekulativen Bogen vom resignativen Ästhetizismus zum europäischen Liberalismus, den sie unverhohlen karikiert. Im Verlauf von *Clara S.* deckt sie die konservative Kunsthaltung Schumanns auf, und am Ende der Tragödie werden sogar Beethovens nuancierte Sonaten-Fantasien in ein Wortgemälde übertragen, das die Differenzierungen von entsinnlichten Klangbildern in triviale, sinnlose Worthülsen zwängt. Mit diesem Schluss dekonstruiert sie die Dichotomie zwischen Sinnlichkeit und Geist in den Kunstdiskursen, zumal in dem Stück suggeriert wird, dass Schumann, der selbst Opfer einer sexuell übertragenen Krankheit gewesen ist, sich nach und nach von den Leibesdiskursen distanzieren musste, die seinem Genie zum Verhängnis wurden. Einerseits weist Jelinek auf einen produktionsästhetischen Wahn hin, der den Vergleich zwischen dem geistes- bzw. geschlechtskranken, zunehmend weltabgewandten Schumann und dem in der ahistorischen Handlung der Tragödie auftretenden, sexuell übersteuerten Gabriele d'Annunzio zieht. Andererseits ist die rezeptionsästhetisch Leidtragende dieser soziokulturellen, geniehaften und ökonomischen Produktionsillusion Clara Schumann, deren Existenz und Selbstbewusstsein als Klaviervirtuosin,

Ehefrau und Mutter von der Gunst der patriarchalischen Gesellschaftsordnung abhängen.

In *Schweigen* kommen der Dialektik von Produktion, Performanz und Rezeption Unsagbarkeitstopoi zu, die im Konflikt zwischen stummen Schriftzeichen und hörbaren Erzeugungen umschrieben werden und auf intermedialen Interferenzen basieren. In der Schaffenszeit Schumanns dienten solche Topoi der Anzeige von puren ‚Wahrheiten', die in der Zeichenordnung nicht mehr verfügbar sind, weil sie über die abgenutzte Oberfläche arbiträrer Wortgebilde hinausragen, um Anhaltspunkte jenseits der Zeichensubstanz anzuzeigen. „Obwohl dicht gesät und überhaupt toll", sind solche mit der Aufgabe der Wahrheitsfindung versehenen Werke „doch irgendwie gleichzeitig leer und voller Irrtümer". (Jelinek 2000, 39) Die Schumann-Studie soll das einzig Mögliche sein, angesichts exogener Unterscheidungsmerkmale über alle Anfechtung erhaben, weshalb das privilegierte Zeichengebilde das bleibt, was trotz Irrtümern fortbesteht, wenn der Klang verhallt. Und gegebenenfalls auch als das singuläre Artefakt, das abfällt, wenn die Schöpferkraft erlahmt und die Alleinstellung des Autors versagt. Fragwürdig wird die Ausführung des Projekts, weil die Angst vor der Meinung Außenstehender seine Verwirklichung inhibiert: „eine kleine Menge von Lesern folgt mir erwartungsvoll und erbarmungslos, sie erwarten sich natürlich einiges von mir, bloß um mir endlich zu widersprechen, und wärs nur bezüglich dieses Komponisten, der einige von ihnen interessiert, die anderen aber nicht". (Jelinek 2000, 41) Mutet man der Schrift epistemologische, ontologische und zuweilen messianische Verweisungen zu, so sehen sich diese mit den Nachwirkungen semantischen wie syntagmatischen Scheiterns konfrontiert.

Anscheinend ist die ‚Wahrheit' deshalb kaum vernehmbar, weil dem Zeichenmaterial das Versagen im buchstäblichen Sinne zuzuschreiben ist und die Begriffe keine dechiffrierbaren ‚Wahrheitsgehalte' widerspiegeln. Allerdings, und diese Tatsache verdient, beachtet zu werden, lässt die Verquickung des Wortklangs mit dem Schweigen Zwischenräume deutlich werden, die sich dem logisch begründeten Diskurs entziehen, selbst wenn diese missglücken: „Schumann ist letztlich die Stille, in die er mündet". (Jelinek 2000, 44) Bis in die Struktur der individuellen Zeichen hinein werden Klangverweise zum Träger des Affekts. Analog zum Stimmklang in der Rede entfaltet der Affekt eine eigene Botschaft, die von der Zeichenoberfläche abweicht. In der Schwelle zwischen der Zeichenaußenhaut und dem Zeichenkern liegen Vorahnungen einer Wahrheit vor, die dem in seiner Bedeutung fixierten Wort vorausgehen. Wenn es ihnen in der Praxis gelingt, schälen sich diese Vorahnungen aus dem bedeutungsoffenen Klangzeichen heraus, um die qualitative Konsistenz des Wortes zu vertiefen. Demnach heißt es im Text:

> Schon herrscht die Stille, erwartungsvoll, die Stille, die Sie nicht kennen, weil sie natürlich bei Ihnen nie herrscht, also bei mir darf sie es: herrschen. Nicht solange sie will, aber zumindest solang bis das Wort kommt, Achtung, jetzt kommts! Nichts kommt. Kein Wort. Alles bleibt still. Welch ein Verlust! Wäre es gekommen, es wär ein gutes Wort gewesen. (Jelinek 2000, 40)

Deutlich wird, dass allein der Schriftsteller befugt ist, über das Wort zu herrschen – „also ich befreie jetzt das Wort von seinem Kommen" (Jelinek 2000, 40) –, indem nur nach seinem Gutdünken ausgelegt werden soll, falls überhaupt, doch gehört die Stille dem vortextuellen Antrieb zu jenen Zeichen, die erst im Text kommunikabel werden sollen. Kommt das Wort, so wäre dieses für das Zeichengewebe heilsam. Aber wer vermag außer dem souveränen Zeichenschöpfer ein Urteil darüber zu fällen, dass es sich um eine klangimmanente Epiphanie handelt. In der Tat scheint seine Souveränität unangefochten, wenn er von sich behauptet, „Wächter über die Wächterschaft" (Jelinek 2000, 42) zu sein, besonders im Vorfeld eines noch embryonalen Zeichenprodukts, das der Stille bedarf, um zu entstehen: „wenn ich nicht schreibe, darf keiner, außer mir, sprechen". (Jelinek 2000, 41) Abwegig bleibt dennoch, dass der Text selbst die Vormachtstellung über das auktoriale Sprechen übernimmt, das spätestens in und mit der Präsenz der Schrift zum Stillstand gebracht werden soll.

> Die Schrift. Sie entsteht, indem sie nie entsteht, indem aber unaufhörlich von ihr die Rede ist. Die Schrift übernimmt nun die Vormacht über mein Sprechen, indem sie, als Schrift, nur noch schweigt und schweigt, und das Sprechen natürlich nie ankommt, weil dort, wo sein Zielbahnhof wäre, das blöde Schweigen jetzt steht und nicht abhaut, ich glaub, es hat eine Panne. (Jelinek 2000, 44–45)

Schweigt die Schrift, weil sie wie das ersehnte Wort nicht kommt, so muss der Autor fortan über sie reden, um sie durch seine Rede immer wieder in seinem Geist auferstehen zu lassen, aber dieses dauerhafte Sprechen *über* die Schrift ist kein Sprechen *in* der Schrift, sondern jene Zeichenphantasmagorie, die „nie entsteht, indem sie entsteht" (Jelinek 2000, 45), folglich kein Text im eigentlichen Sinne, und just dieses leere Sprechen versinnlicht sich zum fortwährenden, wahnwitzigen Redestrom.

3 Zum Schluss kommt das stumme Wort

Im Zusammenhang mit dem 1946 entstandenen *Brief über den Humanismus* gewinnt Martin Heidegger einen privilegierten Zugang zu jener autorisierten Sprachform, die als Konstitutionsmoment der Welt betrachtet und als „Haus des

Seins" (Heidegger 1967, 191) bezeichnet werden kann. Hierbei bescheinigt der Philosoph dem Gewesenen als Manifestation des Überkommenen eine bleibendbestimmende Präsenz in Form von Dichtung: „Der Pessimismus aber und der Optimismus, beide samt der von ihnen beköstigten Indifferenz und ihren Abarten kommen aus einer besonderen Beziehung des Menschen zu dem, was man die Geschichte nennt." (Heidegger 1992, 20) Sprach- und geschichtsskeptisch weist er auf die metaphysische Qualität des Schweigens hin, das ein erkenntnistragendes Moment in *Sein und Zeit* einnimmt. Für ihn bezeichnet das Schweigen den Raum eigentlichen Sprechens, zumal er darauf hinweist, dass Verschwiegenheit im „Modus des Redens die Verständlichkeit des Daseins" artikuliert. (Heidegger 1976, 164) Darüber hinaus spielt das Schweigen eine prägende Rolle bei der Beglaubigung des Gewissens: *„Das Gewissen redet einzig und ständig im Modus des Schweigens"*. (Heidegger 1976, 273) Unterdessen lässt sich mit diesem Ansatz ein erkenntnistheoretischer Bogen zu Wittgenstein schlagen, bei dem das, was über Ästhetik, Ethik und Dasein nicht sinnvollerweise behauptet werden darf, dem Schweigen überantwortet wird. Dementsprechend, und dies bestätigt sich in den zeichenkritischen Texten Bernhards und Jelineks, zeigen Zeichenkonstellationen im Modus des Schweigens mehr über die Wahrheit an als die unausgesetzte Zirkulation degenerierter Kollektivbegriffe. Die Rede strömt, auch wenn die Schrift schweigt, aber das echte Wort bleibt lediglich den stummgewordenen, deiktischen Klangzeichen vorbehalten: denn dieses stumme Wort, das unerhörte, unbeirrt abwesende Signifikat, ein „blinder Fleck, der aufgeschrieben wurde, indem er nie aufgeschrieben wird" (Jelinek 2000, 46) tritt fortan als das Wesen der Wahrheit in Erscheinung.

Literatur

Atzert, Stefan. *Schopenhauer und Thomas Bernhard. Zur literarischen Verwendung von Philosophie*. Freiburg im Breisgau: Rombach, 1999.
Bachmann, Ingeborg. „Musik und Dichtung" [1956]. In: Dies. *Werke, Bd. 4: Essays, Reden, Vermischte Schriften*. Hg. Christine Koschel, Inge von Weidebaum und Clemens Münster. München: Piper, 1978a. 59–63.
Bachmann, Ingeborg. „Frankfurter Vorlesungen: Fragen und Scheinfragen" [1959]. In. Dies. *Werke, Bd. 4: Essays, Reden, Vermischte Schriften*. Hg. Christine Koschel, Inge von Weidebaum und Clemens Münster. München: Piper, 1978b. 182–200.
Bachmann, Ingeborg. „Die Wahrheit ist dem Menschen zumutbar" [1959]. In: Dies. *Werke, Bd. 4: Essays, Reden, Vermischte Schriften*. Hg. Christine Koschel, Inge von Weidebaum und Clemens Münster. München: Piper, 1978c. 275–278.
Bernhard, Thomas. *Beton*. Frankfurt am Main: Suhrkamp, 1982.
Birnbacher, Dieter. „Ludwig Wittgenstein". In: Der. *Klassiker des philosophischen Denkens, Bd. 2*. Hg. Norbert Hoerster. München: Deutscher Taschenbuch Verlag, 2001.

Clegg, Jerry S. „Der logische Mystizismus und der kulturelle Hintergrund von Wittgensteins
,Tractatus'." In: *Schopenhauer*. Hg. Jörg Salaquarda. Darmstadt: Wissenschaftliche
Buchgesellschaft, 1985. 190–218.
Fornet-Ponse, Raúl. *Wahrheit und ästhetische Wahrheit. Untersuchungen zu Hans Georg
Gadamer und Theodor W. Adorno*. Aachen: Wissenschaftsverlag, 2000.
Goeres, Ralf. *Die Entwicklung der Philosophie Ludwig Wittgensteins unter besonderer
Berücksichtigung seiner Logikkonzeptionen*. Würzburg: Königshausen & Neumann, 2000.
Heidegger, Martin. *Wegmarken*. Frankfurt am Main: Klostermann, 1967.
Heidegger, Martin. *Was heißt Denken?* Stuttgart: Reclam, 1992.
Heidegger, Martin. *Sein und Zeit*. Tübingen: Niemeyer, 1976.
Jelinek, Elfriede. *Das Lebewohl. Drei Kleine Dramen*. Berlin: Berlin Verlag, 2000.
Jelinek, Elfriede. „Clara S. Eine musikalische Tragödie" [1982]. *Theaterstücke*. Hg. Ute Nyssen.
Reinbek: Rowohlt, 1992.
Krammer, Stefan. *„redet nicht von Schweigen..."Zu einer Semiotik des Schweigens im
dramatischen Werk Thomas Bernhards*. Würzburg: Königshausen & Neumann, 2003.
McGuinness, Brian. *Wittgensteins frühe Jahre*. Aus dem Engl. v. Jochen Schulte. Frankfurt am
Main: Suhrkamp, 1988.
Nietzsche, Friedrich. *Über Wahrheit und Lüge im außermoralischen Sinne. Kritische
Studienausgabe* [1873]. München: Deutscher Taschenbuch Verlag, 1980.
Schopenhauer, Arthur. *Die Welt als Wille und Vorstellung II* [1819]. Stuttgart: Reclam, 1986.
Weiß, Gernot. *Auslöschung der Philosophie. Philosophiekritik bei Thomas Bernhard*. Würzburg:
Königshausen & Neumann, 1993.
Wittgenstein, Ludwig. „Tractatus logico-philosophicus" [1918]. In: Ders. *Werkausgabe, Bd. 1*.
Hg. Joachim Schulte. Frankfurt am Main: Suhrkamp, 1984a.
Wittgenstein, Ludwig. „Philosophische Überlegungen" [1953]. In: Ders. *Werkausgabe Bd. 1*. Hg.
Joachim Schulte. Frankfurt am Main: Suhrkamp, 1984b.

IV RÄUMLICHKEITEN

Jens Klenner
„Land der Berge"?
Erhaben Unerhabenes in *Frost* und *Die Kinder der Toten*

1 Land der Berge

Im literarischen „Land der Berge, Land am Strome" scheint es in der zweiten Hälfe des zwanzigsten Jahrhunderts wenig erbauliche Gebirge, Berge und Erhebungen zu geben. Christian Schwabs *Abfall. Bergland. Cäsar: Eine Menschensammlung* (1992) ist eine Anhäufung vernichtender Typenbilder des Menschlichen. In Peter Turrinis *Rozzenjagd* (1971) verzweifeln und verenden zwei junge Menschen auf dem Müllberg der Gesellschaft, und in seinem 1993 uraufgeführten *Alpenglühen* entpuppen sich die Alpen als perfekte Natursimulation und beste Lügner schlechthin. Menschenmüll lagert auch bei Marlene Streeruwitz hoch oben im Gebirge: Anders als der Titel suggeriert, entpuppt sich das Stück *Ocean Drive* (1991) als fehlgeleitete Hochgebirgsidylle, und wie Werner Schwab oder Elfriede Jelinek in *Oh Wildnis, oh Schutz vor ihr* (1985), *Die Kinder der Toten* (1995) sowie *In den Alpen* (2002) holt auch Streeruwitz das Hässliche und Schreckliche hinein in den idyllischen Topos der Berge. Christoph Ransmayr lässt Ovids Freund Cotta in der überwältigenden Einsamkeit des Gebirges in *Die letzte Welt* (1988) verschwinden, und Marlen Haushofers namenslose Protagonistin in *Die Wand* (1963) findet sich, plötzlich eingeschlossen von einer gläsernen Wand, in einem postapokalyptischen Gebirgsszenario wieder.

Der Mythos, mit dem Österreich die romantisch verklärte Schönheit seiner Alpen zum wesentlichen Teil seiner nationalen Identität macht – „begnadet für das Schöne", wie es in der Bundeshymne weiter heißt – bröckelt in der literarischen Landschaft der Gegenwartsliteratur. Überhaupt scheint das Verhältnis von Mensch zu Berg in den hier genannten Texten nur noch wenig gemein zu haben mit dem ihrer Vorgängern aus dem neunzehnten und frühen zwanzigsten Jahrhundert. Eingeengt, verschüttet, abgedrängt, aufgeworfen – das Subjekt am Berg verschwindet in diesen Texten an den Gletscherrand, an den Fuß der Felswand, in den Bergschrund; es wird vom Schneegestöber verschluckt und unter Lawinen begraben. Von der heroischen Gipfelschau als einem Moment optischer Totalität und physischer Erhabenheit, dem Abschreiten der Gipfel als Prozess der Ordnung (und der Verortung in) einer chaotischen Bergwelt, oder der Erklimmung der Berghöhen als Selbstfindung ist nichts mehr zu spüren – sie wird allenfalls noch zitiert, um persifliert zu werden. Selbst dort, wo sich die Wandererin der Romantik festumschlossen von der bergigen Landschaft wiederfand, blieb sie dennoch in den Mittelpunkt gerückt, und so ist der Kanon der klassischen literarischen Auseinandersetzung mit den Alpen doch seit jeher ein grundlegend anthropozentrischer gewesen. Mit der österreichischen Nachkriegsliteratur bricht jedoch das einstmals aus dem Text verwiesene und durch Erzählen wie ästhetische Betrachtung gebannte Elementare (und für den Menschen potentiell Katastrophale) des Hochgebirges wieder in die Literatur ein und erschüttert sowohl erlebendes und betrachtendes Subjekt als auch die Bergwelt in ihren Fundamenten.

Dieser Bruch markiert die hohe Relevanz der Alpen für die österreichische Literatur aufgrund ihrer literarischen Doppelfunktion als Imaginationsraum individueller Selbstverständigung wie auch als territoriales Setting kollektiver nationaler Identitätsaushandlung. So ist es insbesondere das Fundament der Zweiten Republik, das in Naturdiskursen nach 1945 besonders auf seine Festigkeit hin überprüft wird. Österreich hat gerade in der Nachkriegszeit durch die Intensivierung des Fremdenverkehrs aus seinen reichen Naturschätzen Kapital geschlagen, und somit ist der „Rückgriff auf die Natur [...] etwas Wesentliches für die österreichische Identität". (Rathkolb 2015, 55) Im Gegenzug ist die literarische Auseinandersetzung mit der Bergwelt als „Natur" immer auch Arbeit an deren Betrachtung und Beschreibung, Arbeit also am Verhältnis zwischen betrachtendem Subjekt und seiner Umwelt, aber auch Arbeit an der Materialität der Sprache. So wird die Auseinandersetzung mit dem Imaginationsraum der Alpen zum Spiegel eines sich verschiebenden Paradigmas, einer radikalen Dezentrierung des Subjekts und einer gesteigerten Sprach- und Erzählskepsis in der österreichischen Nachkriegsliteratur. An zwei Texten, die diesbezüglich als paradigmatisch gelten können, Thomas Bernhards *Frost* (1963) und Elfriede Jelineks *Die Kinder der Toten* (1995), lässt sich anhand der spezifischen Verhandlungen von Berg- und Subjektvorstellungen der Verlauf einer solchen genealogischen Linie zwischen der Nachkriegszeit und der Gegenwart nach- und weiterzeichnen.

2 Um 1790: Das Subjekt am Berg

Zuerst, um eine solche Dezentrierung des Verhältnisses von Subjekt und Berg in der österreichischen Nachkriegsliteratur an *Frost* und *Die Kinder der Toten* beschreiben zu können, soll das Ich in seiner historisch wohl impertinentesten Omnipotenz kurz beschrieben werden: das Erlebnis des Erhabenen in Immanuel Kants *Kritik der Urteilskraft* (1790). Spätestens mit Kants dritter Kritik wird das Gebirge zum Paradigma für die Erfahrung des Erhabenen, und das Erhabene philosophische Referenz für die Beschreibung einer Gebirgserfahrung. Erst Kant holt die Berge in den deutschsprachigen Erhabenheitsdiskurs hinein, und es gelingt ihm die Schrecken des Hochgebirges durch die Kategorie des Erhabenen zu fassen und das Subjekt in seinem Verhältnis als Betrachter der übermächtigen Natur zu festigen.[1] Kants dritte Kritik verhandelt das Gebirge als Bestandteil einer Ästhetik, in der das mit übermächtiger Natur konfrontierte Subjekt seine eigene Überwältigung und negative Überschreitung zum Gegenstand sinnlichen Erlebens und moralisch konnotierter ästhetischer Reflexion macht. Von Kants komplexer Auseinandersetzung bleibt jedoch vor allem eine anthropozentrische Sicht, in der Natur in der Kunst vor allem relevant ist hinsichtlich ihres Effektes auf ein erlebendes menschliches Subjekt. Die Vorstellung, sich „mit der scheinbaren Allgewalt der Natur messen zu können" (Kant 1974, 185), überdauert Jahrhunderte und wandelt sich: weg von rational-analytischen Fähigkeiten des Menschen hin zur erlebniszentrierten Hybris der tourismus- und sportindustriellen Verwertbarkeitslogiken. Gleich bleibt hingegen die enge Verbundenheit des Interesses an der Berg- und Naturerfahrung mit deren positiver wie negativer Intensität, denn wichtiger, indispensabler Bestandteil der Bergerfahrung bei Kant ist die Ausgesetztheit des Individuums und ein Gefühl von Grauen und schrecklicher Gefahr, das eine Art Re-skalierung des ausgesetzten Subjekts beinhaltet:

> Kühne überhängende gleichsam drohende Felsen, am Himmel sich auftürmende Donnerwolken, mit Blitzen und Krachen einherziehende, Vulkane in ihrer ganzen zerstörenden Gewalt [...] machen unser Vermögen zu widerstehen, in Vergleichung mit ihrer Macht zur unbedeutenden Kleinigkeit. (Kant 1974, 185)

Im Angesicht dieser Unermesslichkeit der Natur muss der Mensch sich vorweg seine „*physische* Ohnmacht [...]" eingestehen, denn dann, und nur dann erkennt er „ein Vermögen [sich] als von ihr unabhängig zu beurteilen". (Kant 1974, 186) Dieser Moment der Konversion vom Schrecken hin zur Überlegenheit konstituiert für Kant das ermächtigende Gefühl des Erhabenen, in dem die Konfrontation mit Naturgewalt es dem Betrachter ermöglicht, über Größe an sich zu reflektieren und seine eigenen Gefühle zu präzisieren. Das aufklärerische Subjekt bedient sich der Kulturtechniken ästhetischer Betrachtung und Reflexion, um sich von der natürlichen Welt abzukehren hin zur „Schönheit und Würde der menschlichen Natur, und eine[r] Fassung und Stärke des Gemüts". (Kant 1977, 839) Das Erhabene bleibt jedoch immer ein temporäres und flüchtiges, in Abhängigkeit und instabiler Balance zum Gefühl der überwältigenden Übermacht der Natur gewahr.

---

1 Für die Entdeckung der Alpen und ihre ästhetische Verarbeitung siehe Hansen 2013 und Nicolson 1959. Für die Konstellation von Setzung und Infragestellung des Subjekts siehe Bürger 1998 und Žižek 2001.

Denn die triumphierende Erfahrung der Größe von Natur ist eigentlich Produkt menschlicher Verwirrung, die Kant als „Subreption" bezeichnet:

> Also ist das Gefühl des Erhabenen in der Natur Achtung für unsere eigene Bestimmung, die wir einem Objekte der Natur durch eine gewisse Subreption (Verwechslung der Achtung für das Objekt statt der für die Idee der Menschheit in unsrem Subjekte) beweisen, welches uns die Überlegenheit der Vernunftbestimmung unserer Erkenntnisvermögen über das größte Vermögen der Sinnlichkeit gleichsam anschaulich macht. (Kant 1974, 181)

Die sinnliche Erfahrung der Größe der Natur ist in ihrer Qualität eigentlich der Selbsterfahrung vernunftbegabter Erkenntnis geschuldet und wird lediglich auf die Natur projiziert. Wird diese „Verwirrung" der Erfahrung und des illusorischen, direkten Zugriffs auf die Welt erkannt, tritt das Erhabene als Urteilskategorie hervor, durch die der Geist geschärft und die Berge als genuin erhaben erfahren werden. In einer Doppelbewegung verweist das Erhabene also den Menschen in seine Schranken und überwindet sie gleichzeitig.

Die Naturbegegnung aus Kants aufklärerischer Ästhetik, in der die wahrnehmende Erfahrung durch das Moment des Sublimen der Wieder-Bewusstwerdung des Subjekts dient, wird in der Literatur und Bergerfahrung zur kanonischen Figur eines aufklärerischen Paradigmas, wird charakteristisch in den Texten Bernhards und Jelineks aufgegriffen und über zahllose explizite und implizite Referenzen markiert. Jedoch werden nunmehr, mit Rekurs auf die historische Tradition von an die Alpen geknüpfte Erfahrungsvorstellungen als Topoi des Berg-Sublimen, die Verhältnisse von Subjekt und Gebirge radikal unterlaufen. In Bernhards *Frost* und Jelineks *Die Kinder der Toten* hebt das österreichische Nachkriegserzählen das lange Erbe des Kantschen Anthropozentrismus und die problematische Instrumentalisierung des Alpinen in Akten selbstvergessener, ideologisch-nationalistisch aufgeladener Subreption literarisch aus den Angeln.

3 Der Blick zerbricht an der Wand

In Bernhards Romandebüt *Frost* reist ein junger, namenloser Famulant im Auftrag seines Chefarztes nach Weng im Pongau, um dort den seit langem entfremdeten Bruder des Arztes, den Maler Strauch, zu beobachten. Die Motivation dieses Auftrags – sei es, um den Bruder im Auge zu behalten, dessen Verhalten suspekt geworden sein mochte, oder um im Zuge seiner Ausbildung die Beobachtungsgabe des namenlosen Erzählers an einer Feldstudie zu schulen – bleibt unklar. Der Roman in Tagebuchform akkumuliert Aufzeichnungen, Briefe des Famulanten an den Chefarzt und eine Fülle berichteter monomanischer Monologe des Malers, aus denen der Leser Handlungsstränge lediglich rekonstruieren kann, und selbst Zeuge wird, wie angesichts der eskalierenden Unverständlichkeit des Malers auch dem Ich-Erzähler der eigene Sprachduktus zunehmend entgleitet. Der Medizinstudent sieht sich im Bergdorf Weng der Natur des Gebirges hilflos ausgesetzt, deren gewaltsamer Materialität er mit dem wissenschaftlichen Ordnungsprinzip seiner Beobachtungs- und Aufschreibetechniken nichts entgegenzusetzen hat. Das Projekt seiner Beobachtungen endet anscheinend ergebnislos mit der Rückkehr ans Krankenhaus in Schwarzach. Die Aufzeichnungen münden schließlich in eine bloße Zeitungsnotiz, die vom Tod des Malers im Schneetreiben berichtet.

Frost inszeniert das Scheitern eines Beobachtungs- und Aufschreibeprojektes, das in aufklärerischer Tradition ein „Schreiben im Angesicht der Dinge" zu praktizieren sucht.[2] Während Texte solcher Beobachtungsprojekte des achtzehnten und neunzehnten Jahrhunderts zwar die Hürden eines schreibenden Beobachtens in einer Umwelt, die so viel widriger war als die einer Schreib- und Studierstube, problematisierten, ist es in *Frost* nicht nur Schreiben als Kommunikation, die ins Leere läuft, sondern sind es der Erkenntnisgewinn und die Beobachtung selbst, die in Konfrontation mit dem Gebirge in ihrer wissensproduzierenden Funktion fragwürdig werden[3] Dabei ist die Wissensproduktion der Naturbetrachtung in Bezug auf aufklärerische Traditionen eine zweigestalte, bei der einerseits die Natur als Erkenntnisgegenstand erfasst wird und andererseits die ästhetische Naturbetrachtung im Kantschen Erhabenen das Subjekt rekonstituiert. In einer explizit anti-Kantschen Figur zwingt jedoch Bernhards *Frost* seine Figuren (einschließlich des Ich-Erzählers), sich als Subjekte in einer als feindselig empfundenen Umwelt des Gebirges zu verorten und zu verhalten, deren räumliche Materialität sie permanent mit gewaltsamer Auslöschung bedroht.

An der „Natur", dem anderen der Kultur, scheitert das Projekt der Aufklärung und einer wissenschaftlichen Erforschung, denn die Natur sperrt sich. Der Maler etwa, der sich zeitweise als Hilfslehrer verdingt hatte, vertritt gar eine Haltung des aktiven Nicht-Wissens: „Denn ich bin gegen die Aufklärung der Kinder, was Pflanzen betrifft, überhaupt, was die Natur betrifft. Je mehr man über die Natur weiß, desto weniger weiß man über sie, desto weniger wert wird sie einem". (Bernhard 2003, 157) Er lehnt Instrumente der Kategorisierung und taxonomischen Benennung als Kulturleistung ab, ebenso wie er Lernprozesse selbst als Form dressierter Selbstüberschätzung, gar im Kantschen Sinne als Verwirrung und Fehler der „Erschleichung" empirischer Sicherheit missbilligt. Und dennoch

---

[2] Zum „Schreiben im Angesicht der Dinge" siehe Ette 1991.
[3] Zu wissenschaftlichen „Schreibstörungen" im Gebirge des neunzehnten Jahrhunderts siehe Felsch 2007.

wird an der schrittweisen Desintegration des Kunstmalers klar, dass der Verwirrung menschlicher Subreption angesichts der Natur bei Bernhard keine Möglichkeit sublimen Erlebens gegenübersteht.

Die Rationalisierungsbemühungen des Famulanten werden durchkreuzt, eine epistemische Ordnung welcher Art auch immer, geschweige denn eine Form der Domestizierung oder Machtausübung über Natur, vermag keine der Figuren zu etablieren. Stattdessen erfasst der Bericht als problematisierte Augenzeugenschaft, wie menschliche Subjekte in der Gebirgslandschaft Schmerz, Tod, und Vernichtung erfahren. Es ist die feindselige Materialität des Gebirges und überwältigender Landschaften, die traditionell als Ort sublimer Erfahrung gelten, die dem erfassenden Blick des Subjekts mit Abgründen der Auslöschung drohen:

> Ozeane erschienen ihm als dunkler Wahnsinn in den Augen, der eine Grenze zieht, die der Unendlichkeit spottet. Gebirgsmassive glänzten im Aufstieg. Abgründe, schwarz und feindlich, daß einen fröstle. Die Luft erzitterte ihm oft unter fernem Donner. Bald leuchteten die Umrisse südlicher Kalkriesenzüge scharf. (Bernhard 2003, 79)

Das Verhältnis von Mensch und Natur ist bei Bernhard weder ein Miteinander noch ein Nebeneinander, sondern ein höchst antagonistisches: Der Mensch zerstört die Natur und die Natur zerstört den Menschen. Für Bernhard ist diese Unmöglichkeit einer Mensch-Natur-Symbiose kein historisches Produkt, sondern selbst als solches „naturgemäß" und eine schmerzhafte Grundkonstante menschlicher Existenz. „Die Natur ist auf viele Zentren aufgebaut, aber hauptsächlich auf das Zentrum des Schmerzes [...] es beruht [...] auf dem Monumentalschmerz". (Bernhard 2003, 44) Anders als in ökokritischen Diskursen, die sich hier mitunter mit dem Konservatismus österreichischer, heimatnostalgischer Narrative überschneiden, wird das Verhältnis von Mensch und Natur als immer schon antagonistisch und agonal inszeniert. Naturromantische Vorstellungen einer verlorenen Idylle eines vermeintlich einstmals harmonischen Verhältnisses werden bei Bernhard allenfalls massiv persifliert.

Frost entwirft sein Gebirge in anti-Kantischem Gestus als zutiefst indifferenten Antagonisten: Die vernichtende Gewalt bleibt desinteressiert an menschlichen Subjekten, ungerichtet und quasi auf beiläufige Art menschenfeindlich. Der Roman demontiert alle Phantasien des anthropozentrischen Naturbildes; es gibt weder Interaktion noch reziproke Begegnung zwischen Mensch und Gebirge, es gibt nur beobachtbare Reaktionen des Menschen in seiner Ausgesetztheit, deren Erfahrung und unerträgliche Prekarität alle sozialen Beziehungen durchdringt, und der durch die schiere Präsenz des dunklen „Gehirngefüges" der Berge buchstäblich deformiert wird:

> Fremde reden sich plötzlich an Wegkreuzungen an, stellen Fragen, geben Antworten, nach denen nie gefragt worden ist. [...] Unvermittelt fallen auch Kinder in Schwächezustände. Schreien nicht, aber laufen in einen Personenzug. In Gasthäusern und auf Bahnstationen in der Nähe von Wasserfällen werden Beziehungen geknüpft, die keinen Augenblick halten, Freundschaften geschlossen, die nicht einmal erwachen; das Du wird bis zur Tötungsabsicht gefoltert und dann rasch erstickt in einer kleinen Gemeinheit. Weng liegt in einer Grube, von riesigen Eisblöcken jahrmillionen lang gegraben. (Bernhard 2003, 15–16)

Die Ästhetik der Naturbeschreibung spiegelt diese Bedrohlichkeit der Umwelt, die sich dem visuellen Zugriff des Betrachters widerständig entzieht. Das Verhältnis von Hell zu Dunkel wird deutlich in der bedrohlichen Übermacht der Felsen bei Tag, die sich auch im Hellen nicht kontrollieren lässt. Die Verwandlung zum Hellen ist unmöglich. Der Neologismus „die Berge sind Gehirngefüge" öffnet den bedrohlichen „Doppelboden der Sprache", der zu einem blutigen „Wörterherausreißen" führt. (Bernhard 2003, 146) In jener Landschaft, die nur noch gewohnheitshalber Landschaft genannt werden kann, scheinen herkömmliche Ordnungsmuster nicht mehr zu greifen. In einer Dialektik der drückenden Schwere, aufgespannt zwischen Hell und Dunkel wird das Gebirge zu einem Raum, in dem sich Gegensätze aufheben und das Helle zur gleichen Gegenseite des Dunkels wird. Zwar bleiben Grundmuster erkennbar, aber jegliche Konstellationen und Verknüpfungen erweisen sich als instabil. Die von Bernhard gezeichneten Bilder verhalten sich gleich ‚Umspringbildern' die jederzeit in ihr Gegenteil kippen können.[4] Trotz ihrer Kippfunktion ist den Bildern aber eher eine entropische Trägheit zu eigen. Möglichkeiten werden im Keim erstickt oder bis ins Extreme überzogen. („das Du wird bis zur Tötungsabsicht gefoltert und dann rasch erstickt in einer kleinen Gemeinheit", Bernhard 2003, 16) Semantische Spuren verlieren ihre Verweiskraft in den Gebirgsgefügen Wengs. Die Spuren der Eisblöcke, die Weng „jahrmillionen lang" gruben, haben weder lesbare noch fruchtbare Spuren hinterlassen und bleiben leere Signifikanten einer Gebirgssemiotik, die jeglicher Verweiskraft entbehrt.

Die bedrohte Ausgesetztheit des Subjekts spiegelt sich auch auf der Diskursebene in der erzählerischen Form, in der uns der Akt homodiegetischen Erzählens zum Archiv heterogener Beobachtung wird. *Frost* präsentiert sich in der scheinbar traditionellen Form des Tagebuchromans und knüpft damit intertextuell an die apodemische Form des Reisejournals an, das insbesondere in den raumexploratorischen Projekten des neunzehnten Jahrhunderts auf unmittelba-

---

[4] Wendelin Schmidt-Denglers Begriff des ‚Umspringbilds' ist hier nicht als klarer Wechsel zwischen polarisierenden Gegensätzlichkeiten zu verstehen, sondern als eine oszillierende, nichtsynthetisierende Aufhebung von Position und Gegenposition. Siehe Schmidt-Dengler 2008 u. 2010.

ren Aufschreibetechniken vor Ort insistierte. Der in 27 Tage gegliederte Bericht des Famulanten geriert sich anfangs ebenfalls als reines Beobachten und Berichten über den Maler, vermischt mit episodenhaften Erzählungen über Begegnungen mit Figuren wie einem „Landstreicher" oder dem „Viehdiebgesindel". (Bernhard 2003, 249 u. 289)

Ausgezogen, etwas „Unerforschliches zu erforschen. Es bis zu einem gewissen erstaunlichen Grad von Möglichkeiten aufzudecken" (Bernhard 2003, 7), ist die Unmöglichkeit der Aufgabe des Erzählers von Beginn an in den Text eingeschrieben. Es gilt nicht nur etwas Unerforschtes zu ergründen, sondern etwas gänzlich Unerforschbares zu erforschen. Somit werden die Grenzen des Möglichen und der Wissenschaft unmittelbar aufgezeigt. Wenn der Famulant den „gewissen erstaunlichen Grad von Möglichkeiten" (Bernhard 2003, 7) erschließt, dann lotet er zugleich auch die Grenzen des Wissbaren aus und sucht das Nicht-Wissbare zu erreichen.

Der Famulant als Augenzeuge fungiert als Nexus von Bericht und Beobachtung, Erzählen und Erkennen, aber der Optimismus hinsichtlich einer Darstellbarkeit erfahrener Realität, der sich in der enthusiastischen Henry James-Lektüre des Erzählers anzudeuten schien, wird zunichte gemacht. Der Blick als kulturelles Instrument der Wirklichkeitserfahrung bricht an der Gewalt der ihn umgebenden Landschaft: „Dazu kommt, daß einem ja der Blick zerbrechen muß an den Felswänden. Dieses Tal ist tödlich für jegliches Gemüt". (Bernhard 2003, 56–57) Eine visuelle Ordnung lässt sich nicht herstellen, da die ordnende Gipfelschau scheitert. Die allmächtige Subjektposition lässt sich nicht finden, und, in völliger Inversion Kants, fragmentiert mit dem Blick auch das Individuum.[5]

So erweist sich bei Bernhard das Gebirge als Ende des Erzählbaren, das nicht nur sich, sondern auch den menschlichen Betrachtungsgegenstand mit der undurchdringlichen Materialität eines *White-Outs* entzieht, indem es den Kunstmaler mit dem semiotisch nicht entzifferbaren weißen Rauschen des Schneesturms überschreibt und auslöscht.[6] Begann der Text noch mit der dunklen Bedrohlichkeit des Gebirges, scheint sich diese zum Ende hin aufzuhellen. Der Text geht vom Dunklen ins Helle, doch nicht in der erhofften Bewegung einer Aufklärung, sondern im kompletten Verschwinden im Schnee, im völligen Konturlosen des Weißen, in gänzlicher Auflösung jeglicher Unterschiede. Letztendlich kommt es zur endgültigen Auslöschung des Malers Strauch. Das Chaos des

---

[5] „Die Erhabenheitserfahrung sucht diejenigen optischen Situationen auf, die das Widerständige der Natur gerade im Moment der ideellen Selbstbehauptung des Menschen am deutlichsten zeigen". (Koschorke 1990, 129)
[6] Zur Narrativen des Erhabenen siehe Franzel 2012.

Schneegestöbers bedeutet nicht nur den sicheren Tod des Malers, sondern auch das Scheitern eines letzten Versuches ihn zu fassen:

> Der Berufslose G. Strauch aus W. ist seit Donnerstag vergangener Woche im Gemeindegebiet von Weng abgängig. Wegen der herrschenden Schneefälle mußte die Suchaktion nach dem Vermißten, an welcher sich auch Angehörige der Gendarmerie beteiligten, eingestellt werden. (Bernhard 2003, 336)

Strauch wird mit dieser lapidaren Zeitungsnotiz aller Signifikanten beraubt und verliert sogar die Greifbarkeit seiner Berufsbezeichnung „Maler". Das Weiß des Schnees entzieht den Maler dem Blick und Zugriff des Erzählers und somit auch dem des Lesers. In der narrativen Welt Bernhards müssen sich nicht nur die Figuren, sondern auch der Erzähler den Naturgewalten geschlagen geben. Der namenlose Famulant, dessen Erzählung eigentlich nur die Wiedergabe monomanischer Monologe des Malers ist, gibt zum Ende hin nicht nur das Objekt seiner von Beginn an zum Scheitern erklärten Forschungen auf, sondern verstummt auch in seinem Aufschreiben angesichts der Dinge, die so verschwinden: „Wo das Weiß überhandnimmt, erlischt nicht nur die Kontur, sondern auch die Schrift". (Vogel 2003, 171) Im letzten Moment des Textes ist der Erzähler selbst nur Leser, dessen Augen kommentarlos den Zeitungsartikel erfassen.

In Bernhards Roman eröffnet sich in schroffer Kälte eine reflexive, entromantisierte Erfahrbarkeit des Gebirges, die erst im Beobachten des Beobachters ihren literarischen Ort findet. Der Leser folgt dem faszinierten, befremdeten Famulanten, der geschickt wurde, dem Maler zu folgen, und sucht in der narrativen Unzugänglichkeit von Reiseberichten, Redeberichten und Reflexionen zu rekonstruieren, was vorgefallen sein mag, oder was die Wahrnehmung und Niederschrift des Erzählers uns auch über jenes verrät, was der Famulant *nicht* begreifen kann. Das Gebirge als „Umwelt" bleibt als desinteressierter Antagonist in gewaltsamer Materialität präsent, aber entzieht sich einem erkennenden Zugriff, dessen deutende Anstrengung es aber gleichzeitig durch die Präsenz von Zeichen und Spuren zu provozieren scheint:

> Als ich aufwachte, sah ich wieder die Blutspur, die auf dem nassen Wagenboden ziemlich unregelmäßig verlief, wie ein von Gebirgsmassiven immer wieder abgedrängter Strom auf einer Landkarte, und zwischen Fenster und Fensterrahmen unter der Notbremse endete. (Bernhard 2003, 8)

Der Ursprung der Blutspur ist unklar, deutet aber von Beginn des Romans an über sich hinaus, voraus auf den Tod des Malers und voraus auf die Gewalttätigkeit des Tals von Weng, in die sie entlang der Schiene deutend hineinzeigt. Die Faszination einer solchen möglichen Präsenz zieht Erzähler wie Leser in den Bann. Wie der Erzähler der Blutspur in das Gebirge als einer Topographie unerklärlicher Gewalt folgt, lockt den Leser als Beobachter zweiter Ordnung das hermeneutische Zappeln des erzählenden und erlebenden Subjekts als eine Verheißung von Erfahrung, die niemals eingelöst wird:

> Ich sah plötzlich, sehen Sie, als ich aus dem Hohlweg herauskam, daß der Bach rot war. Ich dachte: ein Phänomen, ein Naturphänomen! Sofort aber sah ich: Blut! [...] ich hätte sofort bachaufwärts zu laufen Lust [...] ja natürlich sogar die Verpflichtung gehabt, denn es war das, was ich sah, ohne Zweifel der Ausläufer eines Verbrechens [...] ich wollte bachaufwärts, doch wissen Sie ja, daß man das nicht kann [...]. (Bernhard 2003, 290–291)

Damit demonstriert der Roman eine ästhetische Macht literarischen Erfahrens, die als solche der gewaltsamen Materialität des Textes geschuldet sein mag, in dem der Leser – auch über die reflexiven Barrieren kultureller Techniken mehrfacher Beobachtung, des Aufschreibens, Übersetzens und Lesens hinweg – die erbarmungslose Unwirtlichkeit des Gebirges angreift, wie es der Famulant erlebt, und selbst wie es ihm der Kunstmaler beschreibt. Bernhards viszerale Prosa vermag es, dem Leser eine Blutspur zu legen, die abstößt, warnt und dennoch faszinierend direkt hineinführt in die Semiotik seiner Sprachwelt, in der die epistemologischen Instrumente einer Auslegung so wenig greifen.

4 „Seht, diese Landschaft lebt!"

Auch Jelineks Gebirge tragen textuelle Spuren der Auseinandersetzung mit der anthropozentrischen Subjektästhetik aufklärerischer Naturerfahrung, doch sie begegnen dem Leser als Felsformationen in Bewegung. Sind Bernhards Berge noch starre, widerständig-indifferente Antagonisten, die eine unüberwindbare Grenze und Enge darstellen, erwachen Jelineks Felsen als nichtmenschliche Akteure zu Leben: „Seht, diese Landschaft lebt, da sie doch mehr als fünfzig Jahre tot war oder sich zumindest totgestellt hat! Jetzt schlägt sie die Augen auf [...]". (Jelinek 1995, 445) Die Berge kommen nicht erst 1995 in *Die Kinder der Toten* zu sich, auch wenn dieser Text in dieser Hinsicht als paradigmatisch gelesen werden kann. Erste Regungen zeichnen sich bereits zehn Jahre zuvor ab: „Die Kruste, die Erde wölbt sich, ein Berg tritt im Abendschein auf", heißt es in *Oh Wildnis, oh Schutz vor ihr* – „Herr Doktor, dieser Boden lebt ja förmlich". (Jelinek 1985, 35 u. 38) Doch in *Die Kinder der Toten* erweicht die mineralische Härte des Gebirges endgültig, und das Gestein tut sich auf: „Der Fels öffnet sich jetzt, Achtung!" (Jelinek 1995, 17)

In Jelineks 666-seitigem *Opus magnum* begehen die drei Hauptfiguren, allesamt Untote, in sich ständig wiederholenden Erzählsträngen Suizid über Suizid, und vergehen sich aneinander in brutalster Sexualität. Jelineks Alpen entpuppen sich als gigantische Nekropolis, in der sich die mineralische Härte der Felsen in verrottendes Fleisch verwandelt, um sich schließlich in einer allesvernichtenden gigantischen Körper- und Schlammlawine über die Pension Alpenrose zu ergießen. Bereits mit dem ersten Satz des Romans zieht Jelinek den Roman in die Vertikale und setzt der Höhe der Gebirge keine Grenzen. „Das Land braucht oben viel Platz, damit seine seligen Geister über den Wassern ordentlich schweben können". (Jelinek 1995, 7) In einer befremdlichen, ja furchteinflößenden Prosa kollabieren in Jelineks Gebirge Unterscheidungen von lebendig und tot, von hier und dort, von gestern und heute. Schon wenige Zeilen später wird klar, wie viel Platz in die Höhe das Land wirklich braucht, um den „seligen Geister[n]", bei denen es sich nicht um schöngeistige Phantasmagorien österreichischer Prominenz wie Mozart, Haydn oder Schubert handelt, genug Raum zu geben: genug für Millionen Opfer des Faschismus.

Die Natur des Gebirges rebelliert endgültig gegen Ende des Romans. Der lange Prozess der Exhumierung, des Ausgrabens der Geschichte innerhalb des Berges, lässt sich nicht aufhalten und kulminiert in einem gewaltigen Erdrutsch. Der Hang kollabiert über dem ausgehöhlten Sediment verwesender Historie und verdeckter Leiber und „Die Mure. Die Furie" geht nieder auf die Pension Alpenrose mit all ihren Gästen. (Jelinek 1995, 655) Im Zuge ihres Abgangs wird die Mure – ein Naturunglück, ein Gebirgsunfall – in einer dunklen Apotheose durch Kontiguität und Assonanz angehoben zu chthonischen Gottheiten – halb Mensch und halb Monster – um mit aller Wucht auf die Pension niederzugehen. Den Massen von Fels und Schlamm jedoch beigemischt ist menschliches Haar: „Haar. Menschliches Haar. Es wird ausgegraben. [...] Nur: Es ist einfach zu viel Haar da für die geschätzte Anzahl der Verschütteten". (Jelinek 1995, 665) Man ist versucht, dieses Ende entweder als die lang ersehnte Rache der vergessenen Toten oder als das endgültige Eintreten des unumgänglichen Chaos apokalyptischer Anti-Ordnung zu lesen. Aber ein genauerer Blick auf das Ende zeigt, dass Jelineks Fokussierung auf die Berge Komplexeres suggeriert. Das finale Kapitel, in welchem die Schlammlawine die Alpenrose tilgt, beginnt mit folgendem Absatz:

> Es sind im Gebirge ungeheure Materialströme vorhanden, welche nur der ordnenden Hand eines Helfers, der, leidenschaftslos, sich niemals von Vorliebe oder Abneigung leiten ließe, bedürfen, um ihr Geröll, Geschiebe, Erdreich und ihren Schlamm loszulassen, diese Leckereien, die das Gebirge eigentlich ganz allein essen wollte. Es hat uns nichts davon abgeben wollen. Doch jetzt überreicht uns die Bergwelt mit einer leichten Verbeugung sich selbst sowie die ganze Umgebung dazu. So hat der Urlauber es sich nicht vorgestellt. Daß er, lüstern, begeistert, einem Verhältnis zur Natur auf der Spur, nicht sie, diese Umgebung, betrachtet, sondern daß vielmehr sie auf ihn fliegt! (Jelinek 1995, 653)

Jelinek identifiziert dynamische, belebte Materialflüsse in den Alpen, welche die Spuren der Vergangenheit mit sich führen. Und hier werden sie losgelassen und in einer rasenden Lawine durch die Geste eines Helfers in Bewegung versetzt. Eine an Kant erinnernde Wendung – ein interessenloser Helfer, „leidenschaftslos" und nicht geleitet von „Vorliebe oder Abneigung" – suggeriert, dass die Lawine Ordnung etabliert, indem sie materielles Chaos entweder initiiert oder wiederherstellt.[7] Das Gebirge ist hier weder statisch noch unbelebt, sondern Jelinek invertiert das Gebirge als einen Spannungsraum zwischen dem Schönen und dem Erhabenen, in dem das rational denkende Subjekt, anders als bei Kant, sich nicht etablieren kann, sondern zerrieben wird. Als eine Figur der Vergangenheit birgt das Gebirge seine Geheimnisse in sich und gibt sie, angestoßen von der ordnenden Hand des Helfers willentlich Preis.

Mit der rasenden Geschwindigkeit einer Lawine verkürzt sich plötzlich die sichere Entfernung zwischen Betrachter und Betrachtetem, und jene, welche die Vergangenheit von sicherer Warte sehen wollen, werden von ihr angefallen. Das Gebirge, und somit auch die Geschichte Österreichs, kann von keinem gefeiten, interessenlosen Aussichtspunkt betrachtet werden. Die Berge sperren sich einer Lesart aus sicherer Entfernung, die sie, fokalisiert durch ein rationalistisches Subjekt, erhaben erscheinen lassen würden. In völliger Inversion des kantschen Betrachters, der Schönes in ‚interesselosem Wohlgefallen' oder Erhabenes aus sicherer Entfernung findet, werden die Figuren mitsamt dem Roman unter dem Bergsturz begraben. Als das erkannt, was sie wirklich sind – nämlich Zwischenlager einer brutalen, uneingestandenen Vergangenheit – bersten die Berge, um alles zu überwältigen, was sich ihnen in den Weg stellt.

Die Kinder der Toten zelebriert wandelnde Aggregatzustände, bis Sublimation und Subreption zusammenzufallen scheinen. Alles Feste löst sich nicht in Luft auf, sondern verflüssigt sich, wenn sich die Berge in einer Schlammlawine ergießen und totes Fleisch verrottet. Jelineks Roman ist ein Narrativ von perpetuierender Wandlung, von Unbeständigkeit und Neubildung:

> Der Berg ist schon wieder ein Streicheltier geworden, besänftigt, Achtung, ducken Sie sich, es beginnt der vorliegende Text. Er rutscht unter Ihren Händen weg, aber das macht nichts, muß mich halt ein anderer zur Vollendung tragen, ein Bergführer, nicht Sie. (Jelinek 1995, 15)

Jelinek lässt in dieser Passage keinen Zweifel daran, dass der vorliegende Text ein sich bewegender Text ist. Sie macht auch jegliche Vorstellung zunichte, dass sich das Gebirge jemals vollständig bezwingen oder wie ein Tier domestizieren ließe. Auffällig an dieser Passage ist jedoch der Perspektivenwechsel, der jegliche

---

7 Siehe Kant 1974, 116–122.

Möglichkeit eines stabilen Blicks unterläuft. Er verleiht dem Text eine ungeheure Geschwindigkeit und stiftet Verwirrung darüber, wie sich Text, Leser und Erzähler räumlich zueinander verhalten. Schließlich entzieht sich der Roman mit dem Wechsel der Erzählperspektive auch dem Zugriff des Lesers, der sich in einer nicht eindeutig zu verortenden Position zum Text befindet.

Die erste Warnung an den Leser, „Achtung, ducken Sie sich" (Jelinek 1995, 15), positioniert ihn zunächst unterhalb des Textes, der wie ein Bergsturz von oben auf den Leser herabstürzt, nur um dann im Folgenden mitzuteilen, dass der Text sich nun unterhalb des Lesers befände und ihm unter seinen Händen und nicht etwa aus seinen Händen entgleitet. Der Positionswechsel des Lesers vis-à-vis des Textes geht einher mit einem weiteren Perspektivenwechsel. War mit dem Gipfelblick das „Ich sowohl Mitte als auch die perspektivische und transzendentale Bindestelle in dieser errungenen Omnipotenz des Sehens" (Koschorke 1990, 162), wird hier in diesem letzten Wandel endgültig die skopische Totalität des Subjekts unterminiert und jegliches Blicken von einem erhöhten Punkt aus untersagt. Spricht den Leser zuerst förmlich eine Erzählerstimme an, die einem kollektiven, obgleich anonymen „Wir" zugeordnet werden kann, das den Leser je nach Gesinnung mit einbeziehen mag oder nicht, wechselt die Perspektive jäh mitten im Satz und entgleitet analog zum Text, der sich nun persönlich, in der ersten Person, zu Wort meldet und dem Leser mitteilt, dass ihn – „mich" – nun „halt ein anderer zur Vollendung tragen" muss. Wo vorher der Text war, ist nun das Ich; und vollenden wird ihn ein Bergführer und nicht der Leser. Der Berg als Text entzieht sich einer unmittelbaren Lektüre und vereitelt jeglichen Versuch seines Finales.

Wer aber ist jener Bergführer, der den Text zu Ende bringen und somit auch seine felsige Landschaft mit ihren gewundenen und steilen Pfaden navigieren könnte? Wenn die Perspektive eines Bergführers dem Leser verweigert bleibt, wessen Blickwinkel soll er dann einnehmen? Der Roman selbst verhält sich plötzlich wie der in ihm dargestellte Berg. Beide bewegen und verschieben sich, und entgleiten dem Leser in ihrer unergründbaren Fülle. Materielle Inkonsistenz, Konvulsionen, Kataklysmen, und Weichheit bestimmen Landschaft und Sprache von *Die Kinder der Toten*.

Kann sich das formierte und gefestigte Ich bei Kant bilden, indem es seine Macht und Furcht auf die sich vor ihm auftürmenden Felsformationen projiziert, verabschiedet sich das mit sich selbst identische Ich bei Jelinek unwiderruflich. Es hat endgültig das Vermögen zu widerstehen eingebüßt, und wird nun von den Stein-, Schlamm-, und Haarmassen mit ins Tal gerissen. Bei Jelinek spiegelt sich in den Felsen auch die eigene Geschichtlichkeit. Es sind die dunklen Geschichten, die, tief im Berg vergraben, hoffen dort gut aufgehoben noch weitere Dekaden zu ruhen. In einer pervers-brutalen Wendung fliegt nun genau jenes unliebsame Endlager mit dem gesamten Berg auf den Leser und Betrachter zu.

5 Fliehende Berge

Die Genealogie sich steigernder Radikalität, mit der sich von Bernhard zu Jelinek die intensive Auseinandersetzung insbesondere mit dem kantschen Erbe instrumentalisierter Natur verfolgen lässt, verweist auf die tiefe Verwurzelung aufklärerischer kanonischer Diskurse in literarischen Gebirgsvorstellungen. Neuere Romanpublikationen deuten auf eine Persistenz der Berge hin, ohne deshalb Bernhards oder Jelineks Demontage eines anthropozentrischen Paradigmas notwendig zu teilen. Sie inszenieren die Berge auch als Orte des Wunders und Rätsels, die nun emblematisch für ein Verlangen nach Substanz und Nähe in einer Welt der Medien und Immaterialität stehen. Christoph Ransmayr kehrt im Versepos *Der fliegende Berg* (2006) zur Thematisierung des Subjekts im Gebirge als mythologischer Ort und Möglichkeitsraum des Wunderbaren zurück und zeigt zwei Brüder bei der Besteigung des tibetanischen Phur-Ri, von dem man sagt, dass er gelegentlich davonfliegt. Thomas Glavinic' märchengleicher Bildungsroman *Das größere Wunder* (2013) berichtet in wechselnden Kapiteln vom Erwachsenwerden des Helden und dessen Besteigung des Mount Everests, lässt aber offen, ob Jonas jemals sein Ziel erreicht. Die Berge bleiben unfassbar.

Literatur

Bernhard, Thomas. *Frost* [1963]. In: Ders. *Werke Band 1*. Hg. Martin Huber und Wendelin Schmidt-Dengler. Frankfurt am Main: Suhrkamp, 2003.

Bürger, Peter. *Das Verschwinden des Subjekts – Eine Geschichte der Subjektivität von Montaigne bis Barthes*. Frankfurt am Main: Suhrkamp, 1998.

Ette, Ottmar. „Der Blick auf die Neue Welt". In: Alexander von Humboldt. *Reise in die Äquinoktial-Gegenden des Neuen Kontinents*. Hg. Ottmar Ette. Band 2. Frankfurt am Main: Insel, 1991. 1563–1597.

Felsch, Philipp. *Laborlandschaften: Physiologische Alpenreisen im 19. Jahrhundert*. Göttingen: Wallstein, 2007.

Franzel, Sean. „Time and Narrative in the Mountain Sublime around 1800". In: *Heights of Reflection: Mountains in the German Imagination from the Middle Ages to the Twenty-First Century*. Hg. Sean Ireton und Caroline Schaumann. Rochester: Camden House, 2012. 98–115.

Glavinic, Thomas. *Das größere Wunder*. München: Hanser, 2013.

Hansen, Peter H. *The Summits of Modern Man. Moutaineering after Enlightenment*. Cambridge: Harvard University Press, 2013.

Haushofer, Marlen. *Die Wand*. Gütersloh: Mohn, 1963.

Jelinek, Elfriede. *Die Kinder der Toten*. Reinbek: Rowohlt, 1995.

Jelinek, Elfriede. *In den Alpen*. Reinbek: Rowohlt, 2002.

Jelinek, Elfriede. *Oh Wildnis, oh Schutz vor ihr*. Reinbek: Rowohlt, 1985.

Kant, Immanuel. „Beobachtungen über das Gefühl des Schönen und Erhabenen". In: Ders. *Vorkritische Schriften bis 1768.* Werkausgabe Band 2. Ed. Wilhelm Weischedel. Frankfurt am Main: Suhrkamp, 1977.

Kant, Immanuel. *Kritik der Urteilskraft.* In: Ders. *Werkausgabe Band 10.* Hg. Wilhelm Weischedel. Frankfurt am Main: Suhrkamp, 1974.

Koschorke, Albrecht. *Die Geschichte des Horizonts.* Frankfurt am Main: Suhrkamp, 1990.

Nicolson, Marjorie Hope. *Mountain Gloom and Mountain Glory: The Development of the Aesthetics of the Infinite.* Seattle: University of Washington Press, 1997.

Ransmayr, Christoph. *Der Fliegende Berg.* Frankfurt am Main: Fischer, 2006.

Ransmayr, Christoph. *Die letzte Welt.* Frankfurt am Main: Fischer, 1988.

Rathkolb, Oliver. *Die Paradoxe Republik: Österreich 1945 bis 2015.* Wien: Zsolnay, 2015.

Schmidt-Dengler, Wendelin. „Elf Thesen zum Werk Thomas Bernhards". In: *Der Übertreibungskünstler. Zu Thomas Bernhard.* Wien: Sonderzahl, 2010. 148–155.

Schmidt-Dengler, Wendelin. „Umspringbilder: Romanwerk und Leben Thomas Bernhard". In: *Thomas Bernhard. Die Romane.* Hg. Wendelin Schmidt-Dengler und Martin Huber. Frankfurt am Main: Suhrkamp, 2008. 1769–1809.

Schwab, Christian. *Abfall, Bergland, Cäsar. Eine Menschensammlung. Werke Band 2.* Hg. Ingeborg Orthofer. Wien: Droschl, 2008.

Streeruwitz, Marlene. *Ocean Drive.* Frankfurt am Main: Suhrkamp, 1991.

Turrini, Peter. *Alpenglühen.* München: Luchterhand 1992.

Vogel, Juliane. „Mehlströme/Mahlströme. Weißeinbrüche in der Literatur des 19. Jahrhunderts". In: *Weiß.* Hg. Wolfgang Ullrich und Juliane Vogel. Frankfurt am Main: Fischer 2003. 167–193.

Žižek, Slavoj. *Die Tücke des Subjekts.* Frankfurt am Main: Suhrkamp, 2001.

Bernhard Judex
Zerstörte Subjekte – beherrschte Natur(en)
Zum Naturbegriff und zur Ökologiekritik bei Bernhard und Jelinek

1 „Die Natur ist nirgendwo zu sehen"

In der Moderne hat der Naturbegriff an Eindeutigkeit und Unverbrüchlichkeit verloren (vgl. Bohrer 1988, 213–214). Spätestens mit der Aufklärung wird sich der Mensch seiner sogenannten „selbstverschuldeten Unmündigkeit" (Kant) bewusst. In seinem Verhältnis zur Natur tritt er aus jener scheinbaren Ursprünglichkeit, die freilich nie existiert hat, im Mythos aber noch vorstellbar ist. Hatte bereits Aristoteles mit der Unterscheidung zwischen natürlich Seiendem und technisch Seiendem bzw. Gemachtem (*téchne*) jene, wenn auch nur illusorische Einheit von Mensch und Natur in Frage gestellt, so erhebt sich im Zeitalter der Industrialisierung das Erkenntnissubjekt vollends über die auf den Objektstatus festgelegte Natur. Hinter diese Entwicklung vermögen unsere Vorstellungen heute nicht mehr zurückzugehen. Über Natur ist keineswegs eindeutig zu sprechen, oder – in den Worten Elfriede Jelineks –: „die Natur gibt es ja nicht mehr. [...] Die Natur ist derzeit nirgendwo zu sehen" (Jelinek 2000, 221). Natur wird so zum unbestimmten Begriff: „ Es ist unklar geworden, was Natur ist, was wir darunter verstehen [...]." (Böhme 1992, 15)

Unter diesen Voraussetzungen ist ‚Natur' auch bei Thomas Bernhard und Elfriede Jelinek zu verstehen. Ein verbindlicher Terminus soll also weder Voraussetzung noch Ziel der folgenden Untersuchung sein, zu fragen wäre vielmehr nach der in den Texten dieser Autorin und dieses Autors dahingehend entworfenen Vielfalt an Konzepten und Bedeutungsaspekten. Erst auf Basis einer vergleichenden Lektüre, die in diesem Rahmen freilich nur einzelne Motive anzusprechen vermag, lassen sich Parallelen bzw. Unterschiede im jeweiligen Verständnis der Beziehung von Mensch und Natur feststellen und kann geklärt werden, inwieweit sich im Sinne einer ökologischen Literaturwissenschaft (Ecocriticism)[1] von einer Kritik an der Ausbeutung und Zerstörung unserer Lebensgrundlagen sprechen lässt.

---

[1] Zu dem in der deutschsprachigen Literaturwissenschaft noch wenig rezipierten Ansatz vgl. etwa Hermand 1993, Goodbody 1998 oder Gersdorf u. Mayer 2005.

2 Kein schöner Land

Was die Intensität der „Haßliebe" (Bernhard 2015, Bd. 2, 252; Friedl u. Peseckas 1990, 38)² und des Unbehagens an der (Un-)Kultur ihrer Heimat betrifft, hat Jelinek ihrem „Vorschimpfer" (Zeyringer 1995) Bernhard schon längst den Rang abgelaufen. In beider Auseinandersetzung mit dem Naturbegriff spielt das „Leiden am Herkunftsland Österreich" (Löffler 2007, 13), die Beschäftigung mit dem „Herkunftskomplex" (Bernhard 2009, 158), wesentlich mit herein und verweist auf dessen sozialgeschichtliche Konnotation. Heimat und Natur lassen sich in Österreich – und gerade bei Bernhard und Jelinek – schwer ohne ihre ideologisch aufgeladene, missbräuchliche Verwendung seit Ende des 19. Jahrhunderts, insbesondere im Austrofaschismus und Nationalsozialismus, denken. So bemerkt Matthias Konzett, dass Bernhard, Jelinek und Peter Handke „unmask the cultural deceptions of identity that support stable notions of *Heimat* and nation" (Konzett 2000, 3). In diesem Sinn hat man gerade Bernhards und Jelineks Werk wiederholt als Anti-Heimatliteratur rezipiert (vgl. dazu u. a. Wagner 1991; Janke u. Dürhammer 1999; Koberg u. Mayer 2006, 45–46 u. 77–87).

In seinem autobiografischen Essay *Unsterblichkeit ist unmöglich. Landschaft der Kindheit* (1968) reflektiert Bernhard auf jene mit intensiven Erinnerungen an die konkrete Natur verbundene Frühzeit und stellt fest: „Die Kindheit ist in das größte politische Dilemma der Geschichte eingeschlossen. Alles, was du hörst, was du siehst, was du einatmest, ist tödlich." (Bernhard 2015, Bd. 1, 606) Seine Österreich-Kritik reicht von *Frost* (1963) über die berühmte Staatspreis-Rede 1968 bis hin zu *Auslöschung. Ein Zerfall* (1986) und *Heldenplatz* (1988) und verbindet sich insbesondere seit dem ersten Band der Autobiografie *Die Ursache. Eine Andeutung* (1975) untrennbar mit dem Aufdecken der NS-Vergangenheit und deren politischer Kontinuität in der Zweiten Republik. *Verstörung* (1967) galt der Kritik als „Blut-und-Boden-Roman à rebours" (Reich-Ranicki 1970, 96), auch die Forschung erkannte in Bernhards Prosa schon früh jene radikale „Anti-Idylle" (Schmidt-Dengler 1969; vgl. auch Tismar 1973), wie sie in der österreichischen

---

2 In den beiden Interviews äußern sich die Autorin und der Autor auf eine ihnen jeweils gemäße Weise; Jelinek: „Österreich bedeutet für mich eine ständige Provokation. Letztlich ist diese ständige Haßliebe doch ein sehr fruchtbarer Humus, um zu schreiben. Wobei ich eine so patriotische Österreicherin bin, daß ich mich sehr wohl von der deutschen oder deutsch-schweizerischen Kultur als nationalbewußte Österreicherin abgrenzen möchte." (Friedl u. Peseckas 1990, 38); Bernhard: „Vergessen Sie auch nicht das Gewicht der Geschichte. Die Vergangenheit des Habsburgerreichs prägt uns. Bei mir ist das vielleicht sichtbarer als bei den anderen. Es manifestiert sich in einer Art echter Haßliebe zu Österreich, sie ist letztlich der Schlüssel zu allem, was ich schreibe." (Bernhard 2015, Bd. 2, 252)

Literatur erstmals in Hans Leberts Roman *Die Wolfshaut* (1960) und wenig später – neben Bernhards Texten – in Marlen Haushofers *Die Wand* (1963), Peter Handkes *Hornissen* (1966), Gerhard Fritschs *Fasching* (1967) oder Gert Jonkes *Geometrischer Heimatroman* (1969) zum Ausdruck gelangte, Texte, die neben der Umkehr der inhaltlichen Aussage eine bewusste Abwendung von der formal-ästhetisch konservativen Erzählweise der Heimatkunst betreiben.

Eine ebenso deutliche, auch gegen ihren steirischen ‚Kollegen', den konservativen Heimatdichter Peter Rosegger, gerichtete Absage an diese Tradition findet sich bei Jelinek. In *Die Liebhaberinnen* (1975) heißt es programmatisch, „keiner denkt an den wald als an eine landschaft. der wald ist eine arbeitsstätte. wir sind doch hier nicht in einem heimatroman!" (Jelinek 1975, 105). Die bereits zu Beginn des Textes brüchige Wunschvorstellung vom „SCHÖNE[N] land mit seinen tälern und hügeln", in das „gute menschen eine fabrik gebaut" (Jelinek 1975, 5) haben, erfährt eine bewusste Dekonstruktion. Hieß es in Bernhards oben erwähnter Staatspreis-Rede, „[w]ir haben nichts zu berichten, als daß wir erbärmlich sind" (Bernhard 2015, Bd. 2, 23), so greift Jelinek diesen Gedanken anlässlich der Auszeichnung mit dem Heinrich Böll-Preis 1986 in vergleichbarer Diktion auf („Wir sind nichts, wir sind nur was wir scheinen"). Sie zerstört jenen „schöne[n] Schein" (Jelinek 1986), den das Land des glücklichen Vergessens und der „falsche[n] und verlogene[n] Unschuldigkeit" (Elfriede Jelinek im Gespräch mit Pia Janke 2010, 21) für den Fremdenverkehr aufrechterhält. Auch die für die TV-Reihe *Vielgeliebtes Österreich* im ORF 1976 gestaltete TV-Dokumentation *Ramsau am Dachstein* zeigt, dass sich Jelinek einem unreflektierten Heimatbegriff verweigert.

Dennoch lassen sich Natur und Heimat bzw. Österreich im Werk Bernhards und Jelineks nicht ohne Weiteres gleichsetzen, will man die jeweiligen Texte nicht bloß mit einem Etikett versehen und auf dessen evidente Haltbarkeit hin abklopfen bzw. den Blick auf einen weiter gefassten, metaphysischen Naturbegriff verstellen. Auch wenn sich das Bedeutungsfeld ‚Natur' bei Bernhard und Jelinek nur schwer von deren Österreich-Kritik lösen lässt, reichen seine Ausgangspunkte weiter zurück zu jener Schockerfahrung der Moderne als geistig-ästhetische Provokation des der Natur entfremdeten Individuums, die sich zugleich als Kritik an den herrschenden gesellschaftlichen Verhältnissen verstehen lässt.

3 Natur als Provokation

Einen solchen Schock beschreibt Friedrich Nietzsche zu Beginn des fünften Buchs der *Morgenröthe*. In dem „Im grossen Schweigen" betitelten Abschnitt wirft er der Natur angesichts einer abendlichen Stimmung am Meer ihre „ungeheure

Stummheit, die uns plötzlich überfällt", vor und bezeichnet ihre „Gleissnerei" als „schön und grausenhaft" zugleich:

> Wie gut könnte sie reden, und wie böse auch, wenn sie wollte! Ihre gebundene Zunge und ihr leidendes Glück im Antlitz ist eine Tücke, um über dein Mitgefühl zu spotten! – Sei es drum! Ich schäme mich dessen nicht, der Spott solcher Mächte zu sein. Aber ich bemitleide dich, Natur, weil du schweigen musst, auch wenn es nur deine Bosheit ist, die dir die Zunge bindet: ja, ich bemitleide dich um deiner Bosheit willen! (Nietzsche 1988, 259)

Damit verleiht Nietzsche jener am Ende für ihn selbst tragischen, hier freilich noch ironisch gebrochenen Erfahrung des modernen Subjekts Ausdruck, nicht nur aus dem gemeinschaftlichen Verbund mit der Natur ausgeschlossen zu sein, sondern sie gar nicht mehr zu verstehen. Das im Idealismus und in der Romantik bei Herder, Novalis oder Schelling bemühte Konzept einer Natursprachenlehre, die Auffassung vom lesbaren Buch der Natur, scheint überholt (vgl. dazu Böhme 1988, bes. 38–66 u. 179–211).

Beeinflusst wurde Nietzsche dabei ausgerechnet von jenem Philosophen, der auch für das Verständnis von Bernhards Naturkonzept gerade in dessen früher Prosa herangezogen wurde: Arthur Schopenhauer (vgl. dazu bes. Jurdzinski 1984). Für diesen ist alles Sein einem erkenntnislosen „Willen an sich selbst" unterworfen, wie er in der Natur zum Ausdruck gelangt. Schopenhauer, der diesen Willen als „Urkraft" oder *„Naturkraft"* (Schopenhauer 1986, Bd. 2, 378–379) bezeichnet, widerspricht nicht nur einem teleologisch geschichtsphilosophischen Daseinskonzept, sondern behauptet zugleich – entgegen modernen Machbarkeitsphantasien von der Unterwerfung der Natur – die absolute Herrschaft der Natur über den Menschen, hebt doch der auf „Objektität", wie es bei Schopenhauer heißt, gegründete Wille den Subjektstatus auf. Schopenhauers negativer Ästhetik, aber auch den Versuchen ihrer Überwindung in der Kunst, vorwiegend der Musik und Architektur, die dem Natürlichen die semantische Opposition des Künstlichen gegenüberstellt, begegnen wir in Bernhards Werk auffällig oft.

Schier unerschöpflich ist dabei die Fülle an Belegstellen, in denen die Natur als „grausam" (Bernhard 2003a, 17), „fürchterlich" (Bernhard 2003a, 202), „krank" (Bernhard 2003b, 14), „verbrecherisch" (Bernhard 2003c, 93), „ernst *und* tödlich" (Bernhard 2015, Bd. 1, 602) usw. erfahren wird. Schon Bernhards erste Publikation überhaupt, die kurze Erzählung *Das rote Licht* (1950), deutet auf ein Verständnis von Natur als Ausdruck schicksalhafter Bestimmung über die menschliche Existenz, wenn sich in der gleich zu Beginn als bedrohlich markierten winterlichen Landschaft des Hochkönigs in Salzburg eine Lawinenkatastrophe ereignet: „Der Februar hatte viel Neuschnee gebracht, in Mengen, wie man sie im Hochgebirge fürchtet." (Bernhard 2003c, 457) Trotz aller Warnungen, die ein „rotes Licht" am Himmel als Zeichen drohenden Unheils deuten, macht sich eine Militärkompanie auf den Weg zu einer höher gelegenen Hütte. Das „Furchtbare" bleibt nicht aus: „Die Lawine kam und vor der unerbittlichen Naturgewalt gab es kein Entrinnen." (Bernhard 2003c, 459–460)

Was Bernhard hier noch mit traditionellen Erzählmitteln als reales Naturgeschehen beschreibt – die Erzählung spielt in jenem Winter 1916, in dem sich am Hochkönig mit 58 toten und über 70 schwer verletzten Soldaten des militärischen Ausbildungszentrums tatsächlich das bislang größte Lawinenunglück der Ostalpen ereignete[3] –, gestaltet sich in *Frost* zu einem inhaltlich-ästhetischen Konzept von Natur, das zwischen einer „beklemmenden Realistik" des Erzählens – so Carl Zuckmayer in der ersten Besprechung des Romans – und einer bewusst stilisierten Übertreibung changiert und dabei zugleich die Radikalisierung des Bedrohlichen betreibt sowie eine Versöhnung des Menschen mit der Natur negiert. Bernhards Roman demonstriert, „daß der Rückgriff auf einen unreflektierten Naturbegriff unmöglich ist" (Schmidt-Dengler 2010, 94). Innere und äußere Natur des Malers Strauch, zunehmend aber auch des ihn beobachtenden Medizinstudenten korrespondieren miteinander. Die „objektivierte Landschaft" fungiert als „Bewußtseinslandschaft" (Gößling 1987, 11) der Figuren, deren existenzielle Gefährdung sich in der bedrohlichen Szenerie der winterlichen Umgebung widerspiegelt. Bernhard selbst hat einer authentischen Schilderung der ‚Wirklichkeit' wiederholt eine Absage erteilt. „*Innere* Vorgänge" und „innere Landschaften" (Bernhard 2015, Bd. 2, 183 u. 327) seien für ihn das eigentlich Interessante, „*Natur* beschreiben" hingegen sei „sowieso ein Unsinn, weil sie ja jeder kennt" (Bernhard 2015, Bd. 2, 326; vgl. auch Mittermayer 1999).

Dass die „individualitätsbedrohende Naturmacht" (Jurdzinski 1984, 97) eine Projektion des kranken Subjekts ist, ihre zerstörerische Kraft aber umgekehrt auf dieses zurückwirkt und dessen Vorstellungswelt bestimmt, zeigt sich in Strauchs Reflexion über das „Zentrum des Schmerzes", das „im Zentrum der Natur" liege und auf dem „Überschmerz aufgebaut" sei, „es beruht, kann man sagen, auf dem Monumentalschmerz." (Bernhard 2003a, 44) Beklagt wird in *Frost* jene „Doppelzüngigkeit der Natur" (Bernhard 2003a, 18), wie sie bereits Nietzsche in der oben zitierten Passage der *Morgenröthe* zum Skandalon erhoben hat:

> Alle Augenblicke blieb mein Mitmensch stehen und sagte: ‚Sehen Sie! Sehen Sie, die Natur schweigt! Sehen Sie! Sehen Sie!' [...] Unsere Füße waren Schneebballen. Immer wieder blieb er mit der Bemerkung: ‚Die Natur resigniert!' stehen. (Bernhard 2003a, 40)

---

[3] Vgl. dazu die Internetseite der Österreichischen Bergrettung – Land Salzburg: http://www.bergrettung-salzburg.at/Geschichte.240.0.html. (16. März 2018)

Anklänge an die romantische Natursprachenlehre und an Novalis' Konzept der „transscendentalen Poesie" (Novalis 1978, Bd. 2, 325) erscheinen bei Bernhard als ironisches Zitat, als Anspielung auf den zum Scheitern verurteilten Versuch, sich gegen die Wirkungsmacht der Natur zu behaupten und ihr einen Sinn abzuringen:

> Die Musik, hören Sie ... die Sprache kommt auf die Musik zu, die Sprache hat keine Kraft mehr, die Musik zu hintergehen, sie muß gerade *auf die Musik* zugehen, die Sprache ist eine einzige Schwäche, die Sprache der Natur wie die *Sprache der Dunkelheit der Natur*, wie die Sprache der Finsternisse des Abschiednehmens ... Hören Sie: ich *war* in dieser Musik, ich *bin* in dieser Musik, ich bin aus dieser Sprache, ich bin in dieser ruhigen Poesie des Nachmittags [...]
>
> Manchmal dreht einem auch die Natur den Hals um, *die Natur ohne Einfachheit,* man sieht dann: diese unendliche Kompliziertheit der fürchterlichen Natur. Dann ist, am Ende, doch alles unverständlich, unverständlicher immer als jemals! (Bernhard 2003a, 201f.)

Auch in anderen Texten Bernhards finden sich Zitate frühromantischer Vorstellungen. *Amras* (1964) beispielsweise bezieht sich auf Novalis' Krankheitsphilosophie (vgl. dazu Zelinsky 1966). Die „Todeskrankheit" (Bernhard 2004b, 129; vgl. auch Bernhard 2003a, 169 u. Bernhard 2003b, 202) als immer wiederkehrendes Motiv akzentuiert die Gefährdung des Subjekts in der als bedrohlich erlebten Natur, aber auch die Gefährdung der durch das Subjekt bedrohten Natur. In *Verstörung* erwähnt der Fürst Saurau ein „monumentales Zahlen- und Ziffern-, Chiffren- und *unendliches Naturlabyrinth*" und behauptet: *„Die einzige Poesie, sagte ich, ist die Natur, die einzige Natur die Poesie."* (Bernhard 2003b, 154) Das Frühwerk Bernhards ist in vielem noch dem Metaphysisch-Erhabenen der romantischen Tradition verpflichtet, wenn auch mit negativem Vorzeichen. „Die Natur erscheint als bedrohlich-zerstörerischer Raum, dem die Protagonisten ausgeliefert sind und der zur Chiffre für eine negative Welterfahrung wird." (Huntemann 1990, 66)

4 Natur als Mythos

> Es interessiert mich nicht [...], [...] mit welchen standardisierten Wendungen man eben zum Beispiel Natur beschreiben kann. [...] Für einen See im Gebirge gibt es ja die abgedroschensten Bilder, [...] aber das sind genau die Klischees der Naturbeschreibungen, und hier setze ich an: ich zerstöre die Klischees, indem ich diese vorgefertigten Module kaleidoskopisch übereinander lege und so das Bild in ein Vexierbild aufbreche. Aus Natur wird so Künstlichkeit. (Leiprecht 1999, 2f.)

Auf eine mit Bernhards Haltung vergleichbare Weise begegnet Jelinek der rein deskriptiven Beschreibung des Äußerlichen mit einem zunehmend perfektionierten sprachspielerisch-ästhetischen Konzept, das die gängigen Vorstellungen von Landschaft und Natur hinterfragt. Neben den diskursiven stilistischen Verfahren der Montage, der Verfremdung, des direkten und indirekten Zitierens, der Intertextualität und anderen fällt die an Roland Barthes' geschulte „Mythendekonstruktion" ins Gewicht (vgl. u. a. Doll 1994, Szczepaniak 1998). Im Bewusstsein, „daß der Mensch der bürgerlichen Gesellschaft in jedem Augenblick in falsche Natur getaucht ist" (Barthes 1964, 148) und dass sich der Mythos zu allererst in der Sprache niederschlägt, Mythoskritik also gleichbedeutend mit Sprachkritik ist, wird Natur nicht bloß einseitig als Mythos decouvriert, sondern ebenso im Sinne Horkheimers und Adornos die Dialektik der Aufklärung als patriarchaler Machtanspruch und Herrschaftsdiskurs über den Naturbegriff kritisiert (vgl. etwa Janz 1995, VII u. Kap. 4). Dies wird zum Beispiel im Essay *Das im Prinzip sinnlose Beschreiben von Landschaften* (1980) deutlich, in dessen Zentrum der Boxer Jack Dempsey und seine Frau stehen. Während diese immer wieder auf die Natur verweist und sie darzustellen versucht, reagiert ihr Mann auf ihre Beschreibungen mit deutlicher Ablehnung, fordert „Abstand" und wird schließlich gewalttätig. Am Schluss bringt er Eva um, sie „wird Teil der Landschaft", „des von [ihr] Beschriebenen", „eins mit der Natur. Es ist ein schöner Zustand. Der Mensch fühlt ihn nur mehr selten, weil ihn die überall vorhandene Technik daran hindert." (Jelinek 1980, 8)

Jelineks „Konvertierung von Natur in Unnatur" (Jelinek 1985a, 44) entspricht jener Umschlag von Natürlichkeit in Künstlichkeit, wie er vielen Texten Bernhards zugrunde liegt (vgl. dazu Jurgensen 1981, Mittermayer 1999). Beispielhaft dafür ist, wie der Ich-Erzähler in *Korrektur* (1975) den Tierpräparator Höller heimlich in der Nacht beim Ausstopfen eines schwarzen Vogels beobachtet. „Aus Naturgeschöpfen machte der Höller Kunstgeschöpfe und diese Kunstgeschöpfe sind in jedem Falle rätselhafter als die reinen Naturgeschöpfe, die sie einmal gewesen sind." (Bernhard 2005, 153)

Kunst als Überwindung der Natur und Natur als unbeschränkte Wirkungsmacht stehen sich zunächst oppositionell als „pure Antithese" gegenüber, wie es auch in Adornos *Ästhetischer Theorie* heißt:

> Der Begriff des Naturschönen rührt an eine Wunde, und wenig fehlt, daß man sie mit der Gewalt zusammendenkt, die das Kunstwerk, reines Artefakt, dem Naturwüchsigen schlägt. Ganz und gar von Menschen gemacht, steht es seinem Anschein nach nicht Gemachtem, der Natur, gegenüber. (Adorno 1998, 98)

Mit dem Begriff des Menschenverstandes, der rationalen Vernunft seit Kant, Schiller und Hegel, so Adorno, sei das Naturschöne aus der Ästhetik verschwunden. Auch in *Verstörung* spielt die Opposition von Natur (Krankheit) und

Kunst (Wissenschaft) eine maßgebliche Rolle. Der „Tatsache, daß *alles krank* und traurig sei" (Bernhard 2003b, 15), stehen die Bemühungen des Arztes sowie seines Sohnes gegenüber, genau daran *nicht* zu verzweifeln. Der Naturgewalt, die es „zerstört", antwortet das Subjekt nicht mit dem Versuch, sie beherrschen zu wollen. Vielmehr gewinnt der Herrschaftsbegriff im Sinne der Verstandesbeherrschung, die vielen Figuren Bernhards versagt bleibt – so etwa existiert das Brüderpaar in *Amras* in einer „vor lauter Finsternis und Naturrätsel und Verstandeserschütterung taube[n], [...] verdrußerzeugenden Hochgebirgslandschaft" (Bernhard 2004b, 117) –, eine neue Kontur:

> Ich betrachtete mich schon lange als einen Organismus, den ich durch meine eigene Willenskraft immer öfter auf Befehl disziplinieren könne. Sich zu beherrschen sei das Vergnügen, sich vom Gehirn aus zu einem Mechanismus zu machen, dem man befehlen kann und der gehorcht. Allein in dieser Beherrschung könne der Mensch glücklich sein und erkenne er seine Natur. [...] Wo der Verstand herrsche, sei die Verzweiflung *unmöglich* (Bernhard 2003b, 43f.),

bemerkt der Montanistik studierende Arztsohn, dessen wissenschaftliche Erforschung der inneren Zusammenhänge und Geheimnisse der Erde abermals auf einen romantischen Topos, den Bergbau,[4] verweist. Im Bemühen, die Natur zu verstehen, erweist sich deren „Doppelrolle", sie

> ist einerseits die Brutalität des Geistlosen, eine ständige Bedrohung des Künstlers und des Intellektuellen, andrerseits die Verkörperung eines Gesetzes, die Manifestation eines musterhaft Vorhandenen, das der menschliche Geist (als Ausdruck seiner geistigen Natur) zu erkennen sucht. (Jurgensen 1981, 51)

Im Unterschied dazu nimmt sie der Fürst nur mehr als geistige sowie körperliche Bedrohung wahr, wenn er von der „Mure" und vom „Hochwasser" spricht, die vor kurzem das Land unterhalb der Burg zerstört haben.

> Bei seinem letzten Besuch, erinnert sich mein Vater, hat der Saurau, das Hochwasser kommentierend, immer das Wort ‚Mure' ausgerufen und von einer ihn ‚brüskierenden Verstandesverzweiflung' gesprochen. Immer wieder das Wort ‚Mure' ausrufend [...]. (Bernhard 2003b, 111)

---

4 Zu erinnern wäre hier etwa an *Die Lehrlinge zu Saïs* (entst. 1798/99, veröff. 1802) und *Heinrich von Ofterdingen* (entst. 1800, veröff. 1802; vgl. auch die Erwähnung des Fragment gebliebenen Texts in Bernhards Roman *Das Kalkwerk*, 1970) von Novalis, der selbst Bergbau studiert hatte und als Salinenassessor arbeitete, oder an E.T.A. Hoffmanns *Die Bergwerke zu Falun* (1819).

In der für das Subjekt unheimlichen Kraft der Elemente erweist sich die Gefährdung der Natur selbst, wobei unklar bleibt, inwieweit diese nicht auch eine Einbildung des Fürsten ist und aus seiner Krankheit resultiert. Der „Diluvismus" und die „Geräusche in seinem Gehirn" sind als Angst des Fürsten vor politischen Veränderungen zu verstehen. Als Repräsentant des Adels und der Feudalwirtschaft, das heißt, des alten habsburgischen Österreich, fürchtet er die Rache seines in London studierenden, anarchistische Literatur lesenden Sohnes, der die Ernte von Hochgobernitz verfaulen lassen will. Das Ekel und Abscheu provozierende Fließende und die Mure versinnbildlichen zugleich die Angst vor dem Weiblichen, das Bedrohliche der Auflösung starrer Körpergrenzen und des Verlusts von (männlicher) Identität (vgl. dazu auch Haas 2007).

5 Die Natur als weiblicher Körper

Eine Dekonstruktion des Mythos, der Natur und Weiblichkeit analog zur romantischen Denktradition gleichsetzt, vollzieht Jelinek u.a. in ihren Romanen *Oh Wildnis, oh Schutz vor ihr* (1985), *Lust* (1989) und *Gier* (2000). Neben der Österreich-Kritik folgen die (wie Bernhards *Verstörung*) in Jelineks Heimat, der Steiermark, lokalisierten Texte einer feministischen Kritik an der weiblichen Codierung der Natur. „Die Natur ist schmutzig, wo man mit ihr in Berührung kommt" (Jelinek 1985b, 8), stellt gleich zu Beginn von *Oh Wildnis, oh Schutz vor ihr* der von seiner Frau verlassene Holzknecht Erich in einem inneren Monolog fest. Als Parodie des arbeitenden Mannes scheitert er auf tragische Weise an der Weib-Natur, der er ökonomischen Nutzen abzugewinnen trachtet. „Die Natur ist ihm ein Rätsel, er verdient an ihr" (Jelinek 1985b, 8), heißt es zunächst. Im weiteren Verlauf zeigt sich, dass er, so wie alle anderen Figuren des Romans, der Natur entfremdet und nicht nur als Täter an der Ausbeutung der Natur beteiligt, sondern zugleich ihr Opfer ist. Selbst ausgebeutet geht er an der dumpfen Körperlichkeit und Abhängigkeit von der Natur, die er repräsentiert, zugrunde. Sein Unfalltod – während den Vorbereitungen zu einer Jagdgesellschaft, bei der ihn eine Managerin verführen will, wird er versehentlich erschossen – bestätigt die herrschenden Machtverhältnisse. Der kapitalistischen Produktionslogik zufolge gehört die Natur den Besitzenden, den „Beherrschern der Wildnis" (Jelinek 1985b, 282).

Überhaupt bedeutet die Bindung der Figuren an das Materielle, das sie in qualvoller Weise „Körper sein und es für immer bleiben" (Jelinek 1985b, 180) lässt, ein Gefangensein, eine Verdammnis zur Naturhaftigkeit und Reduktion auf das Geistlose. „Ein zentrales Thema von *Oh Wildnis* ist das Schicksal und die Geschichte des Körpers." (Janz 1995, 107) Jelineks Frauen, die mit der verdrängten nationalsozialistischen Vergangenheit in Verbindung gebracht alte Naturdichterin Aichholzer und die Managerin, benützen den geknechteten Mann als reines Lustobjekt, als Projektionsfläche ihrer sexuellen Phantasien und Begehrlichkeiten. Ähnlich heißt es in *Lust:* „Das unbeugsame Geschlecht der Frau sieht wie ungeplant aus, und wofür wird es verwendet? Damit der Mann sich mit der Natur herumschlagen kann." (Jelinek 1989, 108) Die Dekonstruktion der phallogozentrischen Gleichsetzung von Frau und Natur führt zur Demaskierung des scheinbar Natürlichen als unnatürlich, zur „Transformation des Naturschönen ins Häßliche" (Janz 1995, 109):

> Statt das Weibliche als das Andere zum Männlichen, als ‚Natur' zu verstehen, greift Jelinek diesen Topos auf und inszeniert ihn in ihren Frauenfiguren so, daß das Weibliche zugleich als Negation dieses unterstellten Anderen, als ‚Unnatur' erscheint. (Janz 1995, 98)

So erweist sich Natur als unberechenbar und brutal gegenüber den ihr ausgelieferten Menschen. Sie „spottet jeder Beschreibung" (Jelinek 1985b, 43), „droht wirksam" (Jelinek 1985b, 50), und in Umkehrung der Naturauffassung Adalbert Stifters heißt es: „Alles ist Laune an der Natur. Nichts ist Gesetz und schon gar nicht sanft." (Jelinek 1985b, 24) Jelinek verweist in ihren literarischen Texten auf das Darstellungsproblem, die „Undefinierbarkeit von Natur", über die sich nicht eindeutig sprechen lässt. Der Anspruch der Dichterin Aichholzer in *Oh Wildnis*, „Natur naturgetreu" abzubilden und das „Vorbild Natur und Ergebnis miteinander zu vergleichen" (Jelinek 1985b, 95), muss letztlich scheitern und wird von Jelinek kritisiert. „Indem die Kunst gerade Natur wiederzufinden versucht, legt sie sie endgültig als Künstliches fest." (Fliedl 1991, 101).

In der kunstvoll betriebenen Auflösung einzelner Zitate und Diskurse zu einem Textgewebe, das die verschiedenen Stimmen vermischt, in ihrer Widersprüchlichkeit gegenüberstellt und aufbricht, erweist sich die Indifferenz unserer Vorstellungen und Projektionen von Natur:

> Die Grenzen der Natur sind nicht auszumachen, denn die Natur ist wunderbar und riesig groß Berg mit so Schnee, gelt, das könnte euch so passen! Die Dienstboten der Besitzer, die Künstler und Intendanten und Friseure und Boutiquenbesitzerinnen (ihre Geliebten), die sitzen lieber in der Natur und schauen aus ihren kleinen Körpern hinaus in das Große, Unbegreifliche und hinauf zu einem großen Unbegreiflichen, dem Tausende von Hektar davon gehören. Der Künstler zwingt die Natur zur Übereinstimmung mit sich, sie soll gefälligst klingen lernen für den Individualisten (Individualtouristen), der sie recht verstehen könnte! Und der Besitzer der Landschaft zwingt den Künstler dann, wenn dieser am tiefsten versunken ist, mit ihm einer Meinung zu sein. An der Waldschützerfront kämpfen die Adeligen und Brauereibesitzer am leidenschaftlichsten, inzwischen glaubt sogar die Allgemeinheit, der Wald gehöre ihr! Haha. Erfolg Erfolg! Diese Erfolge darf der Dichter sich nicht ins Stammbuch schreiben. Übrigens Künstler: Wer kann die Natur schon so lieb anschauen wie jemand, der sonst nichts zu tun hat oder jemand, dem sie gehört? (Jelinek 1985b, 156f.)

Jelineks 1985 veröffentlichter Text ist vom damals gerade erst entstehenden ökologischen Bewusstsein, der öffentlichen Debatte um Naturschutz, geprägt (vgl. Hoffmann 1999, 124).[5] Auch im Kurzprosatext *Der Wald* (1985) und im Theatertext *Totenauberg* (1991) verdeutlicht die Autorin, wie sehr das Bedürfnis des modernen Menschen nach Natur zu deren eigentlichem Verlust, zum Umschlagen in das genaue Gegenteil, die Künstlichkeit, führt.

> Wir machen die Natur zu uns, wir verwandeln sie in uns, damit sie uns entspricht. Holen uns Frische ins Haus, die in einer Flasche geborgen ist. [...] Und erst in unsrem Trauern entsteht sie, die Natur, wird erst richtig wach beim Gedanken an ihr Ende. (Jelinek 1991, 20)

Auch Bernhard nimmt auf diese Entwicklung Bezug, wenn es in *Alte Meister* (1985) in Seitenhieben auf Adalbert Stifter heißt, die „Natur ist jetzt hoch in Kurs", nachdem

> das Wort *Wald* und das Wort *Waldsterben* so in Mode gekommen sind und überhaupt der Begriff *Wald* der am meisten gebrauchte und mißbrauchte ist, der *Hochwald* von Stifter so viel gekauft wird, wie noch nie. Die Sehnsucht der Menschen ist heute, wie nie zuvor, *die Natur* und da alle glauben, Stifter habe die Natur beschrieben, laufen sie alle zu Stifter. (Bernhard 2008, 55)[6]

6 Natur und verdrängte Geschichte

Bleibt Bernhards Naturbegriff insgesamt ein übergeordnet metaphysischer, so entwickelt Jelinek ihre Themen, etwa die katastrophale Auswirkung der von den Menschen ausgebeuteten Natur, anhand von realen Ereignissen wie dem Grubenunglück im steirischen Lassing 1998 (*Gier*) oder dem Brand der Gletscherbahn am Kitzsteinhorn bei Kaprun 2000 (*In den Alpen*). Der Traum von den Bergen als Refugium und Naturschönem erweist sich nicht zuletzt im Zuge der rücksichtslosen Ausbeutung durch Sport und Tourismus als Alptraum. „Es sind im Gebirge ungeheure Materialströme vorhanden", in Bewegung gesetztes „Geröll, Geschie-

---

5 Ende 1984 sorgte ein geplantes Wasserkraftwerk in der Hainburger Au bei Wien für heftige Proteste. Der Erfolg der Naturschützer gegen das Projekt, das die Regierung schließlich zurückziehen musste, markierte den Beginn der politischen Grünen-Bewegung in Österreich. Sie zog nach der Nationalratswahl 1986 erstmals ins Parlament ein.

6 Auch wenn bereits bei Stifter die Natur wiederholt Aspekte des Unheimlichen, der Bedrohung und der Gefahr aufweist, bleibt sie insgesamt zumindest als Wunschvorstellung einem harmonisch-idealen Weltbild verpflichtet, gegen das sich Bernhards ironische Kritik wendet (vgl. dazu Judex 2011).

be, Erdreich und [...] Schlamm" (Jelinek 1995, 653), die den Menschen zum Verhängnis werden, die sich aber auch auf den Mensch als Masse beziehen, wie ihn Elias Canetti in *Masse und Macht* (1960) untersucht hat, einer der vielen Prätexte des 1995 erschienenen Romans *Die Kinder der Toten*.[7]

Wehrt sich der Fürst Saurau in Bernhards *Verstörung* gegen den Verlust der eigenen Identität, gegen die gesellschaftliche Masse und nicht zuletzt gegen die proletarische Revolution, so bezieht sich Jelineks Roman auf das nach 1945 verdrängte geschichtliche Grauen des ‚Dritten Reichs'. Der „Prozess des sprachlichen Überlagerns und Überschüttens", der „Erzählfluss" als „einziger Strom, der mit sich reißt, was sich sagen lässt" (Koberg u. Mayer 2006, 202), deutet auf die verschüttete Erinnerung an die Geschichte, die man aus der Gegenwart lieber ausblendet. Nach tagelangem Regen werden die Ortschaft „Tyrol" und die Pension Alpenrose nahe der Schneealpe in der Steiermark von einer Mure verschüttet. Neben den Pensionsgästen, die als Untote die Hauptfiguren des Buches bilden, entdeckt man bei den Aufräumungsarbeiten noch weitere Todesopfer, „die bereits seit längerem, teils seit sehr langer Zeit schon verstorben gewesen sein mußten" (Jelinek 1995, 666). Ähnlich wie bei Bernhard entwickelt sich die Literarisierung und Fiktionalisierung der realen Landschaft zu einer „Topographie des Monströsen" (Hoffmann 1999, 39), in der die durch den zivilisationsbedingten Raubbau an der Natur ausgelösten Katastrophen wie Felsstürze, Überschwemmungen, Murenabgänge oder Lawinen das Bedrohliche der verdrängten Geschichte repräsentieren, aber auch das mühsam Verdrängte freilegen. Dass es sich bei den unerwartet aufgefundenen Leichen tatsächlich um in der NS-Zeit Ermordete handelt, wird zwar nicht explizit erwähnt, liegt aber aufgrund der zahlreichen Anspielungen des Textes auf die Verbrechen im ‚Dritten Reich' nahe. So ist etwa von einem „ORT IN POLEN" die Rede, die Namen Jean Améry, Primo Levi und Sarah Kofman als KZ-Überlebende oder das „Haar von Toten" als Anspielung auf Paul Celans *Todesfuge* werden erwähnt (Jelinek 1995, 632). Jelineks Roman, der anlässlich der Gedenkfeiern 50 Jahre nach Ende des Zweiten Weltkriegs entstand (vgl. Kastberger 2003), erinnert damit auch an das bereits in Bernhards Erzählung *Der Italiener* erwähnte, später in *Auslöschung* weiter entwickelte Motiv der Mas-

---

7 Jelineks Beschäftigung mit dem Phänomen Masse kommt in einem Interview mit Peter von Becker zum Ausdruck. Dort vergleicht sie den Aufmarsch der Massen am Wiener Heldenplatz 1938 mit der Großkundgebung für den Skirennläufer Karl Schranz – in *Die Kinder der Toten* ist sein Name in der Figur Edgar Gstranz' gegenwärtig – nach dessen Ausschluss von der Olympiade 1972 (vgl. Becker 1992). Die Kritik an der Instrumentalisierung der Massen durch den Sport, wie sie der Faschismus betrieben hat, beherrscht Jelineks Werk seit den 1990er Jahren. Für Bernhard wird der Heldenplatz vor allem in seinem gleichnamigen Stück zur Metonymie für die verdrängten, jedoch unvergessenen Verbrechen der NS-Diktatur.

sengräber ermordeter polnischer Kriegsgefangener sowie an die Engführung von Naturzerstörung und geschichtlichem Grauen im *Theatermacher*:

> Österreich / Austria / L'Autriche / Es kommt mir vor / als gastierten wir / in einer Senkgrube / in der Eiterbeule Europas / [...] An jeder Ecke / dreht es einem den Magen um / Wo ein Wald war / ist eine Schottergrube / wo eine Wiese war / ist ein Zementwerk / wo ein Mensch war / ist ein Nazi / Und dazu auch noch immer / diese elektrische Voralpenatmosphäre (Bernhard 2010, 140)

In *Gier* wird das Motiv der Mure als Folge der „dumm[en] und meist bewußtlos[en], aber erst mal grundsätzlich böse[n]" Natur wiederholt aufgegriffen (Jelinek 2000, 82, vgl. auch 75–76, 183–190, 214, 276). „Der Berg bleibt unberechenbar, immer wieder wirft er sein Geröll ab" (Jelinek 2000, 188), heißt es beispielsweise. Die Aushöhlung der Erde durch den Bergbau im kapitalistisch-industriellen Zeitalter wird zur Metapher für die politische Situation während des Aufstiegs der Freiheitlichen Partei (FPÖ) zur zweitstärksten Kraft bei der Nationalratswahl 1999, in der Jelineks Roman entstanden ist: „Das ganze Land ist ja innerlich vollkommen hohl!" (Jelinek 2000, 183) In einer Schlüsselstelle, die noch einmal die Unmöglichkeit der Naturbeschreibung vermittelt, kommt das Unheimliche der Natur zum Ausdruck. Als bedrohlicher „Baggersee" (Jelinek 2000, 75), in dem später die Leiche der vom Gendarmen Kurt Janisch ermordeten jungen Gabi entdeckt wird, spielt das Element Wasser eine wichtige Rolle.

> So ist der See leider nicht ein dunkler Edelstein, in Berge eingefaßt, die manchmal ihre Nerven, die Wasserkrampfadern des Gebirgs, wegschmeißen und ihre eignen vollgesoffenen Hänge hinunterwerfen, der Mensch und seine Untertanen sind schuld, jaja, die Muren – [...] Im Winter hatten sie bereits geübt, mit Lawinen zu töten, die Einheimischen und ihr eingeborener Schnee, der dreieinige Sohn des Wassers. [...] Dieses lebendige Naturschauspiel erledigt alles im Handumdrehen. (Jelinek 2000, 75)

Daneben finden sich zahlreiche Stellen, die die Domestizierung der „alpinen Quellen" (Jelinek 2000, 89–90) bezeichnen und als Kulturkritik lesbar werden. Im Theatertext *Das Werk* (2002) erfährt dieser Aspekt eine weitere Verdichtung, wenn er vor dem realen geschichtlichen Hintergrund des umstrittenen Kraftwerksbaus in Kaprun entwickelt wird, der 1938 unter der nationalsozialistischen Herrschaft mit jüdischen Zwangsarbeitern und Kriegsgefangenen begonnen und 1955 fertig gestellt wurde und eine Zahl an Todesopfern forderte, die in die Hunderte geht. Die Herrschaft über die als weiblicher Körper assoziierte Natur steht in unmittelbarem Zusammenhang mit Industrialisierung, Sport und Tourismus (vgl. *In den Alpen*). Verkauft man hier das Ideal der schönen Natur, so wird ihr dort in Form des Tauernkraftwerks Kaprun, einem der größten Bauvorhaben in Österreichs Geschichte, entgegengearbeitet und Energie abgerungen:

> Aber die Baustelle ist ein Kampfplatz, beinahe ein Krieg. Kein Krieg zwischen Menschen und Menschen, wie er uns eine liebe Gewohnheit geworden war, nein, hier greift der Mensch die Natur an! Die Bergwelt. Das harte Gestein. (Jelinek 2002, 93)

Mittels Technik scheint der Mensch die Natur an sich ebenso wie seine eigene Natur zu beherrschen, „bis nichts mehr übrig ist. Letzten Endes siegt immer die Natur des Menschen, die zerstören oder aufbauen will. Auch dafür ist Österreich der Beweis." Doch Jelinek treibt im Sprachspiel die Negation des Behaupteten noch weiter, wenn es schließlich heißt: „Die Natur wird immer siegen, je nachdem, was sie sich vorgenommen hat." (Jelinek 2002, 93) In ihrer „Nachbemerkung" zu *In den Alpen, Der Tod und das Mädchen III (Rosamunde)* und *Das Werk* heißt es, alle drei Texte

> seien Stücke über Natur, Technik und Arbeit. Und alle münden sie ins Unrettbare, gebaut auf Größenwahn, Ehrgeiz und Ausschluß und Ausbeutung von solchen, die ‚nicht dazugehören'. Der moderne Arbeiter in der Gesichtslosigkeit der Städte. Aber auch im Angesicht der Berge muß er immer: verlieren. Und der Tourist ist die äußerste Parodie des Arbeiters im Gebirg, und auch er geht oft verloren und verliert selber sein Leben. (Jelinek 2002, 259)

In der aus dem gestauten Wasser gewonnenen Energie, die sich als Symbol für die zurückgehaltene Sexualität deuten lässt, findet die Lenkung der Massen in der faschistischen Ideologie (vgl. Theweleit 1977) ihren äquivalenten Ausdruck.

Dass das Thema des Kraftwerkbaus in der deutschsprachigen Literatur keineswegs neu ist (vgl. dazu auch den Beitrag von Jan Süselbeck in diesem Band), zeigen einzelne Textstellen aus Bernhards *Frost*. Auch hier lässt sich das Projekt als männliche Selbstbehauptung gegen die weibliche Natur verstehen, der die Angst des Malers Strauch gilt. „Frauen seien Ströme, ihre Ufer unerreichbar, die Nacht schlüge oft mit Schreien Ertrunkener um sich." (Bernhard 2003a, 266) Obwohl der Maler die Sinnhaftigkeit des Kraftwerkbaus einräumt, der allerdings im Tal stattfindet und ein Flusskraftwerk an der Salzach, nicht den Hochspeicher von Kaprun bezeichnet, kritisiert er die zerstörerischen Aspekte des Fortschrittprojekts:

> Je mehr solche Kraftwerke entstehen, und ich will ja gar nicht bestreiten, daß sie notwendig sind, daß sie ungeheuer nützlich sind, daß sie das Beste sind, was wir bei uns bauen können, das will ich ja wirklich nicht bestreiten, aber je mehr solche Kraftwerke gebaut werden, desto weniger schönes Land bleibt übrig. [...] Da, wo blühende Wiesen waren und herrliche Ackerkulturen und die besten Wälder, da sind jetzt nur noch Betonklötze zu sehen. Das ganze Land ist bald von Kraftwerkbauten zugedeckt. (Bernhard 2003a, 97 f.)

Nicht unerwähnt bleibt auch die Gefährlichkeit des Todesopfer fordernden Baus, obwohl Bernhard nur sehr allgemein auf „[g]rausige Spuren" verweist, die der

"Krieg im ganzen Tal hinterlassen" (Bernhard 2003a, 146) hat. Erst in der autobiografischen Erzählung *Die Ursache* (1975) wird die Auseinandersetzung mit geschichtlichen Details genauer, wenn der Einsatz russischer Kriegsgefangener beim Bau der im Krieg zerstörten Staatsbrücke erwähnt wird (vgl. Bernhard 2004a, 53). Damit lässt sich dann auch eine deutliche Markierung von Bernhards ‚Anti-Heimatliteratur' postulieren, deren Vorläufer bis *Frost* und teilweise noch früheren Texten zurückreichen, die aber sozialgeschichtlich und faktisch noch nicht so deutlich ausformuliert sind wie es in den Texten Jelineks der Fall ist.

Literatur

Adorno, Theodor Wiesengrund. *Ästhetische Theorie*. In: Ders.: Gesammelte Schriften, Bd. 7. Hg. Rolf Tiedemann. Darmstadt: Wissenschaftliche Buchgemeinschaft, 1998.
Barthes, Roland. *Mythen des Alltags*. Frankfurt am Main: Suhrkamp, 1964.
Becker, Peter von. „Wir leben auf einem Berg von Leichen und Schmerz". In: *Theater heute* 9 (1992): 1–8.
Bernhard, Thomas. *Frost* [1963]. In: Ders. *Werke Band 1*. Hg. Martin Huber und Wendelin Schmidt-Dengler. Frankfurt am Main: Suhrkamp, 2003a.
Bernhard Thomas. *Verstörung* [1967]. In: Ders. *Werke Band 2*. Hg. Martin Huber und Wendelin Schmidt-Dengler. Frankfurt am Main: Suhrkamp, 2003b.
Bernhard, Thomas. *Korrektur* [1975]. In: Ders. *Werke Band 4*. Hg. Martin Huber und Wendelin Schmidt-Dengler. Frankfurt am Main: Suhrkamp, 2005.
Bernhard, Thomas. *Alte Meister* [1985]. In: Ders. *Werke Band 8*. Hg. Martin Huber und Wendelin Schmidt-Dengler. Frankfurt am Main: Suhrkamp, 2008.
Bernhard, Thomas. *Auslöschung* [1986]. In: Ders. *Werke Band 9*. Hg. Hans Höller. Frankfurt am Main: Suhrkamp, 2009.
Bernhard, Thomas. *Die Autobiographie* [1975–1982]. In: Ders. *Werke Band 10*. Hg. Martin Huber und Manfred Mittermayer. Frankfurt am Main: Suhrkamp, 2004a.
Bernhard, Thomas. *Amras* [1968]. In: Ders. *Werke Band 11*. *Erzählungen I*. Hg. Martin Huber und Wendelin Schmidt-Dengler. Frankfurt am Main: Suhrkamp, 2004b. 109–179.
Bernhard, Thomas. *Erzählungen, Kurzprosa*. In: Ders. *Werke Band 14*. Hg. Hans Höller, Martin Huber und Manfred Mittermayer. Frankfurt am Main: Suhrkamp, 2003c.
Bernhard, Thomas. *Der Theatermacher* [1984]. In: Ders. *Werke Band 19*. *Dramen V*. Hg. von Bernhard Judex und Manfred Mittermayer. Frankfurt am Main: Suhrkamp, 2010. 97–222.
Bernhard, Thomas. *Journalistisches, Reden, Interviews*. In: Ders. *Werke Band 22*. Hg. Wolfram Bayer, Martin Huber und Manfred Mittermayer. Berlin: Suhrkamp, 2015.
Böhme, Gernot. *Natürlich Natur. Über Natur im Zeitalter ihrer technischen Reproduzierbarkeit*. Frankfurt am Main: Suhrkamp, 1992.
Böhme, Hartmut. *Natur und Subjekt*. Frankfurt am Main: Suhrkamp, 1988.
Bohrer, Karl Heinz. *Nach der Natur. Über Politik und Ästhetik*. München/Wien: Carl Hanser, 1988.
Doll, Annette. *Mythos, Natur und Geschichte bei Elfriede Jelinek. Eine Untersuchung ihrer literarischen Intentionen*. Stuttgart: M&P Verlag für Wissenschaft und Forschung, 1994.

Fliedl, Konstanze. „Natur und Kunst. Zu neueren Texten Elfriede Jelineks". In: *Das Schreiben der Frauen in Österreich seit 1950*. Hg. Walter-Buchebner-Gesellschaft. Wien u. a.: Böhlau, 1991. 95–104.

Friedl, Harald und Hermann Peseckas. „Elfriede Jelinek". In: *Die Tiefe der Tinte. Wolfgang Bauer, Elfriede Jelinek u. a. im Gespräch*. Hg. Harald Friedl. Salzburg: Verlag Grauwerte im Institut für Alltagskultur, 1990. 27–51.

Gersdorf, Catrin und Sylvia Mayer (Hg.). *Natur – Kultur – Text. Beiträge zu Ökologie und Literaturwissenschaft*. Heidelberg: Winter, 2005.

Goodbody, Axel (Hg.). *Literatur und Ökologie*. Amsterdam: Rodopi, 1998.

Gößling, Andreas. *Thomas Bernhards frühe Prosakunst. Entfaltung und Zerfall seines ästhetischen Verfahrens in den Romanen* Frost – Verstörung – Korrektur. Berlin/New York: de Gruyter, 1987.

Haas, Claude. *Arbeit am Abscheu. Zu Thomas Bernhards Prosa*. Paderborn: Fink, 2007.

Hermand, Jost (Hg.). *Mit den Bäumen sterben die Menschen. Zur Kulturgeschichte der Ökologie*. Köln/Weimar/Wien: Böhlau, 1993.

Hoffmann, Yasmin. *Elfriede Jelinek. Sprach- und Kulturkritik im Erzählwerk*. Opladen: Westdeutscher Verlag, 1999.

Österreichischer Bergrettungsdienst – Land Salzburg. *Geschichte*. http://www.bergrettung-salzburg.at/Geschichte.240.0.html (16. März 2018).

Huntemann, Willi. *Artistik & Rollenspiel. Das System Thomas Bernhard*. Würzburg: Königshausen & Neumann, 1990.

Janke, Pia und Ilija Dürhammer (Hg.). *Der „Heimatdichter" Thomas Bernhard*. Wien: Holzhausen, 1999.

Janz, Marlies. *Elfriede Jelinek*. Stuttgart/Weimar: Metzler, 1995.

Elfriede Jelinek im Gespräch mit Pia Janke. In: *„Die endlose Unschuldigkeit". Elfriede Jelineks Rechnitz (Der Würgeengel)*. Hg. Pia Janke, Teresa Kovacs und Christian Schenkermayr. Wien: Praesens, 2010. 17–23.

Jelinek, Elfriede. *Die Liebhaberinnen*. Reinbek: Rowohlt, 1975.

Jelinek, Elfriede. „Das im Prinzip sinnlose Beschreiben von Landschaften (anläßlich eines Jubiläums)". In: *manuskripte 20*, H. 69/70 (1980): 6–8.

Jelinek, Elfriede. „Der Wald". In: *manuskripte 25*, H. 89/90 (1985a): 43–44.

Jelinek, Elfriede. *Oh Wildnis, oh Schutz vor ihr*. Reinbek: Rowohlt, 1985b.

Jelinek, Elfriede. „In den Waldheimen und auf den Haidern. Rede zur Verleihung des Heinrich Böll-Preises in Köln am 2. Dezember 1986". In: *Die Zeit*, 5. Dezember 1986.

Jelinek, Elfriede. *Lust*. Reinbek: Rowohlt, 1989.

Jelinek, Elfriede. *Totenauberg. Ein Stück*. Reinbek: Rowohlt, 1991.

Jelinek, Elfriede. *Die Kinder der Toten. Roman*. Reinbek: Rowohlt, 1995.

Jelinek, Elfriede. *Gier. Ein Unterhaltungsroman*. Reinbek: Rowohlt, 2000.

Jelinek, Elfriede. *In den Alpen. Drei Dramen*. Berlin: Berlin Verlag, 2002.

Judex, Bernhard. „Wald, Hochwald, Holzfällen". Elemente der Komik und Ironie bei Adalbert Stifter und Thomas Bernhard im Vergleich". In: *Jahrbuch des Adalbert-Stifter-Instituts des Landes Oberösterreich* 18 (2011): 61–79.

Jurgensen, Manfred. *Thomas Bernhard. Der Kegel im Wald oder die Geometrie der Verneinung*. Bern u. a.: Lang, 1981.

Jurdzinski, Gerald. *Leiden an der „Natur". Thomas Bernhards metaphysische Weltdeutung im Spiegel der Philosophie Schopenhauers*. Frankfurt am Main u. a.: Lang, 1984.

Kastberger, Klaus. „Österreichische Endspiele: Die Toten kehren zurück". In: *TRANS*. Internet-Zeitschrift für Kulturwissenschaften 2003, Nr. 15 (= http://www.inst.at/trans/ 15Nr/05_16/kastberger15.htm) (16. März 2018).
Koberg, Roland und Verena Mayer. *Elfriede Jelinek: Ein Portrait*. Reinbek: Rowohlt, 2006.
Konzett, Matthias. *The Rhetoric of National Dissent in Thomas Bernhard, Peter Handke and Elfriede Jelinek*. Rochester: Camden House, 2000.
Leiprecht, Helga. „Die elektronische Schriftstellerin. ‚Was vorher eine Garage war, ist plötzlich ein Wohnzimmer'. Zu Besuch bei Elfriede Jelinek". In: *Du. Die Zeitschrift der Kultur*, H. 700 (1999): 2–5.
Löffler, Sigrid. „Die Masken der Elfriede Jelinek." In: *Text und Kritik*. H. 117 (^{3}2007): 3–14.
Mittermayer, Manfred. „Natur und Natürlichkeit bei Thomas Bernhard. Rekonstruktion eines Wortfelds". In: *Der „Heimatdichter" Thomas Bernhard*. Hg. Pia Janke und Ilija Dürhammer. Wien: Holzhausen, 1999. 17–36.
Nietzsche, Friedrich. *Morgenröthe. Idyllen aus Messina. Die fröhliche Wissenschaft*. In: Ders. *Kritische Studienausgabe, Bd. 3*. Hg. Giorgio Colli und Mazzino Montinari. München: Deutscher Taschenbuch Verlag/de Gruyter, 1988.
Novalis. *Werke, Tagebücher und Briefe*. 3 Bde. Hg. Hans-Joachim Mähl und Richard Samuel. München: Hanser, 1978.
Reich-Ranicki, Marcel. „Konfessionen eines Besessenen". In: *Über Thomas Bernhard*. Hg. Anneliese Botond. Frankfurt am Main: Suhrkamp, 1970. 93–99.
Schmidt-Dengler, Wendelin. „Die antagonistische Natur. Zum Konzept der Anti-Idylle in der neueren österreichischen Prosa". In: *Literatur und Kritik* 4, H. 11 (1969): 577–585.
Schmidt-Dengler, Wendelin. *Der Übertreibungskünstler. Zu Thomas Bernhard*. Hg. Martin Huber und Wolfgang Straub. Wien: Sonderzahl, ^{4}2010.
Schopenhauer, Arthur. *Die Welt als Wille und Vorstellung*. 2 Bde. In: Ders.: *Sämtliche Werke*. Hg. Wolfgang Frhr. von Löhneysen. Frankfurt am Main: Suhrkamp, 1986.
Szczepaniak, Monika. *Dekonstruktion des Mythos in ausgewählten Prosawerken von Elfriede Jelinek*. Frankfurt am Main: Lang, 1998.
Theweleit, Klaus. *Männerphantasien*. 2 Bde. Frankfurt am Main: Verlag Roter Stern/Stroemfeld, 1977/78.
Tismar, Jens. *Gestörte Idyllen. Eine Studie zur Problematik der idyllischen Wunschvorstellungen am Beispiel von Jean Paul, Adalbert Stifter, Robert Walser und Thomas Bernhard*. München: Hanser, 1973.
Wagner, Karl. „Österreich – eine S(t)imulation. Zu Elfriede Jelineks Österreich-Kritik". In: *Dossier 2. Elfriede Jelinek*. Hg. Kurt Bartsch und Günther A. Höfler. Graz: Droschl, 1991. 79–93.
Zelinsky, Hartmut. „Thomas Bernhards *Amras* und Novalis, mit besonderer Berücksichtigung von dessen Krankheitsphilosophie". In: *Literatur und Kritik* 1., H. 6 (1966): 38–42.
Zeyringer, Klaus. „Der Vorschimpfer und sein Chor. Zur innerliterarischen Bernhard-Rezeption". In: *Kontinent Bernhard. Zur Thomas-Bernhard-Rezeption in Europa*. Hg. Wolfram Bayer. Wien/Köln/Weimar: Böhlau, 1995. 129–152.

Sarah Neelsen
Baumeister und Saboteure

Konstruktionen in den Werken von Bernhard und Jelinek

> „wer ist denn schon bei sich / wenn er zu hause ist / wer ist denn schon bei sich / wenn er zu haus bei sich ist / wer denn" (Gerstl 1982)

Im vorliegenden Beitrag liegt der Fokus auf dem „Nest" sowohl als häuslicher Konstruktion als auch als politischer Bezeichnung für das Heimatland. Im Werk der beiden „NestbeschmutzerInnen" kommen wenige richtige Nester vor, dafür sind ihre Beschreibungen bedeutungsträchtig. In Thomas Bernhards Roman *Korrektur* (1975) hat der schwarze, nicht „einheimische" Vogel der Höllerwerkstatt nicht nur kein Nest, sondern wird vom Tierpräparator auch noch zum „reine[n] Kunstgeschöpf" gemacht (Bernhard 1988b, 153), als sei er entschieden von seiner natürlichen Behausung zu trennen. In Anlehnung an Aristophanes' *Die Vögel* (414 v.Chr.) betitelte Elfriede Jelinek eines ihrer Stücke *Wolken.Heim* (1988). Aristophanes hatte seine Hauptfiguren eine neue Stadt mit Namen „Wolkenkuckucksheim" gründen lassen, die von Jelinek in unmissverständlicher Geste zum leeren, unbewohnten Nest umgewandelt wurde. Vom „Kuckuck" bleibt nur noch ein Punkt übrig: Das großdeutsche Heim, bestehend aus Zitaten von Hölderlin, Fichte und Heidegger, wird als reines Luftschloss und Hirngespinst entlarvt. (vgl. Klein 2005, 64). Wenn auch diskret sind die Nestbeispiele in beiden Werken aussagekräftig genug, um zu verstehen zu geben, dass das „Nest" Österreich nicht zum Wohnen einlädt.

Eine genauere Untersuchung der häuslichen Konstruktionen in einigen ihrer Stücke und Romane soll zeigen, wie beide AutorInnen ihre Österreichkritik in der Intimsphäre ansiedeln, genauer gesagt in jeglicher Form von Bauten, die der Gründung einer Familie dienen. Anhand des Nestbegriffes wird nahegelegt, wie sowohl Jelinek als auch Bernhard die Gleichstellung von privatem Heim und politischer Heimat kritisieren. Zunächst werden einige wichtige Bauten beider Werke nach Bauregeln und Wohnungsbedingungen untersucht. Danach geht es um ihrer beider Positionierung zu den Themen Wiederaufbau und Dekonstruktion. Zuletzt machen Eigentumsfragen die Unterschiede zwischen beiden AutorInnen deutlich.

1 „Unruhiges Wohnen"

In Thomas Bernhards Oeuvre fallen die Bauten durch ihre Anzahl ebenso wie durch ihre zentrale Rolle in der Erzählung auf. Oft spielt die Geschichte in einem Hauptgebäude, um das sich eine Konstellation anderer sekundärer Konstruktionen dreht. In *Korrektur* ist der von Roithamer konzipierte und errichtete Kegel Mittelpunkt des Romans. Drei Familienhäuser kommen hinzu: Roithamers, Höllers und das des Erzählers, die das Relief der erzählten Landschaft durch ihr Untereinanderliegen am Berghang veranschaulichen (Bernhard 1988b, 123). Die Freundschaft der drei Kinder nährt sich scheinbar von dieser Abstufung, die sie jeden Morgen allmählich zusammenführt und gemeinsam hinab in die Schule schreiten lässt. Später bilden sich ihre Charaktere in Anlehnung an die geografische Lage ihrer Heime, aber immer in umgekehrtem Verhältnis: Wer unten wohnt, den zieht es in die Höhe, wer bereits oben lebt, geht am liebsten ins Tal (Bernhard 1988b, 72–73). Doch der zentrale Erzählstrang spielt sich im Höllerhaus ab, wo alle drei Figuren sich einfinden, wenn auch nach dem Tod Roithamers nicht mehr gleichzeitig. Dieser wichtigste Bau ist auch der einzige, der in seinen Bauregeln dem Wesen des Bauherrn entspricht, weshalb Roithamer sich ausgerechnet in dessen Dachkammer an die Pläne des Kegels für seine Schwester machte (Bernhard 1988b, 240). Der Kegel entsteht zugleich im höllerschen Haus und in seinem Pendant und Gegenpol in Cambridge, nämlich Roithamers Studentenwohnung (Bernhard 1988b, 71).

In vielen anderen Erzählungen Bernhards entwickelt sich die Geschichte in ähnlichem Hin und Her zwischen einem zentralen Gebäude und seinen Ablegern. Es findet sich in *Wittgensteins Neffe* (1982) wieder, wo der Erzähler vor seiner Einweisung in die Baumgartner Höhe zwischen dem Landhaus in Nathal und den Wiener Kaffeehäusern pendelt (Bernhard 1993, 142). So auch der Turm in *Amras* (1964), in dem sich die Brüder aufhalten, nachdem sie das Elternhaus nach einem kollektiven Selbstmordversuch verlassen haben und bevor der Erzähler ins Forsthaus von Aldrans wechselt (Bernhard 1988a, 72). Dazwischen wird mehrfach der Besuch im Haus des Arztes beschrieben, der einzig ein Verlassen des Turms rechtfertigt (Bernhard 1988a, 45). Auffällig ist in den erwähnten Texten, dass der wichtigste Bau immer eine ungewöhnliche Behausung ist, die sich von den sekundären und gewöhnlicheren Häusern (wie beispielsweise den herrschaftlichen Villen seiner Dramen) abhebt. Bei Thomas Bernhard wird in Türmen (*Amras*), Fabriken (*Kalkwerk*, 1970) und Kellern (*Der Keller*, 1976) oder Anstalten (*Wittgensteins Neffe*) gelebt, die durch ihre ungewöhnliche Gestaltung Außergewöhnliches hervorbringen sollen: ein *entgegengesetztes* Leben durch die Arbeit im Keller,

Konrads Schrift über das Gehör im Kalkwerk usw.[1] Stattdessen werden sie ihren Bewohnern aber meist zum lebenslänglichen Gefängnis.

Bernhards Bauten kennzeichnen sich durch ihre Abschottung von der Welt, wodurch sie einem Nest ähneln.[2] Der Turm in *Amras* bietet zum Beispiel Schutz „vor dem Zugriff der Menschen [...], vor den Blicken der immer nur aus dem Bösen handelnden und begreifenden Welt" (Bernhard 1988a, 7). Die Trennung von der Welt wird symbolisch durch die Abgelegenheit der Gebäude suggeriert: Die Dachkammer des Höllerhauses in *Korrektur* liegt ganz am Ende der Aurachengstelle, wo noch nie gebaut worden ist und nie hätte gebaut werden sollen (Bernhard 1988b, 100), und in ihr wird ein Kegel konzipiert, zu dem noch gar keine Straße führt. Die Trennung von der Welt ist nicht nur eine geografische, sondern äußert sich auch durch vergitterte Fenster im Erkerzimmer, in das Roithamer von seiner Mutter gesperrt wird (Bernhard 1988b, 210), sowie durch steile Stiegen, die den epileptischen und lungenkranken Figuren zum Verhängnis werden oder gar zum Sturz führen, wie es der ehemalige Kunde des Kellers Jahre später berichtet.[3] Auch das Innere dieser Bauten, das meistens viel zu groß für die geringe Zahl ihrer Bewohner ist, führt zu deren Abschottung voneinander: Siebzehn Räume sind im Kegel für Roithamers Schwester vorgesehen und liegen (abgesehen von den fünf Räumen im Erdgeschoss) übereinander – jeweils allein auf einer Ebene (Bernhard 1988b, 194–195). Obwohl Roithamer eines Nachts seinen Freund Höller in der Werkstatt unterhalb der Dachkammer genau beobachtet, ist er nicht in der Lage, zu sagen, ob dieser ihn sieht oder nicht, ihn zum Besten hält oder nicht. Lange grübelt er über die Bedeutung des ausgedrehten Lichts (Bernhard 1988b, 162–169). *Wittgensteins Neffe*, das sich um die Freundschaft mit Paul Wittgenstein dreht, erzählt hauptsächlich davon, wie der Ich-Erzähler und sein Freund, obwohl sie sich in zwei benachbarten Pavillons der

---

1 Der Topos des besonderen Ortes setzt sich dann auch in den stattlichen Gebäuden der Theaterstücke fort, sei es in *Immanuel Kant* (1978) oder *Die Macht der Gewohnheit* (1974).
2 Man könnte auch ihre erhöhte Position zu den nestähnlichen Charakteristika zählen: der Turm in *Amras*, die Dachkammer im Höllerhaus, die Baumgartner Höhe in *Wittgensteins Neffe*. Der Keller des Herrn Podlaha ist zwar im Gegensatz dazu niedriger als die Straße gelegen, dafür aber eingebuddelt wie ein Bau.
3 „Mit Mühe hatte er nur ein paar Monate vor seinem Tod die Treppe zu dieser seiner *Wohnung* mit mir hinaufsteigen können, wozu gesagt werden muss, dass ich selbst wahrscheinlich die noch viel größeren Schwierigkeiten gehabt habe, hinaufzukommen [...]. So tappten wir uns gegenseitig, mit unserem Keuchen anfeuernd in die Höhe" (Bernhard 1993, 126). Siehe auch die ausführliche Beschreibung der Treppe, die zum Internisten, der Walters Epilepsie behandelt, führt (Bernhard 1988a, 48–49) und schließlich den Bericht des Sturzes im *Keller*: „[...] er sei es gewesen, dem ich einmal aus dem Kasten im Nebenzimmer des Geschäfts ein Verbandszeug gegeben und um seinen auf unserer Geschäftstreppe verletzten Kopf gewickelt habe" (Bernhard 1994, 138).

Baumgartner Höhe aufhalten, nie zueinander finden.[4] Was zwischen dem Lebensmittelhändler Podlaha und dem schwarzen US-Soldaten im Nebenraum des Kellers passiert, bleibt dem Ich-Erzähler ein Geheimnis.[5]

In Jelineks Texten spielen häusliche Verhältnisse vor allem in den 1980er Jahren keine unwesentliche Rolle, jedoch liegt der inhaltlich-thematische Schwerpunkt selten auf dem Bau. In dem Theaterstück *Was geschah nachdem Nora ihren Mann verlassen hatte* (1979) steht das Spannungsverhältnis zwischen Fabrik, Boudoir und Heim im Vordergrund. Trotz „Rundgang" in der Fabrikhalle erfährt man wenig über die Anlage (Jelinek 2004a, 28). Vielmehr definieren sich die Gebäude gegenseitig durch Kontraste in ihrer symbolischen Funktion und durch Ähnlichkeiten in der Art und Weise, wie sie zur Ausbeutung von Frauen beitragen. In den Prosatexten dieser Zeit, vor allem in *Die Ausgesperrten* (1985) und in *Die Klavierspielerin* (1983), die nach Jelineks eigener Einschätzung zu ihren realistischeren Werken gehören (Lecerf 2007, 54), gibt es eher Details über die Wohnverhältnisse der Figuren, doch beziehen diese sich mehr auf die Inneneinrichtung, als auf Baupläne, wie es bei Bernhard der Fall ist. Ihre Absperrung wird eingangs hervorgehoben, denn kaum kommen die Zwillinge Witkowski nach Hause, „schließen sie die Tür hinter sich ab" (Jelinek 2004b, 13). Vieles spielt sich in den Zimmern ab: der Kriegskrüppel Witkowski fotografiert seine nackte Frau im Elternzimmer (Jelinek 2004b, 21), Erika Kohut und Walter Klemmer finden in Erikas Zimmer Zuflucht vor der Mutter (Jelinek 2002, 211–212). Das Besondere an Jelineks Häusern ist nicht nur ihre Abschottung von der Außenwelt, die auch Bernhards Bauten kennzeichnet, sondern vor allem ihre innere Durchlässigkeit. Ihre Bewohnerinnen sind geplagt von der Unmöglichkeit, sich dem Eindringen der anderen zu entziehen. Gleich in der ersten Szene der *Klavierspielerin* wird Erika Kohut noch auf dem Weg in ihr Zimmer von der Mutter aufgehalten, die sogleich die Aktentasche auf ihren Inhalt durchsucht und offensichtlich davor auch im Kleiderschrank gewühlt hat (Jelinek 2002, 7 und 9). Als Erika Walter Klemmer in ihr Zimmer lässt, das „sich ja in weiser mütterlicher Voraussicht nicht absperren lässt" (Jelinek 2002, 212), müssen die beiden zuerst Möbel vor die Tür rücken. Doch damit ist Erika noch lange nicht in Sicherheit, denn Klemmer selbst wünscht „doch seit längerem [...] in sie einzudringen" (Jelinek 2002, 209). Selten

---

4 „Ich wartete nur den Tag ab, an welchem ich tatsächlich bei meinem Paul einen Besuch machen, ihn mit einem Besuch überraschen könnte, aber nach meinem Scheitern beim ersten Versuch, der mich schon beim Pavillon Ernst hatte aufgeben und umkehren lassen, sah ich diesen Tag in weite Ferne gerückt" (Bernhard 1993, 27).

5 „Der Podlaha hatte zu den Amerikanern Beziehungen, welche Beziehungen, weiß ich nicht. Manchmal tauchte ein Schwarzer auf im Geschäft und verschwand im Nebenzimmer und ging nach einer Viertel- oder halben Stunde wieder" (Bernhard 1994, 97).

genug kann sie sich zurückziehen, doch wenn es ihr gelingt, ist sie es selbst, die mit der Rasierklinge in den eigenen Körper dringt (Jelinek 2002, 47). Die Wohnung der Witkowskis scheint nach demselben Grundriss konstruiert. Dort gibt es keine Schwellen, zumindest nicht für Frauen:

> Die kleinlichen Grenzen, die Deutschland heute gesetzt sind, überschreitet Rainers Vater jeden Tag aufs Neue, wenn er künstlerisch fotografiert. Solche Grenzen kennt nur der Spießer in seinem Privatleben, bei der Fotografie werden sie von der Kleidung gebildet, und Witkowski sen. sprengt diese engen Schranken der Kleidung und Moral. (Jelinek 2004b, 15)

Im Ehezimmer muss Frau Witkowski vor ihrem Mann die Beine spreizen und die Sicht in ihren Körper freigeben. Im Gegensatz dazu widerspiegeln die bernhardschen Figuren im Verhältnis zueinander die Absperrungen ihrer Behausungen. So ist sich der Erzähler in *Korrektur* „der Gefährlichkeit eines vorschnellen Eindringens in den roithamerschen Geisteszustand" bewusst (Bernhard 1988b, 32) und wird die Beziehung der Eltern folgendermaßen beschrieben:

> Wochenlange Schweigsamkeit zwischen ihnen, Wortlosigkeit, das ganz offen zur Schau getragene Abschließen gegenseitig, wochenlange Nichtmehraufmachen des einen (väterlichen) gegenüber dem anderen (mütterlichen) Wesen [...]. (Bernhard 1988b, 203)

Bei Bernhard wird nie versäumt, immer wieder auf ein Fenster zu verweisen, das für die Bewohner stets von magischer Anziehungskraft ist.[6] Bei Jelinek scheint es hingegen keinen Notausgang zu geben und, selbst wenn sich ihre Figuren eigentlich frei bewegen, gibt es kein Hinaus: Zwar verlässt Nora ihr Heim, doch lernt sie draußen keine anderen Verhältnisse kennen, stößt im Boudoir gar auf den eigenen Mann und kehrt am Ende nach Hause zurück.

Bei beiden AutorInnen lassen sich die Bauten mit Nestern vergleichen, weil eindeutig eine Korrespondenz zwischen Haus und Familie entsteht. Das bernhardsche Haus ist immer ein langjähriger Familienbesitz (Bernhard 1988a, 7 und 1988b, 39) und wenn eine Figur einmal verreist, so hält sie sich in weiteren Besitztümern der Familie auf.[7] In Jelineks *Klavierspielerin* steht die gemeinsame Wohnung von Mutter und Tochter, in der bis zum Ehebett hin alles geteilt wird, für

---

6 In *Wittgensteins Neffe* ist das Fenster das erste Ziel des Lungenkranken, als er wieder auf eigenen Beinen steht (Bernhard 1993, 15). In *Amras* zieht es Walter von Anfang an zum Turmfenster (Bernhard 1988a, 13), aus dem er sich schließlich stürzt (Bernhard 1988a, 71).

7 „Dann verzog er sich an den Traunsee, wo die Familie auch heute noch ihre verschiedenen zwischen den Wäldern verstreut liegenden Besitzungen hat, an diversen wunderbaren Seezungen und Talschlüssen und auf Hügeln und Bergspitzen, Villen und Bauernhäuser, sogenannte Stöckeln und Ansitze" (Bernhard 1993, 52).

ihre Hassliebe. Sie gipfelt im Ausschluss des kranken Vaters, der in eine Anstalt verfrachtet wird, die in einem „Zweifamilienhaus" eingerichtet ist (Jelinek 2002, 96).

Weil diese literarischen Nester anders als in der Vogelwelt so gut wie nie der Brut dienen[8] und vor lauter Absperrungen nicht mehr verlassen werden (können), kehren sie sich in ihr Gegenteil um und werden Orte des Sterbens. Bei Bernhard erstickt man aneinander, weil die Familie auf ein Figurenpaar reduziert wird, in dem sich vielfache Familienbande überlagern. Die Brüder in *Amras*, Roithamer und seine Schwester in *Korrektur* oder die Konrads im *Kalkwerk* sind für einander zugleich Geschwister, Liebhaber und Elternersatz. Die Beziehung zum Anderen ist immer nur eine Verdoppelung des Eigenen, ein weiterer Schritt zur Abschottung. So leben die Rumpffamilien langsam in ihren modrigen Bauten dahin,[9] bis der Selbstmord den inzestuösen Kreis sprengt. Jelinek, die ihr Werk zu Beginn eindeutig in die Nachfolge Bachmanns stellt, zeigt Familie vor allem als Fortführung des Krieges mit anderen Mitteln, d.h. als Geschlechterkampf, in dem die Frau unterliegt (vgl. Jelinek 1983). Es gibt bei ihr keinen Ausweg, weil die Frau keinen eigenen Ort haben kann und gewissermaßen alle Türen zu ihr ständig offen stehen. So ist bei beiden AutorInnen das Wohnen ein „unruhiges" (Jelinek 1991) und das Nest „eine Ansammlung von Blutsverwandten, die in einer einzigen ihnen noch zur Verfügung gebliebenen Wohnung haus[en]" (Bernhard 1994, 59).

2 Wiederaufbau: Rekonstruktion und Sehnsucht nach Neubauten

Bernhards kritische Auseinandersetzung mit Österreich und seiner nationalsozialistischen Vergangenheit wurzelt auch in seinen Landschaftsbeschreibungen. Gregor Thuswaldner unterstreicht entsprechend die systematische Verknüpfung von Landschaft und Krankheit in Romanen wie *Frost* (1963), *Amras* oder *Verstörung*: „jeder Landstrich in Österreich gebiert scheinbar eine regionaltypische Krankheit" (Thuswaldner 2011, 40). Tatsächlich entsteht im bernhardschen Oeuvre eine ziemlich präzise Kartographie Österreichs und seiner Seuchen: das epi-

---

[8] Bernhards Figuren pflanzen sich tatsächlich nicht fort. Dafür könnte aber ihre geistige Produktion – zumindest deren Versuch – im übertragenen Sinne an den Nesttopos geknüpft werden.
[9] In *Amras* sind es faulige, modrige Apfelhaufen (Bernhard 1988a, 22), in *Der Keller* ist es der „Geruch all derer, die in der Scherzhausfeldersiedlung bei lebendigem Leibe verfaulten" (Bernhard 1994, 37) und in *Wittgensteins Neffe* werden die Häuser im Salzkammergut alle als „kalt und unfreundlich" beschrieben (Bernhard 1993, 84).

leptische Tirol, die geschlechtskranke Steiermark und das rheumatische Salzkammergut (Bernhard 1993, 84). Doch der Infektionsherd scheint in den menschlichen Konstruktionen selbst zu suchen zu sein, wie es auch Thuswaldner in seinen Ausführungen andeutet.

Nicht anders als die meisten literarischen Werke der 1950er Jahre (Thuswaldner 2011, 47) thematisiert Bernhard in seinen Texten den Wiederaufbau, doch zeichnet sich sein Werk durch missratene, gleichsam verheerende Bauten aus. Überhaupt gelten die Aggressionen seiner Figuren dem Bauen allgemein:

> [D]as Wort Architekt oder Architektur hasste er, er sagte niemals Architekt oder Architektur und wenn ich es sagte oder ein anderer Architekt oder Architektur sagte, entgegnete er sofort, dass er das Wort Architekt oder Architektur nicht hören könne, diese beiden Wörter seien nichts als Verunstaltungen, Verbalmissgeburten [...]. (Bernhard 1988b, 13)

Das hindert sie aber nicht daran, ständig neue Konstruktionen zu entwerfen, denn, und so geht das vorangegangene Zitat weiter: „wir sagten, wie Roithamer selbst, immer nur Baumeister oder Bauwerk oder Baukunst, dass das Wort Bauen eines der schönsten sei, wussten wir seit Roithamer darüber gesprochen hatte." (Bernhard 1988b, 13)

Das ambivalente Verhältnis der bernhardschen Figuren zur Bautätigkeit gründet vielleicht in einer frühen Vision des jungen Bernhard, die von Gitta Honegger in der Einleitung ihrer Biografie so beschrieben wird:

> [...] he must have had a dramatic view of the city below. The heavy bombing toward the end of World War II tore an apocalyptic intaglio into the architectural orgy of its Italianstyle plazas. [...] Buried in the ruins of World War II was the city's shameful Nazi past. Together with its original splendour, its original sins would eventually also reemerge and blend into the splendidly restored scene". (Honegger 2001, 2)

Beim Anblick der Stadt Salzburg von der Festung Hohensalzburg aus muss der Autor die Erfahrung eines entscheidenden Moments zwischen Ruin und Wiederaufbau gemacht haben. Es hat den Anschein, als wirkte der Wiederaufbau auf ihn wie die vergeudete Chance, neue Bauregeln einzuführen. Deshalb stehen in seinem Werk Zerstörungsdrang und Bauwahn so nah beieinander, denn selbst wenn seine Figuren versuchen, es anders zu machen, lassen sie sich von der Vielzahl der Möglichkeiten erdrücken. So Paul Wittgenstein, der keine seiner brillanten musikalischen Ideen tatsächlich zu Papier bringt (Bernhard 1993, 44), oder Konrad, der sich und seine Frau so lang mit seiner unabschließbaren Studie quält, bis er verzweifelt beide erschießt.

Das Thema des Wiederaufbaus findet sich auch bei Jelinek – sogar durch denselben exemplarischen Bau. So wie Bernhard in seinem Roman *Frost* den

„Bau eines Kraftwerkes im Tal" erwähnt (Bernhard 1972, 154), widmet Jelinek dem Kraftwerk von Kaprun ein ganzes Stück: *Das Werk* (2002). Auch Christoph Ransmayr sucht sich in *Der Weg nach Surabaya* (1997) dieses „Bauwerk" als Sinnbild der Kontinuitäten in der österreichischen Geschichte aus, da es im Dritten Reich begonnen und 1955 im Jahr der Unterzeichnung des Staatsvertrages und des Abzugs der Alliierten fertig wurde. Anders als Bernhard, der das Kraftwerk gefährdet, indem er in *Frost* die Umgebung und den Ort Weng mit Tuberkulose verseucht, macht sich Jelinek daran, es metaphorisch abzubauen und das Wasser wieder frei fließen zu lassen.

Dieses Unternehmen gelingt ihr durch unterschiedliche Mittel, von denen drei hier kurz aufgezeigt werden sollen. Zum einen geht Jelinek archäologisch vor, in dem sie das Kraftwerk in eine breitere geschichtliche Perspektive setzt, die deutlich über die Kriegsjahre und die Nachkriegszeit hinausgeht. Das Kraftwerk wird auf diese Weise die palimpsestartige Vorlage einer weiteren Katastrophe, die 2001 ebenfalls in Kaprun in einer Gletscherbahn passierte und den Tod von 155 SkifahrerInnen verursachte.[10] Das Kraftwerk wird somit zum Denkmal zweier Tragödien: einmal für die zahlreichen Zwangsarbeiter, die an dieser Stelle ihren schlechten Arbeitsbedingungen zum Opfer fielen, und einmal für die verunglückten Touristen, die der Sensationspresse ausgeliefert wurden. Ein weiteres Stilmittel, das Jelinek im Stück verwendet, ist die Entmythisierung der Alpen. Der Rückgriff auf bestehende oder neuerfundene Märchengestalten erlaubt es ihr, die „fabelhafte", bald kitschige Dimension der österreichischen Landschaft hervorzuheben. Durch die Vervielfältigung des „Geißenpeters" und seiner „Heidi", die nun beide im Plural auf die Bühne treten, oder das Hinzufügen einer tanzenden Gruppe von „Schneeflöckchen" und „Weißröckchen" wird der Alpenmythos ins Lächerliche gezogen und die politische wie wirtschaftliche Strategie hinter dem Klischee auf Hochglanzpapier angeprangert.[11] Die Einführung eines Verflüssigungsmotivs wäre der dritte stilistische Angriff Jelineks auf das Bauwerk Kaprun. Anlass dazu gibt jener Gletscherbahnunfall von 2001, der auf Grund eines Heizlüfterbrands die in den Kabinen eingeschlossenen PassagierInnen buchstäblich zerschmelzen ließ. Diese plötzliche Hitze nutzt Jelinek, um auch die „Schneeflöckchen" dahinschmelzen zu lassen[12] und somit den Blick unter die Schnee-

---

10 Jelinek widmete dem Seilbahnunglück noch einen weiteren Text mit *In den Alpen* (2001).
11 Zum Einfluss des Trivialmythen-Konzepts von Roland Barthes vgl. Janz 1995.
12 „Diese Flocken schauen ja aus, als würden sie gleich dahinschmelzen! Aber nur der mitgenommene Käse schmilzt in unsre Rucksäcke hinein, die Butter auch, sogar die Bergsteigerwurst. Also bei über tausend Grad schmilzt sogar die Bergsteigerwurst, die eigentlich auf Haltbarkeit programmiert ist. Diese Schneeflocken sind zäher als wir dachten, Respekt! [...] Aber einmal schmelzen müssen: auch sie" (Jelinek 2004d, 200–201).

decke freizugeben. Wie schon in Hans Leberts *Wolfshaut* (1960) oder Franz Kains *Weg zum Ödensee* (1973) ist Tauwetter die symbolische Zeit der Abrechnung mit der nationalsozialistischen Vergangenheit, denn die Berglandschaft birgt, wie Jelinek zeigt, die Leichen der Zwangsarbeiter. So mündet die allmähliche Verflüssigung der Landschaft tatsächlich in einer Destruktion des Damms, hier in der letzten Regieanweisung:

> Hier jedenfalls macht das fallende Wasser den Strom, im Fluss macht das laufende Wasser den Strom, und es kann auch passieren, dass die Schuhe deswegen die falschen sind, nicht weil man alles mit ihnen zertrampelt, sondern weil man mit ihnen ausrutscht und runterfällt vom Damm, der nie irgendwas eingedämmt hat, das kann er ja gar nicht [...]. (Jelinek 2004d, 239–240)

Im Werk Jelineks ist der Umgang mit Bauten also ein anderer als bei Bernhard. Ihr Aufwachsen in einem Land, das dabei war, die Spuren des Krieges gänzlich zu verwischen, führte nicht weniger als bei Bernhard zu einer Sehnsucht nach anderen Bauten, doch trieb es Jelinek weniger in Richtung eigener Entwürfe als zum Abbau des Bestehenden.

3 Eigentumsfragen

Die Bautätigkeiten der bernhardschen Figuren scheitern nicht selten an der Unmöglichkeit, die eigenen Gedanken zu Papier zu bringen, bzw. an der Umsetzung in die Wirklichkeit. Einer der wenigen, dem dies gelingt, ist Roithamer, dessen vollendeter Kegel dennoch nicht als Erfolg betrachtet werden kann:

> In diesem Augenblick der Vollendung des Kegels musste er selbst sein Leben abbrechen, seine Existenz war mit der Vollendung des Kegels abgeschlossen, das hatte er, Roithamer, gefühlt und deshalb hat er auch seinem Leben ein Ende gemacht, zwei Leben hatten mit der Vollendung des Kegels ihre Berechtigung verloren gehabt, hatten aufhören müssen [...]. (Bernhard 1988b, 125)

In vielen Werken Bernhards geschieht es, dass die Figuren scheinbar mit ihren Behausungen zusammenwachsen. In *Amras* wird über Walter gesagt, er sei „viel feiner als [der Erzähler] *konstruiert*" (Bernhard 1988a, 12 [Hervorhebung SN]). Des Öfteren drücken die Geschwister ihre „Schläfen an Böden und Mauern" (Bernhard 1988a, 30) und die Parallele zwischen Kopf und Turm wird immer deutlicher: „immer tiefer in unsere tobenden Köpfe zurückgezogen, stopften wir unseren Turm mit Trauer aus" (Bernhard 1988a, 9). Gleichzeitig werden aber auch die

Körper durch ihre „Versteinerung"[13] dem Bau immer ähnlicher, so dass die zwei Türme auf dem Griff des Augsburger Messers wie ein Porträt der Geschwister und ein Sinnbild ihrer zerstörerischen Beziehung wirken (Bernhard 1988a, 34–36).

Bei Bernhard faszinieren die Bauten durch ihren verheerenden Einfluss auf das Leben ihrer Bewohner. Die Scherzhauserfeldsiedlung besteht so aus:

> ganz auf die Vernichtung und auf die Kompromittierung ihrer Bewohner hin konstruierten Bauten, in deren Eintönigkeit und Abscheulichkeit jedes, ganz gleich welches Gemüt verkommen und absterben und zugrunde gehen musste. (Bernhard 1994, 11)

Jeder Bau widerspiegelt den Geist seines Bauherrn, veräußerlicht sozusagen seinen Gedankengang, mit dem sich die BewohnerInnen tagtäglich abquälen müssen:

> [S]chon das Aufwachen in unserem Elternhaus war uns nichts als Qual gewesen, denn es war in Wirklichkeit ein Aufwachen schon in den hohen und grauen und antwortlosen Gerichtssälen dumpfer Lehrpläne, Weltanschauungen, staubiger Theorien und Philosophien. (Bernhard 1988a, 38)

Wonach sich die bernhardschen Figuren sehnen, sind eigene Bauten in dem Sinne, dass sie ganz ihrem Wesen als BewohnerInnen entsprächen: „Das Innere des Kegels wie das Wesensinnere meiner Schwester, das Äußere des Kegels wie ihr äußeres Wesen und zusammen ihr ganzes Wesen als *Charakter des Kegels* [...]" (Bernhard 1988b, 190). So könnten sie zumindest einmal nicht „wider und gegen [ihren] Willen, also um so entsetzlicher existieren" (Bernhard 1988a, 12).

Der Wunsch nach dem Eigenen drückt sich für die bernhardschen Figuren in der ungemeinen Anziehungskraft des „Anderen" aus. Nicht umsonst dreht sich im *Keller* alles um den Versuch des Erzählers, in die *entgegengesetzte* Richtung zu fliehen (Bernhard 1994, 17). Das „Entgegengesetzte", das immer als das „Richtige" erkannt wird (Bernhard 1994, 106), wird zwar wiederholt heraufbeschworen, doch bleibt es in seiner Definition recht vage. Es handelt sich eindeutig um etwas für den Erzähler Grundlegendes, sogar Lebenswichtiges, doch scheint es keinen eigenen Ausdruck zu besitzen. Es kann immer nur an Hand seines Gegenteils beschrieben werden, dem es eben „entgegengesetzt" ist. Immer das andere zu wollen, wirkt wie das trotzige Verhalten eines jugendlichen, gegen die Gesellschaft aufgebrachten Erzählers, doch griffe diese Erklärung zu kurz. Der Hass auf

---

[13] „[...] in Wahrheit war die durch uns von Natur aus uns angeborene Abneigung zueinander der Quell unserer Zuneigung, unserer Geschwisterverpflichtung, unserer *Versteinerung*" (Bernhard 1988a, 41 [Hervorhebung SN]) und „versteinerte Körperkakophonien" (Bernhard 1988a, 91).

die Schule – ein wiederkehrendes Motiv in den bernhardschen Texten – erklärt sich dadurch, dass den Kindern dort nur das „Gemeine", das für alle geltende, beigebracht wird, statt ihre Singularität zu fördern. Damit kann der Eigensinn auch später, wie man am Beispiel des „Entgegengesetzen" sieht, keinen eigenen Ausdruck mehr finden, weil das „*Andere*" über keine eigene Sprache verfügt. Es muss sich auf das gemeinsame Idiom einlassen und sich darin auflösen. Durch die wiederholte Kursivsetzung des Wortes und die Verweigerung, es zu pronominalisieren, deutet Bernhard darauf hin, wie wichtig und wie hoffnungslos es ist. Das Entscheidende ist ohne Worte.

Die Unfähigkeit der bernhardschen Figuren, eigene Bauten zu entwerfen, hat also auch damit zu tun, dass ihr Baumaterial immer ein gemeines und bereits vorhandenes ist. Dieser Aspekt gilt sowohl für Bernhard als auch für Jelinek, denn beide gehen mit der Sprache wie mit vorgefundenen Material um. Beiden ist das Schreiben an erster Stelle ein Zitieren, sei es in Form von indirekter Rede bei Bernhard oder Montage von öffentlichen Diskursen bei Jelinek. Doch unterscheiden sich beide erheblich in der Art, wie sie Vorgefundenes wiederverwenden. Während bei Bernhard die wiedergegebenen Reden oft ineinandergreifen wie die Räume im Kegel aufeinander gelegt und von einer Art Überbau zusammengehalten werden (Jahraus 1991), verhält es sich bei Jelinek wie mit dem unvollendeten Turm zu Babel. Jelineks Stück *Babel* (2004) wirkt durch die Dichte und die interne Vielstimmigkeit seiner drei Reden („Irm sagt", „Margit sagt" und „Peter sagt") als mimetische Darstellung des Durcheinanders der menschlichen Sprachen nach der göttlichen Strafe wie es in der Bibel berichtet wird (De Launay, 2003). Bei Bernhard hingegen wirkt die Mehrstimmigkeit anders, weil jeder neue Sprecher in die eigene Sprache einbetoniert wird. Aldo Gargani kommentiert den Sprachgebrauch in Bernhards Oeuvre folgendermaßen:

> Die Sprache ist für jeden ein Gefängnis, ein Kerker, in dem er zum langsamen Ersticken verurteilt ist. Jeder spricht seine Sprache und jeder versteht nur seine Sprache. Jeder Mensch ist ständig in sich selbst eingeschlossen, in dem Kerker, der er für sich selbst geworden ist (Gargani 1990, 14).

Bei Jelinek klaffen auch längere Monologe wie „Peter sagt" (Jelinek 2004e, 135–228) ständig auseinander, weil sie durch die Vielfalt der Zitate, die sie in sich aufnehmen, und die anders als bei Bernhard nicht markiert werden, von innen heraus gesprengt werden. Es gibt kein Gerüst mehr und die Montage selbst bleibt brüchig.

Auch was Neubauten in der Sprache angeht, also Wortschöpfungen, entwickeln beide Autoren sehr unterschiedliche Stile. Bernhard bedient sich Komposita, die er immer mit demselben Präfix bildet, wie zum Beispiel „Lungen-" in

Wittgensteins Neffe. Im Porträt von Paul Wittgenstein wie auch in *Amras* über die Anhäufung von Eigenschaften[14] führen diese Wortkonstruktionen zu einer Überdetermination ihres Gegenstands. Charaktere werden gewissermaßen in den Stein ihrer Krankheit gemeißelt. Jelinek hingegen greift eher auf Paronomasien zurück, klangliche Variationen einer selben Wurzel, beispielsweise „es ist Treibsand, aber er treibt nichts an" (Jelinek 2004). Durch sie kommt der Text im Gegenteil erst in Bewegung. Jelinek baut auf Wasser, von dem man weiß, wie sehr sich Bernhards Figuren davor fürchten:

> [W]ie unser Schulweg sei unser Lebensweg an einem reißenden Fluss entlang gegangen, vor welchem wir immer Angst haben mussten, denn hatten wir auf dem Schulweg immer Angst gehabt, in die reißende Aurach zu stürzen, hatten wir auf unserem Lebensweg immer die größte Angst gehabt, in diesen Fluss, an welchem wir lebten und immer in höchster Angst entlang lebten, der unsichtbar, aber immer reißend und immer tödlich ist, hineinzustürzen. (Bernhard 1988a, 123)

Während Jelinek der Überzeugung ist, die Frau habe ebenso wenig einen eigenen Ort wie eine eigene Sprache, kann sie nicht umhin, intertextuell zu schreiben und sich der Worte anderer zu bedienen. Weil Bernhards Figuren ungern den Kompromiss der Sprache eingehen und das Eigene im Andern aufgeben, sind auch ihre Bauten zwangsläufig, wie Gargani schreibt, Kerker. Denn gelingt es ihnen, ein eigenes Idiom zu entwickeln, so büßen sie die Möglichkeit ein, sich anderen mitzuteilen. Deshalb sind ihre Konstruktionen nach außen verschlossen, ihre Fenster verriegelt oder mit blindem Ausblick. Dessen ist sich auch der Erzähler in *Der Keller* bewusst, weshalb auch der Großvater als Erzieher nicht verschont bleibt:

> [Er hatte] mich das Alleinsein gelehrt bis zum Exzess, aber vom Alleinsein und Abgeschiedensein kann kein Mensch leben, im Alleinsein und Abgeschiedensein geht er zugrunde, muss er zugrunde gehen, die Gesellschaft als tödliche Umwelt bestätigt, wovon ich spreche. (Bernhard 1994, 61)

Das Paradoxon am Ende des Zitats bringt das Dilemma der bernhardschen Werke auf den Punkt: Seine Figuren wollen ihre Eigenart kultivieren, weil sie das Gemeine umbringt, doch laufen sie genauso Gefahr, am Eigenen zu verkommen, weil sie sich dann von der Gesellschaft absondern. So sind Bernhards Werke ein

---

14 „Die Anfälle Walters, ihm angeborene, von der Mutter ererbte, von seiner Exostose begünstigte, ihn von Zeit zu Zeit blitzartig missbrauchende, in den letzten Monaten ganz zum Stillstand gekommene, jetzt im Turm, unter dem Überdruck des uns Zugestoßenen, wieder auftreten könnte" (Bernhard 1988a, 12).

Versuch, Bauten im „geometrischen Zentrum" (Bernhard 1988b, 302) *dazwischen* zu errichten.

Zusammenfassend lässt sich in beiden Werken, trotz grundlegender stilistischer Unterschiede, ein gemeinsamer Kritikpunkt an Österreich erkennen, nämlich ein von der Intimsphäre abgeleiteter Nationsbegriff, durch den Zugehörigkeit immer allein durch Blutsbande begründet werden kann. Weil sie dies nicht einsehen, sind die Figuren der besprochenen Werke nicht im Stande, über den eigenen „Nestrand" zu blicken. Sie bleiben gefangenen im Selben und verkommen daran, zwischen Eigenem und Fremdem, Innen und Außen nicht vermitteln zu können. Ein Aspekt, den Elfriede Jelinek auch abseits ihres literarischen Werkes in Statements und Demoreden betont hat. Ein Land kann sich unmöglich als Nest verstehen. Die Überlagerung von Privatem und Politischem (vgl. Pontzen 2007) erklärt auch, warum die Werke Bernhards und Jelineks so starke Reaktionen hervorgerufen haben, eben weil es nicht bei unmittelbaren tagespolitischen Themen und Österreichkritik bleibt, sondern LeserInnen in ihrer (häuslichen) Intimität herausgefordert werden.

Literatur

Bernhard, Thomas. *Frost* [1963]. Frankfurt am Main: Suhrkamp, 1972.
Bernhard, Thomas. *Amras* [1964]. Frankfurt am Main: Suhrkamp, 1988a.
Bernhard, Thomas. *Das Kalkwerk* [1970]. Frankfurt am Main: Suhrkamp, 1973.
Bernhard, Thomas. *Korrektur* [1975]. Frankfurt am Main: Suhrkamp, 1988b.
Bernhard, Thomas. *Der Keller* [1976]. München: Deutscher Taschenbuch Verlag, 1994.
Bernhard, Thomas. *Wittgensteins Neffe. Eine Freundschaft* [1982]. Frankfurt am Main: Suhrkamp, 1993.
De Launay, Marc. „Nous creusons la fosse de Babel". In: *La tour de Babel*. Hg. Pierre Bouretz, Marc de Launay und Jean-Louis Schefer. Paris: Desclée de Brouwer, 2003. 109–130.
Gargani, Aldo. *La phrase infinie de Thomas Bernhard* (übers. Jean-Pierre Cometti). Paris: L'éclat, 1990.
Gerstl, Elfriede. „Wer ist denn schon". In: Dies. *Wiener Mischung. Texte aus vielen Jahren*. Graz: Droschl, 1982.
Honegger, Gitta. *Thomas Bernhard. The Making of an Austrian*. New Haven/London: Yale University Press, 2001.
Jahraus, Oliver. *Die Wiederholung als werkkonstitutives Prinzip im Oeuvre Thomas Bernhards*. Frankfurt am Main: Lang, 1991.
Janz, Marlies. *Elfriede Jelinek*. Stuttgart: Metzler, 1995.
Jelinek, Elfriede. „Was geschah nachdem Nora ihren Mann verlassen hatte" [1979]. In: Dies. *Theaterstücke*. Hg. Ute Nyssen. Reinbek: Rowohlt, 2004a.
Jelinek, Elfriede. „Der Krieg mit anderen Mitteln. Über Ingeborg Bachmann". In: *Die Schwarze Botin* 21 (1983): 149–153.
Jelinek, Elfriede. *Die Klavierspielerin* [1983]. Reinbek: Rowohlt, 2002.

Jelinek, Elfriede. *Die Ausgesperrten* [1985]. Reinbek: Rowohlt. 2004b.
Jelinek, Elfriede. „Unruhiges Wohnen". In: *manuskripte* 112 (1991): 7–9.
Jelinek, Elfriede. „In den Alpen" [2001]. In: Dies. *In den Alpen. Drei Dramen*. Berlin: Berlin Verlag, 2004c.
Jelinek, Elfriede. „Das Werk" [2002]. In: Dies. *In den Alpen. Drei Dramen*. Berlin: Berlin Verlag, 2004d.
Jelinek, Elfriede. „Babel". In: Dies. *Bambiland und Babel. Zwei Theatertexte*. Reinbek: Rowohlt, 2004e.
Klein, Christian. „Wolken.Heim ou les enjeux d'une polyphonie". In: *Austriaca* 59 (2005): 63–76.
Kraus, Karl. „L'oiseau qui souille son propre nid" [1927]. In: Ders. *Les derniers jours de l'Humanité*. Marseille: Agone, 2000. 17–24.
Lecerf, Christine. *Elfriede Jelinek. L'entretien*. Paris: Seuil, 2007.
Lücke, Bärbel. *Elfriede Jelinek*. München: Fink, 2008.
Pontzen, Alexandra. „Die Wiederkehr des Verdrängten im Akt der Lektüre. Zu Elfriede Jelineks *Das über Lager* [1989] und *Die Kinder der Toten* [1995]". In: *NachBilder des Holocaust*. Hg. Inge Stephan und Alexandra Tacke. Köln: Böhlau, 2007. 91–110.
Thuswaldner, Gregor. *Morbus Austriacus. Thomas Bernhards Österreichkritik*. Wien: Brandmüller, 2011.

Die Autorinnen und Autoren

Paola Bozzi, Prof. Dr. phil., apl. Professorin für Deutsche Literatur an der Universität Mailand. Studium der Germanistik, Romanistik und Philosophie in Mailand, 1996 Promotion an der Humboldt-Universität zu Berlin mit der Arbeit *Ästhetik des Leidens. Zur Lyrik Thomas Bernhards*, 2013 Habilitation in Italien. Aufsätze, Beiträge und Monographien zur deutschen Literatur, Kultur und Philosophie des 17., 18. und 20. Jahrhunderts, zuletzt der Band *Dada da capo. Protesta e poesia nel segno del Cabaret Voltaire* (2018).

Corina Caduff, Prof. Dr. phil., Professorin an der Hochschule der Künste Bern, Vizerektorin Forschung an der Berner Fachhochschule. Studium der Germanistik an der Universität Zürich, 1991 Promotion mit einer Arbeit zu Elfriede Jelinek, 2001 Habilitation an der Technischen Universität Berlin. Gastwissenschaftlerin am Zentrum für Literaturforschung Berlin (2002/03) sowie 2003 Gastprofessorin an der University of Chicago, 2004–2017 Professorin an der Zürcher Hochschule der Künste. Jurorin beim Gert-Jonke-Preis (2011), beim Ingeborg-Bachmann-Preis in Klagenfurt (2012), beim Schweizer Buchpreis (2014/15). Diverse Publikationen zur Gegenwartsliteratur, Verhältnis der Künste, Tod und Sterben. Zuletzt erschienen: *Gegenwart schreiben. Zur deutschsprachigen Literatur 2000–2015* (2017, hg. mit Ulrike Vedder), *Artistic Research and Literature* (2019, hg. mit Tan Wälchli).

Antonia Egel, Dr. phil., Lise-Meitner-Stelle an der Universität Salzburg, Leitung des Forschungsprojektes „Kollektiv Individuell. Der Chor im Drama des 20. Jahrhunderts". Zuvor Assistenzen in Freiburg und Salzburg, Forschungs- und Lehrtätigkeit als Gast in Turin, Boston und Nishinomiya. Studium der Fächer Deutsch und Geschichte für das Lehramt an Gymnasien sowie Studium der Philosophie. 2013 Promotion an der Universität Freiburg mit der Arbeit *„Musik ist Schöpfung". Rilkes musikalische Poetik* (2014). Veröffentlichungen unter anderem zu Peter Handke, Rainer Maria Rilke, Martin Heidegger und Walter Benjamin.

Clemens Götze, M.A., 2002–2008 Studium der Germanistik und Geschichtswissenschaft an der Universität Potsdam, der Humboldt-Universität zu Berlin und der Universität Wien, 2010–2013 Lehrbeauftragter für Neuere deutsche Literatur an der Universität Potsdam, seit 2013 Beschäftigter im öffentlichen Verwaltungsdienst in Berlin. Forschungsschwerpunkte: Österreichische Literatur- und Theatergeschichte, Autorschaft und Inszenierung, Wien-Bilder in der Literatur. Zahlreiche Publikationen zu Thomas Bernhard, zuletzt erschienen: *„Ein Autor ist etwas ganz und gar lächerliches und erbärmliches..." Autorschaft und mediale Inszenierung im Werk Thomas Bernhards* (2016).

Harald Gschwandtner, M.A., 2005–2012 Studium der Germanistik und Geschichtswissenschaft an der Paris-Lodron-Universität Salzburg, 2013–2016 Universitätsassistent für Neuere deutsche Literatur an der Universität Salzburg, seit 2016 Senior Scientist ebenda; Redakteur der Zeitschrift *Musil-Forum*, seit 2016 Geschäftsführer der Internationalen Robert-Musil-Gesellschaft; Dissertationsprojekt zur Auseinandersetzung mit der Literaturkritik bei Peter Handke und Thomas Bernhard. Publikationen zu verschiedenen österreichischen Autoren des 20. Jahrhunderts wie Musil, Kraus, Bettauer, Handke und Bernhard.

Bernhard Judex, Dr. phil., seit 2017 Senior Scientist am Literaturarchiv Salzburg. Studium der Deutschen Philologie sowie Publizistik und Kommunikationswissenschaften an der Paris-Lodron-Universität Salzburg. 2003–2006 Erschließung und Aufarbeitung des Nachlasses von Johannes Freumbichler; 2006–2014 wissenschaftlicher Mitarbeiter im Thomas-Bernhard-Archiv; 2014–2017 wissenschaftlicher Mitarbeiter im StifterHaus / Adalbert-Stifter-Institut, Linz. Zahlreiche Publikationen zu Thomas Bernhard, u. a. Mitherausgeber einzelner Bände der Werkausgabe; *Thomas Bernhard. Epoche, Werk, Wirkung* (2010); Mitarbeit am Bernhard-Handbuch (2018), und zur deutschsprachigen Literatur, zuletzt: *Poetisches Wasser. Essays zur Literatur* (2017); Herausgeber des *Rampe*-Porträts zu Robert Schindel (2018).

Manfred Jurgensen, Prof. Dr. phil. em., DLitt, 1981–1999 Professor an der University of Queensland. Studium der Germanistik an der University of Melbourne und der Universität Zürich. 1968 Dissertation über Goethes Ästhetik unter dem Titel *Symbol als Idee*. Zahlreiche internationale Publikationen und Herausgaben, u. a. seit 1990 der *German-Australian Studies*. Verschiedene Gastprofessuren, darunter 1987–1988 an der Freien Universität Berlin und Alexander von Humboldt Fellowship an der Humboldt Universität zu Berlin 2017–2018. Neben wissenschaftlichen auch eine Reihe literarischer Publikationen. Zuletzt erschien der Roman *Deutschland einst und dereinst* (2017).

Jens Klenner, Prof. Dr. phil., seit 2014 Assistent Professor am Department of German am Bowdoin College, Brunswick, davor Cotutelle-Promotion am Department of Comparative Literature der Princeton University, New Jersey, und im Fachbereich Literaturwissenschaft/Germanistik an der Universität Konstanz. Diverse Publikationen zur neueren deutschsprachigen Literatur, u. a. zu Kafka, Brecht, Celan und Bernhard.

Verena Meis, Dr. phil., Literatur- und Theaterwissenschaftlerin sowie Projektmanagerin. Studium der Germanistik, Theater-, Medien- und Kommunikationswissenschaft in Düsseldorf und Bochum, 2007 Promotion mit der Arbeit *Fäden im Kopf. Theatrales Erzählen in Thomas Bernhards Prosa* (2015); 2007–2018 wissenschaftliche Mitarbeiterin am Institut für Germanistik im Studienbereich Theorie und Geschichte schriftlicher Kommunikation der Heinrich-Heine-Universität Düsseldorf, Begründerin des Qualleninstituts, Forschungs- und medienkünstlerische Projekte und Habilitation zu Diaphanen und Fluiden Medialen, 2018 Debüt als Dramatikerin und Theaterregisseurin.

Fatima Naqvi, Prof. Dr. phil., Full Professor am German Department der Rutgers University, New Brunswick, wo sie zu deutschsprachiger Literatur und Kultur des 19. und 20. Jahrhunderts lehrt. Ihr Buch *The Literary and Cultural Rhetoric of Victimhood: Western Europe 1970–2005* ist 2007 erschienen; 2011 kam ihre Monographie zu den Filmen Michael Hanekes, *Trügerische Vertrautheit*, heraus. Ihr Buch zu Thomas Bernhard und Architektur, *How We Learn Where We Live*, erschien 2015. Darüber hinaus Aufsätze zur deutschen und österreichischen Literatur, u. a. zu Thomas Bernhard und Elfriede Jelinek.

Sarah Neelsen, Dr. phil., Assistant Professor am Institut für Germanistik der Université Sorbonne Nouvelle – Paris 3, wo sie deutschsprachige Literatur des 20. und 21. Jahrhunderts sowie Translationswissenschaften lehrt. Ihr Buch *Les essais d'Elfriede Jelinek. Genre, relation, singularité* erschien 2016 und wurde mit dem Pierre Grappin-Preis ausgezeichnet. Darüber hinaus Aufsätze zum Verhältnis zwischen Literatur und anderen Künsten, sowie zur Intermedialität: Elektronische Musik im zeitgenössischen Roman (Virginie Despentes/Rainald Götz); Literatur, Fernsehen und neue Medien (Elfriede Jelinek), Film und Photographie (Josef Winkler), Performance und Prosa (Einar Schleef).

Bastian Reinert, M.A., Studium der Neueren deutschen Literatur, Geschichte und Amerikanistik an der Freien Universität Berlin, am University College London und der Washington University in St. Louis, Missouri. Promotionsstudium an der University of Chicago mit einer vom Austrian Cultural Forum New York und einem Suhrkamp-Forschungsstipendium geförderten Arbeit zum Theater der Toten bei Samuel Beckett, Heiner Müller und Elfriede Jelinek. Forschungsschwerpunkte: Nachkriegsdramatik und Dramaturgien der Krise im Gegenwartstheater, Literatur der Zeugenschaft, deutsch-jüdische Lyrik nach 1945, Erzähl- und Übersetzungstheorie. Veröffentlichungen unter anderem zu Alain Resnais, Jean Cayrol, Paul Celan, Elfriede Jelinek und Martin Heidegger.

Gerhard Scheit, Dr. phil., Literaturwissenschaftler und Essayist. Studium der Theaterwissenschaft, Germanistik, Philosophie und Musik in Wien und Berlin. Promotion 1988 an der Universität Wien mit einer Arbeit zur Krise und Kritik des modernen Dramas. 2002–2008 Herausgeber mehrerer Bände der Jean Améry-Werkausgabe, ab 2012 Herausgeber der Zeitschrift *sans phrase*. Zahlreiche Monographien und Herausgaben zur Literatur-, Musik- und Geistesgeschichte. Zuletzt erschien *Im Ameisenstaat: Von Wagners Erlösung zu Badious Ereignis. Ein Essay über Musik, Philosophie und Antisemitismus* (2017).

Karl Ivan Solibakke, Prof. Dr. phil., 2008–2014 Forschungsprofessor und Prodekan für Finanzen und langfristige Planung im College of Arts and Sciences an der Syracuse University, New York. Nach Vizepräsidentschaften an verschiedenen Hochschulen in den USA derzeit COO, Dekan und CFO am Northland College, Wisconsin. Studium an der University of Maryland (College Park) und an der Heinrich-Heine-Universität Düsseldorf. 2004 Promotion mit *Geformte Zeit. Musik als Diskurs und Struktur bei Bachmann und Bernhard* (2005). Zurzeit Arbeit an einer Studie zum ‚Great Books Movement', einer Monographie über das Leben und Werk Ingeborg Bachmanns, und an einer englischsprachigen Ausgabe von Bachmanns Essays, kritischen Fragmenten und Vorlesungen. Herausgaben von Sammelbänden, Tagungsbänden und Festschriften sowie Aufsätze zu Elfriede Jelinek, Thomas Bernhard, Walter Benjamin, Heinrich Heine, Franz Kafka, Gustav Mahler u. a.

Bernhard Sorg, Prof. Dr. phil., Professor am Institut für Germanistik der Universität Bonn. Studium der Germanistik und Anglistik in Gießen, dort 1973 Promotion mit einer Arbeit zur literarischen Schopenhauer-Rezeption im 19. Jahrhundert. 1982 Habilitation und seit 1990 apl. Professor für Neuere deutsche Literatur an der Universität Bonn. Lehrtätigkeiten an den Universitäten Bonn, Trier, Heidelberg, Aachen, Greifswald und der University of Chicago. Zahlreiche Beiträge und Monographien zur deutschsprachigen Literatur vor allem des 19. und 20. Jahrhunderts, darunter die erste umfangreiche Einzeldarstellung zum Werk Thomas Bernhards.

Jan Süselbeck, PD Dr. phil., seit 2015 DAAD Associate Professor an der University of Calgary und seit 2012 Privatdozent am Institut für Germanistik an der Philipps-Universität Marburg. Studium der Neueren Deutschen Literatur, Neueren Geschichte sowie Theater-, Film- und Fernsehwissenschaft an der Freien Universität Berlin. Dort Promotion mit der Studie *Das Gelächter* *der Atheisten. Zeitkritik bei Arno Schmidt und Thomas Bernhard* (2006). Seit 2005 Redaktionsleiter der Zeitschrift *literaturkritik.de*. 2012 Habilitation mit der Studie *Im Angesicht der Grausamkeit. Emotionale Effekte literarischer und audiovisueller Kriegsdarstellungen vom 19. bis zum 21. Jahrhundert* (2013) in Marburg. 2012 Gastwissenschaftler des Graduiertenkollegs „Generationengeschichte. Generationelle Dynamik und historischer Wandel im 19. und 20. Jahrhundert" an der Georg-August-Universität Göttingen. Vertretungsprofessuren an der Philipps-Universität Marburg und an der Universität Siegen. 2017 Junior Fellow am Alfried Krupp Wissenschaftskolleg in Greifswald. Forschungsschwerpunkte u. a.: Emotionswissenschaft, literarischer Antisemitismus seit der Frühen Neuzeit, Repräsentationen der Shoah in Literatur und Film, Literaturvermittlung in den Medien, Kriegsdarstellungen seit dem 19. Jahrhundert.

Rita Svandrlik, Prof. Dr. phil., Professorin für Neuere Deutsche Literatur an der Universität Florenz. Gastdozenturen an der Universität Bonn; Partnerin der Elfriede-Jelinek-Forschungsplattform der Universität Wien. Zahlreiche Veröffentlichungen: neben Jelinek zu Grillparzer, Stifter, Schnitzler, Musil, Autorinnen der Wiener Moderne, Bachmann und Haushofer. Forschungsschwerpunkte: Das Schreiben von Frauen (neben den genannten auch Christa Wolf, Bettina von Arnim, Hannah Arendt), mythische Weiblichkeitskonstruktionen, Idylle und Anti-Idylle sowie Wiener Theatergeschichte. Im Rahmen der Salzburger Brief-und Werkausgabe Ingeborg Bachmanns gibt sie den Erzählungsband *Das dreißigste Jahr* heraus.

Personen- und Werkregister

Adorno, Theodor W.   201f., 237
– *Ästhetische Theorie*   237
– *Minima Moralia*   173
Agnese, Barbara   44
Améry, Jean   242
Andersen, Hans Christian
– *Des Kaisers neue Kleider*   96
Andersen, Lale
– *Ein Schiff wird kommen*   64
Annuß, Evelyn   51, 106f.
Anz, Thomas   171
Archimedes   18
Arendt, Hannah   150, 161, 192
Aristophanes
– *Die Vögel*   249
Aristoteles   32, 231
Arteel, Inge   108
Assmann, Aleida   169
Assmann, Jan   169
Assmann, Michael   36
Atzert, Stefan   205

Bachmann, Ingeborg   13f., 43–51, 53f., 74f., 169, 194, 199–202, 205, 254
– *Das Buch Franza*   50
– *Die Wahrheit ist dem Menschen zumutbar*   199
– *Drei Wege zum See*   44
– *Frankfurter Vorlesungen. Fragen und Scheinfragen*   199f.
– *Malina*   50, 53
– *Todesarten-Projekt*   13, 44, 194
Barkhaus, Annette   123
Bartens, Daniela   113
Barthes, Roland   136, 237
– *Das semiologische Abenteuer*   32
– *Mythen des Alltags*   237, 256
Bartsch, Kurt   57
Baudrillard, Jean
– *Der symbolische Tausch und der Tod*   37
Bayer, Wolfram   118
Becker, Ben   163
Becker, Peter von   242

Beicken, Peter   44–46, 50
Benjamin, Walter   25
Bernhard, Herta   190
Bernhard, Thomas
– *A Doda*   68, 175
– *Alte Meister*   191f., 241
– *Am Ziel*   62, 64
– *Amras*   81, 93, 189f., 236, 238, 250f., 253f., 257f., 260
– *Auslöschung. Ein Zerfall*   13, 17f., 43–50, 154, 169, 182, 189, 192f., 232, 242
– *Beton*   81, 108, 116, 189, 191f., 199, 204–206
– *Das Kalkwerk*   93, 189f., 192, 238, 250f., 254
– *Das rote Licht*   234f.
– *Der Berg. Ein Spiel für Marionetten als Menschen oder Menschen als Marionetten*   103, 133–135
– *Der Briefwechsel mit Siegfried Unseld*   74, 79, 186
– *Der deutsche Mittagstisch*   170
– *Der Italiener*   242
   – *Drei Tage*   35, 81, 101f., 106f., 118
– *Der Italiener. Ein Film*   153, 169
– *Der Keller*   250–252, 254, 258, 260
– *Der Kulterer*   34
– *Der Schein trügt*   58, 60
– *Der Stimmenimitator*   43
– *Der Theatermacher*   59, 61f., 102, 155, 243
– *Der Wahrheit auf der Spur*
   – Unsterblichkeit ist unmöglich. Landschaft der Kindheit   232
   – Der Wahrheit und dem Tod auf der Spur   185, 188f.
   – Nie und mit nichts fertig werden   34f.
– *Der Wald ist groß, die Finsternis auch (Gespräch mit André Müller)*   71
– *Die Autobiographie*
   – *Der Atem*   190f., 195
   – *Die Kälte*   190
   – *Die Ursache*   232, 245
– *Die Macht der Gewohnheit*   251

- *die rosen der einöde* 131, 133, 136, 141
- *Ein eigenwilliger Autor* 101, 108 f.
- *Ein Kind* 21
- *Eis* 170
- *Elisabeth II. Keine Komödie* 60 f., 155
- *Freispruch* 170
- *Frost* 65, 90–93, 150–152, 154, 158 f., 169, 176 f., 179–182, 188, 182, 192, 215 f., 218–224, 232, 234–236, 244 f., 254 f, 256
- *Goethe schtirbt*
  - *In Flammen aufgegangen* 81
- *Heldenplatz* 144, 124, 150 f., 155 f., 158, 161, 169, 242, 182, 232
- *Holzfällen. Eine Erregung* 76, 80, 114, 116, 119
- *Ich könnte auf dem Papier jemand umbringen (Gespräch mit Erich Böhme und Hellmuth Karasek)* 75
- *Immanuel Kant* 251
- *In der Höhe. Rettungsversuch, Unsinn* 171, 125
- *In hora mortis* 189 f.
- *In Rom* 44 f.
- *Ja* 58 f.
- *Jagdgesellschaft* 150 f., 154 f., 157
- *Köpfe* 133
- *Korrektur* 19–21, 23, 40, 58, 61 f., 237, 249–251, 253–255, 257 f., 261
- *Macht der Gewohnheit* 154
- *Meine Preise* 33, 79 f., 116
- *Monologe auf Mallorca* 74
- *Ritter, Dene, Voss* 59 f.
- *Staatspreis-Rede* 233
- *Über allen Gipfeln ist Ruh'. Ein deutscher Dichtertag um 1980* 116, 170
- *Verstörung* 59, 80, 93, 152 f., 189 f., 190, 232 f., 234, 236–239, 242, 254
- *Vor dem Ruhestand. Eine Komödie von deutscher Seele* 150, 155, 170
- *Wittgensteins Neffe. Eine Freundschaft* 57, 60, 64 f., 116, 250–255, 260

Billenkamp, Michael 75, 80
Birnbacher, Dieter 206
Blöcker, Günter 33
Bloemsaat-Voerknecht, Lisbeth 132
Böhme, Gernot 231
Böhme, Hartmut 234
Bohrer, Karl Heinz 231
Böll, Heinrich 233
Bongartz, Heinz 178
- siehe Thorwald, Jürgen 178
Borges, Jorge Luis 81
Bosse, Anke 103
Bourdieu, Pierre
- *Die Regeln der Kunst. Genese und Struktur des literarischen Feldes* 80
- *Die verborgenen Mechanismen der Macht. Schriften zu Politik & Kultur* 80

Brecht, Bertolt 78
Breicha, Otto 76
Brontë, Emily 194
Brunner, Markus 123
Büchner, Georg 31, 34, 39, 81
- *Der Hessische Landbote* 38
- *Lenz* 34
- *Leonce und Lena* 34
Bürger, Peter 217
Butzer, Günter 192

Canetti, Elias 242
- *Masse und Macht* 132, 242
Celan, Paul 23, 40, 150, 163, 242
- *Todesfuge* 28, 242
Clar, Peter 124 f., 195
Clegg, Jerry S. 205
Cruz, Juan de la 97

D'Annunzio, Gabriele 207
Degner, Uta 77 f.
Dempsey, Jack 237
Derrida, Jacques 25
Doll, Annette 237
Dostojewski, Fjodor M. 82
Drach, Albert 149 f.
Dunker, Axel 171
Dürhammer, Ilija 232
Durzak, Manfred 34

Ebel, Martin 35
Eder, Thomas 105

Enzensberger, Hans Magnus 159 f.
– *Jammern ist nie eine gute Idee (Gespräch mit Eugen Sorg und Peer Teuwsen)* 159 f.
Ette, Ottmar 219
Eyckeler, Franz 40

Fabjan, Peter 186
Felsch, Philipp 219
Figal, Günter 138, 142 f.
Figl, Leopold 177
Fischer-Lichte, Erika 107, 116, 119
Flaubert, Gustave 81
Fleischmann, Krista 74, 116, 118 f., 122
Fliedl, Konstanze 240
Fornet-Ponse, Raúl 200
Franck, Georg 76
Franzel, Sean 222
Freud, Sigmund 157 f.
– *Abriß der Psychoanalyse* 158
– *Das Unheimliche* 172
– *Der Witz und seine Beziehung zum Unbewußten* 158
Freumbichler, Johannes 190 f.
Friedl, Harald 232
Fritsch, Gerhard
– *Fasching* 233
Fritz, Marianne 74
– *Dessen Sprache du nicht verstehst* 74

Gamm, Gerhard 41
Gargani, Aldo 259 f.
Gasser, Peter 116
Genette, Gérard
– *Paratexte. Das Buch vom Beiwerk des Buches* 75, 114 f.
Gersdorf, Catrin 231
Gerstl, Elfriede 76, 249
Glavinic, Thomas
– *Das größere Wunder* 228
Glenk, Eva M. F. 38 f.
Goeres, Ralf 205
Goethe, Johann Wolfgang von
– *Faust* 23
Goffman, Erving 120
Goltschnigg, Dietmar 33, 35, 57
Goodbody, Axel 231

Göring, Hermann 178 f.
Gößling, Andreas 235
Götze, Clemens 75, 115, 118, 150 f., 186
Grimm, Gunter E. 113
Gürtler, Christa 142
Gysin, Brion 24

Haas, Claude 239
Haider, Jörg 175
Halbwachs, Maurice 169
Hambsch, Björn 31
Handke, Peter 71, 74 f., 77–79
– *Hornissen* 233
– *Publikumsbeschimpfung* 62
Hansen, Peter H. 217
Hansen, Volkmar 114
Haß, Ulrike 102 f., 105, 107, 132, 136–138, 141 f.
Haushofer, Marlen 50
– *Die Wand* 50, 215, 233
Heckmann, Herbert 36
Heer, Friedrich 149
Hegel, Georg Wilhelm Friedrich 41, 153, 237
Heidegger, Martin 23, 40, 49, 64, 66, 161, 163
– *Brief über den Humanismus* 209
– *Das Ding* 36
– *Sein und Zeit* 40, 210
– *Was heißt Denken?* 210
– *Wegmarken* 210
Heidelberger-Leonard, Irene 154
Heinrichs, Hans-Jürgen 73
Hennetmair, Karl Ignaz 33
Herder, Johann Gottfried 234
Hermand, Jost 231
Herzog, Andreas 114
Heubner, Holger 113, 115
Hitchcock, Alfred 13 f.
Hitler, Adolf 181
Hobbes, Thomas 153
– *Leviathan* 153
Hochhuth, Rolf 75
Hoell, Joachim 44
Hoffmann, E.T.A. 238
– *Der Sandmann* 141
– *Die Bergwerke zu Falun* 238
Hoffmann, Torsten 115, 117

Hoffmann, Yasmin 241 f.
Hölderlin, Friedrich 23, 27
Hollein, Hans 21
– *Alles ist Architektur* 21
Höller, Hans 45 f., 48, 81
Homschak, Claus (mit Elfriede Jelinek)
– *Vielgeliebtes Österreich. Ramsau am Dachstein* 233
Honegger, Gitta 255
Hoppe, Marianne 151
Horkheimer, Max 237
Huber, Martin 114, 176
Huntemann, Willi 236

Jahraus, Oliver 259
James, Henry 222
Jandl, Ernst 75
Janke, Pia 77 f., 113, 136, 143, 168, 177 f., 187, 232 f.
Jansen, Georg 46
Janz, Marlies 163, 237, 239 f., 256
Jelinek, Elfriede
– *An ihm gemessen* 73 f.
– *Aus gegebenem Anlaß. Über Peter Handke und das Dichterwort* 79
– *Babel* 173, 259
– *Bambiland* 173
– *Burgtheater* 114, 157
– *Clara S. Eine musikalische Tragödie* 53, 207
– *Das Gewicht der Hand (Fredy Kolleritsch zum 75. Geburtstag)* 76
– *Das Hundefell* 72
– *Das im Prinzip sinnlose Beschreiben von Landschaften* 237
– *Das Schweigen* 101, 108, 206–210
– *Das Werk* 175–177, 195, 243 f., 256 f.
– *Der Einzige und wir, sein Eigentum* 11, 73, 195
– *Der kleine Niko* 162
– *Der Krieg mit anderen Mitteln. Über Ingeborg Bachmann* 43 f., 254
– *Der Lauf-Steg* 109
– *Der Wald* 237, 241
– *Der Weg durch den Schnee (Michael Scharang zum 70. Geburtstag)* 76
– *Die Ausgesperrten* 252 f.
– *Die Kinder der Toten* 23, 27, 162, 169 f., 171–174, 177, 193, 195, 215 f., 216, 218, 224–227, 242
– *Die Klavierspielerin* 53, 125, 252–254
– *Die Kontrakte des Kaufmanns. Eine Wirtschaftskomödie* 64, 162
– *Die Leere öffnen (für, über Jossi Wieler)* 106
– *Die Liebhaberinnen* 125, 233
– *Dieses Buch ist kein Buch* 187, 190
– *Ein einziges Grinsen. (Gespräch mit Klaus Nüchtern)* 79
– *Ein Sportstück* 53, 137–141, 195
– *Es geht immer alles prekär aus – wie in der Wirklichkeit. (Gespräch mit Gunna Wendt)* 78, 81
– *Es ist Sprechen und aus* 102, 106
– *Gespräch mit Hans-Jürgen Heinrichs* 73, 75, 77, 81
– *Gespräch mit Margarete Lamb-Faffelberger* 75
– *Gespräch mit Ralf B. Korte* 76
– *Gier. Ein Unterhaltungsroman* 231, 239, 241, 243
– *Ich als Toten-Ausgräberin* 185, 189, 193
– *Ich bin eine Wagnerianerin. (Gespräch mit Ulrich Weinzierl)* 79
– *Ich bin kein Theaterschwein. (Gespräch mit Dieter Bandhauer)* 73
– *Ich bin resigniert. (Gespräch mit Wolf Scheller)* 81
– *Ich mag Männer nicht, aber ich bin sexuell auf sie angewiesen. (Gespräch mit Sigrid Löffler)* 73
– *Ich möchte seicht sein* 102–104, 120, 142
– *Ich renne mit dem Kopf gegen die Wand und verschwinde (Gespräch mit Rose-Maria Gropp und Hubert Spiegel)* 74, 168, 187, 195
– *Ich schlage sozusagen mit der Axt drein* 65, 101 f., 105, 107
– *Ich will kein Theater. Ich will ein anderes Theater (Gespräch mit Anke Roeder)* 101–103, 105, 107, 142
– *Im Abseits* 23–28, 124, 185, 189 f., 194 f.
– *Im Schock des Positiven* 76

– *In den Alpen* 162, 175, 177, 178, 181 f., 215, 241, 243 f., 256
– *In den Waldheimen und auf den Haidern. Rede zur Verleihung des Heinrich-Böll-Preises* 79, 233
– *In einem leeren Haus* 102, 108
– *Jetzt sag ich's euch aber mal rein* (Gespräch mit Roland Koberg) 160
– *Krankheit oder Moderne Frauen* 194
– *Lust* 94, 98, 239 f.
– *Oh Wildnis, oh Schutz vor ihr* 239 f.
– *Macht nichts* 104
– *Malina. Ein Filmbuch* 43 f., 53
– *Man steigt vorne hinein und hinten kommt man faschiert und in eine Wursthaut gefüllt wieder raus* 78
– *Mehr Haß als Liebe* 78
– *Mein Pessimismus ist wirklich grenzenlos.* (Gespräch mit Karl Unger) 78
– *Milch unfrommer Denkungsart* 79
– *Mit den Augen von Toten schauen* 193
– *Neid (mein Abfall von allem). Privatroman* 27, 186 f.
– *Nicht wirklich eine Österreicherin...* (Gespräch mit Pascale Casanova) 77
– *Offener Brief an Alfred Kolleritsch und Peter Handke* 77
– *Oh Wildnis, oh Schutz vor ihr* 215, 224, 239 f.
– *Prinzessinnendramen*
    – *Der Tod und das Mädchen I (Schneewittchen)* 194
    – *Der Tod und das Mädchen III (Rosamunde)* 244
    – *Der Tod und das Mädchen IV (Jackie)* 194
    – *Der Tod und das Mädchen V (Die Wand)* 43, 50 – 54, 194
– *Raststätte oder Sie machens alle. Eine Komödie* 63, 66 – 68, 114
– *Rechnitz (Der Würgeengel)* 63 f., 157, 159 f., 162, 169, 175
– *Schreiben müssen. In memoriam Otto Breicha* 76
– *Schweigen* 199
– *Sinn egal. Körper zwecklos.* 26, 59, 66 f., 102 – 105
– *Stecken, Stab und Stangl. Eine Handarbeit* 68 f., 157, 163, 173 – 175
– *Sturm und Zwang. Schreiben als Geschlechterkampf* (Gespräch mit Adolf-Ernst Meyer) 53, 120, 123, 125 f.
– *Textflächen* 27, 101 f.
– *Theatergraben (danke, Corinna!)* 107
– *Totenauberg* 157, 161 f., 241
– *Über Tiere* 63
– *Unruhiges Wohnen* 254
– *Unter dem Haar des Filzes* 76
– *Wahrscheinlich wäre ich ein Lustmörder.* (Gespräch mit Georg Biron) 77
– *Was bei mir zu Scheiße wird, wird bei Handke kostbar.* (Gespräch mit C. Bernd Sucher) 74
– *Was geschah nachdem Nora ihren Mann verlassen hatte* 252
– *Was uns vorliegt. Was uns vorgelegt wurde.* 36 – 41
– *Winterreise. Ein Theaterstück* 81, 195
– *Wir leben auf einem Berg von Leichen und Schmerz* 103, 105, 138, 143
– *Wir müssen weg* 189
– *wir stecken einander unter der haut. konzept einer television des innen raums* 24 f., 28
– *Wolken.Heim.* 23, 66 f., 69, 141, 249
Jirku, Brigitte 44
Joachimsthaler, Jürgen 169
Jonke, Gert 72, 75
– *Geometrischer Heimatroman* 233
Judex, Bernhard 180, 241
Jurdzinski, Gerald 234 f.
Jürgensen, Christoph 114, 116
Jurgensen, Manfred 237 f.
Jürs-Munby, Karen 140 f.
Just, Rainer 23

Kafka, Franz 187
Kain, Franz
– *Weg zum Ödensee* 257
Kaindlstorfer, Günter
– *Wer hat Angst vor Elfriede J.?* 19
Kaiser, Gerhard 114, 116

Kant, Immanuel 159, 161, 216f., 226, 231, 237, 251
– *Beobachtungen über das Gefühl des Schönen und Erhabenen* 217
– *Kritik der Urteilskraft* 216–218, 226
Kaplan, Stefanie 77
Kastberger, Klaus 242
Kennedy, Jackie 194
Kerschbaumer, Marie-Thérèse 77
Klein, Christian 249
Kleist, Heinrich von 65
– *Die Familie Schroffenstein* 69
Klotz, Peter 37
Klug, Christian 132, 136
Koberg, Roland 75, 77, 170, 232, 242
Kofman, Sarah 242
Kolesch, Doris 132, 136, 139–141
Kolleritsch, Alfred 76f.
Konzett, Matthias 232
Korte, Ralf B. 124
Koschorke, Albrecht 222, 227
Kovacs, Teresa 187
Krammer, Stefan 133f., 136, 141, 202
Kratz, Stephanie 26
Kraus, Karl 23
Kreisky, Bruno 162
Küpper, Heinz
– *Wörterbuch der deutschen Umgangssprache* 57
Kurzenberger, Hajo 132, 140

Lajarrige, Jacques 175, 178
Lampedusa, Giuseppe Tomasi di
– *Der Leopard (Il Gattopardo)* 152
Lang, Othmar Franz
– *Die Männer von Kaprun* 178f., 181
Lausberg, Heinrich 31f.
Lavant, Christine 74
Lavi, Dahlia
– *Wer hat mein Lied so zerstört* 39
Lebert, Hans 72, 149f.
– *Die Wolfshaut* 72, 169, 233, 257
Lecerf, Christine 252
Leiprecht, Helga 236
Levi, Primo 242
Löffler, Sigrid 73, 232

Lucius, Robert von 24
Lücke, Bärbel 52, 65, 101, 105, 173, 186f.

Machiavelli, Niccolò 153
– *Der Fürst (Il Principe)* 153
Mariacher, Barbara 174
Matt, Peter von 76
Matuschek, Stefan 32
Mayer, Sylvia 231f., 242
Mayer, Verena 75, 77, 170
McGuiness, Brian 201
McLuhan, Marshall 22, 24
Meister, Monika 104, 137f., 141–143
Mertens, Moira 136, 192
Meyer, Anja 38
Meyer, Thomas 46, 50
Meyer, Urs 71
Millner, Alexandra 81, 114, 169
Minetti, Bernhard 151
Mittermayer, Manfred 76, 235, 237
Montaigne, Michel de 82
Moser, Joseph W. 114
Mozart, Wolfgang Amadeus 61
Müller, André 121–124, 126
Müller, Heiner 75, 101, 115
– *Bonner Krankheit. Widerstand gegen das ‚Genau-wie-Otto-Theater'* 101
Müller, Karl 167
Musil, Robert 47

Nagel, Ivan 35
Nicolson, Marjorie Hope 217
Nietzsche, Friedrich 131f., 135f., 140, 142–144, 233–235
– *Die Geburt der Tragödie aus dem Geiste der Musik* 131, 135f., 140, 144
– *Morgenröthe. Gedanken über die moralischen Vorurteile* 233f., 235
– *Über Wahrheit und Lüge im außermoralischen Sinne* 200, 202
Novalis 234, 236, 238
– *Die Lehrlinge zu Saïs* 238
– *Heinrich von Ofterdingen* 238
Nyssen, Ute 65, 67

Oels, David 178f.
Opitz, Michael 186

Orwell, George
– *Animal Farm* 39

Pascal, Blaise 82
Pelinka, Niko 162
Pelka, Artur 114, 132, 141
Peseckas, Hermann 232
Pfabigan, Alfred 50, 154f.
Pfeiferová, Dana 190, 192
Philippi, Klaus-Peter 37
Picasso, Pablo 131, 144
Piffl-Perčević, Theodor 188
Plath, Sylvia 50, 194
Pontzen, Alexandra 261
Prießnitz, Reinhard 13

Ransmayr, Christoph 256
– *Der fliegende Berg* 228
– *Der Weg nach Surabaya* 256
– *Die letzte Welt* 215
Rathkolb, Oliver 216
Reich-Ranicki, Marcel 232
Reitani, Luigi 47
Rilke, Rainer Maria 131
– *Marginalien zu Friedrich Nietzsche* 131f., 143
Ronge, Verena 48

Schäfer, Armin 114, 123
Scharang, Michael 76f.
Schärf, Christian 80
Schärf, Christine 113
Scheit, Gerhard 156, 159, 168, 174
Schelling, Friedrich Wilhelm Joseph 234
Schenkermayr, Christian 114
Schiller, Friedrich 144, 237
Schleef, Einar 140–142
Schlegel, August Wilhelm 131
Schmidt, Arno 150
Schmidt, Christina 104f., 137f., 140f.
Schmidt-Dengler, Wendelin 46, 71, 114, 221, 232, 235
Schopenhauer, Arthur 18, 82, 205f., 234
– *Die Welt als Wille und Vorstellung* 205, 234
Schranz, Karl 242
Schumann, Clara 207

Schumann, Robert 207
Schütte, Uwe 116
Schwab, Christian
– *Abfall. Bergland. Cäsar. Eine Menschensammlung* 215
Sebald, W.G. (Winfried Georg) 115
Seel, Martin 117
Shakespeare, William 162
Sheridan Le Fanu, Joseph 194
– *Carmilla* 194
Soeffner, Hans-Georg 117
Solibakke, Karl Ivan 132
St. Florian, Friedrich 21
Stangl, Franz Paul 173
Stein, Peter 75
Steinert, Hajo 192
Stemann, Nicolas 143
Steutzger, Inge 44
Stifter, Adalbert 118, 241
Strauß, Botho 75
Streeruwitz, Marlene
– *Ocean Drive* 215
Strigl, Daniela 51f.
Süselbeck, Jan 150, 169–171, 175, 244
Svandrlik, Rita 51, 53
Szczepaniak, Monika 237

Tabah, Mireille 74, 82, 155
Theweleit, Klaus 244
Thill, Anne 102, 108
Thorwald, Jürgen 178–180, 182
– *Die große Flucht* (als Heinz Bongartz) 178
– *Hoch über Kaprun* 178–180
– *Luftmacht Deutschland. Aufstieg, Kampf und Sieg* (als Heinz Bongartz) 178
Thuswaldner, Gregor 254f.
Tismar, Jens 232
Torberg, Friedrich 149
Treude, Sabine 40
Turrini, Peter 78
– *Alpenglühen* 215
– *Rozzenjagd* 215

Ulmer, Judith 33f.
Unseld, Siegfried 74, 79, 186

Verdi, Giuseppe
– *Ein Maskenball (Un ballo in maschera)*   60
Villa, Paula-Irene   125
Vogel, Juliane   27, 81 f., 105 f., 120–122, 223
Vogt, Steffen   154, 168 f.

Wagner, Karl   72, 232
Waldheim, Kurt   48
Walser, Robert   81
Wälzholz, Robert   24
Weininger, Otto   98, 157
– *Geschlecht und Charakter*   94
Weinzierl, Erika   149
Weiß, Gernot   200
Weiss, Peter   169
– *Meine Ortschaft*   169 f.
Weissner, Carl   24

Wessely, Paula   151, 157
Wiesenthal, Simon   149
Winter, Riki   53, 161
Wittgenstein, Ludwig   57 f., 205 f.
– *Philosophische Untersuchungen*   201
– *Tractatus logico-philosophicus*   57, 201, 205 f.
Wittgenstein, Paul   251
Woltersdorff, Volker   117

Zanetti, Sandro   105, 107
Zelinsky, Hartmut   236
Zeyringer, Klaus   232
Zimmer, Dieter E.   33
Žižek, Slavoj   217
Zobl, Wilhelm   77
Zuckmayer, Carl   235

www.ingramcontent.com/pod-product-compliance
Lightning Source LLC
Chambersburg PA
CBHW031802220426
43662CB00007B/501